U0534464

本丛书由贵州师范大学政治学博士点建设资金资助出版

中国特色政治文明建设研究丛书

当代中国政治法律制度

王文惠 编著

DANGDAI ZHONGGUO
ZHENGZHI FALÜ ZHIDU

中国社会科学出版社

图书在版编目(CIP)数据

当代中国政治法律制度 / 王文惠编著. —北京：中国社会科学出版社，2018.1
(中国特色政治文明建设研究丛书)
ISBN 978-7-5203-2365-9

Ⅰ.①当… Ⅱ.①王… Ⅲ.①司法制度-研究-中国 Ⅳ.①D926

中国版本图书馆 CIP 数据核字(2018)第 076166 号

出 版 人	赵剑英
责任编辑	田 文
特约编辑	陈其芳
责任校对	张爱华
责任印制	王 超

出　　版	中国社会科学出版社
社　　址	北京鼓楼西大街甲 158 号
邮　　编	100720
网　　址	http://www.csspw.cn
发 行 部	010-84083685
门 市 部	010-84029450
经　　销	新华书店及其他书店
印　　刷	北京君升印刷有限公司
装　　订	廊坊市广阳区广增装订厂
版　　次	2018 年 1 月第 1 版
印　　次	2018 年 1 月第 1 次印刷
开　　本	710×1000　1/16
印　　张	24.5
插　　页	2
字　　数	389 千字
定　　价	98.00 元

凡购买中国社会科学出版社图书，如有质量问题请与本社营销中心联系调换
电话：010-84083683
版权所有　侵权必究

《中国特色政治文明建设研究丛书》
编 委 会

主　　任：韩　卉　李建军
执行主任：徐晓光　陈华森
委　　员：韩　卉　李建军　徐晓光
　　　　　唐昆雄　陈华森　朱健华
　　　　　杨　芳　欧阳恩良　阳黔花
　　　　　黎　珍　岳　蓉

总　　序

"政者，正也"。政治文明是人类社会政治观念、政治制度、政治行为的进步过程以及所取得的进步成果。高度的政治文明，是有史以来人类共同憧憬的美好梦想。政治文明建设通过上层建筑的能动作用，推动公共权力的规范运行、社会治理体制机制的优化、社会共识的凝聚、社会资源的优化配置、社会力量的整合，为人类社会的持续进步提供丰沛的能量，为人们的社会福祉提供坚强的保障。

在人类文明奔涌不息的历史长河中，中华民族以深邃的政治智慧和深入的政治实践，为世界政治文明作出了独特的巨大贡献。科举考试制度就是古代中国政治文明的创举，并作为西方国家选修的范本，成就了西方的文官制度。新中国建立以来，中国人民立足中国国情、解决中国问题，在政治建设、经济建设、社会建设、文化建设、生态建设进程中，探索、确立、完善人民民主专政的政治进步成果，创造了令世界瞩目的、具有中国特色的政治文明形态和制度体系。如今，"北京共识"获得了国际学界的广泛认可；"言必称孔子"成为西方社会的时尚。

"路漫漫其修远兮，吾将上下而求索"。进一步推进中国特色政治文明建设，以促进物质文明建设、精神文明建设、社会文明建设、生态文明建设，实现中华民族的伟大复兴，仍然是一项长期而艰巨的历史任务，也是每一个中国政治学人义不容辞的历史使命。为此，贵州师范大学聚集了一批年富力强、志趣高远的政治学人，他（她）们以推进中国特色政治文明建设为己任，立足中国现实国情，深入中国现实社会，传承中国政治文明传统，借鉴西方政治文明成果，从丰富的多学科视角展开理论探讨和实践总结。"中国特色政治文明建设研究丛书"的出版，既是其研究成果的展示，更是引玉之砖，欢迎学界同仁批评指正、指点迷津，共同为推进中国特色政治文明建设，为人类命运共同体的发展进步贡献智慧和力量。

本丛书编委会
2016 年 3 月

自　序

按照法学的一般原理，政治法律制度即是有关政治制度的法律规范，或者说是调整政治活动的法律制度。那么，什么是政治？什么是法律？这两种社会现象关系如何？本书的立论依据是什么？这里先对这些问题做一简要、肤浅的说明，亦为序。

一

恩格斯在《共产主义原理》中曾明确指出，"无产阶级革命将建立民主制度，从而直接或间接地建立无产阶级的政治统治"①。在其著名的《反杜林论》中又指出，"政治统治到处都是以执行某种社会职能为基础，而且政治统治只有在它执行了它的这种社会职能时才能持续下去"，不管什么政府，"他们中间每一个都十分清楚地知道自己首先是……总的经营者"②。列宁指出：政治是"参与国事、指导国家、确立国家活动方式、任务和内容"③，等等。根据马克思主义经典作家的论述，政治的实质/含义应该是：第一，政治的根源是经济，政治是经济的集中体现，政治关系归根到底是由经济关系决定的。"法的关系正像国家的形式一样，既不能从它们本身来理解，也不能从所谓人类精神的一般发展来理解，相反，它们根源于物质的生活关系，这种物质的生活关系的总和""称之为'市民社会'"④。第二，政治的实质是阶级关系。"一切历史上的斗争，无论是在政治、宗教、哲学的领域中进行的，还是在任何其他意识形态领域中进行的，实际上只是各社会阶级的斗争或多或少明显的表现"⑤。在阶级社

---

① 转引自中共中央马克思恩格斯列宁斯大林著作编译局，马克思恩格斯著作翻译室编《马克思恩格斯列宁斯大林论政治和政治制度》（上册），群众出版社1984年版，第35页。
② 《马克思恩格斯选集》（第3卷），人民出版社1972年版，第219页。
③ 转引自陆建承《宪法的调整对象之探讨》，《上海大学学报》（社科版）1995年第4期。
④ 转引自中共中央马克思恩格斯列宁斯大林著作编译局，马克思恩格斯著作翻译室编《马克思恩格斯列宁斯大林论政治和政治制度》（上册），群众出版社1984年版，第138页。
⑤ 《马克思恩格斯选集》（第1卷），人民出版社1972年版，第602页。

会中，阶级性是政治的基本特性。第三，政治的核心是政治权力。任何阶级要实现自己的目的，都必须掌握对国家或社会的最高统治权。政治关系的存在与解决，都要通过政治权力来实现。"集权是国家的本质、国家的生命基础"，"没有一个国家可以不要集权"，"只要存在着国家，每个国家就会有自己的中央，每个公民只是因为有集权才履行自己的公民职责"，"国家的中央政权有权颁布法律，统帅管理机关，任命国家官吏，等等"[1]。总之，"在民主制中，国家制度、法律、国家本身都只是人民的自我规定和特定内容，因为国家就是一种政治制度"[2]。政治制度作为政治关系制度化的结果，旨在维护和巩固政治权力。政治权力尤其是国家政权作为政治上层建筑的核心必须通过政治制度为依托来加以确认，政治权力的运行也必须依赖政治制度来实现。而政治则是阶级社会中以经济为基础的上层建筑，是经济的集中体现，是以政治权力为核心展开的各种社会活动和社会关系的总和。政治现象的基本内容，是围绕着争夺和掌握国家政权而展开的一系列活动。

政治是上层建筑领域中各种权力主体维护自身利益的特定行为以及由此结成的特定关系，政治活动是社会中的各个阶级和利益集团、通过掌握国家政权来进行社会价值资源分配的活动。在社会政治领域中，政治实体遵行的各类准则或规范、对各种政治关系所做的一系列规定，就是政治制度。换言之，政治制度是关于政治的行为规则或规范体系，它的功能是定义、规范和约束政治主体的政治权力和政治行为，基本内容是规限政治主体的政治权力关系及其政治行为。一个国家的政治制度决定于这个国家的经济社会基础，同时又反作用于这个国家的经济社会基础，乃至于起到决定性作用。

从夏朝奴隶制国家建立起至中华人民共和国成立止，四千余年的中国政治、法律制度史，经历过各个不同的历史时期，存在过各种不同类型的政治、法律制度[3]。当代中国的政治制度是指新中国成立以来，规范中华人民共和国国家政权、政府制度、国家与社会关系等一系列根本问题的法

---

[1] 转引自中共中央马克思恩格斯列宁斯大林著作编译局、马克思恩格斯著作翻译室编《马克思恩格斯列宁斯大林论政治和政治制度》（上册），群众出版社1984年版，第7页。

[2] 同上书，第16页。

[3] 游绍尹、吴传太：《中国政治法律制度简史》，湖北人民出版社1982年版，第1页，"前言"。

律、体制、规则和惯例。当代中国实行工人阶级领导的、以工农联盟为基础的人民民主专政的国体，实行人民代表大会制度的政体，实行中国共产党领导的多党合作和政治协商制度，实行民族区域自治制度，实行基层群众自治制度，具有鲜明的中国特色。这样一套制度安排，是在我国历史传承、文化传统、社会经济发展的基础上长期发展、渐进改进、内生性演化的结果①。它"植根于中华民族几千年来赖以生存和发展的广阔沃土，产生于中国共产党和中国人民为争取民族独立、人民解放和国家富强而进行的伟大实践，是适合中国国情和社会进步要求的选择"②。

二

法律是以国家名义制定、认可和解释的，用来调整人的意志行为的规则系统③。当代中国的法律体系，主要由七个法律部门和三个不同层级的法律规范构成。七个法律部门是：宪法及宪法相关法，民法商法，行政法，经济法，社会法，刑法，诉讼与非诉讼程序法。三个不同层级的法律规范是：法律，行政法规，地方性法规、自治条例和单行条例。目前，全国人民代表大会及其常务委员会已经制定了200多件现行有效的法律。与法律相配套，国务院制定了600余件现行有效的行政法规，地方人民代表大会及其常务委员会制定了7000多件现行有效的地方性法规，民族自治地方的人民代表大会制定了600多件现行有效的自治条例和单行条例。国务院有关部门以及省、自治区、直辖市和较大的市的人民政府还制定了大量规章④。按照法理学的一般原理，以调整社会关系之不同，可以将各种法律规范进行分类。比如，调整经济关系的法律规范，属于经济法；调整平等主体之间的财产关系和人身关系的法律规范，属于民法。作者以为，在当代中国的法律体系中，有一些法律规范是调整政治关系的，如《宪法》《中华人民共和国全国人民代表大会组织法》《中华人民共和国全国人民代表大会和地方各级人民代表大会选举法》《中华人民共和国国务院

---

① 中共中央宣传部：《习近平总书记系列重要讲话读本》（2016年版），学习出版社、人民出版社，第166页。
② 国务院新闻办公室：《中国的民主政治建设》白皮书，2005年10月19日发布。
③ 朱力宇主编：《法理学原理与案例教程》，中国人民大学出版社2007年版，第33页。
④ 国务院新闻办公室：《中国的法治建设》，2008年2月28日发布。

组织法》《中华人民共和国民族区域自治法》《中华人民共和国村民委员会组织法》《中华人民共和国地方各级人民代表大会和地方各级人民政府组织法》《中华人民共和国城市居民委员会组织法》《中华人民共和国各级人民代表大会常务委员会监督法》《中华人民共和国人大代表法》《中华人民共和国人民法院组织法》《中华人民共和国人民检察院组织法》《中华人民共和国香港特别行政区基本法》《中华人民共和国澳门特别行政区基本法》等等。因为这类法律规范调整的是当代中国的国体、政体、立法、行政、司法、民族、地方与中央的关系、基层民主等政治关系，与传统的民法、刑法、行政法有着显著的差别。

  事实上，作为上层建筑的重要组成部分，法和政治从来具有密切的联系。对此，卓泽渊教授在其《法政治学》中作了如下清晰阐述："如果说人类的一切知识最早被总括在哲学领域，那么法学知识不仅被总括在哲学领域之中，还在很长的历史时期都被总括在政治学领域之中"[①]，现实生活的确如此。"许多法律现象都是政治现象。重大法律问题，都是政治问题。"例如，一个国家的国体政体问题，这些重大的政治问题无不是法律问题。同时，"许多政治现象都是法律现象"，特定的政治现象或特定的法律现象未必具有双重的属性，但是大量的政治现象都与法律现象是交叉或重叠的，例如选举，选举当然是政治现象，但是只要是属于国家范畴的选举就和法律密切相关。什么人拥有选举权、选举的程序、制裁、有效无效等，都是政治问题，又都是法律问题[②]。而从现实生活来看：一方面，政治影响法的性质、政治影响法的发展进程、政治影响法的实现程度；另一方面，法规范国家权力的运转、法规范政治角色的行为、法确认各项政治制度并推动政治体制改革、法推动政治的运行和发展。总之，政治的基本功能是把不同的利益交融和冲突集中上升为政治关系，对社会价值进行权威性的分配和整合；而法律将利益和价值的权威性分配以规范、程序和技术性的形式固定下来，使之具有形式上共同认同的性质，使上升的政治关系具有形式上的正统性。法律作为人类意识到的并加以选择的用以指导、调整和组织人类自身生活的具有强制性的行为规范，是政治实践依据、操作和展开的核心部分。政治如果离开了法的有效组织、维持和保证，就不可能达到有效治理国家和社会公共事务的效果和目的。

[①] 卓泽渊：《法政治学》，法律出版社2005年版，第5页。
[②] 同上书，第7页。

三

依照我国现行宪法的制度安排，当代中国的政治体制主要是：中国共产党是执政党。在党的领导下，人民当家做主。人民行使国家权力的机关是全国人民代表大会和地方各级人民代表大会。人民代表大会制度是当代中国的根本政治制度。人民通过全国人民代表大会和地方各级人民代表大会，行使国家权力。国家行政机关、审判机关、检察机关都由人民代表大会产生，对它负责，受它监督。国家的重大事项由人民代表大会决定。行政机关负责执行人民代表大会通过的法律、决议、决定。人民法院、人民检察院依照法律规定分别独立行使审判权、检察权，不受行政机关、社会团体和个人的干涉。总之，"中华人民共和国是工人阶级领导的、以工农联盟为基础的人民民主专政的社会主义国家。与这种国体相适应的政权组织形式是人民代表大会制度，与这种国体相适应的政党制度是中国共产党领导的多党合作和政治协商制度。人民代表大会制度、中国共产党领导的多党合作和政治协商制度、民族区域自治制度以及基层群众自治制度，构成了中国政治制度的核心内容和基本框架，是社会主义民主政治的集中体现"[①]。党的十八大报告明确指出："中国特色社会主义制度，就是人民代表大会制度的根本政治制度，中国共产党领导的多党合作和政治协商制度、民族区域自治制度以及基层群众自治制度等基本政治制度"。本著作正是根据这样的政治共识和理论认知进行谋篇布局的，在具体内容上由政党法律制度、人民代表大会法律制度、人民政府法律制度、人民法院和人民检察院法律制度、民族区域自治法律制度、基层民主法律制度、群团组织法律制度和特别行政区法律制度几个部分组成。

这里需要说明的是：我国现行《宪法》第三章第二节专节规定了国家主席法律制度。依据《宪法》规定，"中华人民共和国主席、副主席由全国人民代表大会选举。有选举权和被选举权的年满四十五周岁的中华人民共和国公民可以被选为中华人民共和国主席、副主席。中华人民共和国主席、副主席每届任期同全国人民代表大会每届任期相同，连续任职不得超过两届"（第七十九条）。"中华人民共和国主席根据全国人民代表大会

---

① 国务院新闻办公室：《中国的政党制度》，2007年11月发布。

的决定和全国人民代表大会常务委员会的决定，公布法律，任免国务院总理、副总理、国务委员、各部部长、各委员会主任、审计长、秘书长，授予国家的勋章和荣誉称号，发布特赦令，宣布进入紧急状态，宣布战争状态，发布动员令"（第八十条），"中华人民共和国主席代表中华人民共和国，进行国事活动，接受外国使节；根据全国人民代表大会常务委员会的决定，派遣和召回驻外全权代表，批准和废除同外国缔结的条约和重要协定"（第八十一条），"中华人民共和国副主席协助主席工作。中华人民共和国副主席受主席的委托，可以代行主席的部分职权"（第八十二条），"中华人民共和国主席、副主席行使职权到下届全国人民代表大会选出的主席、副主席就职为止"（第八十三条），"中华人民共和国主席缺位的时候，由副主席继任主席的职位。中华人民共和国副主席缺位的时候，由全国人民代表大会补选。中华人民共和国主席、副主席都缺位的时候，由全国人民代表大会补选；在补选以前，由全国人民代表大会常务委员会委员长暂时代理主席职位"（第八十四条）。

　　设立国家主席作为国家元首是我国政治制度的特色之一。世界各国无论历史多么不同，幅员大小、人口多寡和发展水平多么悬殊，社会制度与政治制度相互差异，但每一个主权国家都有自己的元首或有特定的机关行使元首职权，这几乎是没有例外的。不同的是称谓不尽相同，在君主制国家中一般称之为国王、天皇、大公等，在共和制国家中一般称之为总统、主席等[1]。现代国家的元首一般具有对外代表国家、居于国家机构的首脑部位、根据宪法行使元首权、享有礼仪上的特殊待遇等基本特征[2]。1949年新中国成立时就设立了主席职务，虽然当时的主席是中央人民政府委员会的组成人员，但其名称为中央人民政府主席。由于当时中央人民政府是指整个中央政权组织的总和，因而中央人民政府主席实际上就是中华人民共和国的主席，不过它并不像1954年以后那样是一个单独的国家机关[3]。1954年《宪法》第二章第二节对"中华人民共和国主席"用共计八个条款（第三十九条至第四十六条）进行了专门规定。众所周知，1954年宪法是新中国的第一部宪法。据介绍，该宪法草案初稿主要是以毛泽东为核心的宪法起草小组起草的，历时40天左右。因此，该宪法草案初稿反映

---

[1] 朱福惠主编：《宪法学》（第三版），厦门大学出版社2013年版，第184页。
[2] 许崇德：《国家元首》，人民出版社1982年版，第9—11页。
[3] 许崇德主编：《中国宪法》（第四版），中国人民大学出版社2010年版，第168页。

了以毛泽东为首的第一代领导人对于国家主席这一新的国家机构以及国家元首制度的认识和思考。1954年9月15日，刘少奇在第一届全国人大第一次会议上代表宪法起草委员会所作的《关于中华人民共和国宪法草案的报告》中指出："依照宪法草案的规定，我国的全国人民代表大会完全统一地行使最高的国家权力……我们的国家元首职权由全国人民代表大会所选出的全国人大常务委员会和中华人民共和国主席结合起来行使。我们的国家元首是集体的国家元首。同时，不论常务委员会或中华人民共和国主席，都没有超越全国人民代表大会的权力"[1]。自1966年"文化大革命"开始后，国家政治生活处于极度不正常状态，国家主席制度也处于名存实亡的状态。1975年宪法取消了国家主席的设置，1978年宪法仍然不设国家主席。但是，"建国以后的实践证明，设立国家主席对健全国家体制是必要的，比较符合我国各族人民的习惯和愿望"[2]。因此1982年宪法在总结历史经验的基础上恢复了国家主席的设置。根据1954年宪法和1982年宪法对国家主席职权的规定，说明"我国的国家主席就是国家元首"[3]。在我国，国家主席是一个行使国家元首职权的单独的国家机关。宪法不仅明确规定了国家主席的法律地位、产生程序，还明确规定了国家主席的职权和作用等内容。但是，由于篇幅限制等原因，本著作除在此做一简介外、暂时未列专章详述，留待今后再版（如果可能）时补进。

苏力教授在其《法治及其本土资源》一书的"自序"中曾感言："中国的历史和现实为做学问的人准备了一个'富矿'，但我们也面临着很大的困难，中国法学尤为甚之。与其他学科相比，中国当代的法学研究更缺少学术的传统，缺少研究中国实际的传统"[4]。的确，在当代中国法律体系中，有关政治的内容十分丰富、是一座"富矿"。但是限于作者的水平、视野，又的确难以完成"当代中国政治法律制度"这样的重大课题。这不仅因为"政治"本身没有普适定义，还由于在编写过程中、作者竟

---

[1] 肖蔚云、王禹、张翔编：《宪法学参考资料》（上册），北京大学出版社2003年版，第28页。

[2] 彭真：《关于中华人民共和国宪法修改草案的说明（1982年4月22日在第五届全国人民代表大会常务委员会第23次会议上的报告）》，肖蔚云、王禹、张翔编：《宪法学参考资料》（上册），第89页。

[3] 马岭：《论我国国家主席的性质》，《法学评论》（双月刊）2014年第3期。

[4] 苏力：《法治及其本土资源》，"什么是你的贡献（自序）"，中国政法大学出版社2004年修订版。

找不到一本同名书籍作为参考。但是，学海无涯，凡事总须思考、研究才会明白。如此，只好根据现有内容交付出版，以期抛砖引玉。

王文惠

2016年岁末

目 录

第一章 当代中国政党法律制度 (1)
第一节 政党 (2)
一 政党概述 (2)
二 政党特征 (4)
三 政党的基本功能 (7)
第二节 当代中国政党制度 (9)
一 当代中国政党制度概述 (9)
二 当代中国的多党合作制度 (11)
三 当代中国多党合作制度中的政治协商 (16)
四 当代中国多党合作制度的价值和功能 (17)
第三节 当代中国执政党法律制度 (18)
一 当代中国的执政党 (18)
二 当代中国政治制度的法律性渊源：宪法与党章 (19)
三 中国共产党的领导体制、方式 (26)
四 中国共产党的执政方式 (34)
第四节 当代中国的政治协商制度 (37)
一 政治协商制度概述 (37)
二 中国人民政治协商会议 (38)
三 政协委员 (42)
四 政协提案 (43)
本章小结 (45)

第二章 当代中国人民代表大会法律制度 (46)
第一节 当代中国人民代表大会制度 (46)
一 当代中国人民代表大会制度的确立 (47)
二 当代中国人民代表大会制度的主要内容 (50)

三　人民代表大会制度是当代中国的根本政治制度 …………… (52)
　　　四　当代中国人民代表大会制度的基本特征 ………………… (53)
　第二节　人民代表大会 ………………………………………………… (56)
　　　一　人民代表大会在当代中国国家机关体系中的地位 ………… (56)
　　　二　全国人民代表大会及其常务委员会 ……………………… (56)
　　　三　地方各级人民代表大会 …………………………………… (61)
　第三节　人民代表大会选举法律制度 ………………………………… (67)
　　　一　选举基本原则 ……………………………………………… (67)
　　　二　选举程序 …………………………………………………… (69)
　　　三　香港、澳门特别行政区全国人大代表的选举 …………… (74)
　第四节　人大代表 ……………………………………………………… (77)
　　　一　人大代表 …………………………………………………… (77)
　　　二　人大代表的基本权利 ……………………………………… (78)
　　　三　人大代表的基本义务 ……………………………………… (83)
　第五节　议案　质询案　罢免案　特定问题调查权 ………………… (84)
　　　一　议案 ………………………………………………………… (84)
　　　二　质询案 ……………………………………………………… (86)
　　　三　罢免案 ……………………………………………………… (89)
　　　四　特定问题调查权 …………………………………………… (90)
　本章小结 ………………………………………………………………… (92)

第三章　当代中国人民政府法律制度 …………………………………… (93)
　第一节　人民政府 ……………………………………………………… (94)
　　　一　政府概述 …………………………………………………… (94)
　　　二　人民政府 …………………………………………………… (97)
　　　三　人民政府领导体制、结构模式 …………………………… (100)
　第二节　中央人民政府 ………………………………………………… (101)
　　　一　中央人民政府概述 ………………………………………… (101)
　　　二　中央人民政府组成、任期 ………………………………… (103)
　　　三　中央人民政府领导体制 …………………………………… (104)
　　　四　中央人民政府职权 ………………………………………… (107)

五　中央人民政府机构设置 ………………………………… (110)
第三节　地方各级人民政府 …………………………………… (114)
　　一　地方各级人民政府概述 ………………………………… (114)
　　二　县级以上地方各级人民政府 …………………………… (115)
　　三　县级以上地方各级人民政府职权 ……………………… (116)
　　四　较大的市 ………………………………………………… (118)
　　五　乡、民族乡、镇人民政府 ……………………………… (119)
第四节　地方人民政府派出机关、工作部门 ………………… (124)
　　一　地方人民政府的派出机关 ……………………………… (124)
　　二　地方人民政府的工作部门 ……………………………… (126)
第五节　法治政府 ……………………………………………… (128)
　　一　"法治政府"概述 ……………………………………… (128)
　　二　当代中国"法治政府"建设历程 ……………………… (129)
　　三　当代中国"法治政府"建设基本内容 ………………… (131)
　　四　"法治政府""服务型政府"主要区别 ……………… (133)
本章小结 ………………………………………………………… (136)

第四章　当代中国民族区域自治法律制度 ……………… (138)

第一节　当代中国民族区域自治 ……………………………… (139)
　　一　当代中国民族区域自治概述 …………………………… (139)
　　二　当代中国民族区域自治基本内涵、特征 ……………… (142)
　　三　中国共产党民族区域自治政策的形成 ………………… (145)
　　四　当代中国民族区域自治立法简介 ……………………… (148)
第二节　当代中国民族区域自治基本原则 …………………… (152)
　　一　维护祖国统一 …………………………………………… (152)
　　二　民族平等 ………………………………………………… (154)
　　三　民族团结 ………………………………………………… (157)
　　四　保障民族自治地方自治机关充分行使自治权 ………… (159)
　　五　实现各民族共同繁荣 …………………………………… (161)
第三节　民族自治地方 ………………………………………… (162)
　　一　民族自治地方概述 ……………………………………… (162)

二　民族自治地方的建立 ……………………………………（164）
　　三　民族自治地方的类型 ……………………………………（165）
　　四　民族自治地方的名称 ……………………………………（166）
第四节　民族自治地方自治机关 …………………………………（166）
　　一　民族自治地方自治机关概述 ……………………………（166）
　　二　民族自治地方自治机关基本特征 ………………………（167）
　　三　民族自治地方自治机关组织原则和工作原则 …………（169）
第五节　民族自治地方的人民法院和人民检察院 ………………（170）
　　一　民族自治地方人民法院和人民检察院的法律属性 ……（170）
　　二　民族自治地方人民法院组织系统和内部管理体制 ……（171）
　　三　民族自治地方人民检察院组织系统及领导体制 ………（172）
　　四　民族自治地方人民法院和人民检察院工作原则 ………（174）
第六节　民族自治地方的自治权 …………………………………（174）
　　一　民族自治地方自治权概述 ………………………………（174）
　　二　民族自治地方的自治权 …………………………………（175）
本章小结 ……………………………………………………………（184）

第五章　当代中国人民法院和人民检察院法律制度 ……………（186）
第一节　当代中国人民法院 ………………………………………（186）
　　一　当代中国人民法院概述 …………………………………（186）
　　二　当代中国人民法院组织体系 ……………………………（188）
　　三　当代中国专门人民法院 …………………………………（196）
　　四　人民法院审判案件基本原则及制度 ……………………（205）
　　五　法官 ………………………………………………………（209）
　　六　人民陪审员 ………………………………………………（211）
第二节　当代中国人民检察院 ……………………………………（213）
　　一　当代中国人民检察院概述 ………………………………（213）
　　二　当代中国人民检察院组织体系 …………………………（217）
　　三　当代中国专门人民检察院 ………………………………（219）
　　四　人民检察院主要职权 ……………………………………（222）
　　五　检察官 ……………………………………………………（223）

六　人民监督员 …………………………………………… (224)
　第三节　当代中国司法体制改革 ………………………………… (226)
　　一　司法体制概述 ………………………………………… (226)
　　二　当代中国司法体制改革 ……………………………… (228)
　本章小结 …………………………………………………………… (230)

第六章　当代中国基层民主法律制度 ……………………………… (231)
　第一节　当代中国基层民主 ……………………………………… (231)
　　一　当代中国基层民主概述 ……………………………… (231)
　　二　当代中国基层民主主要表现 ………………………… (236)
　　三　当代中国基层民主基本特征 ………………………… (237)
　　四　当代中国基层民主法律规范简介 …………………… (238)
　第二节　当代中国的村民自治法律制度 ………………………… (240)
　　一　村民自治概述 ………………………………………… (240)
　　二　村民自治基本原则 …………………………………… (245)
　　三　村民自治的内容及方式 ……………………………… (246)
　　四　村民委员会 …………………………………………… (247)
　　五　村民会议/村民代表会议 …………………………… (251)
　　六　村民自治中的民主管理和民主监督制度 …………… (255)
　　七　村民自治与农村基层党组织及其他机关、单位的关系 … (256)
　第三节　当代中国的城市社区自治法律制度 …………………… (257)
　　一　当代中国城市社区自治历程 ………………………… (257)
　　二　城市社区自治的特点和意义 ………………………… (260)
　　三　城市社区自治法律制度主要内容 …………………… (262)
　第四节　当代中国的企事业单位民主管理法律制度 …………… (265)
　　一　企事业单位民主管理概述 …………………………… (265)
　　二　企业民主管理法律制度主要内容 …………………… (266)
　　三　事业单位民主管理法律制度主要内容 ……………… (272)
　本章小结 …………………………………………………………… (275)

第七章　当代中国群团组织法律制度 (276)

第一节　当代中国的群团组织 (277)
　　一　群团组织概述 (277)
　　二　改革开放以来，有关群团组织的重要文件及会议简介 (286)
　　三　当代中国的群团组织 (290)

第二节　中华全国妇女联合会 (300)
　　一　中华全国妇女联合会概述 (300)
　　二　妇女权益及其保障 (302)
　　三　妇女权益保障法 (305)
　　四　妇联在妇女权益保障中的职能定位 (307)

第三节　工会 (309)
　　一　工会概述 (309)
　　二　工会法律制度主要内容 (311)

本章小结 (316)

第八章　当代中国特别行政区法律制度 (318)

第一节　特别行政区 (318)
　　一　特别行政区概述 (318)
　　二　特别行政区基本法 (324)
　　三　中央与特别行政区的关系 (330)
　　四　特别行政区制度特点及其实施条件 (336)
　　五　理解特别行政区制度需要注意的几个问题 (345)

第二节　香港特别行政区政治制度简介 (349)
　　一　行政长官 (349)
　　二　行政会议 (352)
　　三　行政机关 (352)
　　四　立法会 (353)
　　五　司法机关 (355)

第三节　澳门特别行政区政治制度简介 (355)
　　一　行政长官 (356)
　　二　行政会 (358)

三　行政机关 …………………………………………（358）
　　四　立法会 ……………………………………………（359）
　　五　司法机关 …………………………………………（361）
　本章小结 …………………………………………………（362）

参考文献 ……………………………………………………（364）

后记 …………………………………………………………（369）

第一章 当代中国政党法律制度

政党是近代资产阶级民主革命的产物,是国家民主政治体制的一部分。政党也是现代国家中有着特定政治理念的社会团体,通常有特定的政治目标和意识形态,针对国家和社会问题有各自的主张。在大多数现代国家,其政治权力结构及公共管理活动都或多或少地体现着政党主导的特征。现代政治是政党政治,政党制度是现代民主政治的重要组成部分。

一个国家实行什么样的政党制度,由该国国情、国家性质和社会发展状况所决定。各国政党制度的不同体现了人类文明发展的多样性。当代中国实行的政党制度是中国共产党领导的多党合作和政治协商制度,这是我国的一项基本政治制度。作为当代中国的一项基本政治制度,中国共产党领导的多党合作和政治协商制度具有历史的必然性、伟大的创造性和巨大的优越性。中国共产党的领导地位是在长期革命、建设、改革实践中形成并巩固起来的,是历史的选择、人民的选择。在80多年的奋斗历程中,中国共产党领导中国人民完成了新民主主义革命的任务,实现了民族独立和人民解放;建立了人民当家做主的国家政权,维护了国家统一和各民族团结;建立了社会主义制度,实现了中国历史上最广泛最深刻的社会变革;开创了中国特色社会主义事业,为实现国家富强和人民幸福探索出了一条正确道路。中国是一个有着960万平方公里国土、13亿人口、56个民族的发展中大国。在这样一个幅员辽阔、人口众多的多民族国家进行现代化建设,必须有一个坚强的领导核心。中国共产党代表中国先进生产力的发展要求,代表中国先进文化的前进方向,代表中国最广大人民的根本利益。中国共产党的坚强领导是中国实现社会主义现代化的根本保证,是维护中国国家统一、社会和谐稳定的根本保证,是把亿万人民团结起来、共同建设美好未来的根本保证。这是中国各族人民在长期革命、建设、改革实践中形成的政治共识。我国宪法确认了中国共产党的核心领导地位。在当代中国,中国共产党是执政党,是领导有中国特色社会主义建设事业的领导核心,在国家权力配置与运行中居于主导性地位。各民主党派是参政党。

本章依据宪法、党章等规定，简要介绍当代中国的政党法律制度以及执政党的法律地位和建设等内容。

第一节 政党

一 政党概述

（一）政党

据介绍，在当今世界的两百多个国家中，无论是发达国家还是发展中国家，除了梵蒂冈等约二十个国家没有政党之外，都有政党的组织存在。有的一个国家只存在一个政党，一般的是一个国家有几个或十几个政党，最多的一个国家有三百多个政党同时存在。其中，有的已存在几十年甚至一百多年，大多数则是新近组建的，也有的是由原来的党派经过分化组合演变而来的。以中国为例，中国政党出现于清末民初。从南京临时参议院成立到袁世凯解散国会，政党多时达三百余个，这一时期被人称为是中国政党林立的时代。为了指导中国的政党政治，熟悉西方政党政治真谛的章士钊、梁启超、孙中山、宋教仁等先后发表了一系列关于政党政治的文章，介绍西方关于政党、党德、政党内阁、政党组织以及政党政治的本质、组织形式、行为方式的基本常识，在中国第一次较系统地宣传了西方政党政治理念。但在从官僚、个人恣意专制政治形态向民主、法制和理性政治形态的转变过程中，多数政党不能按政党政治法则进行活动，而是承历史上朋党之余绪，为一己之私利而争执，置国家民族根本利益于不顾，许多政党历经劫难终没能走上政制轨道[①]。

综览近代以来的世界历史，不难发现，政党不仅是一种普遍存在的政治组织，而且这种组织的建立最正规、纲领最明确、活动最有序，因而其作用也就表现得最直接、最突出、最明显。大凡政府的组成与更迭、权力的分配与行使、政策的制定与执行，几乎都离不开政党的介入与参与。可以说，政党在不同范围的政治舞台上纵横捭阖，以不同的方式在不同程度上参与国家或国际政治、经济和社会生活，特别是围绕国家政权这个中心展开的政治活动，对国家和社会的发展产生了深刻的影响，是最活跃、最

[①] 白贵一：《论毛泽东的政党政治思想》，《中共天津市委党校学报》2004年第4期。

有影响的政治行为主体，构成了近现代政治史上一道纷繁变幻的政治景观①。

（二）政党概念

马克思主义认为，政党起源于阶级斗争，是阶级和阶级斗争发展到一定历史阶段的产物，其最终的原因就是隐藏在阶级斗争背后的经济地位的事实上的不平等。马克思、恩格斯虽然没有直接给政党下过定义，但在其有关政党的精辟论述中早已深刻地揭示出了政党的阶级本质。恩格斯指出："我在曼彻斯特时异常清晰地观察到，迄今为止在历史著作中根本不起作用或者只起极小作用的经济事实，至少在现代世界中是一个决定性的历史力量；这些经济事实形成了产生现代阶级对立的基础；这些阶级对立，在它们因大工业而得到充分发展的国家里，因而特别是在英国，又是政党形成的基础，党派斗争的基础"②。阶级分裂和斗争是现代政党得以发生的深层社会经济根源。不仅如此，政党产生的直接原因是各阶级之间的政治斗争。政治斗争意味着，各个阶级都试图通过掌握政权的方法来规定有利于本阶级的经济关系，以维护和实现本阶级的经济利益。历史上，政党正是各阶级为了角逐政权而形成的。就此，列宁精辟地指出："在以阶级划分为基础的社会中，敌对阶级之间的斗争在一定的发展阶段上势必变成政治斗争。各阶级政治斗争的最严整、最完全和最明显的表现就是各政党的斗争。"③可见，作为一种世界性的政治现象，阶级性是政党的本质特征。政党本质上是特定阶层利益的集中代表者，是由特定阶层中以部分最积极的分子组成的，具有明确政治主张，为夺取、影响和巩固政权而开展活动的政治组织。虽然仅从现象上看，政党似乎是一种有着悠久传统的政治组织，在东西方政治史上留下了早期的历史足迹，但是政党确是人类社会政治文明发展到近现代的历史产物。资产阶级政党是在欧美资产阶级革命过程中或在革命胜利后逐渐产生和发展起来的。资产阶级政党之所以能够最早产生，是因为当时的社会发展具备了其产生所必需的经济、政治和思想条件。无产阶级政党产生于资产阶级政党之后，它是无产阶级革命运动与马克思主义理论相结合的产物。

综上可见，什么是政党呢？政党就是指一定阶级、阶层或集团的积极

---

① 徐锋：《政党和政党制度比较研究》，东华大学出版社2005年1版，第1页。
② 《马克思恩格斯选集》（第4卷），人民出版社1995年版，第196页。
③ 《列宁选集》（第1卷），人民出版社1995年版，第676页。

分子为维护和实现本阶级、阶层或集团的根本利益，围绕夺取、巩固或影响国家政权而结合起来采取行动的现代政治组织①。作为现代政治的重要主体之一，政党本质上是特定阶级利益的集中代表者，是特定阶级政治力量中的领导力量，是由各阶级的政治中坚分子为了夺取或巩固国家政治权力而组成的政治组织②。当然，理论界对于政党所下定义还有其他表述，例如有的认为，政党是一种（a）常常试图通过占有政府职位来寻求其在国家中的影响力，（b）通常含纳不止一种社会利益，并因此在某种程度上试图"凝聚不同的社会利益"的组织机构③。

二 政党特征

政党是阶级的组织、阶级的核心和阶级利益的集中代表，政党斗争是阶级斗争的集中体现。所有这一切都表明了阶级性是政党的本质特征。但是在现实生活中，人们更多看到的不是政党的这一本质特征，而是其外部特征即一般特征。

（一）政党具有明确的政治目标

任何政党都具有自己明确的政治目标。政党的政治目标一般包含着紧密相连的两方面：一是政权目标，即夺取或巩固社会公共权力的目标④。政党实现政权目标的手段一般可分为和平选举和武装斗争两种。政权目标是所有政党的核心政治目标；二是社会目标，即社会治理和社会发展的目标。政党的社会目标又可分为近期目标和远期目标。近期目标是政党对于社会发展现阶段的政治要求，远期目标是政党最终要达到和实现的社会状

---

① 徐锋：《政党和政党制度比较研究》，东华大学出版社2005年版，第8页。
② 王浦劬主编：《政治学基础》，北京大学出版社1995年版，第265页。
③ 艾伦·韦尔：《政党与政党制度》，谢峰译，北京大学出版社2011年版，第11页。
④ 马克思在《法兰西内战》一文中曾言：正是在美国，"政治家"比在任何地方都更加地构成国民中一个特殊的和富有权势的部分。那里，两个轮流执政的大政党中的每一个政党，都是由这样一些人操纵的，这些人把政治变成一种收入丰厚的生意，拿合众国国会和各州议会的议席来投机牟利，或是以替本党鼓动为生，而在本党胜利后取得相当职位作为报酬。……正是从美国的例子上，可以最明显地看到"两大帮政治投机家，他们轮流执掌政权，用最肮脏的手段为最为卑鄙的目的运用这个政权""这些人表面上是替国民服务，实际上却是统治和掠夺国民的"［《马克思恩格斯选集》（第2卷），人民出版社1972年版，第335页］。福克斯在1784年1月12日的下院讲演中也宣称："政党总是被认为是利用多数人的疯狂来为少数人谋利，殊不知这正是它的长处所在"（转引自曹峰旗《马克思恩格斯关于资本主义政治制度的批判理论研究》，中知网，博士学位论文数据库）。

况和社会要求。社会目标是政党为政权目标而提出的政治见解和主张。

由于政权目标是政党的核心政治目标,政党的各种活动一般都是直接指向政权的,因此在资本主义国家中,政党把参加竞选作为自己最重要的政治使命,通过赢得竞选上台执政来控制国家政权。即使有些政党因规模小、力量弱,无力赢得选举和控制政权,但也努力通过自己的积极活动,迫使执政党实行某些有利于自己的政策。在社会主义国家中,各无产阶级政党一般都是通过武装斗争推翻资产阶级或封建地主阶级的统治,建立起社会主义的制度而上台执政的。因此,夺取和巩固政权就成为无产阶级政党在革命胜利之前和之后的主要政治目标。

(二) 政党有特定的政治纲领

政党为了有效地组织政治力量,开展政治活动,必须要把自己的政治目标上升为特定的政治纲领。马克思指出:"制定一个原则性纲领……这就是在全世界面前树立起可供人们用来衡量党的运动水平的里程碑"。恩格斯指出:"一个新的纲领毕竟总是一面公开树立起来的旗帜,而外界就根据它来判断这个党。"纲领表现了一个政党的性质、特点和政治目标,是政党团结政党成员、整合阶级力量、赢得群众的思想基础。列宁指出:"一个政党如果没有纲领,就不可能成为政治上比较完整的、能够在事态发生任何转折时始终坚持自己路线的有机体。"一个成熟的政党必须具有一个反映其阶级现实和长远目标及其实现步骤的纲领[①]。

政治纲领作为一个政党的指导思想和方针政策,具体包括两个方面的内容:一是政党的理想和信仰。要想具有凝聚力和战斗力,必须要有共同的理想和信仰。理想和信仰通常表现为比较抽象的特定理论、学说和主义等,并且具有原则性和持久性;二是政党的路线和政策。政党的核心目标是掌握政权、推行政策,因而必须有一套组织政府、治理国家、行使权力所必需的政治主张。政治主张在不同历史条件下可能会有不同的具体内容,其体现就是政党的路线和政策。各个政党政治纲领的表现形式是多种多样的,但都是现代政党对内加强团结统一的精神支柱,对外加强宣传和进行斗争的一面旗帜。

[①] 转引自林立公《马克思主义经典作家关于政党学说的基本思想》,《政治学研究》2011年第6期。

(三) 政党有较固定的组织成员

政党作为一个政治组织，组织成员即党员无疑是构成政党的基本细胞。任何政党如要履行一定的政治功能，发挥一定的政治影响，达到一定的政治目标，都离不开广大党员积极参与和辛勤工作。因此，党员是政党借以实现其政治纲领的主要力量源泉。政党作为阶级的组织和阶级利益的集中代表，其党员来源也通常表现出阶级的分野。如传统的资产阶级政党，其党员多以工商业资本家和高级专业技术管理人员为主；而无产阶级政党党员则多来源于工人阶级、农民阶级和一些要求革命进步的知识分子。当然，政党的这种阶级基础和阶级性质并非是一成不变的，且不同的政党根据各自不同的历史背景和政治传统，对其党员的界定和分类也各不相同。另外，政党本质上是特定阶级的政治组织，政党是阶级的一个部分。政党的产生反映了在阶级差别、阶级对立以及阶级斗争的过程中，不同阶级的成员逐渐产生的阶级意识，亦即必须组成政党同对立阶级展开斗争、维护本阶级共同利益的阶级觉悟，因此，政党成员都是本阶级当中具有本阶级自觉的那一部分人。

(四) 政党通常由最有威信、最有影响、最有经验的领袖集团主持

任何政党都有一个比较稳定的领导核心。一定的阶级、阶层或社会集团都要造就和选择一批经过考验、具有政治经验、斗争艺术和组织才能的政治人物，来充当政党的领袖。领袖既可以是个人，也可是领导核心。政党主要由领袖集团去统一全体党员进而统一本阶级、阶层或社会集团的思想和意志，集中指导全体党员进而指导本阶级、阶层或社会集团的联合行动。

(五) 政党有较严密的组织系统

任何政党为了实现自己的政治目标和政治纲领，都需建立一套稳定的较严密的组织系统。否则，政党就无法把分散的党员集聚起来，共同行动，实现党的奋斗目标。因此，有一套较为严格的组织系统是政党的重要特征之一，同时也是政党发挥作用的一条重要途径。政党的组织系统从中央到基层可划分为许多级别，并有多种形式。全国性的统一的政党，在中央通常设有全国代表大会、中央委员会、主席、主席团等领导机构；在地方通常按照国家行政区划、行政单位或选举单位的划分而设有各级地方组织。此外，许多政党还建立和吸收一些青年、劳工、妇女组织作为自己的

外围组织。

（六）政党有较严明的组织纪律

政党作为阶级的核心，为了发挥其领导作用，一般都根据各国政治生活的习惯及需要，制定有一套成文或不成文的组织纪律，以控制和制约其成员的行为，统一全党的行动。组织纪律是政党开展活动的组织保证，它的内容和形式是由政党的性质决定的。资产阶级政党的组织纪律通常是用来控制党员在竞选中投本党候选人的票，或者在议会表决中实现本党的政治意图，把党员变成投票和表决的工具。无产阶级政党的组织纪律是无产阶级阶级性的集中表现，是建立在民主集中制基础之上的，是以保持党的组织上的统一和巩固，思想上的先进性和纯洁性，政治上的统一和团结为目的的，是无产阶级政党的战斗力的源泉之一。政党的组织纪律具体表现在许多方面，且不同类型和性质的政党、其组织纪律的严明程度相差也很大。但是，严明纪律能禁止少数人自由散漫，防止无政府主义和个人主义的滋长，保障绝大多数人步调一致，奋发向上，保证党的团结，增强党的力量。因此，政党需要组织纪律，严明的组织纪律是政党的基本特征之一。

综上，对政党的考察与分析，既要抓住其本质特征——阶级性，也要充分认识其一般特征——政治目标、政治纲领、组织成员、组织系统和组织纪律等，只有将二者有机地结合起来，才能从整体上反映出政党的基本面貌。同时也要认识到，由于社会政治生活的复杂性和多变性，政党的上述特征，在不同国家、不同时期及不同政党中显现的程度也是不同的，并处在不断地变化之中。此外，某些政党和社会团体在一定条件下会发生相互转化。因此，具体确定一个政治组织是不是政党，应根据政党的基本特征进行综合考察和全面分析。

三　政党的基本功能

政党之所以能够作为整个现代民主政治的中心环节起作用，是由客观存在的基本功能决定的。政党在现代民主政治中有许多重要的甚至是不可替代的功能，具体来说：

（一）利益表达功能

政党总是代表一定阶级、阶层或集团。把这些阶级、阶层或集团的利益、愿望和要求表达、反映出来的过程，就是利益表达。利益表达可以通过许多渠道来实现，政党是其中很重要的渠道，利益表达功能是政党一项很重要的功能。处在不同条件下的政党，履行利益表达功能的情况往往有很大的差别，例如执政党有履行这一功能的良好条件。

（二）利益综合功能

政党不能简单地充当传达民众意见和要求的工具，不能只是"传声筒""传送带"。如果那样的话，政党的地位很快就会被诸如民意测验机构等组织所取代，因为后者在即使没有政党的情况下也完全可以把民意体现出来。政党最重要的是能够作为一种力量，使民众的要求成为权力机关的压力。要做到这一点，政党就必须把它所代表的那部分民众的意见和要求加以综合，变成党的政策主张。利用这种主张对政府运作施加影响，或在成为执政党的情况下在政府运作过程中贯彻这种主张，这也是政党政治的典型特点。

（三）政治录用功能

政党首先与争取执政有关，它要解决如何把民众的意志带到政治共同体中去的问题，利益表达和利益综合的功能便由此而来。政党力图通过执政来执行或实现这些功能。在执政过程中，政党不仅应该为民众提供政策方案，而且应当提供执政人员的方案。政党的重要职责之一，就是要通过有组织的活动，在日常生活中把社会上的精英按照他们的能力和价值观念吸收到党内，储存起来，并把他们作为本党的人选推荐给选民，这就是政党的政治录用功能。这里的"录用"有两层含义：一是政党总是千方百计地把社会精英吸引到自己身边，以便在执政时把他们安排到政府运作的重要环节上，提高政府的施政能力；二是政党把能够体现政党意图的积极分子推荐给民众，由民众把他们选举到权力机构中去。

（四）政治社会化功能

政党的利益表达、利益综合、政治录用等功能的发挥是政党与公众之间的双向互动。因为，虽然民众有自己的利益，却并不一定能意识到这种利益并去捍卫它。人民参与政治有一个从不知到知、从不自觉到自觉的过程。这个过程，就是政治社会化。在政治社会化过程中，政党发挥着不可替代的作用，它们不但要表达和综合民众的利益，而且负有使民众逐渐认识到自身的利益并不断强化这种认识的责任。总之，政治社会化功能是政党的一项极其重要的功能。

（五）影响和参与国际政治事务的功能

自19世纪中叶以来，政党已不仅是国内政治的重要因素，而且已成为国际政治的重要力量。许多政党或政党联盟都在力图影响和积极参与国际政治事务，它们已成为国际政治的特定主体，它们之间的关系也已成为国际关系的重要内容。因此，影响和参与国际政治事务成为许多政党或政党联盟的一项重要职能。

第二节 当代中国政党制度

一 当代中国政党制度概述

（一）当代中国政党制度

《中华人民共和国宪法》明确规定，"在长期的革命和建设过程中，已经结成由中国共产党领导的，有各民主党派和各人民团体参加的，包括全体社会主义劳动者、社会主义事业的建设者、拥护社会主义的爱国者和拥护祖国统一的爱国者的广泛的爱国统一战线，这个统一战线将继续巩固和发展。中国人民政治协商会议是有广泛代表性的统一战线组织，过去发挥了重要的历史作用，今后在国家政治生活、社会生活和对外友好活动中，在进行社会主义现代化建设、维护国家的统一和团结的斗争中，将进一步发挥它的重要作用。中国共产党领导的多党合作和政治协商制度将长期存在和发展"。可见，当代中国的政党制度是中国共产党领导的多党合作和政治协商制度，它既不同于西方国家的两党或多党竞争制，也有别于有的国家实行的一党制。这一制度在中国长期的革命、建设、改革实践中形成和发展起来，是适合中国国情的一项基本政治制度，是具有中国特色的社会主义政党制度，是中国社会主义民主政治的重要组成部分。

中国共产党领导的多党合作制是在新民主主义革命过程中形成的。主要在抗日战争时期（1937—1945年）和解放战争时期（1945—1949年）成立的各民主党派，其社会基础是民族资产阶级、城市小资产阶级以及同这些阶级相联系的知识分子和其他爱国分子，有着反帝、爱国、民主的政治要求，是中国社会的进步力量。中国共产党与各民主党派建立了亲密的合作关系，并在严酷斗争中不断加强这种关系，为实现中国的和平、民主而共同奋斗。在抗日战争时期，民主党派积极参加中国共产党领导的抗日民族统一战线，广泛开展抗日民主运动，同中国共产党一道，共同为坚持抗战、团结、进步而努力，反对国民党顽固派的投降、分裂、倒退行径；抗日战争胜利后，民主党派同中国共产党一道，反对国民党蒋介石集团的内战、独裁政策。中国共产党在领导新民主主义革命走向胜利的伟大斗争中，确立了在中国各种革命力量中的核心领导地位。各民主党派、无党派民主人士在长期实践中经过比较，自觉地、郑重地选择了中国共产党的领导。1948年4月，中国共产党提出召开新政治协商会议、成立民主联合政府的主张，得到各民主党派和无党派民主人士热烈响应。他们公开表示，愿意在中国共产党的领导下，共同为建立新中国而奋斗。1949年9月中国人民政治协商会议的召开，标志着中国共产党领导的多党合作和政治协商制度的正式确立，中国共产党与各民主党派和无党派民主人士共同参加新中国国家政权建设。

中华人民共和国成立后，中国共产党在执政条件下进一步加强同各民主党派的团结合作，不断推进多党合作的理论创新和实践发展。1956年社会主义改造基本完成后，根据中国阶级状况发生的深刻变化，中国共产党提出了"长期共存、互相监督"的八字方针，明确共产党存在多久，民主党派就存在多久，共产党可以监督民主党派，民主党派也可以监督共产党；由于共产党居于领导、执政地位，主要是民主党派监督共产党。社会主义条件下中国多党合作的基本格局由此确立。1957年后特别是"文化大革命"（1966—1976年）期间，多党合作制度遭受严重挫折。1978年实行改革开放以来，根据形势和任务的变化，中国共产党明确多党合作是中国政治制度的一个特点和优势，确立了中国共产党与各民主党派"长期共存、互相监督、肝胆相照、荣辱与共"的十六字方针，提出了一整套关于多党合作和政治协商的理论和政策，使坚持和完善多党合作制度成为中国特色社会主义理论和实践的重要组成部分。1989年中国共产党制定了坚持和完善中国共产党领导的多党合作和政治协商制度的意见，多党合作和政治协商走上了制度化轨道。1993年召开的第八届全国人民代表大会第一次会议，将"中国共产党领导的多党合作和政治协商制度将长期存在和发展"载入宪法，中国多党合作制度有了明确的宪法依据。2002年中共十六大后，从建设社会主义政治文明的高度，中国共产党先后制定了进一步加强中国共产党领导的多党合作和政治协商制度建设的意见和加强人民政协工作的意见，使多党合作制度进一步规范化和程序化。

(二) 当代中国政党制度的基本特征

当代中国的政党制度是中国共产党领导的多党合作和政治协商制度，它既不同于西方国家的两党或多党竞争制，也有别于有的国家实行的一党制。其显著特征是：中国共产党领导、多党派合作，中国共产党执政、多党派参政。各民主党派是与中国共产党团结合作的亲密友党和参政党，而不是反对党或在野党。各民主党派参加国家政权，参与国家大政方针和国家领导人选的协商，参与国家事务的管理，参与国家方针政策、法律法规的制定和执行。简言之，当代中国的政党制度具有两个基本特点：一是多党合作；二是中国共产党的领导。中国共产党与各民主党派合作的基本方针是"长期共存、互相监督、肝胆相照、荣辱与共"。

在多党合作制中，中国共产党处于领导地位，这是中国多党合作制度的前提，也是多党合作制度的关键。没有中国共产党的领导，也就没有多党合作制。当然，中国共产党的领导是政治领导，即对政治原则、政治方向以及重大决策的领导。民主党派接受共产党的政治领导，必然体现在各民主党派承认并支持共产党对国家政权的领导，承认并支持共产党肩负的执政党的历史地位和使命[①]。

二 当代中国的多党合作制度

中国目前共有九个政党。除中国共产党外，还有中国国民党革命委员会（1948年成立）、中国民主同盟（1941年成立）、中国民主建国会（1945年成立）、中国民主促进会（1945年成立）、中国农工民主党（1930年成立）、中国致公党（1925年成立）、九三学社（1945年成立）、台湾民主自治同盟（1947年成立）。由于这些政党大都成立于中国人民抗日战争（1937—1945年）和解放战争（1946—1949年）时期，是在争取实现民族解放和人民民主的斗争中建立的，因此被称为"民主党派"。在新民主主义革命时期，民主党派的社会基础是民族资产阶级、城市小资产阶级和同这些阶级相联系的知识分子以及其他爱国民主人士。它们不是单一阶级的政党，而是带有阶级联盟性质的组织，在政治态度上存在左、中、右的政治分野。其政治主张与中国共产党民主革命时期的政治纲领基本一致。中国共产党对民主党派采取争取、联合的方针，在抗日战争和反

[①] 谢庆奎主编：《中国当代政府与政治》，高等教育出版社，第79页。

对国民党反动统治的斗争中，中国共产党同民主党派建立了合作关系，各民主党派在斗争中经受了考验。1949年9月，参加中国人民政治协商会议第一次全体会议的共有11个民主党派，初步形成了共产党领导的多党合作和政治协商制度的格局。1949年底，三民主义同志联合会、中国国民党民主促进会并入中国国民党革命委员会，中国人民救国会自行宣布解散，遂形成现有的八个民主党派的格局。中华人民共和国成立后，各民主党派都确定以《共同纲领》和宪法、人民政协章程总纲作为自己的政治纲领，积极参加人民政权和人民政协的工作，为巩固人民民主专政，顺利实现社会主义改造和迅速发展社会主义建设事业，发挥了重要作用。国家进入社会主义现代化建设的新时期以后，各民主党派的性质亦随之发生根本变化，成为各自所联系的一部分社会主义劳动者和拥护社会主义的爱国者的政治联盟，是接受中国共产党领导的、同中国共产党通力合作、共同致力于社会主义事业的亲密友党。

（一）多党合作制度中，中国共产党和各民主党派在国家政治生活中的地位、作用和相互关系

1. 中国共产党处于领导和执政地位。中国共产党从成立那天起，在95年波澜壮阔的历史进程中，紧紧依靠人民，为中华民族作出了伟大历史贡献。这个伟大历史贡献，就是中国共产党团结带领中国人民进行28年浴血奋战，打败日本帝国主义，推翻国民党反动统治，完成新民主主义革命，建立了中华人民共和国。这一伟大历史贡献的意义在于，彻底结束了旧中国半殖民地半封建社会的历史，彻底结束了旧中国一盘散沙的局面，彻底废除了列强强加给中国的不平等条约和帝国主义在中国的一切特权，实现了中国从几千年封建专制政治向人民民主的伟大飞跃。这个伟大历史贡献，就是中国共产党团结带领中国人民完成社会主义革命，确立了社会主义基本制度，消灭了一切剥削制度，推进了社会主义建设。这一伟大历史贡献的意义在于，完成了中华民族有史以来最为广泛而深刻的社会变革，为当代中国一切发展进步奠定了根本政治前提和制度基础，为中国发展富强、中国人民生活富裕奠定了坚实基础，实现了中华民族由不断衰落到根本扭转命运、持续走向繁荣富强的伟大飞跃。这个伟大历史贡献，就是中国共产党团结带领中国人民进行改革开放新的伟大革命，极大激发广大人民群众的创造性，极大解放和发展社会生产力，极大增强社会发展活力，人民生活显著改善，综合国力显著增强，国际地位显著提高。这一

伟大历史贡献的意义在于，开辟了中国特色社会主义道路，形成了中国特色社会主义理论体系，确立了中国特色社会主义制度，使中国赶上了时代，实现了中国人民从站起来到富起来、强起来的伟大飞跃。中国共产党领导中国人民取得的伟大胜利，使具有5000多年文明历史的中华民族全面迈向现代化，让中华文明在现代化进程中焕发出新的蓬勃生机；使具有500年历史的社会主义主张在世界上人口最多的国家成功开辟出具有高度现实性和可行性的正确道路，让科学社会主义在21世纪焕发出新的蓬勃生机；使具有60多年历史的新中国建设取得举世瞩目的成就，中国这个世界上最大的发展中国家在短短30多年里摆脱贫困并跃升为世界第二大经济体，彻底摆脱被开除球籍的危险，创造了人类社会发展史上惊天动地的发展奇迹，使中华民族焕发出新的蓬勃生机①。中国共产党的领导地位是在长期革命、建设、改革实践中形成并巩固起来的，是历史的选择、人民的选择。"中国特色社会主义最本质的特征是中国共产党领导，中国特色社会主义制度的最大优势是中国共产党领导。坚持和完善党的领导，是党和国家的根本所在、命脉所在，是全国各族人民的利益所在、幸福所在。"②

2. 各民主党派是参政党。中国人民民主专政的内在要求和各民主党派在中国政治生活中的实际作用，决定了民主党派的参政党地位。各民主党派作为各自所联系的一部分社会主义劳动者、社会主义事业建设者和拥护社会主义爱国者的政治联盟，属于人民的范畴，他们在中国共产党的领导下参政，是人民民主的重要体现。民主党派参政的基本点是：参加国家政权，参与国家大政方针和国家领导人选的协商，参与国家事务的管理，参与国家方针政策、法律法规的制定和执行。

具体来说，各民主党派主要通过以下方式和途径实现参政议政：（1）在各级人民代表大会中参政议政、发挥监督作用。人民代表大会制度是我国的根本政治制度。人民代表大会是我国人民行使国家权力的机关，也是各民主党派、无党派人士参政议政和发挥监督作用的重要机构。《全国人民代表大会和地方各级人民代表大会选举法》规定，全国和地方各级人民代表大会的代表候选人，按选区或者选举单位提名产生。各政

---

① 习近平：《在庆祝中国共产党成立95周年大会上的讲话》。
② 同上。

党、各人民团体，可以联合或者单独推荐代表候选人①。《中共中央关于进一步加强中国共产党领导的多党合作和政治协商制度建设的意见》（中发〔2005〕5号）明确要求，"要保证民主党派成员、无党派人士在全国人大代表、人大常委会委员和人大常设专门委员会委员中占有适当比例，并可聘请有相应专长的民主党派成员、无党派人士担任专门委员会顾问。在省、自治区、直辖市的人大中应保证民主党派成员、无党派人士占适当比例。在市、州、县人大中应保证无党派人士占适当比例。在有民主党派组织的市、州、县应保证民主党派成员在人大中占适当比例。"（2）担任政府及司法机关的领导职务。《中共中央关于进一步加强中国共产党领导的多党合作和政治协商制度建设的意见》（中发〔2005〕5号）明确规定，"应采取切实措施，选配民主党派成员、无党派人士担任国务院及其有关部委和县以上地方政府及其有关部门的领导职务。""推举符合条件的民主党派成员和无党派人士担任检察、审判机关的领导职务。"（3）在各级人民政协中以本党派的名义发表言论、提出议案。人民政协是我国的爱国统一战线组织，也是共产党领导的多党合作和政治协商的一种重要组织形式，是各民主党派和无党派人士参政议政的重要场所。《中共中央关于进一步加强中国共产党领导的多党合作和政治协商制度建设的意见》（中发〔2005〕5号）明确规定，"在政协的各种会议上，要切实保障政协委员提出批评的自由和发表不同意见的自由。在政协会议上，民主党派可以本党派名义发言、提出提案。""要保证民主党派和无党派人士在政协常委和政协领导成员中占有一定比例。政协各专门委员会要有民主党派和无党派人士参加，政协机关中应有一定数量的民主党派和无党派人士担任专职领导干部，并真正做到有职、有责。"（4）参加共产党召开的民主协商会。中国共产党同各民主党派领导人和无党派代表人士进行政治协商，是共产党领导的多党合作和政治协商制度的一项重要内容。通过以上各种形式的参政议政、政治协商，各民主党派可以充分表达他们及其所联系的那部分人民群众的意见，对共产党和国家的方针政策及各项工作提出批评和建议，充分发挥参政党的作用。

  3. 中国共产党与各民主党派形成了团结合作的新型政党关系。中国共产党与各民主党派在长期的共同奋斗中，形成了亲密的友党关系。中国

---

① 《全国人民代表大会和地方各级人民代表大会选举法》第二十九条。

共产党的基本理论、基本路线、基本纲领、基本经验得到各民主党派的认同，建设中国特色社会主义成为中国各政党的共同目标。在保持宽松稳定、团结和谐的政治环境中，中国共产党与各民主党派实行广泛的政治合作，照顾同盟者的政治利益和物质利益，团结他们一道前进。

4. 中国共产党与各民主党派的合作具有丰富的内容。第一，中国共产党就重大方针政策和重要事务同各民主党派进行政治协商，实行相互监督。第二，各民主党派成员在国家权力机关中占有适当数量，依法履行职权。第三，各民主党派成员担任国家及地方人民政府和司法机关的领导职务；各级人民政府通过多种形式与民主党派联系，发挥他们的参政议政作用。第四，各民主党派通过人民政协参加国家重大事务的协商。第五，中国共产党支持民主党派参加改革开放和社会主义现代化建设。

5. 中国共产党与各民主党派互相监督。毛泽东曾指出："为什么要让民主党派监督共产党呢？这是因为一个党同一个人一样，耳边还需要听到不同的声音。大家知道，主要监督共产党的是劳动人民和党员群众。但是有了民主党派，对我们更为有益。"[①] 在新的历史时期，民主党派民主监督的内容是：国家宪法和法律法规的实施情况；中国共产党和政府重要方针政策的制定和贯彻执行情况；中国共产党各级党委的工作和中共党员领导干部履行职责、为政清廉等方面的情况。民主党派的监督，对于加强和改善中国共产党的领导，健全社会主义监督体系，有着重要而独特的作用。

(二) 多党合作制度的基本内容

多党合作制度包含三个方面的基本内容：第一，多党合作制以宪法为活动的根本准则。宪法是根本大法，具有最高的权威和最高的法律效力。中国共产党和各民主党派作为政党在宪法上得到承认。中国共产党同各民主党派在法律上是平等的，都是中国的合法政党。各民主党派可以按照自身的纲领、章程，独立的开展各种活动。中国共产党尊重和支持各民主党派独立自主处理内部事务。第二，多党合作制具有共同的奋斗目标。不论是中国共产党，还是各民主党派，都把"建设富强、民主、文明的社会主义国家"作为自己的奋斗目标。第三，多党合作制具有政治协商、民主监督、参政议政的传统。中国共产党通过座谈会、讨论会等与各民主党

---

① 《毛泽东文集》(第7卷)，人民出版社1999年版，第235页。

派共商国是,各级人民政治协商会议成为各民主党派参政议政、民主监督的重要场所。

总之,中国多党合作制度创立了一种新型的政党制度形式,在世界政党制度中独具特色。中国共产党同各民主党派既亲密合作又互相监督,而不是互相反对。中国共产党依法执政,各民主党派依法参政,而不是轮流执政。这一制度与人民代表大会制度相适应,实现人民当家做主,而不是少数人的民主。

三 当代中国多党合作制度中的政治协商

政治协商是当代中国多党合作制度的重要内容。中国共产党就国家重大方针政策和重要事务在决策前和决策执行过程中与各民主党派、无党派人士进行协商,是实行科学决策、民主决策的重要环节,是中国共产党提高执政能力的重要途径。多党合作制度中的政治协商主要有两种基本方式:一是中国共产党同各民主党派的协商;二是中国共产党在人民政协同各民主党派和各界代表人士的协商[①]。

(一)中国共产党同各民主党派的协商

主要包括:中国共产党全国代表大会、中央委员会的重要文件;宪法和重要法律的修改建议;国家领导人的建议人选;关于推进改革开放的重要决定;国民经济和社会发展的中长期规划;关系国家全局的一些重大问题;通报重要文件和重要情况并听取意见,以及其他需要协商的重要问题等。

中共中央同各民主党派中央政治协商的主要形式是:中共中央邀请各民主党派领导人举行民主协商会,就中共中央将要提出的大政方针进行协商;中共中央主要领导人根据形势需要,不定期邀请民主党派领导人举行高层次、小范围的谈心活动,沟通思想,交换意见;中共中央或中共中央委托有关方面召开民主党派和无党派代表人士座谈会,通报或交流重要情况,听取民主党派提出的政策性建议,或讨论某些专题;除会议协商外,民主党派中央还可就国家大政方针及其他重大问题向中共中央提出书面建议。

---

① 国务院新闻办公室:《中国的政党制度》白皮书,2007年11月发布,国务院新闻办公室网站 www.scio.gov.cn。

中共中央同各民主党派中央政治协商的主要程序是：中共中央根据年度工作重点，研究提出全年政治协商规划；协商的议题提前通知各民主党派中央、无党派人士，并提供相关材料；各民主党派中央组织相关人员阅读文件，调查研究，对协商议题进行集体研究后，提出意见和建议；在协商过程中充分发扬民主，广泛听取意见，求同存异；中共中央认真研究民主党派中央、无党派人士提出的意见和建议，对重要意见和建议的采纳情况及时进行反馈。

（二）中国共产党在人民政协同各民主党派和各界代表人士的协商

中国共产党在人民政协同各民主党派、无党派人士和各界代表人士的协商，是政治协商的另一重要方式。人民政协由34个界别组成，包括中国共产党、各民主党派、无党派人士以及各界代表人士。加强人民政协的政治协商，是发展社会主义民主政治、建设社会主义政治文明的重要内容。

四 当代中国多党合作制度的价值和功能

我国多党合作制度的价值和功能主要体现在以下方面：

（一）政治参与

多党合作制度为各民主党派的政治参与开辟了制度化渠道，把各种社会力量纳入政治体制，巩固和扩大人民民主专政国家政权的基础；调动各方面积极性，广集民智，广求良策，推动执政党和政府决策的科学化、民主化；在保持社会稳定的前提下，推进社会主义民主积极稳步发展。

（二）利益表达

中国是一个人口众多的大国，存在不同的阶级、阶层和社会群体。人民内部在根本利益一致的基础上存在着具体利益的差别和矛盾。特别是随着社会主义市场经济的发展，经济体制深刻变革，社会结构深刻变动，利益格局深刻调整，思想观念深刻变化。多党合作制度能够有效反映社会各方面的利益、愿望和诉求，畅通和拓宽社会利益表达渠道，协调利益关系，照顾同盟者利益，从而保持社会和谐稳定。

（三）社会整合

中国现代化建设的艰巨性和复杂性，要求政治制度具备高度的社会整合功能。多党合作制度以中国共产党的坚强领导为前提，又有各民主党派的广泛合作，从而形成强大的社会整合力。在建设中国特色社会主义大目标下，中国共产党紧密团结民主党派，形成高度的政治认同，促进政治资源的优化配置，调动各方面的积极性，引导和组织社会沿着现代化的方向不断前进。

（四）民主监督

中国共产党与各民主党派互相监督，有利于强化体制内的监督功能，避免由于缺乏监督而导致的种种弊端。各民主党派反映和代表着各自所联系群众的具体利益和要求，能够反映社会上多方面的意见和建议，能够提供一种中国共产党自身监督之外更多方面的监督，有利于执政党决策的科学化、民主化，更加自觉地抵制和克服官僚主义和各种消极腐败现象，加强和改进执政党的工作。

（五）维护稳定

中国多党合作制度以合作、协商代替对立、争斗，避免了政党互相倾轧造成的政局不稳和政权频繁更迭，最大限度地减少社会内耗，维护安定团结的社会政治局面。这一制度既有中国共产党的坚强领导，又有各民主党派的广泛参与，能够有效化解各种社会矛盾和冲突，保持政治稳定和社会和谐。

总之，我国多党合作制度创立了一种新型的政党制度形式，在世界政党制度中独具特色。中国共产党同各民主党派既亲密合作又互相监督，而不是互相反对。中国共产党依法执政，各民主党派依法参政，而不是轮流执政。这一制度与人民代表大会制度相适应，实现人民当家做主，而不是少数人的民主。因此多党合作制度，反映了人民当家做主的社会主义民主的本质要求，体现了中国政治制度的特点和优势：既能实现广泛的民主参与，集中各民主党派、各人民团体和各界人士的智慧，促进执政党和各级政府决策的科学化、民主化，又能实现集中统一，统筹兼顾各方面群众的利益要求；既能避免一党执政缺乏监督的弊端，又可避免多党纷争、互相倾轧造成的政治混乱和社会不安定团结。

第三节　当代中国执政党法律制度

一　当代中国的执政党

（一）执政党概念

执政党是指通过制度性选举或暴力革命而执掌一国政权的政党。在当代中国，中国共产党是唯一的执政党。中国共产党自 1921 年成立以来，已经走过了 95 年的光辉历程，前 28 年是作为革命政党为夺取全国政权而奋斗，后 67 年是作为执政党为巩固政权而奋斗。

(二) 当代中国的执政党

1921 年，五四运动之后，在中华民族内忧外患、社会危机空前深重的背景下，在马克思列宁主义同中国工人运动相结合的进程中，中国共产党诞生了。中国共产党的产生，是开天辟地的大事变。这一开天辟地的大事变，深刻改变了近代以后中华民族发展的方向和进程，深刻改变了中国人民和中华民族的前途和命运，深刻改变了世界发展的趋势和格局[①]。中国共产党成为当代中国唯一执政党，不但是近代以来中国历史发展的逻辑必然，而且是中国人民基于历史必然性所做的自觉和自愿选择，同时也是中国共产党自身积极有为努力奋斗取得的丰硕成果。中国共产党从革命党转变为执政党的基本事实有力说明：执政党是执掌国家政权的党，也是获得多数人信任、拥护和支持的党。

二 当代中国政治制度的法律性渊源：宪法与党章

执政党取得执政地位、需要解决合法性问题，亦即其领导地位、执政权力不仅要得到民众的拥护，也要得到宪法的确认，这也是一个政党从革命型转化为执政型、获得政权和巩固政权的根本问题。

(一) 宪法

宪法是国家的根本大法，它调整社会关系中的政治关系[②]。新中国成立以来共颁布过四部宪法，即 1954 年宪法、1975 年宪法、1978 年宪法和 1982 年宪法。作为国家的根本性法律，宪法的历史最典型地体现了一个

[①] 习近平：《在庆祝中国共产党成立 95 周年大会上的讲话》。

[②] 我国宪法主要在以下几方面体现了它是中国政治制度的法律性渊源：一是宪法规定了中国政治制度的宏观架构，具体来说首先它以最高法、根本法的形式确定了中国的国体和政体，其次规定了中国政治制度的基本机构设置及其基本职权、组成、运行规则；二是宪法规定了中国政治制度中的宏观法权关系，例如，国家行政机关、审判机关、检察机关都由人民代表大会产生，对它负责，受它监督，人民法院依照法律规定独立行使审判权，不受行政机关、社会团体和个人的干涉；三是宪法确立了中国政治制度的基本价值取向与原则，这就是坚持中国共产党的领导和党的指导思想，人民主权，依法治国，中华人民共和国的国家机构实行民主集中制的原则。正是由于我国宪法明确规定了政治制度的宏观架构、法权关系、基本价值取向与原则。这样，宪法在法律体系中作为国家最高法、根本法的权威性，就从文本意义上转化为基本政治制度、规则、价值的权威性与合法性。

国家的制度变迁历史①。关于中国共产党在国家生活中的地位、职权及其程序问题，中华人民共和国的四部宪法有不同的规定：

1954年宪法。关于中国共产党的地位，1954年宪法在序言中有两个明确规定：其一是明确"中国人民经过一百多年的英勇奋斗，终于在中国共产党领导下，在1949年取得了反对帝国主义、封建主义和官僚资本主义的人民革命的伟大胜利，因而结束了长时期被压迫、被奴役的历史，成立了人民民主专政的中华人民共和国"。其二是明确"我国人民在建立中华人民共和国的伟大斗争中已经结成以中国共产党为领导的各民主阶级、各民主党派、各人民团体的广泛的人民民主统一战线"。可见，1954年宪法确认了在中国共产党"领导下，在1949年取得了反对帝国主义、封建主义和官僚资本主义的人民革命的伟大胜利"和在统一战线中的领导地位，但是，并没有确认中国共产党在整个国家中的领导地位，也没有规定中国共产党在国家生活中的职权。

1975年宪法。1975年宪法对于中国共产党的领导地位，作了较为详细的规定：一是在序言中确认"中华人民共和国的成立，标志着中国人民经过一百多年的英勇奋斗，终于在中国共产党领导下，用人民革命战争推翻了帝国主义、封建主义和官僚资本主义的反动统治，取得了新民主主义革命的伟大胜利，开始了社会主义革命和无产阶级专政的新的历史阶段"。二是在序言中确认："二十多年来，我国各族人民在中国共产党领导下，乘胜前进，取得了社会主义革命和社会主义建设的伟大胜利，取得了无产阶级文化大革命的伟大胜利，巩固和加强了无产阶级专政"。三是在序言中表达了"我国人民有充分的信心，在中国共产党领导下，战胜国内外敌人，克服一切困难，把我国建设成为强大的无产阶级专政的社会主义国家，对于人类作出较大的贡献"的政治决心。四是在总纲中明确规定："中国共产党是全中国人民的领导核心。工人阶级经过自己的先锋队中国共产党实现对国家的领导。马克思主义、列宁主义、毛泽东思想是我国指导思想的理论基础"（1975年《宪法》第二条）。五是明确规定了中国共产党对于国家政权的领导。具体是：（1）"中国人民解放军和民兵是中国共产党领导的工农子弟兵，是各族人民的武装力量。中国共产党中央委员会主席统率全国武装力量"（1975年《宪法》第十五条）。

---

① 杨光斌：《当代中国政治制度导论》，中国人民大学出版社2015年版，第21页。

(2)"全国人民代表大会是在中国共产党领导下的最高国家权力机关"(1975年《宪法》第十六条)。(3)全国人民代表大会的职权是：修改宪法，制定法律，根据中国共产党中央委员会的提议任免国务院总理和国务院的组成人员，批准国民经济计划、国家的预算和决算，以及全国人民代表大会认为应当由它行使的其他职权(1975年《宪法》第十七条)。六是明确规定："公民的基本权利和义务是，拥护中国共产党的领导，拥护社会主义制度，服从中华人民共和国宪法和法律。保卫祖国，抵抗侵略，是每一个公民的崇高职责。依照法律服兵役是公民的光荣义务"(1975年《宪法》第二十六条)。

1978年宪法。1978年宪法关于中国共产党在国家生活中的法律地位的规定和1975年宪法基本一致。具体来说：一是在序言中确认："在伟大领袖和导师毛泽东主席为首的中国共产党的领导下，用人民革命战争推翻了帝国主义、封建主义和官僚资本主义的反动统治，取得了新民主主义革命的彻底胜利，在1949年建立了中华人民共和国"。"新中国成立以后，在毛主席和中国共产党领导下，我国各族人民在政治、经济、文化、军事、外交各条战线……取得了社会主义革命和社会主义建设的伟大胜利"。二是在总纲中明确规定：(1)"中国共产党是全中国人民的领导核心。工人阶级经过自己的先锋队中国共产党实现对国家的领导"(1978年《宪法》第二条)；(2)"国家在发展国民经济中，坚持独立自主、自力更生、艰苦奋斗、勤俭建国的方针，以农业为基础、工业为主导的方针，在中央统一领导下充分发挥中央和地方两个积极性的方针"(1978年《宪法》第十一条第二款)。三是明确规定了中国共产党对于国家政权的领导，具体是：(1)全国人民代表大会行使的"职权"之一是："根据中国共产党中央委员会的提议，决定国务院总理的人选"(1978年《宪法》第二十二条)；(2)"中华人民共和国武装力量由中国共产党中央委员会主席统率。中国人民解放军是中国共产党领导的工农子弟兵，是无产阶级专政的柱石。国家大力加强中国人民解放军的革命化现代化建设，加强民兵建设，实行野战军、地方军和民兵三结合的武装力量体制"(1978年《宪法》第十九条)。四是明确规定："公民必须拥护中国共产党的领导，拥护社会主义制度，维护祖国的统一和各民族的团结，遵守宪法和法律"(1978年《宪法》第五十六条)。

1982年宪法。关于中国共产党在国家政治生活中的地位，1982年

《宪法》只是在序言中作了如下确认：一是确认"一九四九年，以毛泽东主席为领袖的中国共产党领导中国各族人民，在经历了长期的艰难曲折的武装斗争和其他形式的斗争以后，终于推翻了帝国主义、封建主义和官僚资本主义的统治，取得了新民主主义革命的伟大胜利，建立了中华人民共和国。从此，中国人民掌握了国家的权力，成为国家的主人。"二是确认："中国新民主主义革命的胜利和社会主义事业的成就，是中国共产党领导中国各族人民，在马克思列宁主义、毛泽东思想的指引下，坚持真理，修正错误，战胜许多艰难险阻而取得的。"三是提出了"中国各族人民将继续在中国共产党领导下，在马克思列宁主义、毛泽东思想、邓小平理论和'三个代表'重要思想指引下，坚持人民民主专政，坚持社会主义道路，坚持改革开放，不断完善社会主义的各项制度，发展社会主义市场经济，发展社会主义民主，健全社会主义法制，自力更生，艰苦奋斗，逐步实现工业、农业、国防和科学技术的现代化，推动物质文明、政治文明和精神文明协调发展，把我国建设成为富强、民主、文明的社会主义国家"的政治总动员。四是确认："在长期的革命和建设过程中，已经结成由中国共产党领导的，有各民主党派和各人民团体参加的，包括全体社会主义劳动者、社会主义事业的建设者、拥护社会主义的爱国者和拥护祖国统一的爱国者的广泛的爱国统一战线，这个统一战线将继续巩固和发展。"同前三部宪法有重大不同的是：一是现行宪法除了在序言中确认中国共产党在整个国家生活中的领导地位以外，没有再具体规定中国共产党的具体职权。二是在序言和总纲中分别确认或规定了中国共产党有遵守宪法和法律的义务，这就是：（1）在序言结尾明确提出："本宪法以法律的形式确认了中国各族人民奋斗的成果，规定了国家的根本制度和根本任务，是国家的根本法，具有最高的法律效力。全国各族人民、一切国家机关和武装力量、各政党和各社会团体、各企业事业组织，都必须以宪法为根本的活动准则，并且负有维护宪法尊严、保证宪法实施的职责"。（2）在总纲中明确规定："一切国家机关和武装力量、各政党和各社会团体、各企业事业组织都必须遵守宪法和法律。一切违反宪法和法律的行为，必须予以追究"（第五条第三款）。

中国共产党的领导地位，是在中国人民追求民族独立、国家富强、生活幸福的长期斗争和实践中逐步形成的，是历史的选择、人民的选择。中国革命、建设和改革的历程向世人昭示：是中国共产党领导人民找到了一条实现民族独立和人民解放的正确道路,是中国共产党领导人民找到了一条建设富强、民主、文明的现代化国家的正确道路。也正因如此,中国共产党的领导地位被明确载入了《中华人民共和国宪法》。同时,在当代中国,中国共产党的领导和执政,也是中国发展和进步的客观要求。首先,中国共产党的领导和执政,是推进社会主义现代化建设和实现中华民族伟大复兴的需要。其次,中国共产党的领导和执政,是维护中国国家统一、社会和谐稳定的需要。再次,中国共产党的领导和执政,是保证政权稳定的需要。中国幅员辽阔,人口众多,且城乡之间、地区之间发展不平衡,差异较大,保证政权稳定对中国意义非同寻常。只有保持政权的稳定,才能聚精会神搞建设,一心一意谋发展;才能使国家现代化的发展战略和奋斗目标,在长时间里能够一以贯之地实行;才能减少各种不必要的或不应有的政治内耗,最大限度地调动一切积极因素,集中一切资源、力量和智慧,解决关系国计民生的重大问题,保证经济社会的可持续发展。最后,中国共产党的领导和执政,是把亿万人民团结凝聚起来,共同建设美好未来的需要。在中国这样一个人口众多、情况复杂的大国,如果没有一个坚强有力的政治核心,没有一个能把全国各族人民凝聚起来共同奋斗的崇高目标,国家就会分崩离析,就不可能不断实现发展和进步。

(二)中国共产党章程

不同于其他国家的政治,我国政治制度的基本性质和基本原则不仅由宪法规定,而且体现在中国共产党党章之中[①]。

1.《中国共产党章程》概述

习近平总书记指出:"党章是党的总章程,集中体现了党的性质和宗旨、党的理论和路线方针政策、党的重要主张,规定了党的重要制度和体制机制,是全党必须共同遵守的根本行为规范","在90多年的奋斗历程中,我们党总是认真总结革命建设改革的成功经验,及时把党的实践创新、理论创新、制度创新的重要成果体现到党章中,从而使党章在推进党的事业、加强党的建设中发挥了重要指导作用"[②]。

作为党内生活的最高法规,党章伴随着中国共产党的建立、发展和壮大不断走向成熟。1921年7月在上海召开的中国共产党第一次全国代表

[①] 杨光斌:《当代中国政治制度导论》,中国人民大学出版社2015年版,第21页。
[②] 习近平:《认真学习党章 严格遵守党章》,2012年11月16日。

大会，讨论并通过《中国共产党的第一个纲领》，这份15条约700字的简短纲领，确定了党的名称、奋斗目标、基本政策、提出了发展党员、建立地方和中央机构等组织制度，兼有党纲和党章的内容，是党的第一个正式文献。同时，讨论并通过的《中国共产党的第一个决议》，对今后党的工作作出安排部署。党的一大通过的《中国共产党第一个纲领》，兼具党纲与党章特点，但严格地说，还不是正式党章。党成立后，革命形势的迅速发展，要求尽快制定适应党的组织发展和革命斗争需要的正式党章。1922年7月在上海召开的中国共产党第二次全国代表大会，讨论和通过了《中国共产党章程》。这部章程是中国共产党第一部比较完整的章程，共六章二十九条。章程第一次明确提出了彻底地反对帝国主义和反对封建主义的民主革命纲领，即党的最低纲领；第一次详尽地规定了党员条件和入党手续，对党的组织原则、组织机构、党的纪律和制度，也都作了具体的规定。中国共产党自1921年诞生至党的十七大，先后制定、修正过十七次党章。中国共产党在新民主主义时期制定过七部党章，其中1927年4月召开的中国共产党第五次全国代表大会所修改的新《党章》增加了"党的建设""党的中央机关""省的组织""市及县的组织""区的组织""党的支部""监察委员会""党团""与青年团的关系"等内容，从而确立了中国共产党政党体制[①]。1945年七大制定的党章，则是在1943年共产国际解散后由中国共产党独立自主制定的，标志着中国共产党在政治上和党的建设上的完全成熟。

2.《中国共产党章程》对于中国共产党领导地位的确认

中国共产党是当代中国唯一执政党的现实决定了《中国共产党章程》成为当代中国政治制度的重要法律性渊源之一[②]，具体而言：

一是党章阐述了中国共产党在中国政治制度中的领导地位。党章规定，"中国共产党是中国工人阶级的先锋队，同时是中国人民和中华民族的先锋队，是中国特色社会主义事业的领导核心，代表中国先进生产力的发展要求，代表中国先进文化的前进方向，代表中国最广大人民的根本利益。"

二是党章对中国政治制度的直接规定与影响。作为党的最高行为规范和行动准则，党章把四项基本原则作为"立国之本"，这与宪法是一致

---

① 新长征：《中国共产党章程》修改的五大里程碑，2013年第1期。
② 杨光斌：《当代中国政治制度导论》，中国人民大学出版社2015年版，第25页。

的。党章把始终做到"三个代表"确立为党的立党之本、执政之基、力量之源,把依法治国和以德治国结合起来,作为执政党治国方略。这实际上是对党以什么样的姿态出现在政治制度之中,通过什么样的途径使政治制度得以顺利运行做出了规定。对照党章规定的党运作的基本原则和宪法规定的中国政治制度运行的基本原则可以看出,前者与后者有许多相同之处,如民主集中制、为人民服务、依法治国等,这实际上是作为唯一执政党的中国共产党的领导原则转化为政治制度的结果。

三是党章是中国共产党党员的基本行为规范。当代中国的主要政治精英是从共产党员中选拔出来的,中国政治制度的机构与中国共产党的组织设置又并列重叠,所以作为共产党员基本行为规范的党章必然对中国政治制度的性质、政治主体的行为产生重要影响。另外,党章还对中国共产党的最高理想与目标、基本路线、如何吸纳党员、党员的权利与义务、党的组织制度、党的中央、地方及基层组织、党的干部、党的纪律检查机关、党组、党与共产主义青年团诸问题作了详细的规定。这对作为中国政治制度核心的中国共产党建设的制度化起着至关重要的作用。

综上,《中国共产党章程》是当代中国政治制度的法律性渊源之一。《中国共产党章程》不仅是当代中国政治制度的法律性渊源,还是最根本的"党内法规",是制定其他"党内法规"的基础和依据[①]。

(三) 党内法规

党内法规是中国共产党的中央组织以及中央纪律检查委员会、中央各部门和省、自治区、直辖市党委制定的规范党组织的工作、活动和党员行为的党内规章制度的总称。毛泽东同志最早使用"党内法规"的概念。1938年10月,毛泽东在党的六届六中全会所作的政治报告中提出,"还须制定一种较详细的党内法规,以统一各级领导机关的行动",首次提出党内法规的概念。在这次会议上,刘少奇作了《党规党法的报告》,这是党的领导人第一次使用"党规党法"的名称。1945年5月,刘少奇在党的七大上所作的《关于修改党章的报告》中也用到"党的法规"的概念,指出"党章,党的法规,不仅是要规定党的基本原则,而且要根据这些原则规定党的组织之实际行动的方法,规定党的组织形式与党的内部生活

[①] 《中国共产党党内法规制定条例》第二条。

的规则"。1955年3月,毛泽东同志在党的全国代表会议上指出了我们对待党的法规应当秉持的态度,他说:"对其他的问题,符合党的原则的,比如……正确的党内法规,这样一些言论、行动,当然要积极支持,打成一片"。1962年2月,邓小平在扩大的中央工作会议上指出,"我们还有一个传统,就是有一套健全的党的生活制度,……这些都是毛泽东同志一贯提倡的,是我们的党规党法",进一步充实和丰富了党内法规理论。1978年12月,邓小平在中央工作会议闭幕会上强调,"国要有国法,党要有党规党法。党章是最根本的党规党法。没有党规党法,国法就很难保障"。深刻揭示了党内法规的地位作用及党规与国法的关系。1990年,中共中央颁布了《中国共产党党内法规制定程序暂行条例》,正式使用了党内法规这一名称。1992年,党的十四大修改的党章明确规定党的各级纪委的主要任务是"维护党的章程和其他党内法规",自此"党内法规"正式写入党章。党的十八大以后,习近平总书记对做好党内法规工作高度重视,在十八届中央纪委二次全会上强调,要加强反腐倡廉党内法规制度建设,把权力关进制度的笼子里。党的十八届四中全会通过的《中共中央关于全面推进依法治国若干重大问题的决定》强调,"依法执政,既要求党依据宪法法律治国理政,也要求党依据党内法规管党治党"。强调要加强党内法规制度建设,形成配套完备的党内法规制度体系。

2013年5月27日,《中国共产党党内法规制定条例》《中国共产党党内法规和规范性文件备案规定》公开发布。《制定条例》共分七章、三十六条,对党内法规的制定权限、制定原则、规划与计划、起草、审批与发布、适用与解释、备案、清理与评估等作出了明确规定。《备案规定》共十八条,对党内法规和规范性文件备案的原则、范围、期限、审查、通报等提出了具体要求。这两部党内法规的制定和发布,标志着党内法规制定工作的进一步规范化科学化,对于推进党的建设制度化、规范化、程序化,提高党科学执政、民主执政、依法执政水平,具有十分重要的意义。

三 中国共产党的领导体制、方式

中国特色社会主义最本质的特征是中国共产党领导,中国特色社会主义制度的最大优势也是中国共产党领导。"坚持党的领导,确保党的领导核心地位,首先要坚持党中央的集中统一领导,以保证正确方向、形成强大合力。这是一条根本的政治规矩"①。那么,怎样坚持党的领导呢?这就涉及中国共产党的领导方式、领导体制等内容。

(一) 中国共产党的领导方式

党的领导方式,是指政党率领、引导人民群众和各类社会组织实现特定政治目标的形式、方法、途径的总称。根据《党章》关于中国共产党领导人民发展社会主义市场经济、发展社会主义民主政治、发展社会主义先进文化、构建社会主义和谐社会、建设社会主义生态文明,坚持对人民解放军和其他人民武装力量的领导的规定②,可见党的领导涉及党对国家政权的领导,对政治、经济、文化等各方面工作的领导,对工、青、妇等社会团体的领导,还有对党组织内部的领导,等等。党的领导的主要内容是政治领导、思想领导和组织领导,通过制定大政方针,提出立法建议,推荐重要干部,进行思想宣传,发挥党组织和党员的作用,坚持依法执政,实施党对国家和社会的领导。这是中国共产党长期以来领导经验的总结和执政实践的要求,是共产党领导的基本方式。

1. 政治领导。这是党发挥领导作用的最重要的方面。党的政治领导就是将马克思主义普遍原理和中国实际结合起来,在革命和建设的各个阶段上,提出明确的政治任务、政治目标和政治方向,制定实现这种任务、目标、方向的路线、方针和政策,动员、组织、带领人民群众共同奋斗。党实现政治领导的过程,就是向人民群众说明党提出的政治任务、政治目标、政治方向,党制定的路线、方针、政策以及他们的长远利益和眼前利益关系的过程,是党在政治上代表人民群众利益的过程。在革命战争年代,党通过对革命战争形势的正确分析,明确革命的对象、任务、动力,制定革命的战略和策略,动员和组织人民群众为革命的根本目标及阶段性目标而奋斗;在社会主义初级阶段,党通过提出社会主义现代化建设的战略目标和战略部署,提出党在社会主义初级阶段的基本纲领,向人民群众指出,解放和发展生产力、促进经济发展和实现社会的全面进步、把我国建设成为富强民主文明的社会主义国家,是我国人民的根本利益所在,是党在社会主义初级阶段的根本政治任务。我国的社会主义现代化建设是在国内外复杂形势下进行的。加强和改善

---

① 中共中央宣传部:《习近平总书记系列重要讲话读本》(2016 年版),学习出版社、人民出版社,第 102 页。

② 参见《中国共产党章程》"总纲"。

党的政治领导,能使全党全国人民提高政治敏锐性,辨别政治方向,具有极端的重要性。

2. 思想领导。这是党发挥领导作用的又一重要方面。党的思想领导是党领导人民群众完成政治任务的重要保证。没有这种思想保证,政治任务是不可能完成的。党的思想领导,就是用马克思列宁主义、毛泽东思想、邓小平理论武装人民群众,就是努力提高全民族的科学文化素质、思想道德素质、民主法治素质,让人民群众逐步树立起科学的世界观、正确的价值观和积极向上的人生观,成为有理想、有道德、有文化、有纪律的社会主义公民。中国共产党通过理论宣传工作和各级党组织的思想政治教育工作等形式,用说服、教育的办法,提高人民群众的思想认识。

3. 组织领导。这是党通过组织系统和组织工作实现领导的方式。党是按照党的纲领和章程,根据民主集中制原则,由党的中央、地方和基层组织把全体党员组织起来的统一整体。党的组织领导就是通过各级党组织及党的干部和广大党员,对人民群众实现组织上的领导。党在人民军队、政权机关、社会团体、企事业单位、城市社区和农村基层建立党组织,党员在这些组织机构中担任领导工作,是党实现组织领导的主要途径之一。各级党组织的战斗堡垒作用,广大党员的先锋模范作用,是党对人民群众实现组织领导的根本保证。党在实现组织领导的过程中,要求党的各级组织和党员发扬党的民主传统,实行党的群众路线工作方法,使党对人民群众的组织领导过程成为组织人民群众自己管理自己事务的过程。党领导下的各种组织,既是人民群众完成党的各项任务的组织形式,又是人民群众学习和实践民主管理的学校。党对人民群众实行领导的具体组织形式并不是固定不变的,而是随着不同阶段的政治任务和形势及不同环境、不同对象、不同条件而不断变化的。

(二) 中国共产党的领导体制

中国共产党的领导体制是指党的领导机构设置、隶属关系和权限划分的规范和程序,是党的组织系统的核心。它表明党的各级领导机关所形成的纵向系统和横向联系,是一个相互影响、相互作用、相互依赖、相互制约的整体功能的网状体系。中国共产党的各级领导机关包括党的最高领导机关、地方各级领导机关、基层组织的领导机关。中国共产党的领导体制具体规定在《中国共产党章程》中。

1. 中国共产党的中央组织

党的全国代表大会。党的全国代表大会每五年举行一次,党的全国代表大会的职权是:听取和审查中央委员会的报告;听取和审查中央纪律检查委员会的报告;讨论并决定党的重大问题;修改党的章程;选举中央委员会;选举中央纪律检查委员会。

(1) 党的中央委员会(中共中央)。党的中央委员会每届任期五年。中央委员会全体会议由中央政治局召集,每年至少举行一次。中央政治局向中央委员会全体会议报告工作,接受监督。在全国代表大会闭会期间,中央委员会执行全国代表大会的决议,领导党的全部工作,对外代表中国共产党①。

(2) 中共中央政治局。党的中央政治局、中央政治局常务委员会和中央委员会总书记,由中央委员会全体会议选举。中央委员会总书记必须从中央政治局常务委员会委员中产生。中央政治局和它的常务委员会在中央委员会全体会议闭会期间,行使中央委员会的职权。

(3) 中共中央书记处。中央书记处是中央政治局和它的常务委员会的办事机构;成员由中央政治局常务委员会提名,中央委员会全体会议通过。

中央委员会总书记负责召集中央政治局会议和中央政治局常务委员会

---

① 以十八大为例,2012 年 11 月 8 日,中国共产党第十八次全国代表大会(简称中共十八大)在北京召开,大会选举了新一届的中共中央领导层,包括中央委员会委员、中央候补委员、中纪律检查委员会委员。在之后召开的中央委员会上选举中央委员会总书记、中央政治局、中央政治局常务委员会、中央书记处、中共中央军委等。2013 年 2 月 26—28 日召开第十八届二中全会,审议通过了中央政治局在广泛征求党内外意见、反复配酿协商的基础上提出的拟向十二届全国人大一次会议推荐的国家机构领导人员人选建议名单和拟向全国政协十二届一次会议推荐的全国政协领导人员人选建议名单,决定将这两个建议名单分别向十二届全国人大一次会议主席团和全国政协十二届一次会议主席团推荐。审议通过了在广泛征求意见的基础上提出的《国务院机构改革和职能转变方案》。2013 年 11 月 9—12 日召开的十八届三中全会,通过了《中共中央关于全面深化改革若干重大问题的决定》。2014 年 10 月 20—23 日召开的第十八届四中全会,通过了《中共中央关于全面推进依法治国若干重大问题的决定》。2015 年 10 月 26—29 日在北京召开的十八届五中全会,审议通过了《中共中央关于制定国民经济和社会发展第十三个五年规划的建议》。2016 年 10 月 24—27 日召开的十八届六中全会议,全会审议通过了《关于新形势下党内政治生活的若干准则》《中国共产党党内监督条例》和《关于召开党的第十九次全国代表大会的决议》三个文件。

会议,并主持中央书记处的工作。

(4) 中央军事委员会。依据《中国共产党章程》规定,党的中央军事委员会组成人员由中央委员会决定①。

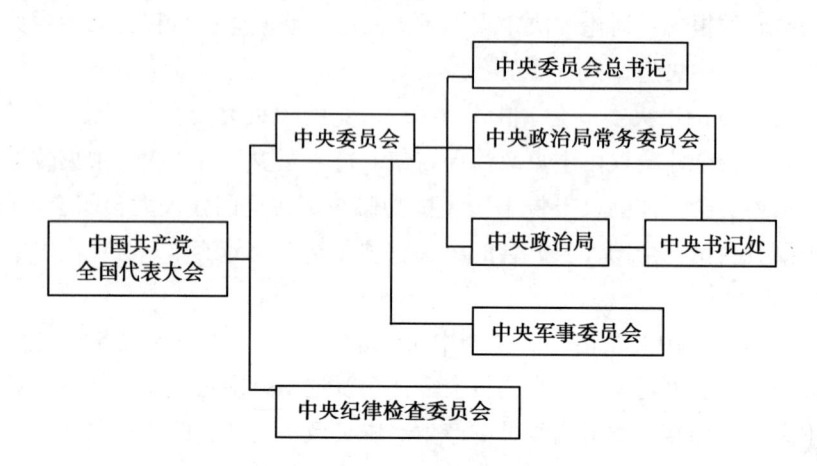

图 1-1 中共中央组织结构图（资料来源：中国共产党新闻网）

2. 中国共产党的地方组织

中国共产党的省、自治区、直辖市的代表大会,设区的市和自治州的代表大会,县（旗）、自治县、不设区的市和市辖区的代表大会,每五年举行一次。党的地方各级代表大会由同级党的委员会召集。中国共产党的地方各级代表大会的职权是：听取和审查同级委员会的报告；听取和审查同级纪律检查委员会的报告；讨论本地区范围内的重大问题并作出决议；选举同级党的委员会,选举同级党的纪律检查委员会。党的省、自治区、直辖市、设区的市和自治州的委员会,每届任期五年。党的地方各级委员会全体会议,每年至少召开两次。

---

① 我们通常说的中央军委,事实上是包括中国共产党中央军事委员会和中华人民共和国中央军事委员会。中国共产党中央军事委员会是中国共产党领导下的最高军事领导机构,简称（中共）中央军委。同时,依据《中华人民共和国宪法》第九十三条的规定,中华人民共和国设立中央军事委员会。中华人民共和国中央军事委员会领导全国武装力量。中央军事委员会由下列人员组成：主席,副主席若干人,委员若干人。中央军事委员会实行主席负责制。中央军事委员会每届任期同全国人民代表大会每届任期相同。中央军事委员会主席对全国人民代表大会和全国人民代表大会常务委员会负责（《宪法》第九十四条）。不过,宪法并未规定中国共产党中央军事委员会与中华人民共和国军事委员会的关系,但是在实际情况下,主席和副主席多数时间段与中华人民共和国军事委员会相同。在一般情况下,中央军委主席由中共中央主要负责人担任,组成人员由中央委员会决定。

中国共产党的地方各级委员会在代表大会闭会期间，执行上级党组织的指示和同级党代表大会的决议，领导本地方的工作，定期向上级党的委员会报告工作。党的地方各级委员会全体会议，选举常务委员会和书记、副书记，并报上级党的委员会批准。党的地方各级委员会的常务委员会，在委员会全体会议闭会期间，行使委员会职权；在下届代表大会开会期间，继续主持经常工作，直到新的常务委员会产生为止。党的地方各级委员会的常务委员会定期向委员会全体会议报告工作，接受监督。

中国共产党的地区委员会和相当于地区委员会的组织，是党的省、自治区委员会在几个县、自治县、市范围内派出的代表机关。它根据省、自治区委员会的授权，领导本地区的工作。

3. 中国共产党的基层组织

依据《党章》规定，企业、农村、机关、学校、科研院所、街道社区、社会组织、人民解放军连队和其他基层单位，凡是有正式党员三人以上的，都应当成立党的基层组织。党的基层组织，根据工作需要和党员人数，经上级党组织批准，分别设立党的基层委员会、总支部委员会、支部委员会。基层委员会由党员大会或代表大会选举产生，总支部委员会和支部委员会由党员大会选举产生，提出委员候选人要广泛征求党员和群众的意见。

党的基层组织是党在社会基层组织中的战斗堡垒，是党的全部工作和战斗力的基础，基本任务是：宣传和执行党的路线、方针、政策，宣传和执行党中央、上级组织和本组织的决议，充分发挥党员的先锋模范作用，积极创先争优，团结、组织党内外的干部和群众，努力完成本单位所担负的任务。组织党员认真学习马克思列宁主义、毛泽东思想、邓小平理论、"三个代表"重要思想和科学发展观，学习党的路线、方针、政策和决议，学习党的基本知识，学习科学、文化、法律和业务知识。对党员进行教育、管理、监督和服务，提高党员素质，增强党性，严格党的组织生活，开展批评和自我批评，维护和执行党的纪律，监督党员切实履行义务，保障党员的权利不受侵犯。加强和改进流动党员管理。密切联系群众，经常了解群众对党员、党的工作的批评和意见，维护群众的正当权利和利益，做好群众的思想政治工作。充分发挥党员和群众的积极性创造性，发现、培养和推荐他们中间的优秀人才，鼓励和支持他们在改革开放和社会主义现代化建设中贡献自己的聪明才智。对要求入党的积极分子进行教育和培养，做好经常性的发展党员工作，重视在生产、工作第一线和青年中发展党员。监督党员干部和其他任何工作人员严格遵守国法政纪，严格遵守国家的财政经济法规和人事制度，不得侵占国家、集体和群众的利益。教育党员和群众自觉抵制不良倾向，坚决同各种违法犯罪行为作斗争。

街道、乡、镇党的基层委员会和村、社区党组织，领导本地区的工作，支持和保证行政组织、经济组织和群众自治组织充分行使职权。

国有企业和集体企业中党的基层组织，发挥政治核心作用，围绕企业生产经营开展工作。保证监督党和国家的方针、政策在本企业的贯彻执行；支持股东会、董事会、监事会和经理（厂长）依法行使职权；全心全意依靠职工群众，支持职工代表大会开展工作；参与企业重大问题的决策；加强党组织的自身建设，领导思想政治工作、精神文明建设和工会、共青团等群众组织。

非公有制经济组织中党的基层组织，贯彻党的方针政策，引导和监督企业遵守国家的法律法规，领导工会、共青团等群众组织，团结凝聚职工群众，维护各方的合法权益，促进企业健康发展。

实行行政领导人负责制的事业单位中党的基层组织，发挥政治核心作用。实行党委领导下的行政领导人负责制的事业单位中党的基层组织，对重大问题进行讨论和作出决定，同时保证行政领导人充分行使自己的职权。

各级党和国家机关中党的基层组织，协助行政负责人完成任务，改进工作，对包括行政负责人在内的每个党员进行监督，不领导本单位的业务工作。

4. 党的纪律检查机关

严明的纪律和规矩是马克思主义政党与生俱来的内在品质，是思想建党、组织建党的重要基础。中国共产党创建之时，虽然没有设立党内纪检机构，但它是遵照无产阶级政党的建党原则，坚持用严格的纪律和规矩立党的。党的纪律检查机构始建于大革命时期。1924年，党的四大后，工农运动蓬勃发展，党的组织迅速壮大。"四一二"反革命政变前后，面对国民党高官厚禄的诱惑和屠杀、某些党员经不住血雨腥风的考验，出现了蜕化变质甚至叛党投敌的问题，迫切需要严明党的纪律，纯洁党的组织。在大革命生死存亡的紧急关头，1927年党的五大选举产生中央监察委员会,这是最早设立的纪律检查机构,由正式委员7人、候补委员3人组成。五大党章专门规定:"为巩固党的一致及权威起见,在全国代表大会及省代表大会选举中央及省监察委员会"。该委员会的建立及五大党章的通过,标志着党内监察体制的初步形成。

新中国成立后,中国共产党自身建设面临新的考验。1949年11月,中共中央作出成立中央及各级党的纪律检查委员会的决定,成立了由朱德任书记的中央纪律检查委员会(简称"中纪委")。中纪委在中央政治局领导之下进行工作,是党中央维护党纪的工作机构,各级纪委隶属同级党委领导。到1950年年底,全国大部分地方党组织都建立了纪委。在随后开展的"三反"运动中,一些典型的贪污案件被揭发出来,公之于众,很快在全国形成高潮。其中,查办刘青山和张子善的案件,有效地震慑了党内腐败分子,维护了经济秩序,为国民经济的恢复和发展,为社会主义改造的有序推进创造了有利条件。这些案件的查办,纪委发挥了应有的作用。

"文化大革命"开始后,党的纪检机构停止工作,纪检监察工作遭到全面破坏。党的九大党章和十大党章,取消了关于党的纪律和监察机关的条款。

"文化大革命"结束后,中国共产党的十一大党章规定"党的中央委员会,地方县和县以上、军队团和团以上各级党的委员会,都设立纪律检查委员会"。1978年12月,党的十一届三中全会决定恢复设立中央纪律检查委员会,选举陈云为第一书记。

中国共产党的十八大党章规定:"党的中央纪律检查委员会在党的中央委员会领导下进行工作。党的地方各级纪律检查委员会和基层纪律检查委员会在同级党的委员会和上级纪律检查委员会双重领导下进行工作。"主要任务是:"维护党的章程和其他党内法规,检查党的路线、方针、政策和决议的执行情况,协助党的委员会加强党风建设和组织协调反腐败工作。"这是迄今为止有关党的纪律检查委员会最为完整规范的规定。

中国共产党的各级纪律检查委员会每届任期和同级党的委员会相同。

中国共产党的中央纪律检查委员会全体会议,选举常务委员会和书记、副书记,并报党的中央委员会批准。党的地方各级纪律检查委员会全体会议,选举常务委员会和书记、副书记,并由同级党的委员会通过,报上级党的委员会批准。党的基层委员会是设立纪律检查委员会,还是设立纪律检查委员，由它的上一级党组织根据具体情况决定。党的总支部委员会和支部委员会设纪律检查委员。

中国共产党的中央纪律检查委员会根据工作需要，可以向中央一级党和国家机关派驻党的纪律检查组或纪律检查员。纪律检查组组长或纪律检查员可以列席该机关党的领导组织的有关会议。

中国共产党的各级纪律检查委员会的主要任务是：维护党的章程和其他党内法规，检查党的路线、方针、政策和决议的执行情况，协助党的委员会加强党风建设和组织协调反腐败工作。

5. 党组

依照《党章》规定，中国共产党可以在中央和地方国家机关、人民团体、经济组织、文化组织和其他非党组织的领导机关中成立党组。党组发挥领导核心作用，任务主要是负责贯彻执行党的路线、方针、政策；讨论和决定本单位的重大问题；做好干部管理工作；团结党外干部和群众，完成党和国家交给的任务；指导机关和直属单位党组织的工作。党组设书记，必要时还可以设副书记。党组的成员，由批准成立党组的党组织决定。

四 中国共产党的执政方式

党的执政方式，是指政党掌握、运用国家政权实现党的特定目标的方法、形式的总称。执政方式研究所涉及的内容包含：政党介入国家权力系统的方法、途径；党政运作机制等。执政方式归根结底，就是执政党在国家权力系统内怎样运作的问题，集中表现为党政关系或党政运作机制。

有别于西方国家的执政党是通过竞选上台的，中国共产党在中国取得执政地位和领导资格，国家的政治制度、经济制度、政党制度及国家政权组织，都是在党取得执政地位之后在党的领导下产生和建立的。中国共产党是在彻底推翻旧的国家政权后才有自己的执政地位。这种历史地位反映在观念形态上就是没有中国共产党就没有新中国，党是领导核心，对国家各项事务实行全面领导。而我们党在执政前一直处于战争状态，执政后在经济上长期实行的是计划经济体制。战争状态和计划经济都要求集中决策，要求有高度集权的政治体制及执政方式、领导方式与之相适应。而在政治文化传统上，中国有几千年大一统的专制集权历史。民主化、法制化程度低，这些因素必然会对党的执政方式产生深刻的影响，表现在：一是全面性。党是领导核心,领导一切,党不仅要领导国家政权,还要领导社会经济、政治、文化事业;二是直接性。通过建立从中央到社会基层单位党的组织,对经济、政治、文化、社会组织进行直接领导;三是集权性。即国家各级权力机关和权力执行机关变成了事实上的党的下级组织,绝对服从党的集中统一决策①。

1949年,随着中华人民共和国的成立,中国共产党成为执掌全国政权的执政党。中共中央和毛泽东等党和国家领导人在新中国建立初期一直很重视并致力于解决在全国执政条件下如何实现党的领导这一重大课题。毛泽东曾指出:"所谓领导权,不是要一天到晚当作口号去高喊,也不是盛气凌人地要人家服从我们,而是以党的正确政策和自己的模范工作,说服和教育党外人士,使他们愿意接受我们的建议。"② 中国共产党执政60多年来,执政方式经历了从以政策为主,到政策法律并举、到高度重视依法治国的执政方式的根本转变。党的十六大以来,中国共产党加强了执政方式的探索和研究,逐步形成了具有时代特色的党的执政方式,这就是党的十六届四中全会提出的科学执政、民主执政、依法执政这三种基本的执政方式。这三种执政方式各有特点,又相互联系,必须把它们作为一个整体来理解。

科学执政,是指以科学的思想、制度和方法领导中国特色社会主义事业。坚持科学执政,要求执政的目标和执政的过程都必须把科学精神贯穿始终。科学执政要求在内容上符合党的领导和执政的客观规律,符合国情党情,符合人民需要,符合时代要求;在途径上符合科学精神,采取科学手段,遵循科学程序。首先,要以科学的思想理论指导执政行为。坚持党的指导思想,深入研究共产党执政规律,不断深化对执政规律的认识。其次,要以科学的制度保障执政的有效性和规范性。根据执政规律的要求,完善治国理政的各项规章制度,把执政行为纳入制度化、规范化、程序化的轨道,防止执政行为的随意性。再次,要以科学的方式实施领导和执政。在科学的思想理论指导下,在科学的制度和程序规范下,使领导和执政方式符合中国实际、符合现代化要求③。总之,科学执政是建立在对客

---

① 桑学成:《依法治国与党的领导方式和执政方式的转变》,《学海》2006年第3期。
② 《毛泽东选集》(第2卷),人民出版社1991年版,第742页。
③ 中共天津市委党校党建研究所课题组:《国家治理现代化与改革完善党的领导方式、执政方式》,《中共天津市委党校学报》2016年第1期。

观规律认识的基础上的,坚持科学执政就要真正认识并掌握客观规律,主要是共产党执政规律、社会主义建设规律和人类社会发展规律。

民主执政,是指进一步贯彻全心全意为人民服务的根本宗旨,坚持为人民执政,靠人民执政,支持和保证人民当家做主,不断健全社会主义民主政治制度,丰富民主形式,扩大公民有序的政治参与,最大限度地调动人民群众的积极性。现代民主政治是社会进步的重要标志,是现代化和政治文明的重要内容。现代化的国家治理体系和治理能力,必须树立民主理念、体现民主精神、实行民主治理,对于执政党来说就是坚持民主执政。按照国家治理体系和治理能力现代化的要求坚持民主执政,最根本的是要充分发展人民民主,充分运用民主的方式治国理政,切实防止出现人民形式上有权、实际上无权的现象。正如习近平同志指出的:人民是否享有民主权利,要看人民是否在选举时有投票的权利,也要看人民在日常政治生活中是否有持续参与的权利;要看人民有没有进行民主选举的权利,也要看人民有没有进行民主决策、民主管理、民主监督的权利。社会主义民主不仅需要完整的制度程序,而且需要完整的参与实践。人民当家做主必须具体地、现实地体现到中国共产党执政和国家治理上来,具体地、现实地体现到中国共产党和国家机关各个方面、各个层级的工作上来,具体地、现实地体现到人民对自身利益的实现和发展上来。"民主不是装饰品,不是用来做摆设的,而是要用来解决人民要解决的问题的。中国共产党的一切执政活动,中华人民共和国的一切治理活动,都要尊重人民主体地位,尊重人民首创精神,拜人民为师,把政治智慧的增长、治国理政本领的增强深深扎根于人民的创造性实践之中,使各方面提出的真知灼见都能运用于治国理政"[①]。

依法执政,是指坚持依法治国,不断推进国家经济、政治、文化、社会生活的法制化、规范化,使党的主张通过法定程序上升为国家意志,从制度上、法律上保证党的路线、方针、政策的贯彻实施。具体而言就是,党要依法进入国家政权机关,掌握和控制国家权力,实现从党直接执政的形式向以国家执政的形式转变,亦即通过国家政权机关的组织形式,主要包括国家权力机关和国家权力机关的执行机关来实现执政;依照法定程序提出立法建议,将党的政策和主张上升为具有普遍约束力的法律,实现从

---

① 中共中央宣传部:《习近平总书记系列讲话重要读本》(2016年版),学习出版社、人民出版社,第172页。

以党的政策代替国家法律即主要依靠党的政策执政向执政转变按照法治的原则实施对国家和社会的领导。

可见,党的"执政方式""领导方式"是有区别的:从中国共产党建设的特定语境来讲,党的领导方式就其内涵而言大于执政方式,中国共产党作为执政党,其领导方式中包含有执政方式。二者的显著区别在于:领导方式并不一定与国家权力联系在一起,而执政方式必定与国家权力联系在一起,不介入政权、不掌握政权,就谈不上执政方式[①]。

第四节 当代中国的政治协商制度

在当代中国,中国共产党领导人民当家做主、形成了两种重要的民主形式:一种是人民通过选举、投票行使权利,即选举民主,体现为人民代表大会制度;另一种是人民内部各方面在重大决策之前进行充分协商,即协商民主,体现为中国共产党领导的多党合作和政治协商制度。这一基本的政治制度与人民代表大会制度相辅相成,使各民主党派、无党派人士广泛参加国家和社会事务的管理,把人民内部不同阶层、不同社会群体的政治诉求纳入政治体系之内得到充分表达,从而最大限度地保障了人民民主的实现。

一 政治协商制度概述

(一)政治协商制度概念

当代中国的政治协商制度,是指在中国共产党的领导下,各民主党派、各人民团体、各少数民族和社会各界的代表,对国家的大政方针以及政治、经济、文化和社会生活中的重要问题在决策之前举行协商和就决策执行过程中的重要问题进行协商的制度。作为当代中国的一项基本政治制度,政治协商制度是马克思主义政党理论和统一战线学说与我国实际相结合的产物,是我国政治制度的一大特色和优点。

(二)政治协商制度的特点

首先,政治协商制度具有广泛的代表性和包容性。人民政协的参加单

---

① 陈启华:《领导方式和执政方式的内涵及主要区别》,《中学政治教学参考》2008年第3期。

位包括了中国共产党、8个民主党派和无党派人士,共青团、工会、妇联、青联、工商联、科协、台联、侨联等8个主要人民团体,全国56个民族和5大宗教团体的代表人物,港澳特邀人士和台湾同胞,其他各个界别的代表人士。可以说,汇集了新世纪新阶段爱国统一战线的各个方面。实行这一制度,有助于形成多元利益表达渠道,建立和开辟各种有效的民主形式,扩大各民主党派、各族各界人士的政治参与,可以使全体公民包括民主党派及其所联系的各方面人民群众真正成为国家的主人,使他们能够以主人翁的姿态参与国家的政治生活和社会事务管理,充分反映社情民意,把各种社会要求转变为国家的合理方针政策,促进执政党和国家决策的民主化和科学化,这将有利于发扬社会主义民主,充分调动全国人民建设社会主义的积极性。

其次,政治协商制具有民主协商性。协商民主是中国社会主义民主的一种重要形式。选举民主与协商民主相结合,是中国社会主义民主政治的一大特点。在中国,人民代表大会制度与多党合作和政治协商制度并存,有着相辅相成的作用。人民通过选举、投票,行使民主权利和人民内部各方面在党和国家作出重大决策之前,进行充分协商,尽可能取得一致意见,是社会主义民主的两种重要形式。选举民主与协商民主相结合,拓展了社会主义民主的深度和广度。经过充分的政治协商,既尊重了多数人的意愿,又照顾了少数人的合理要求,保障最大限度地实现人民民主,促进社会和谐健康发展。

二 中国人民政治协商会议

(一) 中国人民政治协商会议

中国人民政治协商会议是中国人民爱国统一战线的组织,是中国共产党领导的多党合作和政治协商的重要机构,由中国共产党、各民主党派、无党派民主人士、人民团体、各民族和各界的代表,台湾同胞、港澳同胞和归国侨胞的代表以及特别邀请的人士组成。中国人民政治协商会议,是中国各族人民经过长期的革命斗争,在新中国成立前夕,由中国共产党和各民主党派、无党派民主人士、各人民团体、各界爱国人士共同创立的。

中国人民政治协商会议又称"新政协",以别于1946年1月召开的"旧政协"。1945年抗日战争胜利后,中国共产党和国民党在重庆谈判,决定为组建新政府而召开政治协商会议。1946年1月10日,政治协商会议在重庆召开，参加这次会议的有中国国民党、中国共产党、中国民主同盟、中国青年党和社会贤达五个方面。同年11月，国民党撕毁政治协商会议决议，单方面宣布召开"国民大会"，遂使政治协商会议即旧政协解体。

1948年4月30日，中共中央发布纪念"五一"国际劳动节的口号，提出召开新的政治协商会议，成立民主联合政府的号召，各民主党派、各人民团体、无党派民主人士及国外华侨积极响应，参加筹备新政治协商会议。1949年1月30日，北平宣布和平解放。6月15日，新政治协商会议筹备会在北平开幕，参加会议的有23个单位的代表共134人。9月17日，新政治协商会议筹备会第二次全体会议正式决定将新政治协商会议定名为"中国人民政治协商会议"。1949年9月21日，中国人民政治协商会议第一届全体会议在北平隆重举行，宣告中国人民政治协商会议正式成立。参加会议的有46个单位的代表共662人。会议通过了《中国人民政治协商会议共同纲领》《中国人民政治协商会议组织法》《中华人民共和国中央人民政府组织法》三个为新中国奠基的历史性文件。会议还通过了关于国旗、国歌、国都、纪年等项决议，会议选举了中国人民政治协商会议第一届全国委员会的委员。中国人民政治协商会议在当时还不具备召开普选的全国人民代表大会的条件下，肩负起执行全国人民代表大会职权的重任，完成了建立新中国的历史使命，揭开了新中国历史的第一页。

1954年9月，全国人民代表大会第一次会议在北京召开。会议通过并公布了《中华人民共和国宪法》。至此，作为代行全国人民代表大会职权的第一届中国人民政治协商会议，圆满完成其历史使命而载入史册。之后，人民政协作为多党合作和政治协商机构、作为统一战线组织继续发挥重要作用，在完成社会主义改造、推动各种社会力量为实现国家总任务而奋斗、活跃国家政治生活、调整统一战线内部关系、扩大国际交往等方面发挥了重要作用，为推进新中国各项建设贡献了力量[1]。

我国宪法规定：中国共产党领导的多党合作和政治协商制度将长期存在和发展。中国人民政治协商会议在中国共产党领导下，由中国共产党、8个民主党派、无党派民主人士、人民团体、各少数民族和各界的代表，台湾同胞、港澳同胞和归国侨胞的代表，以及特别邀请的人士组成，具有

---

[1] 习近平：《在庆祝中国人民政治协商会议成立65周年大会上的讲话》，2014年9月21日。

广泛的社会基础。中国人民政治协商会议根据中国共产党同各民主党派和无党派人士"长期共存，互相监督，肝胆相照，荣辱与共"的方针，对国家的大政方针和群众生活的重要问题进行政治协商，并通过建议和批评发挥民主监督作用。人民政协的主要职能是政治协商和民主监督，组织参加本会的各党派、团体和各族各界人士参政议政。

中国人民政治协商会议设全国委员会和地方委员会。中国人民政治协商会议的一切活动以中华人民共和国宪法为根本的准则。另外，《中国人民政治协商会议章程》是各级政协的行为准则，也是各级政协设立组织、开展工作的总依据。但由于它属于组织内部章程，代替不了国家法律的作用。而1949年9月27日经全国政协第一届全体会议通过的《中国人民政治协商会议组织法》，在历史上所起的作用虽是重要的，但也是阶段性的。因此，随着形势的发展和我国宪法对人民政协的要求，需要修订完善《中国人民政治协商会议组织法》，以方便人民政协更好地开展工作、履行职能。

（二）中国人民政治协商会议的职能

中国人民政治协商会议的主要职能是政治协商和民主监督，组织参加政协的各党派、团体和各族各界人士参政议政。

1. 政治协商的主要内容和形式

主要内容包括：国家在社会主义物质文明建设、社会主义精神文明建设、社会主义民主法制建设和改革开放中的重要方针政策及重要部署，政府工作报告，国家财政预算，经济与社会发展规划，国家政治生活方面的重大事项，国家的重要法律草案，中共中央提出的领导人人选，国家省级行政区划的变动，外交方面的重要方针政策，关于统一祖国的重要方针政策，群众生活的重大问题，各党派之间的共同性事务，政协内部的重要事务以及有关爱国统一战线的其他重要问题。

政治协商的主要形式有：政协全国委员会的全体委员会议，常务委员会议，主席会议，常务委员专题座谈会，各专门委员会会议，根据需要召开的各党派、无党派民主人士、人民团体、少数民族人士和各界爱国人士的代表参加的协商座谈会，地方各级人民政治协商会议的各种活动等。

2. 民主监督的主要内容

主要内容包括：国家宪法与法律、法规的实施情况，中共中央与国家领导机关制定的重要方针政策的贯彻执行情况，国民经济和社会发展计划及财政预算执行情况，国家机关及其工作人员履行职责、遵守法纪、为政清廉等方面情况,参加政协的各单位和个人遵守政协章程和执行政协决议的情况。

民主监督的主要形式有:政协全国委员会的全体委员会议、常务委员会议或主席会议向中共中央、国务院提出建议案;各专门委员会提出建议和有关报告;委员视察、委员提案、委员举报或以其他形式提出批评和建议;参加中共中央、国务院有关部门组织的调查和检查活动,地方各级人民政治协商会议的各种活动等。

3. 参政议政的主要内容

包括选择人民群众关心、党政部门重视、政协有条件做的课题,组织调查和研究,积极主动地向党政领导机关提出建设性的意见;通过多种形式,广开言路,广开才路,充分发挥委员的专长和作用,为改革开放和社会主义现代化建设献计献策等。

(三) 中国人民政治协商会议的组织原则

凡赞成中国人民政治协商会议章程的党派和团体,经政协全国委员会或地方委员会的常务委员会协商同意,得参加全国委员会或地方委员会。

个人经政协全国委员会或地方委员会的常务委员会协商邀请,亦得参加全国委员会或地方委员会。

全国委员会对地方委员会的关系和上级地方委员会对下级地方委员会的关系是指导关系。

地方委员会对全国委员会的全国性决议,下级地方委员会对上级地方委员会的全地区性决议,有遵守和履行的义务。

参加中国人民政治协商会议的单位和个人,都有通过政协的各种会议、组织和活动,参加政治协商、民主监督和参政议政的权利。

全国委员会和地方委员会的全体会议、常务委员会的议案,应分别经全体委员或全体常务委员过半数通过。

各参加单位和个人对会议的决议,有遵守和履行的义务。如有不同意见,在坚决执行的前提下可以声明保留。

各参加单位和个人如果严重违反政协章程或全体会议和常务委员会的决议,由全国委员会或地方委员会的常务委员会分别依据情节给予警告处分,或撤销其参加政协的资格。

(四) 全国委员会

全国委员会的参加单位、委员名额和人选,由上届全国委员会常务委员会协商决定。

在每届任期内,有必要增加或变更参加单位、委员名额和决定人选时,由本届常务委员会协商决定。

现任的全国委员会由34个单位组成,即:中国共产党,中国国民党革命委员会,中国民主同盟,中国民主建国会,中国民主促进会,中国农工民主党,中国致公党,九三学社,台湾民主自治同盟,无党派民主人士,中国共产主义青年团,中华全国总工会,中华全国妇女联合会,中华全国青年联合会,中华全国工商业联合会,中国科学技术协会,中华全国台湾同胞联谊会,中华全国归国华侨联合会,文化艺术界,科学技术界,社会科学界,经济界,农业界,教育界,体育界,新闻出版界,医药卫生界,对外友好界,社会福利界,少数民族界,宗教界,特邀香港人士,特邀澳门人士,特别邀请人士。

全国委员会每届任期5年,每年举行一次全体会议。

全国委员会设主席一人、副主席若干人,秘书长一人,并设立常务委员会主持会务。

常务委员会由全国委员会主席、副主席、秘书长和常务委员组成,其候选人由参加政协全国委员会的各党派、团体、各民族和各界人士协商提名,经全国委员会全体会议选举产生。全国委员会主席主持常务委员会的工作,副主席、秘书长协助主席工作。

主席、副主席、秘书长组成主席会议,处理常务委员会的重要日常工作。

(五) 地方委员会

省、自治区、直辖市,自治州、设区的市、县、自治县、不设区的市和市辖区,凡有条件设中国人民政治协商会议的地方,均设立人民政协组织。

人民政协各级地方委员会每届任期5年。

各级地方委员会及其常务委员会的组成、产生办法、职责、主要工作机构的设置等,与全国委员会相似。

三 政协委员

(一) 政协委员及其产生程序

政协委员即中国人民政治协商会议的成员,包括全国政协委员和地方各级政协委员。由各民主党派、各人民团体和无党派人士反复酝酿协商推举产生，经全国或地方人民政协常务委员会同意成为政协委员。政协委员是中国各个领域、各个界别有代表性和有社会影响的人物。政协委员的产生程序是：参加各单位政协的提名推荐，中共党委有关部门对推荐的名单进行综合评定，并同各推荐单位协商，形成建议名单，再将建议名单到政协常务委员会进行协商，经全部常务委员过半数同意通过，才能成为政协委员，政协委员的任期是5年。

（二）政协委员权利和义务

根据政协章程规定，政协全国委员会和地方委员会的权利可归纳为：

（1）在本会会议上有表决权、选举权和被选举权；

（2）有对本会工作提出批评和建议的权利；

（3）有通过本会会议和组织参加讨论国家大政方针和各该地方重大事务的权利；

（4）有对国家机关和国家工作人员的工作提出建议和批评的权利；

（5）有对违纪违法行为检举揭发、参与调查和检查的权利；

（6）有声明退出政协的自由；

（7）有受到警告和撤销参加资格的处分时，如果不服，有请求复议的权利。

四　政协提案

（一）提案概述

根据《中国人民政治协商会议全国委员会提案工作条例》第二条的规定，提案是政协委员和参加政协的各党派、各人民团体以及政协各专门委员会，向政协全体会议或者常务委员会提出的、经提案审查委员会或者提案委员会审查立案后，交承办单位办理的书面意见和建议。提案是履行人民政协职能的一个重要方式，是坚持和完善中国共产党领导的多党合作和政治协商制度的一种重要载体，是协助中国共产党和国家机关实现决策民主化、科学化的一条重要渠道。

（二）政协提案工作基本方针

提案工作是人民政协的一项全局性工作，政协委员和参加政协的各党派、各人民团体以及政协各专门委员会，可以通过提案的方式履行职能。但是提案工作要坚持围绕中心、服务大局、提高质量、讲求实效的方针，切实加强制度化、规范化、程序化建设，努力提高提案质量、办理质量和服务质量。要以马克思列宁主义、毛泽东思想、邓小平理论和"三个代表"重要思想为指导，坚持社会主义初级阶段的基本路线和基本纲领，全面贯彻科学发展观，遵循"长期共存、互相监督、肝胆相照、荣辱与共"的方针，充分发扬民主，广开言路，调动一切积极因素，为维护安定团结，深化改革，扩大开放，为实现推进我国的社会主义现代化建设、完成祖国统一、维护世界和平与促进共同发展这三大历史任务服务。每届政协第一次会议成立提案审查委员会，由主任、副主任和委员若干人组成，成员从本届政协委员中产生，由第一次会议预备会议决定；负责第一次会议期间提案的审查立案工作，并向全体会议报告提案审查情况。

(三) 政协提案基本要求

第一，提案者。根据《中国人民政治协商会议全国委员会提案工作条例》第二条的规定，政协委员和参加政协的各党派、各人民团体以及政协各专门委员会，是提案者。可见，提案者并不限于"政协委员"。

第二，提案时间。提案可以在政协全体会议期间提出，也可以在闭会期间提出。

第三，提案的提出方式。一是政协全国委员会委员，可以个人名义或者联名方式提出提案；二是政协全体会议期间，可以界别、小组或者联组名义提出提案；三是参加政协的各党派、人民团体，可以本党派、团体名义提出提案；四是政协全国委员会各专门委员会，可以本专门委员会名义提出提案。

第四，提案的基本要求。提案应当坚持严肃性、科学性、可行性，围绕国家大政方针、中心工作和经济、政治、文化、社会生活中的重要问题以及人民群众普遍关心的问题建言献策；提案须一事一案，实事求是，简明扼要，做到有情况、有分析、有具体的建议；委员联名提出的提案，发起人作为第一提案人，签名列于首位；以界别、小组或者联组名义提出的提案，须由召集人签名；以党派、人民团体、政协专门委员会名义提出的提案，须由该组织署名并加盖公章；提案必须按照规定的格式提交。

本章小结

当代中国的政党制度具有两个基本特点：一是多党合作；二是中国共产党的领导。中国共产党与各民主党派合作的基本方针是"长期共存、互相监督、肝胆相照、荣辱与共"。在多党合作制度下，中国共产党处于领导地位，是执政党，坚持科学执政、民主执政、依法执政；各民主党派是参政党，参加国家政权。中国共产党同各民主党派在国家政权中团结合作，支持他们发挥参政党作用，履行参政议政、民主监督职能，推动国家政权建设。

当代中国多党合作制度规定了中国共产党和各民主党派在国家政治生活中的地位、作用和相互关系。当代中国的多党合作制度以其独特的结构功能和运行机制，体现社会主义民主的本质要求，保障人民民主权利的充分行使，是实现社会主义民主的重要形式。政治协商是多党合作制度的重要内容，中国共产党就国家重大方针政策和重要事务在决策前和决策执行过程中与各民主党派、无党派人士进行协商，是实行科学决策、民主决策的重要环节，是中国共产党提高执政能力的重要途径。人民政协是中国人民爱国统一战线的组织，是中国共产党领导的多党合作和政治协商的重要机构，是中国发扬社会主义民主的重要形式。

第二章　当代中国人民代表大会法律制度

人民代表大会是经由直接选举或间接选举产生的人大代表组成的代议机关，是当代中国国家政权的重要组织形式，也是当代中国政治民主的主要体现形式。人民代表大会包括全国人民代表大会和地方各级人民代表大会。全国人民代表大会是最高国家权力机关，在国家机构体系中居于首要地位，它的常设机关是全国人民代表大会常务委员会。地方各级人民代表大会，包括省（自治区、直辖市）、设区的市（自治州）、县（不设区的市、市辖区）的人民代表大会以及乡（民族乡、镇）的人民代表大会，地方各级人民代表大会是地方各级国家权力机关。

人民代表大会制度是全国各族人民按照民主集中制的原则，依法定期选举产生自己的代表，组成各级人民代表大会作为行使国家权力的机关，并由人民代表大会组织其他国家机关，以实现对整个国家和社会的有效管理的一种政治制度。人民代表大会制度是符合中国国情、体现中国社会主义国家性质、保证中国人民当家做主的根本政治制度。它植根于人民群众，具有强大的生命力；它代表广大人民的共同意志和根本利益，动员全体人民以主人翁的地位投身国家建设，保证国家机关协调高效运转，维护国家统一和民族团结。中国各族人民通过人民代表大会制度牢牢地把国家和民族的前途命运掌握在自己手里。

本章依据宪法、全国人大组织法、地方人大和地方政府组织法、选举法、代表法等法律规定，简要介绍与人民代表大会制度相关的法律规定，包括全国人大与地方人大的性质与地位、产生与任期、职权，代表法律制度以及与人大法律制度密切相关的选举法律制度等等。

第一节　当代中国人民代表大会制度

什么是人民代表大会制度？学界并没有统一的定义。有的认为，人民代表大会制度，是指以人民代表大会为核心和主要内容的国家政权组织体系。这一制度的主要内容是两个方面：一是关于人民代表大会本身的产生、组织、职权和行使职权程序的一套规定和制度；二是关于人大与公民和人大与其他国家机关相互关系的一套规定和制度。这些关系包括：人民代表大会与人民的关系，人民代表大会与其他国家机关的关系以及中央政权和地方政权的关系[①]。有的认为，人民代表大会制度（简称人大制度）是指全国各族人民按照民主集中制的原则，依法定期选举产生自己的代表，组成各级人民代表大会作为行使国家权力的机关，并由人民代表大会组织其他国家机关，以实现对整个国家和社会的有效管理的一种政治制度[②]，等等。不论学界概念是否统一，人民代表大会制度是当代中国的根本政治制度，具有明确的政治定性[③]。

一　当代中国人民代表大会制度的确立

人民代表大会制度是以毛泽东为主要代表的中国共产党人在领导中国人民革命和建设的长期实践中，把马克思主义的国家政治学说与中国实际相结合而创立的适合中国国情的政权组织形式。这一制度的形成和发展经历了一个长期的历史过程。早在1927年11月的井冈山时期，毛泽东参照巴黎公社和世界第一个社会主义国家苏联的苏维埃政权形式，在江西茶陵直接领导召开了工农兵代表大会，宣告成立了我党历史上第一个工农兵苏维埃政府，开始摸索、创建适合中国国情的政权组织形式。1928年11月毛泽东在《井冈山的斗争》一文中对以遂川县为代表的县区乡工农兵代表大会作了初步论述，认为这应是我党领导的地方革命政权的重要形式。1931年11月在中央苏区首府瑞金召开了中华苏维埃共和国第一届工农兵代表大会，会上通过了《中华苏维埃共和国宪法大纲》。这部宪法性文件明确规定：全国工农兵代表大会是中华苏维埃共和国的最高权力机关，闭

[①] 蔡定剑：《人大和人大制度的概念和性质》，《人大研究》1992年第10期。
[②] 浦兴祖主编：《当代中国政治制度》，复旦大学出版社2005年版，第1页。
[③] 在1954年宪法之前，党的主要领导人在讲话中谈人民代表大会制度时，称为国家的基本制度。例如1951年9月在中央人民政府召开的华北第一次县长会议上，董必武做的《论加强人民代表会议的工作》的讲话中指出，"我们既已确认人民代表会议或人民代表大会制为我们国家的基本制度，我们的国家政权建设工作，首先就要开好各界人民代表会议。"（王胜国：《董必武与新中国人民代表大会制度——纪念董必武同志诞辰125周年》，《董必武法学思想研究文集》（第十一辑·上册）中知网，中国会议数据库）1954年9月15日，刘少奇《关于中华人民共和国宪法草案的报告》指出，"我们国家的大事不是由一个人或少数几个人来决定的。人民代表大会制既规定为国家的根本政治制度，一切重大问题就都应当经过人民代表大会讨论，并作出决定。"（肖蔚云、王禹、张翔编：《宪法学参考资料》（上册），北京大学出版社2003年版，第28页）从此，人民代表大会制度就被称为国家的根本政治制度。

会期间苏维埃中央执行委员会为最高的政权机构。中央执行委员会下设人民委员会、最高法院,分别行使行政权和审判权。地方苏维埃采用省、县、区、乡(城市)四级制度,乡和城市的苏维埃代表大会的代表由选民直接选举产生,区以上苏维埃代表大会代表由下一级苏维埃代表大会选举产生。《中华苏维埃共和国宪法大纲》还规定,实行工农兵代表大会制的各级工农兵政权采取"议行合一"的方式,代表既参加议事,又直接参与政府工作。显然,此时的工农兵代表大会制实际上成为后来新中国人民代表大会制的最早尝试和最初雏形[①]。

1940年,毛泽东在《新民主主义论》中说道:"没有适当形式的政权机关,就不能代表国家。中国现在可以采取全国人民代表大会、省人民代表大会、县人民代表大会、区人民代表大会直到乡人民代表大会的系统,并由各级代表大会选举政府。"[②] 在此,毛泽东首次明确提出了"人民代表大会"的概念和构想。1945年4月,毛泽东在《论联合政府》中进一步指出:"新民主主义的政权组织,应该采取民主集中制,由各级人民代表大会决定大政方针,选举政府","只有这个制度,才既能表现广泛的民主,使各级人民代表大会有高度的权力;又能集中处理国事,使各级政府能集中地处理被各级人民代表大会所委托的一切事务,并保障人民的一切必要的民主活动"[③]。1949年6月30日,毛泽东在《论人民民主专政》中指出:"总结我们的经验,集中到一点,就是工人阶级(经过共产党)领导的以工农联盟为基础的人民民主专政"[④]。同这一国体性质相适应的国家政权组织形式,只能是实行民主集中制的人民代表大会制度。至此,毛泽东关于人民代表大会制度的思想理论日臻成熟。同年9月,《中国人民政治协商会议共同纲领》第十二条规定,"中华人民共和国的国家政权属于人民。人民行使国家政权的机关为各级人民代表大会和各级人民政府。各级人民代表大会由人民用普选方法产生之。各级人民代表大会选举各级人民政府。各级人民代表大会闭会期间,各级人民政府为行使各级政权的机关。国家最高政权机关为全国人民代表大会。全国人民代表大会闭

---

① 参见王胜国《董必武与新中国人民代表大会制度——纪念董必武同志诞辰125周年》,《董必武法学思想研究文集》(第十一辑·上册),中知网,中国会议数据库。
② 《毛泽东选集》(第2卷),人民出版社1991年版,第677页。
③ 同上书,第1057页。
④ 《毛泽东选集》(第4卷),人民出版社1991年版,第1480页。

会期间，中央人民政府为行使国家政权的最高机关。"周恩来在《关于〈中国人民政治协商会议共同纲领〉草案的起草经过和特点》中，就"新民主主义的政权制度问题"作了如是解释："新民主主义的政权制度是民主集中制的人民代表大会的制度，它完全不同于旧民主的议会制度，而是属于以社会主义苏联为代表的代表大会制度的范畴之内的。但是也不完全同于苏联制度，苏联已经消灭了阶级，而我们则是各革命阶级的联盟。我们的这个特点，就表现在中国人民政协会议的形式上。政府各部门和现在各地的人民代表会议以及将来的人民代表大会都将同样表现这个特点。从人民选举代表、召开人民代表大会、选举人民政府直到由人民政府在人民代表大会闭会期间行使国家政权的这一整个过程，都是行使国家政权的民主集中的过程，而行使国家政权的机关就是各级人民代表大会和各级人民政府。"[①] 总之，《共同纲领》已经提出建立人民代表大会的构想，只是由于新中国成立之初不具备普选条件，不具备全国选举的条件，无法产生和召开全国人民代表大会，于是采用了政协全体会议代行全国人大职权的过渡做法。

1949年中华人民共和国的成立，开辟了中国历史上从未有过的人民当家做主的新纪元，亿万中国人民成为国家、社会和自己命运的主人。在经过最初一段过渡时期之后，1953年3月，国家颁布施行新中国第一部选举法，随后在全国范围内进行了中国历史上第一次空前规模的普选，在此基础上自下而上选举产生各级人大代表并逐级召开人民代表大会。1954年9月15日，第一届全国人民代表大会第一次会议在北京召开，标志着我国人民代表大会制度在全国范围内建立起来。这次会议通过的《中华人民共和国宪法》明确规定："中华人民共和国的一切权力属于人民。人民行使权力的机关是全国人民代表大会和地方各级人民代表大会。"1954年宪法以国家根本法的形式，确立了人民代表大会制度，奠定了国家根本政治制度的法律基础。人民代表大会制度的建立和《中华人民共和国宪法》的颁布施行，使中国人民行使当家做主的权利有了可靠的制度保障和宪法依据。

综上，当代中国实行人民代表大会制度，是中国近现代100多年历史波澜壮阔、激荡发展的必然结果。近代以来，由于西方列强的侵略和

[①] 肖蔚云、王禹、张翔编：《宪法学参考资料》（上册），北京大学出版社2003年版，第117页。

封建专制统治的衰败，中国逐渐沦为半殖民地半封建国家。为了救亡图存、振兴中华，中国人民和无数仁人志士一直苦苦探寻、上下求索，围绕在中国建立什么样的政治制度提出了种种主张，进行过各种尝试，展开了激烈的斗争。西方政治制度的各种模式几乎在中国都想过、也试过了，但都以失败而告终。历史表明，在中国，对腐朽没落的旧制度，改良修补之路走不通，照搬西方政治制度的模式也行不通，必须彻底推翻剥削阶级统治广大人民的政治制度，实行人民当家做主的政治制度。人民代表大会制度60多年的历史证明，人民代表大会制度是符合我国国情和实际、体现社会主义国家性质、保证人民当家做主的根本政治制度，是顺应时代发展要求、推动国家发展进步、保证人民创造幸福美好生活的根本制度保证，是我们国家和人民能够经得起各种风浪、克服各种艰难险阻、始终沿着正确道路开拓前进的根本制度保证。诚如习近平总书记所言："人民代表大会制度是符合中国国情和实际、体现社会主义国家性质、保证人民当家做主、保障实现中华民族伟大复兴的好制度。"①

二 当代中国人民代表大会制度的主要内容

《宪法》规定，"中华人民共和国的一切权力属于人民。人民行使国家权力的机关是全国人民代表大会和地方各级人民代表大会。""全国人民代表大会和地方各级人民代表大会都由民主选举产生，对人民负责，受人民监督。国家行政机关、审判机关、检察机关都由人民代表大会产生，对它负责，受它监督"。可见，人民代表大会制度是关于人民代表大会性质、职能、组织、运作的一系列制度。从广义上讲，它包括人民代表大会与人民、执政党、人民政府、人民法院、人民检察院等相互关系的原则和机制，是一个完整的、多层面的政治制度体系，在第一个层面上反映了人民、人民代表大会、执政党的关系；在第二个层面上建立了人民代表大会与一府两院的关系；在第三个层面上规定了一府两院之间的相互关系；在每一个层面上都体现着中央与地方的关系②。具体而言，人民代表大会制度主要包括如下方面的内容：

---

① 中共中央宣传部：《习近平总书记系列重要讲话读本》（2016年版），学习出版社、人民出版社2016年版，第167页。
② 肖金明：《人民代表大会制度的政治效应》，《法学论坛》2014年5月。

（一）各级人大都由民主选举产生，对人民负责，受人民监督。民主选举是民主集中制的基础。选举权和被选举权是人民行使国家权力的重要标志。选民（在直接选举中）或选举单位（在间接选举中）有权依照法定程序选举代表，并有权依照法定程序罢免自己选出的代表，保证各级人大真正按照人民的意志、代表人民的利益行使国家权力。

（二）人大和它的常委会集体行使国家权力，集体决定问题，严格按照民主集中制的原则办事。宪法规定了人大及其常委会的职权。按照宪法规定，全国性的重大问题经过全国人大及其常委会讨论和决定，地方性的重大问题经过地方人大及其常委会讨论和决定，使国家的权力最终掌握在全体人民手中。

（三）国家行政机关、审判机关、检察机关都由人大产生，对它负责，向它报告工作，受它监督。人民代表大会统一行使国家权力，在这个前提下，明确划分国家的行政权、审判权、检察权，使国家的行政、审判、检察机关不脱离人民代表大会或者违背人民代表大会的意志而进行活动，使各个国家机关在法律规定的各自职权范围内独立负责地进行工作，形成一个统一的整体。

（四）中央和地方国家机构职能的划分，遵循在中央统一领导下，充分发挥地方的主动性、积极性的原则。全国人大和地方各级人大各自按照法律规定的职权，分别审议决定全国的和地方的大政方针。全国人大对地方人大不是领导关系，而是法律监督关系、选举指导关系和工作联系关系。国务院对各级地方政府是领导关系。全国人大和国务院决定的事情，地方必须遵照执行，同时给地方以充分的自主权。这样，既有利于统一领导，又有利于发挥地方积极性，有助于加快社会主义现代化建设步伐。

（五）我国是一个统一的多民族国家，各少数民族聚居的地方实行民族区域自治。民族区域自治地方的自治机关，一方面受中央和上级机关的领导，行使宪法赋予的一般地方国家机关的职权；另一方面享有宪法和法律赋予的自治权。这样，就能够把各民族紧密地团结在一起，保障国家的独立和繁荣。

总之，人民代表大会制度不仅包括国家权力机关的各项制度，还包括国家权力机关与人民关系的规定、国家权力机关与其他国家机关关系的规定以及中央同地方国家机构职权的划分等。因此，"人民代表大会制度并不只是人大的制度,而是宪法所确定的根本政治制度"①。

三 人民代表大会制度是当代中国的根本政治制度

我国的政治制度是由各种不同的具体政治制度构成的。其中,我国现行宪法所确立的人民代表大会制度,涵盖了我国政治制度的主要方面和重要内容,是我国社会主义民主政治的集中体现,也是我国社会主义现代化建设事业不断得到健康发展的最可靠的政治基础和制度依据,是我国的根本政治制度,这种根本性表现在:

1. 它直接全面地反映了我国国家政权的阶级本质,最充分有效地体现了广大人民群众的意愿和利益需求;

2. 它最有效地保证了人民行使当家做主的民主权利,最大限度地体现了直接民主与间接民主相结合的社会主义民主原则的基本要求;

3. 它反映了我国政治生活的全貌,勾画了我国国家制度的基本框架,可以比较好地适应中国共产党作为执政党对国家和社会生活实行政治领导的要求,完全符合我国的具体国情;

4. 它涉及国家政权产生、运行以及巩固的所有环节和方面,能全面反映丰富多彩的国家政权建设的特点,而各种具体制度只能反映我国政治生活的一个侧面②。

人民代表大会制度成为我国的根本政治制度,主要基于如下理由:人民代表大会制度是我国人民当家做主、行使国家权力的根本途径和方式。对广大人民来说,最根本、最重要的是掌握国家权力,这才是最大的民主。人民掌握了国家权力,其他权利才会得到保障。人民代表大会制度,体现着社会主义制度的本质,提供了一个人民掌握国家权力的途径和方式,决定国家的其他各种具体制度和社会生活的各个方面,如立法制度、行政制度、司法制度、军事制度、外交制度等。总之,作为我国的根本政治制度,人民代表大会制度不但包括以人民代表大会为核心的所有国家政权机关的组织形式,还包括有关这些机关的组织和职权以及各个政权机关之间、各个政权机关同人民之间关系的一系列制度和原则。③

---

① 万其刚:《我国人民代表大会制度的形成与发展》,《当代中国史研究》2005 年第 1 期。
② 莫纪宏:《人民代表大会制度是我国的根本政治制度》,《公民与法》2009 年第 4 期。
③ 许崇德主编:《宪法》,中国人民大学出版社 2004 年版,第 114 页。

四 当代中国人民代表大会制度的基本特征

当代中国的人大制度不同于西方的议会制度,与其他社会主义国家政体相比,也有着自己的特点,是具有中国特色的社会主义政治制度。具体来说,当代中国的人民代表大会制度具有如下基本特征:

(一) 当代中国的人民代表大会不同于资本主义国家的两院制

当代中国的人民代表大会在代表机关组织结构上采取一院制,每一个人民代表的权力都是平等的,一切重大国事都在人民代表大会通过民主讨论投票表决,每个代表都享有平等的表决权。然后,根据少数服从多数的原则来决定议案的通过或否决。这种一院制的形式、充分体现了我国具有中国特色的政权组织形式和适合中国国情的根本政治制度的鲜明特点。诚如邓小平所言:"我们实行的就是全国人民代表大会一院制,这最符合中国实际。如果政策正确,方向正确,这种体制益处很大,很有助于国家的兴旺发达,避免很多牵扯。"[1]

(二) 当代中国的人民代表大会实行"议行合一"的原则

"议行合一"是国家权力机关统一行使立法和行政权力的制度,是当代中国人民代表大会的基本活动原则。当代中国人民代表大会实行"议行合一",是指它既制定法律、决定国家大事,又组织行政机关,领导和监督行政机关的工作,并且通过它的代表向人民群众传达它所制定的法律和作出的决议的精神,以自己的模范行动带领群众认真贯彻执行。"议行合一"是与"三权分立"相对立的一种国家政权组织形式,二者在以下几个方面存在根本区别:一是代议机关的地位不同。"议行合一"体制下代议机关是国家权力机关,在整个国家机构体系中,其地位是至高的。而"三权分立"体制下,立法、行政、司法三机关之间地位是平行的;二是各机关之间的权力来源有别。"议行合一"体制下,人民通过选举赋予代议机关以全部国家权力,代议机关通过法定途径进行再委托,赋予行政机关、司法机关以行政权、司法权,因此这一体制下,行政机关、司法机关由代议机关直接产生。而"三权分立"体制下,立法、行政机关的权力直接来源于人民的选举;三是权力作用的方向不同。"三权分立"体制下,立法、行政、司法三种权力关系是

---

[1] 《邓小平文选》(第3卷),人民出版社1993年版,第220页。

多元化的、相互牵制、制衡，权力之间的作用是双向的，而"议行合一"体制下，政府机关之间则不存在这种权力互动关系，代议机关与行政机关之间的权力作用是单向的。

（三）当代中国人民代表大会制度充分体现了民主集中制原则，能够使各个国家机关协调一致地进行工作

民主集中制的思想最初由马克思主义创始人针对党的组织建设提出，而明确提出该概念的是列宁。中国共产党很早就把民主集中制作为政权建设的组织原则①。我国1954年宪法正式将民主集中制作为国家政权组织的原则。民主集中制原则作为我国政权组织形式的基本原则，具体表现为：（1）在人民与人大的关系中，全国人民代表大会和地方各级人民代表大会都由人民直接或间接选举产生，对人民负责，受人民监督。（2）国家行政机关、审判机关和检察机关由人民代表大会产生，向它负责，并接受它的监督。（3）中央和地方的国家机构的职权的划分，遵循在中央的统一领导下，充分发挥地方的主动性和积极性的原则。（4）人民代表大会本身实行合议制。即人民代表大会在讨论和决定问题时充分发扬民主，实行少数服从多数的原则。

（四）人民代表大会的代表来自人民

从本质上说，人民代表大会体现和服从的是人民大众的愿望和意志。人民代表大会在其他国家机关之上，但却在人民之下。人民代表大会的权力是人民赋予的，人民代表大会充分反映民意，聚合民意，对人民负责，受人民监督。"人民代表大会制度之所以具有强大生命力和显著优越性，关键在于它深深植根于人民之中。我们国家的名称，我们各级国家机关的名称，都冠以'人民'的称号，这是我们对中国社会主义政权的基本定位。中国260多万各级人大代表，都要忠实代表人民利

---

① 早在成立之初，中国共产党就把民主集中制确立为党的组织原则和制度。党的一大纲领明确规定"我党采取苏维埃的形式"，即民主集中制思想的组织形式。二大通过的《中国共产党加入第三国际决议案》宣布，党完全承认第三国际的加入条件，即"加入共产国际的党，应该是按照民主集中制的原则建立起来的"。这是在党的代表大会通过的文件上，首次确认民主集中制这一原则。1927年6月，五大党章明确规定"党部的指导原则为民主集中制"。这是民主集中制第一次载入党章。1928年7月，六大党章首次阐述了民主集中制的基本原则，包括三点：一是下级和上级党部均由党员选举产生；二是各级党部向党员定期做报告；三是下级党部一定承认服从上级党部的决议。十一届三中全会后，党在总结革命和建设正反两方面经验教训的基础上，逐步完善了对民主集中制有关规定的论述。

益和意志，依法参加行使国家权力。各级国家机关及其工作人员，不论做何种工作，说到底都是为人民服务。这一基本定位，什么时候都不能含糊、不能淡化"①。

与西方议员作为职业政客截然不同，我国的人大代表绝大多数是非专职的，人大代表都有各自的职业，具有广泛的群众基础，包括了各阶级、各阶层、各地区、各民族、各方面的人士②。人大代表来自人民，反映人民的意见和要求，代表人民决定国家和地方的大事。

（五）人大在中国共产党领导下进行工作

各级人大在中国共产党的领导下工作，是中国共产党领导核心地位的应有之义。中国共产党对人大的领导具体表现在：（1）中国共产党提出方针政策，由人大来贯彻执行。中国共产党根据对形势和任务的分析，在党内作出有关决议或提出方针政策，人大采取行动来贯彻党的方针政策。（2）中国共产党就国家的重大问题，直接向人大提出建议案，通过人大的立法，把党的意志合法地转变为国家意志。（3）中国共产党对人大实行工作领导。党对人大常委会具体工作作出决议或发布指示，还可以要求人大常委会党组就人大及其常委会的一些重要工作向党委请示汇报。（4）党对人大实行组织领导。党对人大的人事任免权起决定作用，"选举人大代表和常委会组成人员及其领导人员时，其候选人主要由党组织推荐提出；由人大及其常委会选举、任命的其他国家机关领导人及其组成人员的候选人，也要由党组织作出安排"③。

---

① 习近平：《在庆祝全国人民代表大会成立60周年大会上的讲话》，2014年9月5日。

② 如在全国人大常委会的主持下，2012年12月中旬至2013年1月，35个选举单位共选举产生了2977名十二届全国人大代表。2977名十二届全国人大代表中，来自一线的工人、农民代表401名，占代表总数的13.42%，其中农民工代表数量大幅增加；专业技术人员代表610名，占代表总数的20.42%，少数民族代表409名，占代表总数的13.69%，全国55个少数民族都有本民族的代表。党政领导干部代表1042名，占代表总数的34.77%。妇女代表699名，占代表总数的23.4%。另外，代表中有"70后"代表74名，还有2名"90后"代表。年龄最小的代表陈若琳生于1992年12月。在这些"70后""90后"代表中，有的是生产一线的工人，有的是偏远农村的村官，有的是科研人员，有的是解放军战士。

③ 谢庆奎主编：《当代中国政府与政治》，高等教育出版社2003年版，第104页。

第二节 人民代表大会

一 人民代表大会在当代中国国家机关体系中的地位

根据我国宪法规定，人民代表大会是我国的国家权力机关，在我国的国家机构体系中处于首要的、核心的地位。具体而言：一是人民代表大会产生其他国家机关。全国人民代表大会产生国家最高行政机关、军事机关、审判机关、检察机关，选举国家主席、副主席和全国人大常委会组成人员，决定国务院总理、副总理、国务委员、各部部长、各委员会主任、审计长、秘书长的人选，选举中央军事委员会主席、决定中央军事委员会其他组成人员的人选，选举最高人民法院院长和最高人民检察院检察长。县级以上地方各级人民代表大会产生县级以上地方各级人民政府、人民法院和人民检察院，选举本级人大常委会组成人员和本级政府领导人员、人民法院院长、人民检察院检察长。乡（镇）人民代表大会选举本级人大主席、副主席和政府领导人员。二是国家行政机关、审判机关、检察机关都要对人民代表大会负责并报告工作，受它监督。

可见，从法定关系上看，人民代表大会在整个国家机关体系中处于独立和超然的地位。在中央到地方的国家权力体系中，全国人民代表大会处于国家权力的顶层，它集中全国人民的意志，在全国范围内行使最高国家权力。在各级国家政权机关中，人民代表大会与同级行政机关、司法机关之间是主从关系，是监督与被监督关系。在组织上，其他国家机关都由人民代表大会选举任命产生；在职责上，其他国家机关向人民代表大会负责并报告工作；在监督上，人民代表大会对国家行政机关、司法机关实施全面监督。在人民代表大会与其他国家机关的关系中，人民代表大会的地位是第一位的、全权的、不可制衡的，国家行政机关、司法机关都服从于人民代表大会。

二 全国人民代表大会及其常务委员会

（一）全国人民代表大会

全国人民代表大会是最高国家权力机关，由省、自治区、直辖市、特别行政区和军队选举出的代表组成①。

1. 全国人民代表大会的召集、召开

1982年12月10日，第五届全国人民代表大会第五次会议通过了《全国人民代表大会组织法》。根据该法规定，全国人民代表大会会议，依照中华人民共和国宪法的有关规定召集。每届全国人民代表大会第一次会议，在本届全国人民代表大会代表选举完成后的两个月内由上届全国人民代表大会常务委员会召集。全国人民代表大会常务委员会应当在全国人民代表大会会议举行一个月以前，将开会日期和建议大会讨论的主要事项通知全国人民代表大会代表。

全国人民代表大会代表按照选举单位组成代表团。各代表团分别推选代表团团长、副团长。代表团在每次全国人民代表大会会议举行前，讨论全国人民代表大会常务委员会提出的关于会议的准备事项；在会议期间，对全国人民代表大会的各项议案进行审议，并可以由代表团团长或者由代

---

① 自1954年以来，我国至今共举行了十二届全国人民代表大会。届次、时间、人大代表数、人大常委委员长分别是：

第一届全国人民代表大会，时间1954年9月—1959年4月，代表人数1226名，委员长刘少奇；

第二届全国人民代表大会，时间1959年4月—1965年1月，代表总数1226名，委员长朱德；

第三届全国人民代表大会，时间1965年1月—1975年1月，代表人数3040名，委员长朱德；

第四届全国人民代表大会，时间1975年1月—1978年3月，代表人数2885名，委员长朱德；

第五届全国人民代表大会，时间1978年3月—1983年6月，代表人数3497名，委员长叶剑英；

第六届全国人民代表大会，时间1983年6月—1988年4月，代表人数2978名，委员长彭真；

第七届全国人民代表大会，时间1988年4月—1993年3月，代表人数2978名，委员长万里；

第八届全国人民代表大会，时间1993年3月—1998年3月，代表人数2977名，委员长乔石；

第九届全国人民代表大会，时间1998年3月—2003年3月，代表人数2980名，委员长李鹏；

第十届全国人民代表大会，时间2003年3月—2008年3月，代表人数2985名，委员长吴邦国；

第十一届全国人民代表大会，时间2008年3月—2013年3月，代表人数2987名，委员长吴邦国；

第十二届全国人民代表大会，时间2013年3月— ，代表人数2987名，委员长张德江。

表团推派的代表,在主席团会议上或者大会全体会议上,代表代表团对审议的议案发表意见。全国人民代表大会每次会议举行预备会议,选举本次会议的主席团和秘书长,通过本次会议的议程和其他准备事项的决定。预备会议由全国人民代表大会常务委员会主持。每届全国人民代表大会第一次会议的预备会议,由上届全国人民代表大会常务委员会主持。主席团主持全国人民代表大会会议。

2. 全国人民代表大会的职权

根据《宪法》第六十二条的规定,全国人民代表大会行使下列职权:修改宪法;监督宪法的实施;制定和修改刑事、民事、国家机构的和其他的基本法律;选举中华人民共和国主席、副主席;根据中华人民共和国主席的提名,决定国务院总理的人选;根据国务院总理的提名,决定国务院副总理、国务委员、各部部长、各委员会主任、审计长、秘书长的人选;选举中央军事委员会主席;根据中央军事委员会主席的提名,决定中央军事委员会其他组成人员的人选;选举最高人民法院院长;选举最高人民检察院检察长;审查和批准国民经济和社会发展计划和计划执行情况的报告;审查和批准国家的预算和预算执行情况的报告;改变或者撤销全国人民代表大会常务委员会不适当的决定;批准省、自治区和直辖市的建置;决定特别行政区的设立及其制度;决定战争和和平的问题;应当由最高国家权力机关行使的其他职权。同时,依据《宪法》第六十三条的规定,全国人民代表大会有权罢免下列人员:中华人民共和国主席、副主席;国务院总理、副总理、国务委员、各部部长、各委员会主任、审计长、秘书长;中央军事委员会主席和中央军事委员会其他组成人员;最高人民法院院长;最高人民检察院检察长。

(二) 全国人民代表大会常务委员会

全国人民代表大会常务委员会是全国人民代表大会的常设机构。全国人民代表大会设立常务委员会并赋予它一定的职权,这是全国人民代表大会组织制度的一个重要特点。我国地域辽阔,人口众多,全国人民代表大会代表的人数不宜太少,需要维持相当的规模,以体现广泛的代表性。但代表太多,又不便于进行经常性的工作。而且,我国的人大代表不是专职的,他们有着自己的工作岗位和职业。所以宪法规定,全国人民代表大会每年召开一次例会,会期一般为15—20天,会议只能对国家特别重要的问题做出决定。同时,全国人民代表大会设立全国人大常委会作为它的常设机构，在全国人民代表大会闭会期间，及时对国家一系列其他重大问题做出决定，充分发挥最高国家权力机关常设机关的职能，保证国家机器正常有效运转①。

另外，依据《宪法》第七十条的规定，全国人民代表大会设立民族委员会、法律委员会、财政经济委员会、教育科学文化卫生委员会、外事委员会、华侨委员会和其他需要设立的专门委员会。在全国人民代表大会闭会期间，各专门委员会受全国人民代表大会常务委员会的领导。

1. 全国人大常委会的组成

全国人民代表大会常务委员会由下列人员组成：委员长，副委员长若干人，秘书长，委员若干人。常务委员会的组成人员由全国人民代表大会从代表中选出。常务委员会的组成人员不得担任国家行政机关、审判机关和检察机关的职务；如果担任上述职务，必须向常务委员会辞去常务委员会的职务。常务委员会的委员长、副委员长、秘书长组成委员长会议，处理常务委员会的重要日常工作。

2. 全国人大常委会的职权

根据《宪法》第六十七条规定，全国人民代表大会常务委员会行使下列职权：解释宪法，监督宪法的实施；制定和修改除应当由全国人民代表大会制定的法律以外的其他法律；在全国人民代表大会闭会期间，对全国人民代表大会制定的法律进行部分补充和修改，但是不得同该法律的基本原则相抵触；解释法律；在全国人民代表大会闭会期间，审查和批准国民经济和社会发展计划、国家预算在执行过程中所必须作的部分调整方案；监督国务院、中央军事委员会、最高人民法院和最高人民检察院的工作；撤销国务院制定的同宪法、法律相抵触的行政法规、决定和命令；撤销省、自治区、直辖市国家权力机关制定的同宪法、法律和行政法规相抵触的地方性法规和决议；在全国人民代表大会闭会期间，根据国务院总理的提名，决定部长、委员会主任、审计长、秘书长的人选；在全国人民代表大会闭会期间，根据中央军事委员会主席的提名，决定中央军事委员会其他组成人员的人选；根据最高人民法院院长的提请，任免最高人民法院副院长、审判员、审判委员会委员和军事法院院长；根据最高人民检察院检察长的提请，任免最高人民检察院副检察长、检察员、检察委员会委员

---

① 许崇德主编：《宪法》，中国人民大学出版社2004年版，第227页。

和军事检察院检察长,并且批准省、自治区、直辖市的人民检察院检察长的任免;决定驻外全权代表的任免;决定同外国缔结的条约和重要协定的批准和废除;规定军人和外交人员的衔级制度和其他专门衔级制度;规定和决定授予国家的勋章和荣誉称号;决定特赦;在全国人民代表大会闭会期间,如果遇到国家遭受武装侵犯或者必须履行国际间共同防止侵略的条约的情况,决定战争状态的宣布;决定全国总动员或者局部动员;决定全国或者个别省、自治区、直辖市进入紧急状态;全国人民代表大会授予的其他职权。

（三）全国人大及其常委会的职权特点

通过宪法关于全国人大及其常委会的行使的职权范围规定可见,全国人大及其常委会的职权具有广泛性、至高性、根本性等特点,具体而言:

一是最高立法权,全国人民代表大会行使修改宪法,监督宪法的实施,制定和修改刑事、民事、国家机构的和其他的基本法律的职权。全国人大常务委员会行使解释宪法,监督宪法的实施;制定和修改除应当由全国人民代表大会制定的法律以外的其他法律;在全国人民代表大会闭会期间,对全国人民代表大会制定的法律进行部分补充和修改,但是不得同该法律的基本原则相抵触;解释法律的职权。

据统计,截至 2011 年 8 月底,我国已制定现行宪法和有效法律共 240 部[①]。

二是最高任免权。全国人大行使选举中华人民共和国主席、副主席;根据中华人民共和国主席的提名,决定国务院总理的人选;根据国务院总理的提名,决定国务院副总理、国务委员、各部部长、各委员会主任、审计长、秘书长的人选;选举中央军事委员会主席;根据中央军事委员会主席的提名,决定中央军事委员会其他组成人员的人选;选举最高人民法院院长;选举最高人民检察院检察长的职权。全国人大常委会行使在全国人民代表大会闭会期间,根据国务院总理的提名,决定部长、委员会主任、审计长、秘书长的人选;在全国人民代表大会闭会期间,根据中央军事委员会主席的提名,决定中央军事委员会其他组成人员的人选;根据最高人民法院院长的提请,任免最高人民法院副院长、审判员、审判委员会委员

---

① 国务院新闻办公室:《中国特色社会主义法律体系》白皮书,2011 年 10 月 27 日发布。来源: www.scio.gov.cn。

和军事法院院长；根据最高人民检察院检察长的提请，任免最高人民检察院副检察长、检察员、检察委员会委员和军事检察院检察长，并且批准省、自治区、直辖市的人民检察院检察长的任免的职权。同时，依据宪法第六十三条的规定，全国人民代表大会有权罢免下列人员：中华人民共和国主席、副主席；国务院总理、副总理、国务委员、各部部长、各委员会主任、审计长、秘书长；中央军事委员会主席和中央军事委员会其他组成人员；最高人民法院院长；最高人民检察院检察长。

三是最高监督权。首先，全国人民代表大会和全国人民代表大会常务委员会认为必要的时候，可以组织关于特定问题的调查委员会，并且根据调查委员会的报告，作出相应的决议。调查委员会进行调查的时候，一切有关的国家机关、社会团体和公民都有义务向它提供必要的材料[①]。其次，全国人民代表大会代表在全国人民代表大会开会期间，全国人民代表大会常务委员会组成人员在常务委员会开会期间，有权依照法律规定的程序提出对国务院或者国务院各部、各委员会的质询案。等等。

四是最高决定权。全国人大审查和批准国民经济和社会发展计划和计划执行情况的报告；审查和批准国家的预算和预算执行情况的报告；批准省、自治区和直辖市的建置；决定特别行政区的设立及其制度；决定战争和和平的问题；等等。全国人大常委决定驻外全权代表的任免；决定同外国缔结的条约和重要协定的批准和废除；规定军人和外交人员的衔级制度和其他专门衔级制度；规定和决定授予国家的勋章和荣誉称号；决定特赦；在全国人民代表大会闭会期间，如果遇到国家遭受武装侵犯或者必须履行国际间共同防止侵略的条约的情况，决定战争状态的宣布；决定全国总动员或者局部动员；决定全国或者个别省、自治区、直辖市进入紧急状态；等等。

三　地方各级人民代表大会

（一）地方各级人大的属性

省、自治区、直辖市、自治州、县、自治县、市、市辖区、乡、民族乡、镇的人民代表大会，是根据宪法和法律规定，按照行政区域分别设立

---

① 《宪法》第七十一条。

的地方国家权力机关,在本行政区域内,代表人民行使国家权力。①

根据我国宪法和《地方各级人民代表大会和地方各级人民政府组织法》的规定,地方国家行政机关、审判机关、检察机关都由同级人民代表大会选举产生,对它负责,受它监督。因此,地方各级人大在同级国家机关中处于支配和核心的地位。

地方各级人大与全国人大一起构成我国国家权力机关体系。但全国人大与地方各级人大之间以及地方各级人大之间没有隶属关系,上级人大有权依照宪法和法律监督下级人大的工作。地方各级人大是本地方人民行使国家权力的机关,并保证宪法、法律、行政法规在本地方的执行,依照法律规定的权限决定本行政区域内的重大事项。

(二) 地方各级人大的产生、任期

依据地方组织法的规定,省、自治区、直辖市、自治州、设区的市的人民代表大会代表由下一级的人民代表大会选举;县、自治县、不设区的市、市辖区、乡、民族乡、镇的人民代表大会代表由选民直接选举。

根据地方组织法的规定,地方各级人民代表大会的任期,均为5年。

(三) 县级以上地方各级人民代表大会的职权

根据地方组织法的规定,县级以上的地方各级人民代表大会行使下列职权:在本行政区域内,保证宪法、法律、行政法规和上级人民代表大会及其常务委员会决议的遵守和执行,保证国家计划和国家预算的执行;审查和批准本行政区域内的国民经济和社会发展计划、预算以及它们执行情况的报告;讨论、决定本行政区域内的政治、经济、教育、科学、文化、卫生、环境和资源保护、民政、民族等工作的重大事项;选举本级人民代表大会常务委员会的组成人员;选举省长、副省长,自治区主席、副主席,市长、副市长,州长、副州长,县长、副县长,区长、副区长;选举本级人民法院院长和人民检察院检察长;选出的人民检察院检察长,须报经上一级人民检察院检察长提请该级人民代表大会常务委员会批准;选举上一级人民代表大会代表;听取和审查本级人民代表大会常务委员会的工作报告;听取和审查本级人民政府和人民法院、人民检察院的工作报告;改变或者撤销本级人民代表大会常务委员会的不适当的决议;撤销本级人民政府的不适当的决定和命令;保护社会主义的全民所有的财产和劳动群

---

① 浦兴祖主编:《当代中国政治制度》,复旦大学出版社2005年版,第48页。

众集体所有的财产，保护公民私人所有的合法财产，维护社会秩序，保障公民的人身权利、民主权利和其他权利；保护各种经济组织的合法权益；保障少数民族的权利；保障宪法和法律赋予妇女的男女平等、同工同酬和婚姻自由等各项权利①。据此，又可将地方各级人大的职能分为：政策审议与制定职能；选举与罢免职能；监督与纠正职能；权利保障职能②。

（四）县级以上地方各级人民代表大会常务委员会

1. 县级以上地方各级人民代表大会常务委员会的设立

县级以上人大设立常委会是我国人民代表大会制度健全的一个重要标志，也是新时期民主法制建设所取得的一项重要成就。早在1954年制定宪法时，就有人提出地方人大应设立常委会，但后来由于种种原因而未能实行。1956年4月25日，毛泽东在《论十大关系》中提出处理中央与地方关系的原则，即"应当在巩固中央统一领导的前提下，扩大一点地方的权力，给地方更多的独立性，让地方办更多的事情"。同时，"我们的宪法规定，立法权集中在中央。但是在不违背中央方针的条件下，按照情况和工作需要，地方可以搞章程、条例、办法，宪法并没有约束"。1965年，中共中央和全国人大常委会根据实际需要，又一次提出县级以上地方人大设立常委会的问题。1979年下半年，66个县、自治县、不设区的市和市辖区进行了直接选举的试点工作，第一批共66个县级人大常委会产生③。

1979年7月1日，第五届全国人民代表大会第二次会议通过的《中华人民共和国地方各人民代表大会和地方各级人民政府组织法》第二十五条规定，"省、自治区、直辖市、自治州、县、自治县、市、市辖区的人民代表大会设立常务委员会。县级以上的地方各级人民代表大会常务委员会是本级人民代表大会的常设机关，对本级人民代表大会负责并报告工作。"县级以上地方各级人大常委会，是本级人大的常设机关，在本级人大闭会期间，行使法律所赋予的各项职权。它由本级人大在代表中选举产生，对本级人大负责并报告工作。

---

① 参见《中华人民共和国地方各级人民代表大会和地方各级人民政府组织法》第八条。
② 张千帆：《宪法学导论》，法律出版社2008年版，第313—319页。
③ 参见万其刚《我国人民代表大会制度的形成与发展》，《当代中国史研究》2005年第1期。

2. 县级以上地方各级人民代表大会常务委员会的组成、任期

依据地方组织法第四十一条的规定,省、自治区、直辖市、自治州、设区的市的人民代表大会常务委员会由本级人民代表大会在代表中选举主任、副主任若干人、秘书长、委员若干人组成。县、自治县、不设区的市、市辖区的人民代表大会常务委员会由本级人民代表大会在代表中选举主任、副主任若干人和委员若干人组成。常务委员会的组成人员不得担任国家行政机关、审判机关和检察机关的职务;如果担任上述职务,必须向常务委员会辞去常务委员会的职务。

县级以上地方人大常务委员会组成人员的名额:(1)省、自治区、直辖市三十五人至六十五人,人口超过八千万的省不超过八十五人;(2)设区的市、自治州十九人至四十一人,人口超过八百万的设区的市不超过五十一人;(3)县、自治县、不设区的市、市辖区十五人至二十七人,人口超过一百万的县、自治县、不设区的市、市辖区不超过三十五人。省、自治区、直辖市每届人民代表大会常务委员会组成人员的名额,由省、自治区、直辖市的人民代表大会依照前款规定,按人口多少确定。自治州、县、自治县、市、市辖区每届人民代表大会常务委员会组成人员的名额,由省、自治区、直辖市的人民代表大会常务委员会依照前款规定,按人口多少确定。每届人民代表大会常务委员会组成人员的名额经确定后,在本届人民代表大会的任期内不再变动。

县级以上的地方各级人民代表大会常务委员会每届任期同本级人民代表大会每届任期相同,它行使职权到下届本级人民代表大会选出新的常务委员会为止。

3. 县级以上地方各级人民代表大会常务委员会的职权

县级以上地方各级人民代表大会常务委员会行使下列职权:在本行政区域内,保证宪法、法律、行政法规和上级人民代表大会及其常务委员会决议的遵守和执行;领导或者主持本级人民代表大会代表的选举;召集本级人民代表大会会议;讨论、决定本行政区域内的政治、经济、教育、科学、文化、卫生、环境和资源保护、民政、民族等工作的重大事项;根据本级人民政府的建议,决定对本行政区域内的国民经济和社会发展计划、预算的部分变更;监督本级人民政府、人民法院和人民检察院的工作,联系本级人民代表大会代表,受理人民群众对上述机关和国家工作人员的申诉和意见;撤销下一级人民代表大会及其常务委员会的不适当的决议;撤

销本级人民政府的不适当的决定和命令；在本级人民代表大会闭会期间，决定副省长、自治区副主席、副市长、副州长、副县长、副区长的个别任免；在省长、自治区主席、市长、州长、县长、区长和人民法院院长、人民检察院检察长因故不能担任职务的时候，从本级人民政府、人民法院、人民检察院副职领导人员中决定代理的人选；决定代理检察长，须报上一级人民检察院和人民代表大会常务委员会备案；根据省长、自治区主席、市长、州长、县长、区长的提名，决定本级人民政府秘书长、厅长、局长、委员会主任、科长的任免，报上一级人民政府备案；按照人民法院组织法和人民检察院组织法的规定，任免人民法院副院长、庭长、副庭长、审判委员会委员、审判员，任免人民检察院副检察长、检察委员会委员、检察员，批准任免下一级人民检察院检察长；省、自治区、直辖市的人民代表大会常务委员会根据主任会议的提名，决定在省、自治区内按地区设立的和在直辖市内设立的中级人民法院院长的任免，根据省、自治区、直辖市的人民检察院检察长的提名，决定人民检察院分院检察长的任免；在本级人民代表大会闭会期间，决定撤销个别副省长、自治区副主席、副市长、副州长、副县长、副区长的职务；决定撤销由它任命的本级人民政府其他组成人员和人民法院副院长、庭长、副庭长、审判委员会委员、审判员、人民检察院副检察长、检察委员会委员、检察员，中级人民法院院长，人民检察院分院检察长的职务；在本级人民代表大会闭会期间，补选上一级人民代表大会出缺的代表和罢免个别代表；决定授予地方的荣誉称号①。

（五）乡、民族乡、镇人民代表大会

1. 乡、民族乡、镇人民代表大会概述

乡、民族乡、镇人民代表大会，是乡、民族乡、镇人民行使国家权力的机关，在国家权力机构系统中处于基础的地位。乡、民族乡、镇人民代表大会没有常设机构。

2. 乡、民族乡、镇人民代表大会主席、副主席

乡、民族乡、镇人民代表大会设主席，并可以设副主席一人至二人。主席、副主席由本级人民代表大会从代表中选出，任期同本级人民代表大

---

① 参见《中华人民共和国地方各级人民代表大会和地方各级人民政府组织法》第四十四条。

会每届任期相同。乡、民族乡、镇的人民代表大会主席、副主席不得担任国家行政机关的职务；如果担任国家行政机关的职务，必须向本级人民代表大会辞去主席、副主席的职务。乡、民族乡、镇的人民代表大会主席、副主席在本级人民代表大会闭会期间负责联系本级人民代表大会代表，根据主席团的安排组织代表开展活动，反映代表和群众对本级人民政府工作的建议、批评和意见，并负责处理主席团的日常工作。

3. 乡、民族乡、镇人民代表大会主席团

乡、民族乡、镇人民代表大会举行会议的时候，选举主席团。由主席团主持会议，并负责召集下一次的本级人民代表大会会议。乡、民族乡、镇人民代表大会主席、副主席为主席团的成员。主席团在本级人民代表大会闭会期间，每年选择若干关系本地区群众切身利益和社会普遍关注的问题，有计划地安排代表听取和讨论本级人民政府的专项工作报告，对法律、法规实施情况进行检查，开展视察、调研等活动；听取和反映代表和群众对本级人民政府工作的建议、批评和意见。主席团在闭会期间的工作，向本级人民代表大会报告。

4. 乡、民族乡、镇人民代表大会的职权

根据地方组织法的规定，乡、民族乡、镇人民代表大会行使下列职权：在本行政区域内，保证宪法、法律、行政法规和上级人民代表大会及其常务委员会决议的遵守和执行；在职权范围内通过和发布决议；根据国家计划，决定本行政区域内的经济、文化事业和公共事业的建设计划；审查和批准本行政区域内的财政预算和预算执行情况的报告；决定本行政区域内的民政工作的实施计划；选举本级人民代表大会主席、副主席；选举乡长、副乡长，镇长、副镇长；听取和审查乡、民族乡、镇的人民政府的工作报告；撤销乡、民族乡、镇的人民政府的不适当的决定和命令；保护社会主义的全民所有的财产和劳动群众集体所有的财产，保护公民私人所有的合法财产，维护社会秩序，保障公民的人身权利、民主权利和其他权利；保护各种经济组织的合法权益；保障少数民族的权利；保障宪法和法律赋予妇女的男女平等、同工同酬和婚姻自由等各项权利①。

---

① 参见《中华人民共和国地方各级人民代表大会和地方各级人民政府组织法》第九条。

第三节 人民代表大会选举法律制度

1953年2月，新中国颁布了《中华人民共和国全国人民代表大会及地方各级人民代表大会选举法》，1979年7月，五届全国人大二次会议通过的《中华人民共和国全国人民代表大会和地方各级人民代表大会选举法》，对1953年的选举法进行了重大修订。之后，根据国家政治生活的变化，《中华人民共和国全国人民代表大会及地方各级人民代表大会选举法》又经过了多次修改。《选举法》共12章57条，主要内容包括：人大代表选举的一般要求、选举机构的职责、地方各级人大代表名额的确定、全国人大代表名额的确定、各少数民族代表选举的组织、选区划分、选民登记、代表候选人的提出、选举程序、对代表的监督和罢免辞职补选、对破坏选举的制裁和附则等。由于篇幅所限，这里着重介绍我国选举法的基本原则和选举程序。

一　选举基本原则

（一）普遍性原则

所谓普遍性原则，是指选举权和被选举权的普遍性。选举权的普遍性是就享有选举权的主体范围而言的，是指一国公民中能够享有选举权的广泛程度。我国选举法明确规定：中华人民共和国年满十八周岁的公民，不分民族、种族、性别、职业、家庭出身、宗教信仰、教育程度、财产状况和居住期限，都有选举权和被选举权。依照法律被剥夺政治权利的人没有选举权和被选举权[①]。

（二）直接选举和间接选举并用的原则

直接选举是指由选民直接投票选举国家代表机关代表和国家公职人员的选举。间接选举则是指由下一级国家代表机关，或者由选民投票选出的代表（或选举人）选举上一级国家代表机关代表和国家公职人员的选举。《选举法》第二条明确规定，全国人民代表大会的代表，省、自治区、直辖市、设区的市、自治州的人民代表大会的代表，由下一级人民代表大会选举。不设区的市、市辖区、县、自治县、乡、民族乡、镇的人民代表大

---

① 参见《选举法》第三条。

会的代表，由选民直接选举。可见，我国在选举中采取的是直接选举和间接选举并用的原则。

目前我国采取直接选举与间接选举相结合的原则选举各级人大代表，把直接选举的范围确定在县、乡两级，是同我国现实的经济与社会发展条件相适应的，是由我国目前的国情决定的。随着我国经济、政治、文化和社会事业的发展以及广大人民群众民主意识的提高，直接选举的范围将会逐步扩大，以有步骤地推进社会主义民主政治建设。

（三）平等原则

平等原则包含两层含义：一是投票权相等，一人一票；二是每一票的价值相等，一票一值。就是说，人大代表由选举产生，每一选民在一次选举中只有一个投票权，在相同的地域是一人一票，每一票的效力相等。

选举的平等性原则，是法律面前人人平等的宪法原则在选举中的体现。这些年来，选举平等原则中的一人一票我们早已做到并且做得比较全面、彻底，但一票一值我们没有完全做到。新中国成立以来的相当长一个时期，我国不具备实行城乡按相同人口比例选举人大代表的经济与社会发展的条件。改革开放以来，我国的经济与社会各方面都有了长足的发展，城乡人口比例也发生了较大的变化。随着工业化、城镇化的快速发展，城乡差别日益缩小，为逐步实行城乡按相同人口比例选举人大代表创造了前提和基础。党的十七大明确提出建议逐步实行城乡按相同人口比例选举人大代表，2010年3月十一届全国人大三次会议通过的选举法修改，明确了城乡按相同人口比例选举人大代表。这使得我国人大选举的平等性原则得到充分的体现，使得我国的人大选举制度向更为平等的方向迈出了一大步。

需要指出的是，根据我国国体、政体，平等选举原则在保障公民都享有平等的选举权、实行城乡按相同人口比例选举代表、体现人人平等的同时，还要保障各地方在国家权力机关有平等的参与权，各行政区域不论人口多少，都应有相同的基本名额数，都能选举一定数量的代表，体现地区平等；还要保障各民族都有适当数量的代表，人口再少的民族也要有一名代表，体现民族平等；此外，各方面代表性人物比较集中的地方，也应给予适当的照顾。为了保障少数民族、妇女等参加管理国家事务的权利，选举法还规定若干特殊条款，全面体现了人大代表选举的平等性原则。这既是我国城市化进程、城乡统筹发展、促进社会和谐的现实需要，更是发展社会主义民主政治的必然要求。

此外，选举法还规定了差额选举、物质保障等原则，在此不一一赘述。

二 选举程序

(一) 选举组织

选举法设立专章，规定了选举机构及其职责，特别对选举委员会的产生、回避、职责和工作要求作出具体规定。根据选举法的规定，全国人民代表大会常务委员会主持全国人民代表大会代表的选举。省、自治区、直辖市、设区的市、自治州的人民代表大会常务委员会主持本级人民代表大会代表的选举。不设区的市、市辖区、县、自治县、乡、民族乡、镇设立选举委员会，主持本级人民代表大会代表的选举。不设区的市、市辖区、县、自治县的选举委员会受本级人民代表大会常务委员会的领导。乡、民族乡、镇的选举委员会受不设区的市、市辖区、县、自治县的人民代表大会常务委员会的领导。省、自治区、直辖市、设区的市、自治州的人民代表大会常务委员会指导本行政区域内县级以下人民代表大会代表的选举工作[1]。不设区的市、市辖区、县、自治县的选举委员会的组成人员由本级人民代表大会常务委员会任命。乡、民族乡、镇的选举委员会的组成人员由不设区的市、市辖区、县、自治县的人民代表大会常务委员会任命。选举委员会的组成人员为代表候选人的，应当辞去选举委员会的职务。

选举委员会的职责主要是：划分选举本级人民代表大会代表的选区，分配各选区应选代表的名额；进行选民登记，审查选民资格，公布选民名单；受理对于选民名单不同意见的申诉，并作出决定；确定选举日期；了解核实并组织介绍代表候选人的情况；根据较多数选民的意见，确定和公布正式代表候选人名单；主持投票选举；确定选举结果是否有效，公布当选代表名单；法律规定的其他职责[2]。

(二) 名额确定及其分配

1. 地方各级人民代表大会的代表名额

根据《选举法》的规定，地方各级人民代表大会的代表名额，按照

---

[1] 参见《选举法》第八条。
[2] 参见《选举法》第十条。

下列规定确定：（1）省、自治区、直辖市的代表名额基数为三百五十名，省、自治区每十五万人可以增加一名代表，直辖市每二万五千人可以增加一名代表；但是，代表总名额不得超过一千名；（2）设区的市、自治州的代表名额基数为二百四十名，每二万五千人可以增加一名代表；人口超过一千万的，代表总名额不得超过六百五十名；（3）不设区的市、市辖区、县、自治县的代表名额基数为一百二十名，每五千人可以增加一名代表；人口超过一百六十五万的，代表总名额不得超过四百五十名；人口不足五万的，代表总名额可以少于一百二十名；（4）乡、民族乡、镇的代表名额基数为四十名，每一千五百人可以增加一名代表；但是，代表总名额不得超过一百六十名；人口不足二千的，代表总名额可以少于四十名。按照前款规定的地方各级人民代表大会的代表名额基数与按人口数增加的代表数相加，即为地方各级人民代表大会的代表总名额。自治区、聚居的少数民族多的省，经全国人民代表大会常务委员会决定，代表名额可以另加百分之五。聚居的少数民族多或者人口居住分散的县、自治县、乡、民族乡，经省、自治区、直辖市的人民代表大会常务委员会决定，代表名额可以另加百分之五①。

同时，按照选举法的规定，省、自治区、直辖市的人民代表大会代表的具体名额，由全国人民代表大会常务委员会依照本法确定。设区的市、自治州和县级的人民代表大会代表的具体名额，由省、自治区、直辖市的人民代表大会常务委员会依照本法确定，报全国人民代表大会常务委员会备案。乡级的人民代表大会代表的具体名额，由县级的人民代表大会常务委员会依照本法确定，报上一级人民代表大会常务委员会备案。地方各级人民代表大会的代表总名额经确定后，不再变动。如果由于行政区划变动或者由于重大工程建设等原因造成人口较大变动的，该级人民代表大会的代表总名额依照本法的规定重新确定。

2. 全国人民代表大会代表名额

首先，依据选举法的规定，全国人民代表大会的代表，由省、自治区、直辖市的人民代表大会和人民解放军选举产生。全国人民代表大会代表的名额不超过三千人。香港特别行政区、澳门特别行政区应选全国人民代表大会代表的名额和代表产生办法，由全国人民代表大会另行规定。

---

① 参见《选举法》第十一条。

其次，全国人民代表大会代表名额，由全国人民代表大会常务委员会根据各省、自治区、直辖市的人口数，按照每一代表所代表的城乡人口数相同的原则，以及保证各地区、各民族、各方面都有适当数量代表的要求进行分配。省、自治区、直辖市应选全国人民代表大会代表名额，由根据人口数计算确定的名额数、相同的地区基本名额数和其他应选名额数构成。全国人民代表大会代表名额的具体分配，由全国人民代表大会常务委员会决定。

最后，全国少数民族应选全国人民代表大会代表，由全国人民代表大会常务委员会参照各少数民族的人口数和分布等情况，分配给各省、自治区、直辖市的人民代表大会选出。人口特少的民族，至少应有代表一人。

关于少数民族的选举，选举法规定，有少数民族聚居的地方，每一聚居的少数民族都应有代表参加当地的人民代表大会。聚居境内同一少数民族的总人口数占境内总人口数百分之三十以上的，每一代表所代表的人口数应相当于当地人民代表大会每一代表所代表的人口数。聚居境内同一少数民族的总人口数不足境内总人口数百分之十五的，每一代表所代表的人口数可以适当少于当地人民代表大会每一代表所代表的人口数，但不得少于二分之一；实行区域自治的民族人口特少的自治县，经省、自治区的人民代表大会常务委员会决定，可以少于二分之一。人口特少的其他聚居民族，至少应有代表一人。聚居境内同一少数民族的总人口数占境内总人口数百分之十五以上、不足百分之三十的，每一代表所代表的人口数，可以适当少于当地人民代表大会每一代表所代表的人口数，但分配给该少数民族的应选代表名额不得超过代表总名额的百分之三十。

（三）选区划分和选民登记

根据选举法的规定，选区划分和选民登记发生在直接选举过程中。

1. 选区划分。选区划分的原则，一是便于选民参加选举和代表联系选民，二是保障选举权平等。选举法规定，不设区的市、市辖区、县、自治县、乡、民族乡、镇的人民代表大会的代表名额分配到选区，按选区进行选举。选区可以按居住状况划分，也可以按生产单位、事业单位、工作单位划分。选区的大小，按照每一选区选一名至三名代表划分。

2. 选民登记。选民登记按选区进行，经登记确认的选民资格长期有效。每次选举前对上次选民登记以后新满十八周岁的、被剥夺政治权利期满后恢复政治权利的选民，予以登记。对选民经登记后迁出原选区的，列入新迁入的选区的选民名单；对死亡的和依照法律被剥夺政治权利的人，从选民名单上除名。精神病患者不能行使选举权利的，经选举委员会确认，不列入选民名单。选民名单在选举日的二十日以前公布。

（四）提出和确定代表候选人

全国和地方各级人大的代表候选人，按选区或者选举单位提名产生。各政党、各人民团体，可以联合或者单独推荐代表候选人。选民或者代表，十人以上联名，也可以推荐代表候选人。推荐者应向选举委员会或者大会主席团介绍代表候选人的情况。接受推荐的代表候选人应当向选举委员会或者大会主席团如实提供个人身份、简历等基本情况。两个渠道推荐的代表候选人的人数，均不得超过本选区或者选举单位应选代表的名额。

全国和地方各级人大代表实行差额选举。代表候选人的人数应多于应选代表的名额，在直接选举中，应多于应选代表名额三分之一至一倍；在间接选举中，应多于应选代表名额五分之一至二分之一。

由选民直接选举人大代表的，代表候选人由各选区选民和各政党、各人民团体提名推荐。选举委员会或者人大主席团应当向选民或者代表介绍代表候选人的情况。代表候选人的推荐者可以在选民小组或者代表小组会议上介绍所推荐的代表候选人的情况。选举委员会根据选民的要求，应当组织代表候选人与选民见面。

（五）投票选举

根据选举法的规定，在直接选举中，有三种投票方式，即设立投票站、召开选举大会和设立流动票箱。选举委员会应当根据各选区选民分布状况，按照方便选民投票的原则来确定具体投票方式。投票选举在直接选举时，由选举委员会主持；在间接选举时，由各该级人大主席团主持。各级人大代表选举，一律采用无记名投票的方法。选举人对于代表候选人可以投赞成票，可以投反对票，可以另选其他任何选民，也可以弃权。选民可以经选举委员会同意委托投票。

选举结果由选举委员会或者各该级人大主席团确定是否有效，并予以宣布。

（六）对人大代表的监督和罢免、辞职、补选

选举法规定，全国和地方各级人大的代表，受选民和原选举单位的监督。选民或者选举单位都有权罢免自己选出的代表。对于县级的人大代

表，原选区选民五十人以上联名，对于乡级的人大代表，原选区选民三十人以上联名，可以向县级的人大常委会书面提出罢免要求。罢免要求应当写明罢免理由。被提出罢免的代表有权提出申辩意见。县级的人大常委会派有关负责人员主持表决罢免要求，罢免代表须经原选区过半数的选民通过。县级以上的地方各级人大举行会议的时候，主席团或者十分之一以上代表联名，可以提出对由该级人大选出的上一级人大代表的罢免案。在人大闭会期间，县级以上的地方各级人大常委会主任会议或者常委会五分之一以上组成人员联名，可以向常委会提出对由该级人大选出的上一级人大代表的罢免案。罢免案应当写明罢免理由。被提出罢免的代表有权提出申辩意见。罢免案经会议审议后，分别由大会主席团或者由主任会议提请全体会议表决。罢免代表采用无记名的表决方式，须经各该级人大过半数的代表或者常委会组成人员的过半数通过。罢免的决议，须报送上一级人大常委会备案、公告。代表被罢免的，其在人大的其他职务相应撤销，由大会主席团或者常委会予以公告。

全国人大代表，省级和设区的市级人大代表，可以向选举他的人大的常委会书面提出辞职。常委会接受辞职，须经组成人员的过半数通过。接受辞职的决议，须报送上一级人大常委会备案、公告。县级的人大代表可以向本级人大常委会书面提出辞职，常委会接受辞职，须经组成人员的过半数通过。乡级的人大代表可以向本级人大书面提出辞职，乡级的人大接受辞职，须经过半数的代表通过。接受辞职的，应当予以公告。代表辞去代表职务的请求被接受的，其在人大的其他职务相应终止，由常委会或者人大主席团予以公告。

代表在任期内，因故出缺，由原选区或者原选举单位补选。在人大闭会期间，可以由本级人大常委会补选个别出缺的上一级人大代表。补选的具体办法，由省级人大常委会规定。根据代表法等法律的规定，人大代表因故出缺是由于出现了代表资格终止的情形，具体有以下几种情况：代表辞职被接受的，代表被罢免的，代表死亡的，地方各级人大代表在任期内迁出或者调离本行政区域的，代表未经批准两次不出席本级人大会议的，代表被人民法院判决剥夺政治权利的，代表丧失中国国籍的。代表出缺的补选，原则上应当是缺什么补什么，以保持代表的合理结构，保持代表的广泛性。需要注意的是，如果选区或者选举单位在换届选举时没有选足应选代表名额，所余名额不属于出缺，不能按补选程序选举，只能按另行选举程序选举。

三 香港、澳门特别行政区全国人大代表的选举

(一) 香港特别行政区全国人大代表的选举

在香港回归以前,香港地区的全国人民代表大会代表由广东省人民代表大会选出。香港回归祖国后,按照《香港特别行政区基本法》第二十一条第二款的规定,将"根据全国人民代表大会确定的名额和代表产生办法,由香港特别行政区居民中的中国公民在香港选出香港特别行政区的全国人民代表大会代表,参加最高国家权力机关的工作"。而根据《全国人民代表大会和地方各级人民代表大会选举法》第十五条第三款的规定,"香港特别行政区、澳门特别行政区应选全国人民代表大会代表的名额和代表产生办法,由全国人民代表大会另行规定"。

1997年3月14日,第八届全国人大第五次会议通过了《香港特别行政区选举第九届全国人民代表大会代表的办法》,根据该《办法》:

1. 香港特别行政区选举第九届全国人民代表大会代表由全国人民代表大会常务委员会主持。

2. 香港特别行政区应选第九届全国人民代表大会代表的名额为三十六名。

3. 香港特别行政区选举的全国人民代表大会代表必须是香港特别行政区居民中的中国公民。

4. 香港特别行政区成立第九届全国人民代表大会代表选举会议。选举会议由《全国人民代表大会关于香港特别行政区第一届政府和立法会产生办法的决定》中规定的第一届政府推选委员会委员中的中国公民,以及不是推选委员会委员的香港特别行政区居民中的中国人民政治协商会议第八届全国委员会委员和香港特别行政区临时立法会议员中的中国公民组成。但本人提出不愿参加的除外。选举会议成员名单由全国人民代表大会常务委员会公布。

5. 选举会议第一次会议由全国人民代表大会常务委员会召集,推选十一名选举会议成员组成主席团,主席团从其成员中推选常务主席一人。主席团主持选举会议。选举会议根据主席团的提议,依照《办法》制定具体选举办法。

6. 选举会议成员十人以上联名,可以提出代表候选人。每一名成员

参加联名提出的代表候选人不得超过应选名额。

7. 选举会议选举第九届全国人民代表大会代表的候选人应多于应选人数五分之一至二分之一，进行差额选举。提名的候选人名额如果没有超过应选名额二分之一的差额比例，直接进行投票选举。提名的候选人名额如果超过应选名额二分之一差额比例，由选举会议全体成员进行投票，根据候选人得票多少的顺序，按照不超过二分之一的差额比例，确定正式候选人名单，进行投票选举。

8. 选举会议选举第九届全国人民代表大会代表采用无记名投票的方式。

9. 选举结果由主席团予以宣布，并报全国人民代表大会常务委员会代表资格审查委员会。全国人民代表大会常务委员会根据代表资格审查委员会提出的报告，确认代表资格，公布代表名单。

2002年3月15日，第九届全国人民代表大会第五次会议通过《中华人民共和国香港特别行政区选举第十届全国人民代表大会代表的办法》；2007年3月16日，第十届全国人民代表大会第五次会议通过《中华人民共和国香港特别行政区选举第十一届全国人民代表大会代表的办法》；2012年3月14日，第十一届全国人民代表大会第五次会议通过《中华人民共和国香港特别行政区选举第十二届全国人民代表大会代表的办法》。

(二) 澳门特别行政区全国人大代表的选举

与香港特别行政区全国人大代表的选举情况相类似，在回归以前，澳门地区的全国人大代表由广东省人民代表大会选出。回归后，按照《澳门特别行政区基本法》第二十一条第二款的规定，将"根据全国人民代表大会确定的代表名额和代表产生办法，由澳门特别行政区居民中的中国公民在澳门选出澳门特别行政区的全国人民代表大会代表，参加最高国家权力机关的工作"。

根据《全国人民代表大会和地方各级人民代表大会选举法》第十五条第三款的规定，1999年3月15日，第九届全国人民代表大会第二次会议通过了《中华人民共和国澳门特别行政区第九届全国人民代表大会代表的产生办法》。根据该《办法》，澳门特别行政区的全国人大代表选举产生办法为：

1. 澳门特别行政区的全国人大代表选举由全国人大常委会主持。

2. 澳门特别行政区应选全国人大代表12名。澳门特别行政区成立以前，已由广东省第九届人民代表大会选举产生的五名澳门地区第九届全国人民代表大会代表，在澳门特别行政区成立后，即成为澳门特别行政区第九届全国人民代表大会代表。澳门特别行政区按照本办法应选举七名第九届全国人民代表大会代表。

3. 澳门特别行政区选举的全国人民代表大会代表必须是年满十八周岁的澳门特别行政区居民中的中国公民。

4. 澳门特别行政区成立第九届全国人民代表大会代表选举会议。选举会议由《全国人民代表大会关于澳门特别行政区第一届政府、立法会和司法机关产生办法的决定》中规定的第一届政府推选委员会委员中的中国公民，没有参加推选委员会的澳门地区第九届全国人民代表大会代表，以及不是推选委员会委员的澳门特别行政区居民中的中国人民政治协商会议第九届全国委员会委员和澳门特别行政区立法会议员中的中国公民组成。但本人提出不愿参加的除外。选举会议成员名单由全国人民代表大会常务委员会公布。选举会议举行全体会议，须有过半数成员出席。选举会议第一次会议由全国人民代表大会常务委员会召集，推选九名选举会议成员组成主席团，主席团从其成员中推选常务主席一人。主席团主持选举会议。

5. 选举会议成员十人以上联名，可以提出代表候选人。联名提名不得超过应选人数。选举会议选举第九届全国人民代表大会代表的候选人名额应多于应选名额五分之一至二分之一，进行差额选举。

6. 选举结果由主席团予以宣布，并报全国人民代表大会常务委员会代表资格审查委员会。全国人民代表大会常务委员会根据代表资格审查委员会提出的报告，确认代表资格，公布代表名单。

7. 澳门特别行政区第九届全国人民代表大会代表可以向全国人民代表大会常务委员会提出辞职，由全国人民代表大会常务委员会决定接受辞职后予以公告。

8. 澳门特别行政区第九届全国人民代表大会代表因故出缺，由选举澳门特别行政区第九届全国人民代表大会代表时未当选的代表候选人，按得票多少顺序依次递补。

2002年3月15日，第九届全国人民代表大会第五次会议通过《中华人民共和国澳门特别行政区选举第十届全国人民代表大会代表的办法》。2007年3月16日，第十届全国人民代表大会第五次会议通过《中华人民共和国澳门特别行政区选举第十一届全国人民代表大会代表的办法》。2012年3月14日，第十一届全国人民代表大会第五次会议通过《中华人民共和国澳门特别行政区选举第十二届全国人民代表大会代表的办法》。

第四节 人大代表

一 人大代表

（一）人大代表概念

为保证全国人民代表大会和地方各级人民代表大会代表依法行使代表的职权，履行代表的义务，发挥代表作用，1992年4月3日七届人大五次会议通过了《全国人民代表大会和地方各级人民代表大会代表法》。依照《代表法》的规定，全国人民代表大会代表是最高国家权力机关组成人员，地方各级人民代表大会代表是地方各级国家权力机关组成人员。全国人民代表大会和地方各级人民代表大会代表，代表人民的利益和意志，依照宪法和法律赋予本级人民代表大会的各项职权，参加行使国家权力[①]。可见，人大代表是国家权力机关组成人员，代表人民的利益和意志，依照宪法和法律赋予的各项职权，参加行使国家权力。

（二）人大代表的法律地位

根据《代表法》关于人大代表的定性，人大代表的法律地位可以从以下方面理解：

其一，人大代表是广大人民依据国家选举法的规定、通过选举产生的，是人民行使选举权的结果。一个公民当选人民代表后即成为国家权力机关的组成人员，依照代表法的规定行使法律赋予的职权、履行法律赋予的义务。

其二，人民代表大会是我国的国家权力机关，与人民政府、人民法院、人民检察院等机关一起构成我国完整的国家机构体系。与在政府中工作的人员一样，人大代表本质上是构成国家机构的成员。不仅如此，人大代表是人民权力的受托者和人民意志的表达者，是国家权力机关的组成人员，是国家权力的直接行使者。

[①] 参见《代表法》第二条。

其三，我国的人大代表虽是依法选举产生的，但是，我国的绝大多数人大代表又是非专职的，他们来自于社会的各行各业，受原选区选民或原选举单位监督；在任期内，代表人民的利益和意志，依法参与行使国家权力。同时，在执行代表职务的过程中，依法享有法律等多方面的保障。

其四，人大代表的职务是法定的，与这种职务相对应的职权和责任也是明确的。由于我们普遍的民主意识和代表意识还不够强，因此在一些人的眼中，代表职务与领导职务和行政职务相比不值一提。事实上，人大代表不仅拥有与其他公民一样的"权利"，如生命权、平等权、选举权和被选举权、言论自由，等等，还拥有普通公民没有的"权利"，如发言和表决不受法律追究，非经许可不受逮捕或者刑事审判等。同时，人大代表作为一种职务，具有与履行职务相适应的权力。人大代表在行使职权、履行职责时产生的强制力，就是法律赋予人大代表的权力[①]。

二 人大代表的基本权利

（一）人大代表基本权利概述

人大代表作为人民的一员，和普通人一样、同等地享有宪法和法律所赋予的公民基本权利，也同等地履行宪法和法律所规定的公民基本义务。同时，人大代表作为国家权力机关的组成人员，宪法和法律又赋予他们某些特有的权利，以保障其完成直接参与行使国家权力的特殊使命。

《代表法》第三条明确规定了人大代表享有的权利，这就是：出席本级人民代表大会会议，参加审议各项议案、报告和其他议题，发表意见；依法联名提出议案、质询案、罢免案等；提出对各方面工作的建议、批评和意见；参加本级人民代表大会的各项选举；参加本级人民代表大会的各项表决；获得依法执行代表职务所需的信息和各项保障；法律规定的其他权利。

（二）人大代表权利的基本特征

根据《代表法》第3条的明确规定，我国各级人大代表依法享有7

[①] 杨毅、金圣海：《对人大代表"权利"与"权力"的几点思考》，《人大研究》2009年第4期。

项权利[①]。结合人大代表权利行使内容及人大代表的法律地位等方面，可见我国人大代表的权利具有如下特征：

第一，人大代表的权利具有独特性。它不是普通公民所具有的，而是基于人大代表这一独特身份所特有的。代表身份作为一种职务，必须有与之相对应的权利和义务，且这种权利义务是平等的，即来自不同行业、不同岗位的代表，在行使代表权利过程中是平等的。这一特征表明，代表权利不同于一般的公民权利，具有其基于代表身份的特殊性。

第二，人大代表的权利具有法定性。它不是由普通社会组织或个人赋予的，而是由宪法和法律所确定的，是一种法定权利。人大代表行使权利时必须遵循法定的程序和方式。并且相应地，宪法和法律也规定了其法定的义务。

第三，人大代表的权利具有人民性。从其本质属性上说，代表权利是由选民（或原选举单位）通过选举产生的，是选民将其部分权利让渡给人大代表来行使，并通过由人大代表组成的国家权力机关来行使当家做主的权利。因而，代表权利是选民部分权利的集合，其本质仍属权利范畴。

第四，人大代表的权利具有权利与义务的融合性。人大代表的权利来自人民，是受人民委托依法行使的。一般情况下不得随意放弃人民委托的、法律确认的权利，否则就是失职。从这个意义上讲，人大代表的权利也是一种特殊的义务。这也是人大代表的权利不同于公民权利的一个重要特征。

第五，人大代表的权利具有与人民代表大会权力的衔接性。人大代表是人民代表大会的组成人员，人民代表大会权力的行使有赖于每位人大代

[①] 学界有人指出：代表法规定的人大代表的这些职权，直观地看，都是人大代表的"权利"，但是如果深入地分析，都具有"权力"的特征，主要体现在四个方面：一是人大代表的职权来源于人民的授权；二是人大代表的职权体现的是公共利益。人大代表行使代表职权，都不是基于自身的利益，而是基于公共利益，究其本质是一种公共"权力"，与个人利益无直接关联；三是人大代表的职权本身既是"权力"也是义务。人大代表经由选民选举产生后，不能擅自放弃其职权；四是人大代表的职权具有强制性、支配性。人大代表依法做出的决定具有强制性和支配性。人大代表可以通过"一府两院"的报告，也可以不予通过。人大代表可以选举某人担任国家公职，也可以使其落选，或予以罢免。人大代表可以行使监督权，相对方不能拒绝。人大代表提出的批评、建议，具有法律上的强制力，不能等同于普通公民的批评建议根据这些特征，可以明确地说，人大代表不仅有"权利"，同时也有"权力"。或者说人大代表的"权利"也是"权力"（参见杨毅、金圣海《对人大代表"权利"与"权力"的几点思考》，《人大研究》2009年第4期），作者对此表示赞同。但是由于《人大代表法》第三条明确规定"代表享有下列权利"，作者依然使用"人大代表权利"。

表积极有效地行使权利。或者说，只有人大代表的权利得到切实的体现，国家权力机关才能充分而有效地发挥作用。作为个体的人大代表通过行使"代表权利"参加行使"国家权力"。代表权利经法定程序上升和转化为国家权力。正是在这个意义上，代表权利是一种具有特殊意义的权利，是体现国家性质和本质的一种政治权利[①]。

（三）人大代表权利简介

根据宪法、人大代表法等法律的规定，各级人大代表的权利，除了最基本的与会权（出席本级人大会议）以及在人大中的审议权、表决权和选举权之外，还有议案、提名、批评建议、质询权、视察权、发言/表决免责权、人身特别保护权等方面的权利。由于议案、质询等内容本章后面将作专门介绍，这里主要介绍言论免责权和人身特别保护权，其余恕不一一赘述。

1. 言论免责权

（1）言论免责权概述

议员的言论免责权肇始于英国。在14—16世纪的英国，王权高于一切。尽管此时英国也已经产生了国会，但议员们在国会上提出的议案或者发表的言论，经常被认为触及王权而被认定为非法并予以控诉，甚至议员在国会上所作的表决也不例外，这严重妨碍了国会职能的充分发挥。为了改变这一现状，英国议会在资产阶级革命后的1689年制定了《权利法案》，该法案第九条规定："国会内之演说自由、辩论或议事之自由，不应在国会以外之任何法院或任何地方，受到弹劾或讯问"。这就是最早的有关国会议员言论保障权的立法。此后其他许多国家纷纷仿效，都规定了国会议员的言论免责权并用宪法的形式予以确认[②]。

新中国成立后的前三部宪法，即1954年宪法、1975年宪法和1978年宪法均未规定全国人大代表具有言论免责权。1982年宪法第一次明确规定全国人大代表有言论/表决免责权。宪法第75条规定，全国人大代表在全国人大各种会议上的发言和表决，不受法律追究。之后，全国人大组织法和地方组织法、人大代表法等法律中都明确规定了人大代表的言论免

---

① 李正斌：《人大代表行使的是"权利"还是"权力"?》，《检察日报》2012年5月7日第006版。

② 参见陈亚军、谢祥为、戴晓红《人大代表言论免责权之探索》，《人大研究》2011年第4期。

责权①。

(2) 我国人大代表言论免责权基本内涵

第一，人大代表的言论免责权是指代表在人民代表大会各种会议上的"发言和表决"，不受法律追究。所谓"表决"是指人大代表对重大事项给予赞成、反对或者弃权态度的自由表达，其表达方式包括选票表决、电子表决、举手表决等。不管是何种表达方式，其表决行为都不受法律追究。所谓"发言"是指人大代表对重大事务的话语权，它既包括人大代表通过言语对国家事项所发表的意见，也包括人大代表通过书面文字提交的各种议案。这里的"发言"不是指一般的发言，通常是指人大代表所发表的批评性的言论。

第二，人大代表的言论免责权是指"代表"在人民代表大会各种会议上的发言和表决，不受法律追究；从法律文本的字面上理解，人大代表的言论免责权限于"人民代表大会的各种会议"。"人民代表大会的各种会议"包括代表大会全体会议、小组会议、代表团会议、专门委员会会议、主席团会议、常委会全体会议和分组会议。代表在闭会期间的言论，不在免责权的范围。

第三，人大代表的言论免责权是指代表在人民代表大会各种会议上的发言和表决，"不受法律追究"。所谓"不受法律追究"，就是"免于承担各种法律责任。这里的法律责任包括民事法律责任、行政法律责任和刑事法律责任以及政治责任，即人大代表不能因为自己的言论而被罢免"②。

综上，我国人大代表的言论免责权可以简单归纳为：一是场所，即人大代表言论免责的场所，是"在各种会议上"。二是范围，人大代表言论免责的范围是"发言和表决"。三是后果，言论免责的后果是"不受法律追究"，即任何机构和个人不得因代表的"发言和表决"而追究其刑事的、民事的、行政的等一切法律责任。四是限制，言论免责权并不是绝对

---

① 例如，全国人大组织法第四十三条规定，"全国人民代表大会代表、全国人民代表大会常务委员会的组成人员，在全国人民代表大会和全国人民代表大会常务委员会各种会议上的发言和表决，不受法律追究。"地方组织法第三十四条规定："地方各级人民代表大会代表、常务委员会组成人员，在人民代表大会和常务委员会会议上的发言和表决，不受法律追究。"代表法第三十一条规定："代表在人民代表大会各种会议上的发言和表决，不受法律追究。"不仅如此，仔细对比上述法律规定会发现，全国人大组织法、地方组织法将人大代表的言论免责权从人大代表扩大到了"常务委员会的组成人员"。

② 参见陈亚军、谢祥为、戴晓红《人大代表言论免责权之探索》，《人大研究》2011年第4期。

的，不受任何限制的①。

2. 人大代表的人身特别保护权

（1）人大代表人身特别保护权概述

我国《宪法》第七十四条规定："全国人民代表大会代表，非经全国人民代表大会主席团许可，在全国人民代表大会闭会期间非经全国人民代表大会常务委员会许可，不受逮捕或者刑事审判。"《全国人民代表大会组织法》第四十四条第一款重复了《宪法》第七十四条的规定。《地方各级人民代表大会和地方各级人民政府组织法》第35条规定："县级以上的各级人民代表大会代表，非经本级人民代表大会主席团许可，在本级人民代表大会闭会期间，非经本级人民代表大会常务委员会许可，不受逮捕或者刑事审判。如果因为是现行犯被拘留，执行拘留的机关应当立即向该级人民代表大会主席团或者人民代表大会常务委员会报告。"由于相关规定比较原则，为了保障人大代表能够更好地履行代表职务，1992年通过的《人大代表法》专设一章，对"代表执行职务的保障"作了规定。其中对人身特别保护权，明确规定："县级以上的各级人民代表大会代表，非经本级人民代表大会主席团许可，在本级人民代表大会闭会期间，非经本级人民代表大会常务委员会许可，不受逮捕或者刑事审判。如果因为是现行犯被拘留，执行拘留的机关应当立即向该级人民代表大会主席团或者人民代表大会常务委员会报告。对县级以上的各级人民代表大会代表，如果采取法律规定的其他限制人身自由的措施，应当经该级人民代表大会主席团或者人民代表大会常务委员会许可。人民代表大会主席团或者常务委员会受理有关机关依照本条规定提请许可的申请，应当审查是否存在对代表在人民代表大会各种会议上的发言和表决进行法律追究，或者对代表提出建议、批评和意见等其他执行职务行为打击报复的情形，并据此作出决定。乡、民族乡、镇的人民代表大会代表，如果被逮捕、受刑事审判、或者被采取法律规定的其他限制人身自由的措施，执行机关应当立即报告乡、民族乡、镇的人民代表大会。"②

（2）我国人大代表人身特别保护权的基本内容

从宪法、全国人大组织法等法律规定来看，我国人大代表的人身特别保护权包括如下基本内容：

---

① 苗连营：《民意代表的言论免责权之研究》，《法律科学》1999年第5期。
② 《人大代表法》第三十二条。

第一，保护范围。人身特别保护的范围包括"逮捕、受刑事审判、或者被采取法律规定的其他限制人身自由的措施"。这是由《代表法》所规定的"为保障全国人民代表大会和地方各级人民代表大会代表依法履行代表的职权，履行代表的义务，发挥代表作用"的立法宗旨所决定的。法律赋予人大代表人身特别保护权，就是为了更好地保证代表履行职责不受阻挠，避免因履行职责而受到打击报复。

第二，享有许可权的主体。对人大代表采取强制措施拥有法定许可权的只能是县级以上人大主席团或者是人大常委会。

第三，事先许可制度。司法机关如果要对县级以上的各级人大代表实施逮捕、刑事审判，或者采取法律规定的其他限制人身自由的措施，必须先经该级人大主席团或者人大常务委员会许可。

第四，事后报告制度。人大代表如果是现行犯被拘留的，执行拘留的机关应当立即向人大主席团或人大常委会报告。这是人身特别保护权的一个例外规定。还要注意，适用事后报告制度的另一种情况是：对于乡、民族乡、镇的人大代表，如果被逮捕、受刑事审判，或者采取法律规定的其他限制人身自由的措施，执行机关应当立即报告乡、民族乡、镇的人民代表大会。

第五，人大代表享有人身特别保护权的时间。人身特别保护权的主体既然是人大代表，那么，其享有该保护权的时间理应是在具有人大代表身份期间，即在其任期内。根据《全国人大组织法》和《地方组织法》的相关规定，各级人大代表的每届任期都是自本级人大第一次会议开始，至下一届人大举行第一次会议时终止[①]。

三 人大代表的基本义务

人大代表不仅享有宪法、代表法赋予的权利，也要履行法律规定的义务。《代表法》明确规定，人大代表应当履行下列义务：

（一）模范地遵守宪法和法律，保守国家秘密，在自己参加的生产、工作和社会活动中，协助宪法和法律的实施；

（二）按时出席本级人民代表大会会议，认真审议各项议案、报告和其他议题，发表意见，做好会议期间的各项工作；

---

① 韩兵、陈纯柱：《人大代表人身特别保护权研究》，《广西社会科学》2008 年第 12 期。

（三）积极参加统一组织的视察、专题调研、执法检查等履职活动；

（四）加强履职学习和调查研究，不断提高执行代表职务的能力；

（五）与原选区选民或者原选举单位和人民群众保持密切联系，听取和反映他们的意见和要求，努力为人民服务；

（六）自觉遵守社会公德，廉洁自律，公道正派，勤勉尽责；

（七）法律规定的其他义务。

第五节　议案　质询案　罢免案　特定问题调查权

一　议案

（一）议案概念

依照我国宪法、全国人大组织法、地方组织法、代表法等法律规定，所谓议案是由法律规定具有提议案权的机关或者符合法定数量的个人，向本级人民代表大会及其常务委员会提出的、属于本级人民代表大会及其常务委员会职权范围内的议事原案。人大议案制度是"我国人民代表大会制度的有机组成部分，对充分发挥国家权力机关作用，保障人民当家做主权利的实现，具有重要作用"[①]。

（二）议案的基本特征

1. 提议案的主体特定，要么是特定的机关、要么是符合法定数量的人大代表。以全国人大为例，根据《全国人大组织法》的规定，"全国人民代表大会主席团，全国人民代表大会常务委员会，全国人民代表大会各专门委员会，国务院，中央军事委员会，最高人民法院，最高人民检察院，可以向全国人民代表大会提出属于全国人民代表大会职权范围内的议案"。根据《地方组织法》第十八条的规定，"地方各级人民代表大会举行会议的时候，主席团、常务委员会、各专门委员会、本级人民政府，可以向本级人民代表大会提出属于本级人民代表大会职权范围内的议案"。符合法定数量的人大代表，根据《全国人大组织法》的规定，"一个代表团或者三十名以上的代表"，可以向全国人民代表大会提出属于全国人民

[①] 陈家刚：《人大代表议案制度的有效性问题研究——以区县人大为例》，《理论与改革》2006年1月15日。

代表大会职权范围内的议案。同样根据地方组织法第十八条第二款的规定，"县级以上的地方各级人民代表大会代表十人以上联名，乡、民族乡、镇的人民代表大会代表五人以上联名"，可以向本级人民代表大会提出属于本级人民代表大会职权范围内的议案。基于此，有人将议案分为国家机关议案和代表议案两种①。

2. 议案提出的程序法定。例如根据《全国人大组织法》的规定，"机关议案"由主席团决定交各代表团审议，或者先交有关的专门委员会审议、提出报告，再由主席团审议决定提交大会表决。而"代表议案"由主席团决定是否列入大会议程，或者先交有关的专门委员会审议、提出是否列入大会议程的意见，再决定是否列入大会议程。由主席团决定交各代表团审议，或者并交有关的专门委员会审议、提出报告，再由主席团审议决定提交大会表决。另外从议案提出的时间看。如果在人大闭会期间，一般没有严格的时间规定；但如果在各级人民代表大会会议期间，必须在会议规定的议案截止日期之前书面提出。

3. 议案的内容范围特定。根据全国人大组织法等法律规定，人大议案的内容必须是属于本级人民代表大会及其常委会职权范围内的事项。"职权范围"即法律赋予各级人大行使的职权范围，例如全国人大的立法权等。

4. 议案程序特定。这具体包括：（1）议案提交程序特定，例如依照《全国人大组织法》规定，"机关议案"由主席团决定交各代表团审议，或者并交有关的专门委员会审议、提出报告，再由主席团审议决定提交大会表决②。一个代表团或者三十名以上的代表，可以向全国人民代表大会提出属于全国人民代表大会职权范围内的议案，由主席团决定是否列入大会议程，或者先交有关的专门委员会审议、提出是否列入大会议程的意见，再决定是否列入大会议程③。向全国人民代表大会提出的议案，在交付大会表决前，提案人要求撤回的，对该议案的审议即行终止④。（2）议案办理程序明确。议案一经本级人民代表大会会议或常委会会议审议通

---

① 桑玉成、邱家军：《从代表议案和建议看代表属性及其履职之效率——以十一届全国人大二次会议为例》，《江苏行政学院学报》2010年第1期。
② 《全国人大组织法》第八条。
③ 《全国人大组织法》第十条。
④ 《全国人大组织法》第十一条。

过,作出相应的决议、决定,即转入办理程序。有关专门委员会或人大机关有关的办事机构同政府有关部门联系、协商交办意见,并责成有关部门办理;议案决议或决定的办理情况,承办的有关部门专题向人大常委会会议报告;或先交有关专门委员会审议,有关专门委员会将审议结果向人大常委会会议报告。议案办理情况和审议意见,经人大常委会会议审议通过后,在下一次人民代表大会会议上书面向全体代表报告[①]。

(三) 议案与提案的主要区别

提案是向人民政协组织,并通过政协组织向人民代表大会或人民政府就有关国家或地方大政方针、社会生活等重大问题提出意见和建议的形式。政协提案实行提出提案的时间不限、内容不限、人数不限的"三不限制"原则。提出提案一般有四种形式:政协委员以个人或者联名方式提出提案;政协全体委员会议期间以小组或者联组名义提出提案;参加政协的各党派和人民团体,以本党派、团体名义提出提案;政协各专门委员会以本专门委员会名义提出提案。

人大议案与政协提案的不同之处主要在于:人民代表大会是权力机关,人大代表的议案一经通过,就具有法律效力。而人民政协是统一战线组织,政协提案是民主监督的一种形式。另外,人大议案一般只在人大会议期间提出;而政协提案,既可在政协会议期间提出,也可在休会期间提出。

二 质询案

(一) 质询概述

据介绍,在历史上质询权的行使最早始于英国议会,它是议会制国家中议会对政府实行监督的一项重要权力。综观当今世界,除美国等总统制国家因其政府不对议会负责而致议会无质询权外,其他国家大多在宪法中规定了议会对政府的质询权[②]。

我国《宪法》第七十三条明确规定,"全国人民代表大会代表在全国人民代表大会开会期间,全国人民代表大会常务委员会组成人员在常务委员会开会期间,有权依照法律规定的程序提出对国务院或者国务院各部、

---

① 张泉华:《人大议案、代表建议与政协提案的异同》,《人大研究》2011年第5期。
② 章志远:《质询权初论》,《安徽大学法律评论》2002年第2卷第1期。

各委员会的质询案。受质询的机关必须负责答复"。可见，作为人大代表的一项特定权利，质询权是指人大代表按照法定程序就特定问题质问有关国家机关要求其作出解释、说明和答辩的权力。除1982年宪法第七十三条的规定之外，到目前为止，我国还有全国人大组织法、全国人民代表大会议事规则、各级人大常委监督法、地方组织法、人大代表法等多部法律对质询作出了明确规定，形成了初步的制度框架。人大质询权是我国人大监督权的一种重要形式，也是一项重要的宪法权力，其行使具有明确的宪法和法律依据[①]。

(二) 质询案的基本要求

根据法律规定，质询案的基本要求主要有：

第一，提出质询案的代表人数要求。《全国人大组织法》规定，在全国人民代表大会会议期间，一个代表团或者三十名以上的代表，可以书面提出对国务院和国务院各部、各委员会的质询案[②]；在常务委员会会议期间，常务委员会组成人员十人以上，可以向常务委员会书面提出对国务院和国务院各部、各委员会的质询案[③]。根据地方组织法第二十八条的规定，地方各级人民代表大会举行会议的时候，代表十人以上联名可以书面提出对本级人民政府和它所属各工作部门以及人民法院、人民检察院的质询案。可见，我国法律规定质询主体是人大代表、代表团整体和常委会委员。但人大代表和常委会委员不能单独行使质询权，必须达到法定人数才能共同行使。

第二，受质询的对象要求。根据全国人大组织法规定，可以质询的是"国务院和国务院各部、各委员会"[④]；根据地方组织法第二十八条的规定，可以质询的是"本级人民政府和它所属各工作部门以及人民法院、人民检察院"；根据《人大代表法》第十四条的规定，县级以上的地方各级人民代表大会代表有权依照法律规定的程序提出对本级人民政府及其所属各部门，人民法院，人民检察院的质询案。关于受质询的对象，全国人

[①] 王永杰、杨海坤：《中外质询制度比较研究——兼论我国质询提案较少的原因政治与法律》2010年第3期。

[②] 参见《全国人大组织法》第十六条。

[③] 参见《全国人大组织法》第三十三条。

[④] 但是，《人大代表法》第十四条规定，"全国人民代表大会会议期间，一个代表团或者三十名以上的代表联名，有权书面提出对国务院和国务院各部、各委员会，最高人民法院，最高人民检察院的质询案。"

大组织法、地方组织法和人大代表法等法律之间的规定尽管不完全一致，但是有一点是共同的，那就是受质询的对象只能是国家机关而不是某个领导人或公民个人。

第三，质询要求。质询需提出"质询案"，亦即须以书面形式提起，且"质询案应当写明质询对象、质询的问题和内容。"但是，质询的内容有哪些？包括哪些范围？我国法律没有限制性规定。

第四，质询程序、结果。根据地方组织法的规定，质询案由主席团决定交由受质询机关在主席团会议、大会全体会议或者有关的专门委员会会议上口头答复，或者由受质询机关书面答复。在主席团会议或者专门委员会会议上答复的，提质询案的代表有权列席会议，发表意见；主席团认为必要的时候，可以将答复质询案的情况报告印发会议。质询案以口头答复的，应当由受质询机关的负责人到会答复；质询案以书面答复的，应当由受质询机关的负责人签署，由主席团印发会议或者印发提质询案的代表[1]。同时根据《人大代表法》第十四条的规定，质询案按照主席团的决定由受质询机关答复。提出质询案的代表半数以上对答复不满意的，可以要求受质询机关再作答复。

（三）质询案不同于议案

1. 提出的主体不同。提出议案的主体，包括法定机关和法定人数的人大代表。而质询案提出的主体只有达到法定人数的代表和人大常委会组成人员，机关不能提质询案。

2. 内容不同。议案是要求权力机关议决某一事项，亦即提出把某个问题列入权力机关会议和议题，达到决定或解决这一问题的目的。正因为如此，议案的内容应当属于人民代表大会的职权范围。而质询案的内容，亦即向有关机关提出质问的问题、属于被质询机关的职权范围。

3. 体现的权力不同

提出议案，是法律赋予特定机关或代表的权力；而质询案，体现的是人民代表大会代表或人大常委会组成人员对"一府两院"工作的监督。

4. 处理的程序不同。依照法律规定，"代表议案"，大会主席团有"搁置权"，而质询案由主席团或主任会议决定交受质询机关答复。

5. 提出后的法律后果不同。议案被列入人民代表大会或者人大常委

---

[1] 《地方组织法》第二十八条第二款。

会会议议程后，根据议案的不同内容，可能产生不同的法律后果，如制定出法律或地方性法规、作出决议决定等。质询案则不产生直接的实质性的法律后果。此外，质询案和议案提出的时间、基本含义等方面也存在差别。

总之，议案和质询案虽然有诸多联系，但是两个不同的法律概念，不能混淆。

三 罢免案

（一）罢免概述

《宪法》第六十三条规定，全国人民代表大会有权罢免国家主席、副主席等人员。全国人大组织法第十五条规定，全国人民代表大会三个以上的代表团或者十分之一以上的代表，可以提出对于全国人民代表大会常务委员会的组成人员，中华人民共和国主席、副主席，国务院和中央军事委员会的组成人员，最高人民法院院长和最高人民检察院检察长的罢免案，由主席团提请大会审议。可见，人大罢免是我国的一项重要的制度。但是，从我国现行的法律规定来看，除了宪法、全国人大组织法、地方组织法等规定了人大罢免制度外，选举法规定了选民对于代表的罢免；村民委员会组织法规定了村民对于村委会成员的罢免，等等。这里，只介绍人大罢免制度。

（二）人大罢免制度基本内容

第一，提罢免案的主体特定。根据全国人大议事规则等规定，主席团、三个以上的代表团或者十分之一以上的代表，可以提出对于全国人民代表大会常务委员会的组成人员，中华人民共和国主席、副主席，国务院的组成人员，中央军事委员会的组成人员，最高人民法院院长和最高人民检察院检察长的罢免案。根据地方组织法第二十六条的规定，县级以上的地方各级人民代表大会举行会议的时候，主席团、常务委员会或者十分之一以上代表联名，可以提出对本级人民代表大会常务委员会组成人员、人民政府组成人员、人民法院院长、人民检察院检察长的罢免案；乡、民族乡、镇的人民代表大会举行会议的时候，主席团或者五分之一以上代表联名，可以提出对人民代表大会主席、副主席，乡长、副乡长，镇长、副镇长的罢免案。

第二，罢免对象特定。例如，全国人大依法可以提出罢免案的对象是

"全国人民代表大会常务委员会的组成人员,中华人民共和国主席、副主席,国务院的组成人员,中央军事委员会的组成人员,最高人民法院院长和最高人民检察院检察长"。县级以上人大可以提出罢免案的对象是"本级人民代表大会常务委员会组成人员、人民政府组成人员、人民法院院长、人民检察院检察长";乡、民族乡、镇的人民代表大会可以提罢免案的对象是"人民代表大会主席、副主席,乡长、副乡长,镇长、副镇长"。

第三,罢免时间、程序特定。须在"人民代表大会举行会议的时候"由主席团交各代表团审议后,提请大会全体会议表决;或者依照法律规定,由主席团提议,经大会全体会议决定,组织调查委员会,由全国人民代表大会下次会议根据调查委员会的报告审议决定。罢免案提请大会全体会议表决前,被提出罢免的人员有权在主席团会议和大会全体会议上提出申辩意见,或者书面提出申辩意见,由主席团印发会议。由主席团提请大会审议。

第四,方式特定。罢免须提罢免案,并应当写明罢免理由,并提供有关的材料。

罢免案是人大以及人大代表的一项重要职权,在现实生活中也发挥了重要的作用。例如,现行《宪法》颁布施行以后,1989年在湖南省七届人大二次会议上,177名人大代表向大会主席团提出对工作不力的杨汇泉副省长的罢免案。此前,1986年10月,江西省第六届人民代表大会第五次会议也通过决定,罢免倪献策的省长职务。从1990年代至今,人大罢免政府组成人员的实例超过20个实例。①

四 特定问题调查权

(一) 特定问题调查权概述

《宪法》第七十一条规定:"全国人民代表大会和全国人民代表大会常务委员会认为必要的时候,可以组织关于特定问题的调查委员会,并且根据调查委员会的报告,作出相应的决议。调查委员会进行调查的时候,一切有关的国家机关、社会团体和公民都有义务向它提供必要的材料。"

---

① 邹奕:《人大罢免政府组成人员的机制问题探究——基于我国既有的宪法秩序》,《政治与法律》2016年第4期。

可见，特定问题调查权是我国宪法赋予全国人大的一种职权，具有明确的宪法依据。事实上，特定问题调查权早在1954年宪法中即有规定①。不过1975年宪法与1978年宪法中将相关条文删除，1982年宪法又将其恢复。之后，全国人大组织法等法律对其进行了较为详细的规定。

（二）特定问题调查权主要内容

《宪法》在规定全国人大及其常委会有组织特定问题调查委员会的时候，没有对地方国家权力机关作出相应的规定。《地方各级人民代表大会和地方人民政府组织法》第三十一条对县级以上人大组织调查委员会作出了规定："县级以上的地方各级人民代表大会可以组织关于特定问题的调查委员会。"但无论是《宪法》还是《地方各级人民代表大会和地方人民政府组织法》都没有对特定问题调查委员会的组成及其工作程序作出规定。《全国人民代表大会议事规则》用专章规定调查委员会，其中第四十六条是关于特定问题调查委员会的组成及程序方面的规定："主席团、三个以上的代表团或者十分之一以上的代表联名，可以提议组织关于特定问题的调查委员会，由主席团提请大会全体会议决定。调查委员会由主任委员、副主任委员若干人和委员若干人组成，由主席团在代表中提名，提请大会全体会议通过。调查委员会可以聘请专家参加调查工作。"《全国人民代表大会议事规则》在《宪法》第七十一条的基础上将调查委员会的组成和程序具体化，其目的在于使调查委员会的规定具有可操作性，并且进一步明确人大的调查职能。

（三）特定问题调查权的实践现状

从特定问题调查权的宪法依据来看，全国人大及其常委会的特定问题调查权应当是一种至关重要的权力。但从全国人大的实践来看，此种调查权从来没有行使过。近年来，有的地方人大根据《地方各级人民代表大会和地方人民政府组织法》的规定作出了几次组织特定问题调查委员会的尝试。例如1997年湖北省荆州市人大常委会对杂交水稻种子经营情况的调查。2000年4月，合肥市人大常委会决定对历时三年零两个月才作出终审判决的汪伦才案件进行调查。2003年3月，成都市锦江区人大常

---

① 1954年《宪法》第三十五条规定，全国人民代表大会认为必要的时候，在全国人民代表大会闭会期间全国人民代表大会常务委员会认为必要的时候，可以组织对于特定问题的调查委员会。

委会组织特定问题调查委员会,调查天华公司内部纠纷问题,等等。地方人大组织特定问题调查委员会的实践说明,由权力机关调查某些重大事件具有可行性,而且也符合我国法治发展的进程[①]。

本章小结

根据我国宪法规定,人民代表大会是我国的国家权力机关,在我国的国家机构体系中处于首要的、核心的地位。在中央到地方的国家权力体系中,全国人民代表大会处于国家权力的顶层,它集中全国人民的意志,在全国范围内行使最高国家权力。在各级国家政权机关中,人民代表大会与同级行政机关、司法机关之间是监督与被监督关系。在组织上,其他国家机关都由人民代表大会选举任命产生;在职责上,其他国家机关向人民代表大会负责并报告工作;在监督上,人民代表大会对国家行政机关、司法机关实施全面监督。

中华人民共和国的一切权力属于人民,这是中国民主政治建设的根本准则,也是中国共产党领导和执政的本质要求。人民代表大会制度是中国特色社会主义制度的重要组成部分,也是支撑当代中国国家治理体系和治理能力的根本政治制度。当代中国实行人民代表大会制度,是中国人民在人类政治制度史上的伟大创造,是深刻总结近代以后中国政治生活惨痛教训得出的基本结论,是中国社会100多年激越变革、激荡发展的历史结果,是中国人民翻身做主、掌握自己命运的必然选择。

[①] 朱福惠:《全国人大调查权研究》,《现代法学》2007年9月。

第三章　当代中国人民政府法律制度

现代政治离开政府无从谈起。人民政府是当代中国政治的重要组成部分。

1949年9月，新中国成立前夕召开的中国人民政治协商会议通过的具有临时宪法地位的《中国人民政治协商会议共同纲领》明确规定："中国人民政治协商会议代表全国人民的意志，宣告中华人民共和国的成立，组织人民自己的中央政府"（序言）。"中华人民共和国的国家政权属于人民。人民行使国家权力的机关为各级人民代表大会和各级人民政府。各级人民代表大会由人民用普选方法产生之。各级人民代表大会选举各级人民政府。各级人民代表大会闭会期间，各级人民政府为行使各级政权的机关"（第十二条）。"中央人民政府与地方人民政府间职权的划分，应按照各项事务的性质，由中央人民政府委员会以法令加以规定，使之既利于国家统一，又利于因地制宜"（第十六条）。10月1日，毛泽东同志向全世界庄严宣告：中华人民共和国、中央人民政府成立了！1954年，新中国成立后颁布的第一部宪法第四十七条明确规定，"中华人民共和国国务院，即中央人民政府，是最高国家权力机关的执行机关，是最高国家行政机关"，"地方各级人民政府，是地方各级人民代表大会的执行机关，是地方各级国家行政机关"（第六十二条）。之后的1975年宪法、1978年宪法中，也有关于人民政府的规定。现行宪法第八十五条规定，"中华人民共和国国务院，即中央人民政府，是最高国家权力机关的执行机关，是最高国家行政机关"。第九十五条规定，"省、直辖市、县、市、市辖区、乡、民族乡、镇设立人民代表大会和人民政府。地方各级人民代表大会和地方各级人民政府的组织由法律规定。"第一百零五条规定，"地方各级人民政府是地方各级国家权力机关的执行机关，是地方各级国家行政机关。"第一百一十条规定，"地方各级人民政府对本级人民代表大会负责并报告工作。县级以上的地方各级人民政府在本级人民代表大会闭会期间，对本级人民代表大会常务委员会负责并报告工作。地方各级人民政府对上一级国家行政机关负责并报告工作。全国地方各级人民政府都是国务院统一领导下的国家行政机关,都服从国务院。"第一百一十二条规定,"民族自治地方的自治机关是自治区、自治州、自治县的人民代表大会和人民政府",等等。由此可见,在当代中国的宪政体制下,"人民政府"是一个十分重要的宪法概念。

那么,什么是人民政府?它有哪些法律规范?它的基本属性、体系是什么?等等,为了探讨、介绍这些问题,本章依照《宪法》《国务院组织法》和《地方各级人民代表大会和地方各级人民政府组织法》等法律的规定,对人民政府及其相关问题进行介绍、分析。

第一节 人民政府

一 政府概述

(一) 政府概念

法国大革命的思想先驱者卢梭曾言:"什么是政府呢?政府就是在臣民与主权者之间所建立的一个中间体,以便两者得以互相适合,它负责执行法律并维护社会的以及政治的自由","政府只不过是主权者的执行人"[1]。17世纪英国资产阶级的自由主义思想家洛克在其著名的《政府论》中虽没有给"政府"下一个明确的定义,却反复论证:"人们联合成为国家和置身于政府之下的重大的和主要的目的,是保护他们的财产","保护财产是政府的目的,也是人们加入社会的目的","政治权力就是为了规定和保护财产而制定法律的权利……以及使用共同体的力量来执行这些法律和保卫国家不受外来侵害的权利,而这一切都是为了公众福利"[2]。

马克思主义认为,政府是以行使国家权力为主要职能的政治主体,政府的管理活动是有目的、有意识、有组织的行为,是维护一个阶级对另一个阶级统治的机器,是物化了的公共权力,"这种公共权力在每一个国家里都存在"。政府作为国家组织的表现形式,是国家意志的执行者,是国家本质的具体体现者,是国家的唯一合法代表,它具体履行国家法律制度,是运用国家机器的带有强制性的管理。在阶级社会中,政府为不同的

---

[1] [法]卢梭:《社会契约论》,商务印书馆2003年版,第72页。
[2] [英]洛克:《政府论》(下篇),商务印书馆1964年版,第4、77、86页。

阶级利益服务，"一个政府不管它的统治形式如何，总是代表一定阶级的利益"。马克思主义历来把人民群众直接参加国家管理看作是无产阶级政府最根本的原则，"一切真正的革命，其科学的和实际政治的主要标志之一，就是积极、自动和有效地参加政治生活，参加国家制度建设的'普通人'非常迅速地、急剧地增加起来"。人民群众只有亲自参加国家管理，才能真正实现当家做主的权利。人民参与政府管理，就是人民有权选择政府机关的工作人员，马克思在谈到巴黎公社的工作人员均由选举产生时指出："如果用等级授职制去代替普选制，那是最违背公社精神不过的"①。巴黎公社在人类历史上第一次实现了人民真正当家做主的民主制，即无产阶级民主制。

关于什么是政府、学界有各种定义，例如有学者认为，政府有一般意义的政府、作为国家机构的政府以及作为非国家机构的政府之别，有阶级社会的政府和无阶级社会的政府、原生型政府与次生型政府的含义也是不同的②。其中，作为国家机构的政府，是有阶级社会的政府，它和国家、阶级、政党是联系在一起的。这种政府是国家机器的主要组成部分，是阶级斗争的工具，是政党争夺的主要对象。无论如何，人类社会需要政府组织，这是不争的事实。

（二）政府的特征

人类社会需要政府组织，但政府的形式却是千差万别的，性质也不相同，对待民众的方式也有差异。不同的社会、不同的阶段、不同地区需有不同的政府满足其民众的特殊需求。然而，不管政府之间的差异有多大，他们都具有某些共同特征③，以区别于其他形式的人类组织。具体而言：

第一，权威的广泛性。任何一个社会组织都制定有规则，在其成员中享有一定的权威，但缺少强制性。而政府所制定的规则，适用于全社会的全体成员，具有强制性。"国家是属于统治阶级的各个个人借以实现其共同利益的形式，是该时代的整个市民社会获得集中表现的形式，因此可以

---

① 转引自张铃枣《马克思主义人民政府本质思想原论》，《延边大学学报》（社会科学版）2008年6月第3期。
② 谢庆奎：《当代中国政府与政治》，高等教育出版社2003年版，第1页。
③ 参见谢庆奎《当代中国政府与政治》，高等教育出版社2003年版，第3页。

得出一个结论：一切共同的规章都是以国家为中介的，都带政治形式"①。例如依照我国《宪法》第八十九条的规定，国务院行使的职权之一就是"根据宪法和法律，规定行政措施，制定行政法规，发布决定和命令"。行政法规是中国特色社会主义法律体系的重要组成部分，是国务院履行宪法和法律赋予的职责的重要形式。行政法规可以就执行法律的规定和履行国务院行政管理职权的事项作出规定，同时对应当由全国人大及其常委会制定法律的事项，国务院可以根据全国人大及其常委会的授权决定先制定行政法规。行政法规在中国特色社会主义法律体系中具有重要地位，是将法律规定的相关制度具体化，是对法律的细化和补充。多年来，国务院适应经济社会发展和行政管理的实际需要，按照法定权限和法定程序制定了大量行政法规，包括行政管理的各个领域，涉及国家经济、政治、文化、社会事务等各个方面，对于实施宪法和法律，保障改革开放和社会主义现代化建设，促进经济社会全面协调可持续发展，推进各级人民政府依法行政，发挥了重要作用。可见，政府及其发布的规范性文件具有被普遍承认的效力，具有权威的广泛性。

第二，成员的非自愿性。大部分社会组织，其成员都是自愿加入的。然而，就一国的公民身份而言，其国籍的取得多是因为"生于斯长于斯"。因而，社会成员对于政府的接受和承认而言，往往具有非自愿性，是个体作为一个国民无法选择的事实，正如一个生命的个体无法选择自己的出生一样。

第三，暴力的垄断性。每一个社会组织都需要处罚其违反规则的行为，政府也不例外。即使在号称民主、法治的美国，根据伯纳德·施瓦茨的介绍，"灵活掌握处罚是当代的进步"，"如果没有罚款权，纽约城违章停车管理局一类的行政机关就不能有效的工作。没有这种灵活掌握的罚款权，它是否能行使其职能都值得怀疑。"② 政府拥有广泛的被法律授予的惩处权，是当代政府的一个显著特征。以当代中国政府为例，1996 年，全国人大通过了《中华人民共和国行政处罚法》，自 1996 年 10 月 1 日起施行。依据《行政处罚法》的规定，行政机关拥有的行政处罚包括警告、

---

① 马克思、恩格斯：《德意志意识形态》（摘录），资料来源：中共中央马克思恩格斯列宁斯大林著作编译局、马克思恩格斯著作翻译室编：《马克思恩格斯列宁斯大林论政治和政治制度》（上册），群众出版社 1984 年版，第 24 页。
② [美] 伯纳德·施瓦茨：《行政法》，群众出版社 1986 年版，第 70 页。

罚款、没收违法所得（没收非法财物）、责令停产停业、暂扣或者吊销许可证、暂扣或者吊销执照、行政拘留以及法律、行政法规规定的其他行政处罚，处罚行为可涉及公民人身、财产、行为、能力等方面。

第四，权力的合法性。一国政府的行政权是国家权力的重要组成部分，政府权力的来源通常通过法律尤其是一国宪法的规定。例如我国《宪法》第八十九条就明确规定了国务院作为中央人民政府的职权范围。又如1787年，美国制定了世界上第一部成文宪法，这是"一份服务于不同政治目的、表达了诸多政治原则的政治性文件"，"是一部政府的成文宪章，代表着'宪政'，其中蕴含着对政府的约束和对政治权威的限制。"① "法律是行政权力的渊源，也是行政权限的渊源。如果行政行为在法定权限之内，它是有效的；如果在权限之外，它就是无效的"②。

总之，在有阶级的社会里，政府的定义就是：国家进行阶级统治、政治调控、权力执行和社会管理的机关③。

二 人民政府

（一）人民政府基本内涵

在当代中国，根据中华人民共和国宪法精神可知，人民政府是指中央和地方各级国家权力机关的执行机关，是行使国家行政职权的国家机关。只是我国宪法用的是"人民政府"的称谓、以显示当代中国政府的属性、区别于旧时代和资本主义国家的政府。

1945年4月24日，毛泽东在其著名的《论联合政府》中曾明确指出："新民主主义的政权组织，应该采取民主集中制，由各级人民代表大会决定大政方针，选举政府。它是民主的，又是集中的，就是说，在民主基础上的集中，在集中指导下的民主。只有这个制度，才既能表现广泛的民主，使各级人民代表大会有高度的权力；又能集中处理国事，使各级政府能集中地处理被各级人民代表大会所委托的一切事务，并保障人民的一切必要的民主活动。"④ 1949年9月，具有临时宪法地位的《中国人民政治协商会议共同纲领》明确规定："中华人民共和国的国家政权属于人

---

① ［美］路易斯·亨金：《宪政与权利》，生活·读书·新知三联书店1996年版，第1页。
② ［美］伯纳德·施瓦茨：《行政法》，群众出版社1986年版，第141页。
③ 谢庆奎：《当代中国政府与政治》，高等教育出版社2003年版，第7页。
④ 毛泽东：《论联合政府》，《毛泽东选集》，人民出版社1968年版，第958页。

民。人民行使国家权力的机关为各级人民代表大会和各级人民政府。""各级人民代表大会选举各级人民政府"（第十二条）。"在普选的全国人民代表大会召开以前，由中国人民政治协商会议的全体会议执行全国人民代表大会的职权，制定中华人民共和国中央人民政府组织法，选举中华人民共和国中央人民政府委员会，并付之以行使国家权力的职权"（第十三条）。1949年9月27日，中国人民政治协商会议第一届全体会议通过了《中华人民共和国中央人民政府组织法》。该《中央人民政府组织法》共六章三十一条，在"总纲"中确定了"中华人民共和国政府是基于民主集中原则的人民代表大会制的政府""中央人民政府委员会对外代表中华人民共和国，对内领导国家政权""中央人民政府委员会组织政务院，以为国家政务的最高执行机关"等基本原则，在具体内容上一是明确规定了中央人民政府委员会的产生、组成、职权；二是明确规定了政务院的组成、职权、机构设置、领导体制等内容；三是规定了人民革命军事委员会的职责、组成、体制等内容；四是规定了最高人民法院及最高人民检察署的地位、组成及领导体制等内容。1949年12月2日，中央人民政府政务院发布了《中央人民政府政务院及其所属各机关组织通则》。1949年12月16日，中央人民政府政务院通过了《大行政区人民政府委员会组织通则》。新中国成立以后颁行的第一部宪法即1954年宪法第四十七条明确规定："中华人民共和国国务院，即中央人民政府，是最高国家权力机关的执行机关，是最高国家行政机关。"而现行《宪法》第三章"国家机构"中，除了第八十五条称"国务院，即中央人民政府"外，第五节主题即为"地方各级人民代表大会和地方各级人民政府"，并在第一百零五条至第一百一十条中详细规定"地方各级人民政府"的属性、任期、权限、职责等具体内容。

上述回顾不但说明了"人民政府"从新中国开国领袖们的政治主张上升成为国家根本大法规定的简要历程[①]，而且说明在当代中国的宪政体制下，"人民政府"不但是一个政治术语，更是一个宪法概念。它包含了"中国共产党是为人民的利益而存在和奋斗的"的深刻内涵。"一切依靠人民，一切为了人民"是毛泽东思想的核心。为人民服务，是中国共产

---

① 这也使我们联想到那句名言："社会诞生时是共和国的首领在创设制度，此后便是由制度来塑造共和国的首领了。"（［法］卢梭：《社会契约论》，何兆武译，商务印书馆2003年版，第50页）

党的宗旨。共产党人区别于其他任何政党的一个显著标志,"就是和最广大的人民群众取得最密切的联系。全心全意地为人民服务,一刻也不脱离群众"①。现代政治固然离不开政府,但是,中国共产党领导下的人民民主专政的社会主义国家的政府,是人民的政府,代表人民的意志,为了人民的利益。

(二) 人民政府基本特征

基于"人民政府"的基本内涵,可见,当代中国的"人民政府"具有如下显著特征:

第一,政治性。在阶级社会里,政府必然代表一定阶级的利益和体现统治阶级的意志,具有鲜明的政治性,是国家政治统治的重要工具,负有巩固阶级统治、维护统治阶级利益的政治使命。我国各级人民政府是代表无产阶级利益和全体人民利益的,是体现无产阶级和广大人民利益的。

第二,执行性。我国宪法规定,"中央人民政府,是最高国家权力机关的执行机关","地方各级人民政府是地方各级国家权力机关的执行机关"。可见,我国的各级人民政府是国家权力机关的执行机关,其基本职能是执行最高国家权力机关制定的法律和各级国家权力机关做出的决议、决定。具体来说,作为国家权力机关的执行机关,各级人民政府的活动内容与目的,必须严格从属于国家权力机关,或者执行国家权力机关制定的法律和决议,或者为执行该法律和决议而采取组织、管理、监督和指挥等措施。无论是采取具体措施,还是制定普遍性规范,一切活动都不得违背权力机关的意志,不能违反宪法和法律。

第三,相对独立性。政府的行政管理涉及社会生活的方方面面,为了确保其有效地完成国家行政事务的管理,必须保证政府拥有自身组织系统上的独立性和行政机关依法行使其职权的独立性,保证行政机关拥有与其行政职能相应的国家权能。

第四,统一性和层级性。人民政府由于行使的是国家行政管理职能,特别要求速度和效率,或者说,为实现行政目的,政府首先必须实行统一管理,保证政令统一。我国宪法明确规定:"中央和地方的国家机构职权的划分,遵循在中央的统一领导下,充分发挥地方的主动性、积极性的原则"(第三条第四款)。这种统一性对于各级人民政府来说,可以称为组

---

① 毛泽东:《论联合政府》,《毛泽东选集》,人民出版社1968年版,第995页。

织体系上的领导——从属制,即上级人民政府领导下级人民政府,下级人民政府从属于上级人民政府,这一特征是国家权力机关和国家审判机关均不具备的。同时,为了更好地实行统一管理,保证信息畅通、关系明确、职责分明,人民政府的设置又具有层级性。总之,我国的人民政府是统一性与层级性的有机统一。

第五,服务性。马克思曾言:"政治统治到处都是以执行某种社会职能为基础,而且政治统治只有在它执行了他的这种社会职能时才能持续下去",不管什么政府,"他们中间每一个都十分清楚地知道自己首先是……总的经营者"[①]。政府承担着社会、经济、文化方方面面的组织管理职能,这就决定了各级人民政府需要主动、经常、不间断地行使职能,最直接、广泛地与个人、组织打交道。社会越是发展、社会分工越是细化,政府行使职能的这一特征越是凸显。为此,政府当然应为国民经济、社会发展和民生事业提供优质高效的服务。我国宪法第二十七条第二款明确规定"一切国家机关和国家工作人员必须依靠人民的支持,经常保持同人民的密切联系,倾听人民的意见和建议,接受人民的监督,努力为人民服务"。可见,"为人民服务"不仅是指导整个国家公权力体系运行的政治原则,也是社会主义国家所有公务人员应当遵守的道德准则,还是人民政府进行行政管理的基本特征。

三 人民政府领导体制、结构模式

（一）领导体制

《宪法》第八十六条规定,国务院实行总理负责制。各部、各委员会实行部长、主任负责制。《国务院组织法》规定,国务院实行总理负责制。总理领导国务院的工作。副总理、国务委员协助总理工作。《地方人大和地方政府组织法》第六十二条规定,"地方各级人民政府分别实行省长、自治区主席、市长、州长、县长、区长、乡长、镇长负责制。省长、自治区主席、市长、州长、县长、区长、乡长、镇长分别主持地方各级人民政府的工作"。从这些法律规定可见,我国人民政府的领导体制是首长负责制。

[①]《马克思恩格斯选集》（第3卷）,人民出版社1972年版,第219页。

(二) 结构模式

我国是单一制国家,从中央人民政府到乡、民族乡、镇人民政府,从国务院各部、委到区县局、办,构成了一个完整统一的组织系统,并呈现出不同的结构模式,大致可概括为以下三种结构模式[1]:

一是金字塔式结构。全国各级人民政府的排列组合呈现出此种结构。处于塔尖的是中央人民政府即国务院,国务院下辖31个省、自治区、直辖市人民政府和香港、澳门两个特别行政区政府。省级人民政府下辖若干市县区人民政府。因为基层政府的不同又形成不同层级:二级制,如直辖市——区政府,省——县级市政府;三级制,如直辖市——区——镇政府,省(自治区)——县——乡(镇)政府;四级制,如省(自治区)——地级市——县——乡(镇)政府。我国国家行政组织体制从整体上说是中央集权的行政体制,各级政府机关之间存在着严密的领导与被领导的关系,这与我国是单一制的社会主义国家,强调中央集中统一领导相适应。

二是纵向垂直结构。政府职能部门的纵向分工呈现出此种结构。一般分为两种情况:一是同一级政府内部职能部门的纵向结构,如省级人民政府职能部门的厅——处;二是上下级人民政府职能部门的纵向结构,如公安、国安、国土资源等独立性、专业性较强的职能部门。

三是横向并列结构。同级人民政府之间和政府机关内部各同级部门之间的横向协作,呈现出此种机构。一般也分两种情况:一是不同行政区域的政府之间,如各省、自治区、直辖市政府之间的关系,各县政府之间的关系;二是同一人民政府内部各职能部门之间的并列关系。处于横向并列结构中的各部门之间是平等协作关系。

第二节 中央人民政府

一 中央人民政府概述

(一) 中央人民政府概念

《中华人民共和国宪法》第八十五条明确规定:"中华人民共和国国

---

[1] 蒲兴祖主编:《当代中国政治制度》,复旦大学出版社2005年版,第135页。

务院，即中央人民政府，是最高国家权力机关的执行机关，是最高国家行政机关"。这是根本大法对于中央人民政府的明确界定，它清楚地说明了国务院在当代中国政治体制上的法律地位。这就是：在与最高国家权力机关的关系上，国务院处于从属和被监督的地位；在与地方各级国家行政机关的关系上，国务院又处于国家行政系统的最高地位。

（二）中央人民政府基本属性

1. 国务院是最高国家权力机关的执行机关。国务院与最高国家权力机关的关系是：

（1）国务院由全国人大组织产生。根据宪法规定，国务院每届任期同全国人民代表大会每届任期相同。全国人民代表大会根据中华人民共和国主席的提名，决定国务院总理的人选；根据国务院总理的提名，决定国务院副总理、国务委员、各部部长、各委员会主任、审计长、秘书长的人选。

（2）国务院接受全国人大及其常委会的监督。根据宪法规定，全国人民代表大会有权罢免国务院总理、副总理、国务委员、各部部长、各委员会主任、审计长、秘书长；国务院编制的国民经济和社会发展计划和计划执行情况的报告、国家的预算和预算执行情况的报告须经全国人大审查和批准；全国人民代表大会常务委员会有权撤销国务院制定的同宪法、法律相抵触的行政法规、决定和命令。

（3）全国人民代表大会代表在全国人民代表大会开会期间，全国人民代表大会常务委员会组成人员在常务委员会开会期间，有权依照法律规定的程序提出对国务院或者国务院各部、各委员会的质询案。

（4）国务院对全国人民代表大会负责并报告工作；在全国人民代表大会闭会期间，对全国人民代表大会常务委员会负责并报告工作。

2. 国务院是最高国家行政机关。所谓最高国家行政机关，就是说国务院在全国范围内总揽国家最重要和最主要的行政事务，负责国家行政管理。它通过制定行政法规、规定行政措施、发布决定和命令，组织和管理国家事务，统一领导国家的行政工作，表明了它在国家行政机关系统中处于最高领导地位。《宪法》第一百一十条第二款明确规定："地方各级人民政府对上一级国家行政机关负责并报告工作。全国地方各级人民政府都是国务院统一领导下的国家行政机关，都服从国务院。"这也充分说明国务院在国家行政系统中处于最高地位。

3. 国务院是我国的中央人民政府。在对外事务中，国务院以国家政府的名义活动，代表国家的主权。相对于地方各级人民政府而言，国务院是中央人民政府，统一领导地方各级人民政府的工作[①]。

二　中央人民政府组成、任期

（一）组成

《宪法》第八十六条规定，国务院由下列人员组成：总理，副总理若干人，国务委员若干人，各部部长，各委员会主任，审计长，秘书长。

现行宪法规定的国务院组成人员较之1954年宪法、1975年宪法和1978年宪法有很大变化：1954年《宪法》第四十八条规定："国务院由下列人员组成：总理，副总理若干人，各部部长，各委员会主任，秘书长。"1975年《宪法》第十九条规定："国务院即中央人民政府。国务院对全国人民代表大会和它的常务委员会负责并报告工作。国务院由总理，副总理若干人，各部部长，各委员会主任等人员组成。"1978年《宪法》第三十一条规定："国务院有下列人员组成：总理，副总理若干人，各部部长，各委员会主任"。可见，现行宪法较之新中国过去几部宪法，一个重大的变化就是在国务院组成人员中增设了"国务委员"。国务委员是1982年5月4日第五届全国人大常委会第二十三次会议改组国务院后新设的职位。国务委员是国务院的组成人员，也是国务院常务会议的成员。根据《国务院组织法》第六条规定，"国务委员受总理委托，负责某些方面的工作或者专项任务，并且可以代表国务院进行外事活动"。

国务院是在每届新选出的全国人民代表大会第一次会议上产生的，其产生的程序是：先由国家主席提名总理的人选，交由全国人民代表大会全体会议决定，再由国家主席根据全国人民代表大会的决定，发布任命令。国务院总理的选举程序具有以下特点：一是坚持社会主义民主原则。国务院总理由国家主席提名，受命于国家，由全国人大选举产生。二是坚持党的领导原则。中国共产党是我国政治生活中唯一的执政党，它在党内外广泛政治协商的基础上，积极慎重地向最高国家权力机关推荐总理候选人，确保党的重要领导人顺利进入国家最高行政机关。三是实行等额选举制

[①] 参见胡锦光主编《宪法学原理与案例教程》，中国人民大学出版社2006年版，第319页。

度。目前,总理选举不实行差额选举和竞争选举,只提名一个总理候选人,在投票过程中过半数即当选。四是实行间接选举制度。国务院总理由全国人民代表大会间接选举产生,而不是由人民直接选举产生[①]。国务院其他组成人员的人选,由国务院总理提名,由全国人民代表大会全体会议决定,再由国家主席发布任命令。

(二) 任期

国务院每届任期同全国人民代表大会每届任期相同,均为五年。宪法规定,总理、副总理、国务委员连续任职不得超过两届。

三 中央人民政府领导体制

(一) 总理负责制

总理负责制,即总理对国务院工作中的重大问题具有最后决策权,并对这些决定以及其所领导的全部工作负全面责任。总理负责制具体包括以下内容:(1)总理全面领导国务院工作,"副总理、国务委员协助总理工作",国务院各部部长、各委员会主任、审计长、秘书长负责本部门的工作,同时对总理负责。(2)总理负责召集和主持国务院常务会议和国务院全体会议,并对重大问题拥有最后决定权。(3)总理拥有人事提名权。总理有权向全国人大及其常委会提名国务院组成人员人选。(4)总理代表国务院向全国人大及其常委会负责并接受其监督。国务院发布的决定、命令和行政法规,向全国人大及其常委会提出的议案,任免行政人员,由总理签署[②]。

副总理、国务委员协助总理工作。国务委员受总理委托,负责某些方面的工作或者专项任务,并且可以代表国务院进行外事活动。

(二) 国务院会议

《宪法》第八十八条明确规定,总理、副总理、国务委员、秘书长组成国务院常务会议。总理召集和主持国务院常务会议和国务院全体会议。《国务院组织法》第四条规定,"国务院会议分为国务院全体会议和国务院常务会议。国务院全体会议由国务院全体成员组成。国务院常务会议由总理、副总理、国务委员、秘书长组成。总理召集和主持国务院全体会议

[①] 谢庆奎主编:《当代中国政府与政治》,高等教育出版社2003年版,第154页。
[②] 同上书,第153页。

和国务院常务会议。国务院工作中的重大问题,必须经国务院常务会议或者国务院全体会议讨论决定"。可见,"国务院会议"是中央人民政府的重要工作制度和领导方式。

我国的"国务院会议"制度最早可追溯到1949年9月中国人民政治协商会议第一届全体会议通过的三个重要法律——《中国人民政治协商会议共同纲领》《中华人民共和国中央人民政府组织法》和《中国人民政治协商会议组织法》中的《中华人民共和国中央人民政府组织法》。1949年9月27日通过的《中华人民共和国中央人民政府组织法》第十七条规定,"政务院的政务会议,每周举行一次,由总理负责召集。总理根据需要,或有三分之一以上的政务委员的请求,得提前或延期召开会议。政务院的会议,须有政务委员过半数的出席始得开会,须有出席政务委员过半数的同意始得通过决议。政务院的决议和命令,以总理单独签署行之,或由总理签署外并由有关各委、部、会、院、署、行的首长副署行之"①。之后,新中国第一部宪法——1954年《宪法》第五十条规定,"总理领导国务院的工作,主持国务院会议。副总理协助总理工作。""国务院会议"制度成为根本大法的规定。不过,1954年宪法只规定了"总理领导国务院的工作,主持国务院会议",并未就国务院会议的具体形式做出规定。1954年9月21日,一届人大一次会议通过的《国务院组织法》第四条明确规定:"国务院会议分为国务院全体会议和国务院常务会议。国务院全体会议由总理、副总理、各部部长、各委员会主任、秘书长组成,每月举行一次,在必要的时候由总理临时召集。国务院常务会议由总理、副总理、秘书长组成。""国务院发布的决议和命令,必须经国务院全体会议或者国务院常务会议通过"(第五条)②。之后的1975年《宪法》和1978年《宪法》则未对国务院会议制度作任何规定。

现行《宪法》第八十八条明确规定,"总理领导国务院的工作。副总理、国务委员协助总理工作。总理、副总理、国务委员、秘书长组成国务院常务会议。总理召集和主持国务院常务会议和国务院全体会议"。根据现行宪法有关国务院的规定,1982年12月10日,第五届全国人民代表大会第五次会议通过了新的《国务院组织法》。新的《国务院组织法》第

---

① 资料来源:肖蔚云、王禹、张翔编《宪法学参考资料》(上册),北京大学出版社2003年版,第124页。

② 同上书,第171页。

四条明确规定,"国务院会议分为国务院全体会议和国务院常务会议。国务院全体会议由国务院全体成员组成。国务院常务会议由总理、副总理、国务委员、秘书长组成。总理召集和主持国务院全体会议和国务院常务会议。国务院工作中的重大问题,必须经国务院常务会议或者国务院全体会议讨论决定。"2013年3月20日,国务院制定发布了《国务院工作规则》。该《国务院工作规则》第八章专章规定了国务院"会议制度"的任务、参加人员、讨论议题等内容,例如:国务院全体会议由总理、副总理、国务委员、各部部长、各委员会主任、人民银行行长、审计长、秘书长组成,由总理召集和主持。国务院全体会议的主要任务是:(1)讨论决定国务院工作中的重大事项;(2)部署国务院的重要工作。国务院全体会议根据需要可安排其他有关部门、单位负责人列席会议。国务院常务会议由总理、副总理、国务委员、秘书长组成,由总理召集和主持。国务院常务会议的主要任务是:(1)讨论决定国务院工作中的重要事项;(2)讨论法律草案、审议行政法规草案;(3)通报和讨论其他重要事项。国务院常务会议一般每周召开一次。根据需要可安排有关部门、单位负责人列席会议。提请国务院全体会议和国务院常务会议讨论的议题,由国务院分管领导同志协调或审核后提出,报总理确定;会议文件由总理批印。国务院全体会议和国务院常务会议的组织工作由国务院办公厅负责,议题和文件于会前送达与会人员,等等。

(三)中央人民政府领导体制的基本特征

我国《宪法》规定了"国务院实行总理负责制",但《宪法》在"总纲"中也规定了"国家机构实行民主集中制的原则",具体到国务院工作中即体现为国务院会议制度。总理负责制与国务院会议制具有如下基本特征:

第一,国务院总理的人选由国家主席提名,经全国人大决定,国家主席任命。基于国家主席的特殊地位,国家主席的提名和任命程序,意味着总理受命于国家组织中央人民政府,并承担总理国家行政事务的职责。换言之,我国的宪政体制需要实行国务院总理负责制。

第二,国务院肩负组织实施改革开放和现代化建设事业的重大任务,统一领导着全国性的行政工作及各部、各委员会和地方各级人民政府的工作,全面领导和管理着国家的经济、财政、教育、科学、文化、卫生、体育、计划生育、民政、公安、外交、城乡建设、民族事务等工作。在客观形势瞬息万变、改革开放和现代化建设事业不断发展、对内对外事务纷繁复杂的情况下，如果不明确个人的权责、加强总理的权威，在民主基础上强调高度集中，国务院将不可能全面履行政府职能，完成艰巨的任务。国务院的工作性质特点需要实行总理负责制。

第三，但是，总理负责制又是建立在发挥集体作用基础之上的：从国务院组成看，国务院由总理、副总理、国务委员、各部部长、各委员会主任、人民银行行长、审计长和秘书长集体组成；从总理与副总理、国务委员的工作职责关系上看，副总理、国务委员按分工负责处理分管工作，受总理委托，负责其他方面的工作或专项任务，并且可代表国务院进行外事活动；从工作方式上看，决定国务院工作中的重大问题，要经国务院全体会议或常务会议集体议事、充分讨论；从国务院的责任看，是国务院而不是总理个人对全国人大及其常委会负责并报告工作。

综上，总理负责制与国务院会议制体现了我国中央人民政府领导体制的基本特征，即总理负责制与国务院会议制的有机结合，是民主集中制的具体表现。

四　中央人民政府职权

根据《宪法》第八十九条的规定，国务院行使下列职权：

（1）根据宪法和法律，规定行政措施，制定行政法规，发布决定和命令；

（2）向全国人民代表大会或者全国人民代表大会常务委员会提出议案；

（3）规定各部和各委员会的任务和职责，统一领导各部和各委员会的工作，并且领导不属于各部和各委员会的全国性的行政工作；

（4）统一领导全国地方各级国家行政机关的工作，规定中央和省、自治区、直辖市的国家行政机关的职权的具体划分；

（5）编制和执行国民经济和社会发展计划和国家预算；

（6）领导和管理经济工作和城乡建设；

（7）领导和管理教育、科学、文化、卫生、体育和计划生育工作；

（8）领导和管理民政、公安、司法行政和监察等工作；

（9）管理对外事务，同外国缔结条约和协定；

（10）领导和管理国防建设事业；

（11）领导和管理民族事务，保障少数民族的平等权利和民族自治地方的自治权利；

（12）保护华侨的正当的权利和利益，保护归侨和侨眷的合法的权利和利益；

（13）改变或者撤销各部、各委员会发布的不适当的命令、指示和规章；

（14）改变或者撤销地方各级国家行政机关的不适当的决定和命令；

（15）批准省、自治区、直辖市的区域划分，批准自治州、县、自治县、市的建置和区域划分；

（16）依照法律规定决定省、自治区、直辖市的范围内部分地区进入紧急状态；

（17）审定行政机构的编制，依照法律规定任免、培训、考核和奖惩行政人员；

（18）全国人民代表大会和全国人民代表大会常务委员会授予的其他职权。

以上是《宪法》明确规定的国务院的法定职权。

理解国务院的职权时，需要注意的几个问题：

第一，国务院有权制定行政法规。所谓行政法规，是国务院根据宪法和法律制定的，在全国范围内具有普遍法律约束力的规范性文件。我国实行统一而又分层次的立法体制。依照宪法规定，国务院根据宪法和法律，可以制定行政法规。根据《立法法》第五十六条的规定：行政法规可以就下列事项作出规定：（1）为执行法律的规定需要制定行政法规的事项；（2）宪法第八十九条规定的国务院行政管理职权的事项。应当由全国人民代表大会及其常务委员会制定法律的事项，国务院根据全国人民代表大会及其常务委员会的授权决定先制定的行政法规，经过实践检验，制定法律的条件成熟时，国务院应当及时提请全国人民代表大会及其常务委员会制定法律。

根据《行政法规制定程序条例》（自 2002 年 1 月 1 日起施行）的规定：（1）行政法规的名称一般称"条例"，也可以称"规定""办法"等。国务院根据全国人民代表大会及其常务委员会的授权决定制定的行政法规，称"暂行条例"或者"暂行规定"。国务院各部门和地方人民政府制定的规章不得称"条例"。（2）行政法规根据内容需要，可以分章、节、条、款、项、目。(3) 行政法规应当自公布之日起 30 日后施行; 但是, 涉及国家安全、外汇汇率、货币政策的确定以及公布后不立即施行将有碍行政法规施行的, 可以自公布之日起施行。行政法规在公布后的 30 日内由国务院办公厅报全国人民代表大会常务委员会备案。

1978 年以来, 国务院依法向全国人大常委会提请审议数百部法律议案, 制定了 650 多件现行有效的行政法规。

第二, 其他法律规定的国务院的职权。

在具体的行政管理中, 其他法律也具体规定了国务院的职权。例如:

(1) 根据《国务院关于行政区划管理的规定》, 下列行政区划的变更由国务院审批: 一是省、自治区、直辖市的行政区域界线的变更, 省、自治区人民政府驻地的迁移; 二是自治州、县、自治县、市、市辖区的设立、撤销、更名和隶属关系的变更以及自治州、县、自治县、市人民政府驻地的迁移; 三是自治州、自治县的行政区域界线的变更, 县、市的行政区域界线的重大变更; 四是凡涉及海岸线、海岛、边疆要地、重要资源地区及特殊情况地区的隶属关系或行政区域界线的变更（第三条）。同样, 依据国务院这一行政法规, 我国"县、市、市辖区的部分行政区域界线的变更, 国务院授权省、自治区、直辖市人民政府审批; 批准变更时, 同时报送民政部备案。乡、民族乡、镇的设立、撤销、更名和行政区域界线的变更, 乡、民族乡、镇人民政府驻地的迁移, 由省、自治区、直辖市人民政府审批"（第五条）。而"行政公署、区公所、街道办事处的撤销、更名、驻地迁移, 由依法批准设立各该派出机关的人民政府审批"（第六条）。

(2) 根据《行政区域边界争议处理条例》(1989 年 2 月 3 日) 规定, 边界争议是指省、自治区、直辖市之间, 自治州、县、自治县、市、市辖区之间, 乡、民族乡、镇之间, 双方人民政府对毗邻行政区域界线的争议。"省、自治区、直辖市之间的边界争议, 由有关省、自治区、直辖市人民政府协商解决; 经协商未达成协议的, 双方应当将各自的解决方案并附边界线地形图, 报国务院处理。国务院受理的省、自治区、直辖市之间的边界争议, 由民政部会同国务院有关部门调解; 经调解未达成协议的, 由民政部会同国务院有关部门提出解决方案, 报国务院决定"（第十一条）。

(3)《中华人民共和国行政复议法》第十四条规定: 对国务院部门或

者省、自治区、直辖市人民政府的具体行政行为不服的,向做出该具体行政行为的国务院部门或者省、自治区、直辖市人民政府申请行政复议。对行政复议决定不服的,可以向人民法院提起行政诉讼;也可以向国务院申请裁决,国务院依照本法的规定做出最终裁决。等等。

五　中央人民政府机构设置

《国务院行政机构设置和编制管理条例》第六条规定,"国务院行政机构根据职能分为国务院办公厅、国务院组成部门、国务院直属机构、国务院办事机构、国务院组成部门管理的国家行政机构和国务院议事协调机构","国务院直属机构主管国务院的某项专门业务,具有独立的行政管理职能"。

(一) 国务院办公厅

国务院办公厅是协助国务院领导处理国务院日常工作的综合型办公机构。办公厅由秘书长领导,国务院设副秘书长若干人,协助秘书长工作。国务院秘书长在总理领导下,负责处理国务院的日常工作。

(二) 国务院组成部门

按照《宪法》和《国务院组织法》的规定,国务院组成部门是国务院根据全国行政工作需要而设立的专业性的行政机关,在国务院的统一领导下,分管某一方面的行政工作[①]。

国务院的行政职能,主要由各部、委承担,各部管理比较专业的行政事务,各委员会则负责管辖较为综合性的行政事务。

国务院各部、各委员会的设立、撤销或者合并,经总理提出,由全国人民代表大会决定;在全国人民代表大会闭会期间,由全国人民代表大会常务委员会决定。各部设部长一人,副部长二至四人。各委员会设主任一人,副主任二至四人,委员五至十人。各部、各委员会实行部长、主任负责制。各部部长、各委员会主任领导本部门的工作,召集和主持部务会议或者委员会会议、委务会议,签署上报国务院的重要请示、报告和下达的

[①] 据中央人民政府门户网站信息,国务院现有组成部门分别为:外交部、国家发展和改革委员会、科技部、民族事务委员会、国家安全部、民政部、财政部、国土资源部、水利部、商务部、住房和城乡建设部、教育部、公安部、卫生和计划生育委员会、审计署、国防部、工业和信息化部、监察部、司法部、人力资源和社会保障部、环境保护部、交通运输部、农业部、文化部、中国人民银行。

命令、指示。副部长、副主任协助部长、主任工作。各部、各委员会工作中的方针、政策、计划和重大行政措施，应向国务院请示报告，由国务院决定。

根据法律和国务院的决定，国务院部、委员会可以在本部门的权限内发布命令、指示和规章。

所谓部门规章，是国务院各部、委员会、中国人民银行、审计署和具有行政管理职能的直属机构，根据法律和国务院的行政法规、决定、命令，在本部门的权限范围内，制定的规范性文件。根据《立法法》第七十一条的规定，部门规章规定的事项应当属于执行法律或者国务院的行政法规、决定、命令的事项。同时，根据《立法法》第七十二条的规定，涉及两个以上国务院部门职权范围的事项，应当提请国务院制定行政法规或者由国务院有关部门联合制定规章。

（三）国务院直属特设机构

根据第十届全国人民代表大会第一次会议批准的国务院机构改革方案和《国务院关于机构设置的通知》，国务院设置直属特设机构——国务院国有资产监督管理委员会，为国务院直属正部级特设机构。国务院授权国有资产监督管理委员会代表国家履行出资人职责。根据党中央决定，国有资产监督管理委员会成立党委，履行党中央规定的职责。国有资产监督管理委员会的监管范围是中央所属企业（不含金融类企业）的国有资产。主要职责：1. 根据国务院授权，依照《中华人民共和国公司法》等法律和行政法规履行出资人职责，指导推进国有企业改革和重组；对所监管企业国有资产的保值增值进行监督，加强国有资产的管理工作；推进国有企业的现代企业制度建设，完善公司治理结构；推动国有经济结构和布局的战略性调整。2. 代表国家向部分大型企业派出监事会；负责监事会的日常管理工作。3. 通过法定程序对企业负责人进行任免、考核并根据其经营业绩进行奖惩；建立符合社会主义市场经济体制和现代企业制度要求的选人、用人机制，完善经营者激励和约束制度。4. 通过统计、稽核对所监管国有资产的保值增值情况进行监管；建立和完善国有资产保值增值指标体系，拟定考核标准；维护国有资产出资人的权益。5. 起草国有资产管理的法律、行政法规，制定有关规章制度；依法对地方国有资产管理进行指导和监督。6. 承办国务院交办的其他事项。

(四) 国务院直属机构

根据《宪法》《国务院组织法》的规定，国务院可以根据工作需要和精简的原则，设立若干直属机构主管各项专门业务。国务院直属机构是国务院根据工作需要而设立的、由国务院直接领导的机构，负责领导和管理全国某一方面的行政事务。直属机构的业务具有独立性、系统性和专门性的特点，其机构的设立、撤销或合并，由国务院常务会议决定。其行政首长经国务院常务会议讨论决定，由总理任免，不是国务院的组成人员。直属机构可以在其权限内规定行政措施，发布全国性的规范性文件[①]。

国务院组成部门与国务院直属机构是有区别的，主要表现在：第一，从设立的程序来看。根据《国务院组织法》的规定：国务院各部、各委员会的设立、撤销或者合并，经总理提出，由全国人民代表大会决定；在全国人民代表大会闭会期间，由全国人民代表大会常务委员会决定。国务院可以根据工作需要和精简的原则，设立若干直属机构主管各项专门业务，设立若干办事机构协助总理办理专门事项。每个机构设负责人二人至五人。第二，从行政首长的产生、是否国务院组成人员方面来看。(1) 根据宪法规定，各部部长、各委员会主任、审计长、秘书长的人选；根据国务院总理的提名，由全国人大"决定"，在全国人民代表大会闭会期间，各部长、委员会主任、审计长、秘书长的人选，根据国务院总理的提名，由全国人大常委会"决定"。(2) 全国人民代表大会有权罢免各部部长、各委员会主任、审计长、秘书长。(3) 根据《宪法》第八十六条的规定，各部部长，各委员会主任是国务院的组成人员。而法律对于直属机构没有这方面的要求。第三，从具体职责、权限等方面来看。各部、各委员会根据法律和国务院的行政法规、决定、命令，在本部门的权限内，发布命令、指示和规章。同时，根据《立法法》第七十一条规定：国务院各部、委员会、中国人民银行、审计署和具有行政管理职能的直属机构，可以根据法律和国务院的行政法规、决定、命令，在本部门的权限范

[①] 根据中央人民政府门户网站信息，目前，国务院直属机构分别是：中华人民共和国海关总署、国家税务总局、国家工商行政管理总局、国家质量监督检验检疫总局、国家广播电影电视总局、国家新闻出版总署、国家体育总局、国家安全生产监督管理总局、国家统计局、国家林业局、国家知识产权局、国家旅游局、国家宗教事务局、国务院参事室、国务院机关事务管理局、国家预防腐败局。

围内，制定规章。部门规章规定的事项应当属于执行法律或者国务院的行政法规、决定、命令的事项。

（五）国务院办事机构

国务院办事机构是国务院根据工作需要而设立，协助总理办理专门事项，直接向总理负责的工作机构。办事机构的设立、撤销或合并由国务院决定。行政首长由总理任免，不是国务院组成人员。办事机构只负责某一方面事务的调查研究、政策分析、组织协调等工作，以及承办国务院交办的有关事宜。办事机构自身没有独立的行政管理权，不能对外发布规范性文件。目前，国务院所设办事机构有：国务院侨务办公室、国务院港澳事务办公室、国务院法制办公室、国务院研究室。

（六）国务院直属事业单位

国务院直属事业单位是指以增进社会福利，满足社会文化、教育、科学、卫生等方面需要，提供各种社会服务为直接目的由国务院直接领导的社会组织。目前，国务院直属事业单位主要有：新华通讯社、中国科学院、中国社会科学院、中国工程院、国务院发展研究中心、国家行政学院、中国地震局、中国气象局、中国银行业监督管理委员会、中证券监督管理委员会、中国保险监督管理委员会、国家电力监管委员会、全国社会保障基金理事会、国家自然科学基金委员会等。

（七）国务院部委管理的国家局

国务院部委归口管理的国家局是由主管部委管理的、负责国家某方面工作的行政管理机关。它们既接受主管部委的领导，又具有相对独立性，不是主管部委内设的职能司局。国家局可以根据有关法律法规，在其权限范围内拟定部门规章、指示或命令，经主管部委审议通过后，由主管部委或国家局发布。目前，部委归口管理的国家局主要有：国家信访局、国家粮食局、国家能源局、国家国防科技工业局、国家烟草专卖局、国家外国专家局、国家公务员局、国家海洋局、中国民用航空局、国家测绘局、国家邮政局、国家文物局、国家食品药品监督管理局、国家中医药管理局、国家外汇管理局、国家煤矿安全监察局、国家保密局、国家密码管理局、国家航天局、国家原子能机构、国家语言文字工作委员会、国家核安全局。

（八）国务院议事协调机构

国务院议事协调机构是国务院行政机构根据职能划分的一种机构类

型。承担跨国务院行政机构的重要业务工作的组织协调任务。国务院议事协调机构议定的事项，经国务院同意，由有关的行政机构按照各自的职责负责办理。在特殊或者紧急的情况下，经国务院同意，国务院议事机构可以规定临时性的行政管理措施。国务院议事协调机构的设立、撤销或者合并，由国务院机构编制管理机关方案，报国务院决定。国务院议事协调机构根据工作的需要，分为长期性议事协调机构和暂时性议事协调机构。其中暂时性议事协调机构在工作任务完成后就会适时撤销。议事协调机构其配置规格都是比较高的。一般由国务院分管领导担任议事协调机构负责人，有关国务院部办委局或者中央军委所属机关单位负责人担任领导成员。

根据《国务院关于议事协调机构设置的通知》（国发〔2008〕13号）国务院议事协调机构是：国家国防动员委员会，国家边海防委员会，国务院中央军委空中交通管制委员会，全国爱国卫生运动委员会，全国绿化委员会，国务院学位委员会，国家防汛抗旱总指挥部，国务院妇女儿童工作委员会，全国拥军优属拥政爱民工作领导小组，国务院残疾人工作委员会国务院扶贫开发领导小组，国务院关税税则委员会，国家减灾委员会，国家科技教育领导小组，国务院军队转业干部安置工作小组，国家禁毒委员会，全国老龄工作委员会，国务院西部地区开发领导小组，国务院振兴东北地区等老工业基地领导小组，国务院抗震救灾指挥部，国家信息化领导小组，国家应对气候变化及节能减排工作领导小组，国家能源委员会，国务院安全生产委员会，国务院防治艾滋病工作委员会，国家森林防火指挥部，国务院三峡工程建设委员会，国务院南水北调工程建设委员会，国务院食品安全委员会。此外，国务院纠正行业不正之风办公室保留名义，工作由监察部承担。

第三节　地方各级人民政府

一　地方各级人民政府概述

（一）地方各级人民政府

地方各级人民政府，是指其活动范围仅限于国家一定行政区域范围内，其管辖事项仅限于地方性行政事务的人民政府，即各级地方人民政府。根据宪法和有关组织法的规定，按照行政区域的划分，我国地方各级人民政府分别为：省、自治区、直辖市人民政府，自治州、设区的市人民政府，县、自治县、不设区的市、市辖区人民政府，乡、民族乡、镇人民政府。

根据《宪法》和《地方人大和政府组织法》规定，地方各级人民政府是地方各级人民代表大会的执行机关，是地方各级国家行政机关。地方各级人民政府对本级人民代表大会和上一级国家行政机关负责并报告工作。县级以上的地方各级人民政府在本级人民代表大会闭会期间，对本级人民代表大会常务委员会负责并报告工作。全国地方各级人民政府都是国务院统一领导下的国家行政机关，都服从国务院。地方各级人民政府具有"双重从属性"的特征：一方面，地方各级人民政府都是本级地方国家权力机关的执行机关，对本级人民代表大会及其常务委员会负责并报告工作；另一方面，地方各级人民政府对上一级国家行政机关负责并报告工作。同时，全国地方各级人民政府都是国务院统一领导下的国家行政机关，都服从国务院。

二　县级以上地方各级人民政府

（一）县级以上地方各级人民政府的组成、任期

1. 县级以上地方各级人民政府的组成

省、自治区、直辖市、自治州、设区的市的人民政府分别由省长、副省长，自治区主席、副主席，市长、副市长，州长、副州长和秘书长、厅长、局长、委员会主任等组成。

县、自治县、不设区的市、市辖区的人民政府分别由县长、副县长，市长、副市长，区长、副区长和局长、科长等组成。

2. 县级以上地方各级人民政府的产生

省长、副省长，自治区主席、副主席，市长、副市长，州长、副州长，县长、副县长，区长、副区长，分别由县级以上的地方各级人民代表大会选举产生。

新的一届人民政府领导人员依法选举产生后，应当在两个月内提请本级人民代表大会常务委员会任命人民政府秘书长、厅长、局长、委员会主任、科长。

3. 县级以上地方各级人民政府的任期

地方各级人民政府每届任期五年。

三 县级以上地方各级人民政府职权

（一）县级以上地方各级人民政府职权概述

县级以上地方各级人民政府具体包括省、自治区、直辖市人民政府，自治州、设区的市人民政府，县、自治县、不设区的市、市辖区人民政府。根据宪法第一百零七条规定，县级以上地方各级人民政府依照法律规定的权限，管理本行政区域内的经济、教育、科学、文化、卫生、体育事业、城乡建设事业和财政、民政、公安、民族事务、司法行政、监察、计划生育等行政工作，发布决定和命令，任免、培训、考核和奖惩行政工作人员。宪法这一规定比较原则、笼统，显得高度概括和抽象。《中华人民共和国地方各级人民代表大会和地方各级人民政府组织法》采用列明方式规定了县级以上地方各级人民政府职权。

（二）县级以上地方各级人民政府的职权

根据《地方人大和地方政府组织法》第五十九条的规定，县级以上的地方各级人民政府行使下列职权：

1. 执行本级人民代表大会及其常务委员会的决议，以及上级国家行政机关的决定和命令，规定行政措施，发布决定和命令；

2. 领导所属各工作部门和下级人民政府的工作；

3. 改变或者撤销所属各工作部门的不适当的命令、指示和下级人民政府的不适当的决定、命令；

4. 依照法律的规定任免、培训、考核和奖惩国家行政机关工作人员；

5. 执行国民经济和社会发展计划、预算，管理本行政区域内的经济、教育、科学、文化、卫生、体育事业、环境和资源保护、城乡建设事业和财政、民政、公安、民族事务、司法行政、监察、计划生育等行政工作；

6. 保护社会主义的全民所有的财产和劳动群众集体所有的财产，保护公民私人所有的合法财产，维护社会秩序，保障公民的人身权利、民主权利和其他权利；

7. 保护各种经济组织的合法权益；

8. 保障少数民族的权利和尊重少数民族的风俗习惯，帮助本行政区域内各少数民族聚居的地方依照宪法和法律实行区域自治，帮助各少数民族发展政治、经济和文化的建设事业；

9. 保障宪法和法律赋予妇女的男女平等、同工同酬和婚姻自由等各项权利；

10. 办理上级国家行政机关交办的其他事项。

（三）需要注意的几个法律规定

第一，《宪法》第一百零七条第三款规定，省、直辖市的人民政府决定乡、民族乡、镇的建置和区域划分。

第二，《宪法》第一百零八条规定，县级以上的地方各级人民政府领导所属各工作部门和下级人民政府的工作，有权改变或者撤销所属各工作部门和下级人民政府的不适当的决定。

第三，省、自治区、直辖市的人民政府可以根据法律、行政法规和本省、自治区、直辖市的地方性法规，制定规章，报国务院和本级人民代表大会常务委员会备案，这就是"地方政府规章"的制定权问题。

所谓地方政府规章，是省、自治区、直辖市和较大的市的人民政府根据法律、行政法规和本省、自治区、直辖市的地方性法规拟定，并经各该级政府常务会议或者全体会议讨论决定的法律规范形式。其效力等级低于宪法、法律、行政法规和地方性法规。根据《中华人民共和国立法法》的有关规定，有权制定地方政府规章的"较大的市"，是指省、自治区的人民政府所在地的市，经济特区所在地的市和经国务院批准的较大的市。根据《立法法》第七十三条的规定，地方政府规章可以就下列事项作出规定：一是为执行法律、行政法规、地方性法规的规定需要制定规章的事项；二是属于本行政区域的具体行政管理事项。

为了规范包括地方政府规章在内的规章制定程序，保证规章质量，2001年，国务院颁发了《规章制定程序条例》。《规章制定程序条例》对于包括地方政府规章在内的规章的立项、起草、审查、决定、公布、解释等方面作了详尽规定。根据该《规章制定程序条例》，地方政府规章的制定需要注意以下方面：（1）地方政府规章的名称一般称"规定""办法"，但不得称"条例"。（2）除内容复杂的外，地方政府规章一般不分章、节。（3）省、自治区、直辖市和较大的市的人民政府所属工作部门或者下级人民政府认为需要制定地方政府规章的，应当向该省、自治区、直辖市或者较大的市的人民政府报请立项。（4）省、自治区、直辖市和较大的市的人民政府法制机构（以下简称法制机构），应当对制定规章的立项申请进行汇总研究，拟定本部门、本级人民政府年度规章制订工作计划，报本部门、本级人民政府批准后执行。（5）省、自治区、直辖市和较大的市的人民政府，应当经常对规章进行清理，发现与新公布的法律、行政法规或者其他上位法的规定不一致的，或者与法律、行政法规或者其他上位法相抵触的，应当及时修改或者废止。（6）地方政府规章签署公布后，本级人民政府公报和本行政区域范围内发行的报纸应当及时刊登。

《中华人民共和国行政复议法》第七条规定，"公民、法人或者其他组织认为行政机关的具体行政行为所依据的下列规定不合法，在对具体行政行为申请行政复议时，可以一并向行政复议机关提出对该规定的审查申请：（1）国务院部门的规定；（2）县级以上地方各级人民政府及其工作部门的规定；（3）乡、镇人民政府的规定。前款所列规定不含国务院部、委员会规章和地方人民政府规章。规章的审查依照法律、行政法规办理"。另外，《中华人民共和国行政诉讼法》第五十二条、第五十三条规定："人民法院审理行政案件，以法律和行政法规、地方性法规为依据。地方性法规适用于本行政区域内发生的行政案件。人民法院审理民族自治地方的行政案件，并以该民族自治地方的自治条例和单行条例为依据。""人民法院审理行政案件，参照国务院部、委根据法律和国务院的行政法规、决定、命令制定、发布的规章以及省、自治区、直辖市和省、自治区的人民政府所在地的市和经国务院批准的较大的市的人民政府根据法律和国务院的行政法规制定、发布的规章。"

四 较大的市

（一）"较大的市"概念

我国《宪法》第三十条规定，"直辖市和较大的市分为区、县"。那么，什么是"较大的市"？《立法法》第六十三条明确规定："省、自治区、直辖市的人民代表大会及其常务委员会根据本行政区域的具体情况和实际需要，在不同宪法、法律、行政法规相抵触的前提下，可以制定地方性法规。较大的市的人民代表大会及其常务委员会根据本市的具体情况和实际需要，在不同宪法、法律、行政法规和本省、自治区的地方性法规相抵触的前提下，可以制定地方性法规，报省、自治区的人民代表大会常务委员会批准后施行。省、自治区的人民代表大会常务委员会对报请批准的地方性法规，应当对其合法性进行审查，同宪法、法律、行政法规和本省、自治区的地方性法规不抵触的，应当在四个月内予以批准。省、自治区的人民代表大会常务委员会在对报请批准的较大的市的地方性法规进行审查时，发现其同本省、自治区的人民政府的规章相抵触的，应当作出处理决定。本法所称较大的市是指省、自治区的人民政府所在地的市，经济特区所在地的市和经国务院批准的较大的市"。据此可知，从有立法资格的角度来看，所谓"较大的市"，具体是指：

1. 省、自治区人民政府所在地的市；
2. 经济特区所在地的市；
3. 经国务院批准的较大的市[1]。

（二）界定"较大的市"的主要意义

界定"较大的市"的主要意义在于："较大的市"的人大及其常委会根据本地的具体情况和实际需要，在不同宪法、法律、行政法规和本省（区）的地方性法规相抵触的前提下可以制定地方性法规，报省（自治区）人大常委会批准后施行；政府可以根据法律、法规和地方性法规，制定地方政府规章。

五 乡、民族乡、镇人民政府

乡、民族乡、镇人民政府是我国最基层一级人民政府，领导和管理所辖行政区域内的行政事务。

（一）乡、民族乡、镇人民政府的建立

新中国成立后几十年来，我国乡镇的发展大体经过三个阶段：一是新中国成立初期的乡、镇政权；二是人民公社时期的政社合一制；三是重新建立乡、镇政府。

1. 新中国成立初期的乡（镇）政权组织。1950年政务院公布了《乡（行政村）人民代表会议组织通则》和《乡（行政村）人民政府组织通则》，为乡（行政村）一级地方基层政权的建设，奠定了初步基础。行政

---

[1] 1984年12月15日，国务院发布《关于批准唐山等市为"较大的市"的通知》，批准唐山市、大同市、包头市、大连市、鞍山市、抚顺市、吉林市、齐齐哈尔市、青岛市、无锡市、淮南市、洛阳市、重庆市等十三个市为"较大的市"。1992年7月，国务院批准淄博市、邯郸市、本溪市为"较大的市"。1988年3月，国务院批准宁波市为"较大的市"。1993年4月，国务院批准徐州市、苏州市为"较大的市"。

村也是当时的基层行政区域,它一般由一个较大的自然村或几个自然村联合组成,设村人民代表会议和村人民政府。1954年1月,中央人民政府内务部发出了《关于健全乡政权组织的指示》,规定乡人民政府应设立生产合作、文教卫生、治安保卫、人民武装、民政、财粮、调解等工作委员会,进一步加强了乡的行政体制建设。1954年9月20日,全国人大一届一次会议通过的《中华人民共和国宪法》第四节专门就"地方各级人民代表大会和地方各级人民委员会"作出规定。具体来说,乡、民族乡、镇设立人民代表大会和人民委员会(第五十四条),"地方各级人民代表大会都是地方国家权力机关"(第五十五条),"乡、民族乡、镇的人民代表大会代表由选民直接选举"(第五十六条),"乡、民族乡、镇的人民代表大会每届任期两年"(第五十七条),"地方各级人民委员会,即地方各级人民政府,是地方各级人民代表大会的执行机关,是地方各级国家行政机关"(第六十二条)。乡镇人民委员会由乡长、镇长各一人,副乡长、副镇长各若干人组成,乡镇人民委员会每届任期同本级人民代表大会每届任期相同。人民委员会依照法律规定的权限管理本行政区域的行政工作,执行本级人民代表大会的决议和上级国家行政机关的决议和命令,依照法律规定的权限发布决议和命令。对本级人民代表大会和上一级国家行政机关负责并报告工作。全国地方各级人民委员会都是国务院统一领导下的国家行政机关,都服从国务院。1954年9月21日,全国人大一届一次会议通过了《中华人民共和国地方各级人民代表大会和地方各级人民委员会组织法》。该法对于《宪法》的上述精神进行了更为具体的规定。至此,作为我国农村基层政权的乡人民政府和产生它的人民代表大会得到了宪法的确认。

2. 人民公社。1958年8月公布的《中共中央关于在农村建立人民公社问题的决议》和1958年12月公布的《关于人民公社若干问题的决议》中,对人民公社的规模、体制等均作了规定。此后,全国农村普遍建立了人民公社,取消了乡政府的体制,实行了人民公社政社合一的体制。1975年1月17日,全国人大四届一次会议通过的《宪法》第七条规定:"农村人民公社是政社合一的组织。现阶段农村人民公社的集体所有制经济,一般实行三级所有、队为基础,即以生产队为基本核算单位的公社、生产大队和生产队三级所有。在保证人民公社集体经济的发展和占绝对优势的条件下,人民公社社员可以经营少量的自留地和家庭副业,牧区社员可以有少量的自留畜"。1978年3月5日，全国五届人大一次会议通过的《宪法》第七条规定："农村人民公社经济是社会主义劳动群众集体所有制经济，现在一般实行公社、生产大队、生产队三级所有，而以生产队为基本核算单位。生产大队在条件成熟的时候，可以向大队为基本核算单位过渡。在保证人民公社集体经济占绝对优势的条件下，人民公社社员可以经营少量的自留地和家庭副业，在牧区还可以有少量的自留畜"。第三十四条规定："省、直辖市、县、市、市辖区、人民公社、镇设立人民代表大会和革命委员会。人民公社的人民代表大会和革命委员会是基层政权组织，又是集体经济的领导机构"（1979年7月1日，五届人大二次会议通过的关于修正《宪法》若干规定的决议，对本条又作了如下修改："省、直辖市、市、市辖区、镇设立人民代表大会和人民政府；人民公社设立人民代表大会和管理委员会"。"人民公社的人民代表大会和革命委员会是基层政权组织，又是集体经济的领导机构"）。第三十七条规定："地方各级革命委员会，即地方各级人民政府，是地方各级人民代表大会的执行机关，是地方各级国家行政机关。地方各级革命委员会由主任，副主任若干人，委员若干人组成。地方各级革命委员会执行本级人民代表大会的决议和上级国家行政机关的决议和命令，管理本行政区域的行政工作，依照法律规定的权限发布决议和命令。县和县以上的革命委员会依照法律的规定任命国家机关工作人员。地方各级革命委员会都对本级人民代表大会和上一级国家行政机关负责并报告工作，受国务院统一领导"。从1975年宪法、1978年宪法的上述规定可知，人民公社在当时不但是基层政权组织，而且也是集体经济组织，从而使乡政府这一基层政权长期无法正常履行其法定职能。历史表明，人民公社既削弱了农村基层政权的建设，也不利于农村经济的发展[①]。

3. 乡、民族乡、镇人民政府的重新建立。1982年12月4日，第五届全国人民代表大会第五次会议通过了现行宪法。《宪法》第九十五条规定，"省、直辖市、县、市、市辖区、乡、民族乡、镇设立人民代表大会和人民政府。地方各级人民代表大会和地方各级人民政府的组织由法律规定"。可见，乡、民族乡、镇是农村基层政权。1983年10月12日，中共中央、国务院发布了《关于实行政社分开建立乡政府的通知》。该《通

[①] 浦兴祖主编：《当代中国政治制度》，复旦大学出版社2005年版，第198页。

知》指出：随着农村经济体制的改革，现行农村政社合一的体制显得很不适应。宪法已明确规定在农村建立乡政府，政社必须相应分开。1983年12月29日，国务院发出了《关于建立民族乡问题的通知》。1984年11月22日，民政部发布《关于调整建制镇标准的报告》。根据上述文件精神，从1983年到1985年，全国农村普遍将政社分开，恢复乡镇政权建制。各地重建乡镇政权的同时，恢复建立了乡镇党委、乡镇经济组织，以实现党、政、企的分开。1993年3月29日，全国人大八届一次会议通过的《宪法修正案》第六条规定："农村中的家庭联产承包为主的责任制和生产、供销、信用、消费等各种形式的合作经济，是社会主义劳动群众集体所有制经济。参加农村集体经济组织的劳动者，有权在法律规定的范围内经营自留地、自留山、家庭副业和饲养自留畜"。至此，作为曾经的农村基层政权形式，人民公社成为历史。

1984年，国务院批转民政部《关于调整建镇标准的报告》。《报告》对1955年和1963年中共中央和国务院关于设镇的规定作如下调整：（1）凡县级地方国家机关所在地，均应设置镇的建制。（2）总人口在两万以下的乡，乡政府驻地非农业人口超过两千的，可以建镇；总人口在两万以上的乡，乡政府驻地非农业人口占全乡人口10%以上的，也可以建镇。（3）少数民族地区、人口稀少的边远地区、山区和小型工矿区、小港口、风景旅游、边境口岸等地，非农业人口虽不足两千，如确有必要，也可设置镇的建制。（4）凡具备建镇条件的乡，撤乡建镇后，实行镇管村的体制；暂时不具备设镇条件的集镇，应在乡人民政府中配备专人加以管理。

（二）乡、民族乡、镇人民政府的基本特征

作为最基层一级人民政府，乡、民族乡、镇人民政府有如下特征：

首先，乡、民族乡、镇人民政府是乡镇人大的执行机关。根据《地方组织法》的规定，乡、民族乡、镇的人民代表大会行使下列职权：在本行政区域内，保证宪法、法律、行政法规和上级人民代表大会及其常务委员会决议的遵守和执行；在职权范围内通过和发布决议；根据国家计划，决定本行政区域内的经济、文化事业和公共事业的建设计划；审查和批准本行政区域内的财政预算和预算执行情况的报告；决定本行政区域内的民政工作的实施计划；选举本级人民代表大会主席、副主席；选举乡长、副乡长，镇长、副镇长[①]；听取和审查乡、民族乡、镇的人民政府的工作报告；撤销乡、民族乡、镇的人民政府的不适当的决定和命令；保护社会主义的全民所有的财产和劳动群众集体所有的财产，保护公民私人所有的合法财产，维护社会秩序，保障公民的人身权利、民主权利和其他权利；保护各种经济组织的合法权益；保障少数民族的权利；保障宪法和法律赋予妇女的男女平等、同工同酬和婚姻自由等各项权利。

其次，乡、民族乡、镇人民政府是我国最基层一级人民政府。托克维尔在考察美国的乡镇组织时，曾形容乡镇"似乎直接出于上帝之手"，并认为"乡镇是自然界中只要有人聚集就能组织起来的唯一联合体。因此，所有的国家，不管其惯例和法律如何，都有乡镇组织的存在"[②]。事实上，作为一个政治性概念，乡镇人民政府在行政层级上是县政府所辖制的一级政权，在整个国家行政体系中处于最低一级。换言之，乡镇人民政府是当代中国最基层一级人民政府，领导和管理所辖行政区域内的行政事务。

最后，处在国家行政体系"末梢"，乡、民族乡、镇人民政府职能庞杂。《地方组织法》用列举加概括的方式明确规定了乡镇人民政府的基本职权。从执行法律规定、依法行政的角度来看，乡镇人民政府要"执行""上级国家行政机关的决定和命令"以及"本行政区域内的经济和社会发展计划、预算"，"管理本行政区域内的经济、教育、科学、文化、卫生、体育事业和财政、民政、公安、司法行政、计划生育等行政工作"，正所谓"上面千条线，底下一根针"。同时，在我国这样一个后发现代化国家和比较落后的农业大国，要实现经济的超常规发展，国家必须能够对农村社会进行有效的控制，维护社会稳定。乡镇人民政府处在国家行政体系的

[①] 1998年12月，四川省遂宁市步云乡采取村民直接投票的方式，选举乡长。步云乡的乡长直选试点工作经过前期准备、宣传发动、公开报名、选区联席会议确定正式候选人、巡回演讲答辩、正式选举宣誓就职等阶段，最终确认谭××当选为步云乡人民政府乡长。自此，中国第一位"直选乡长"在步云诞生。（中共四川省委组织部课题组：《关于公选、直选乡镇领导干部与党的领导问题的调查与思考》，《马克思主义与现实》2003年第2期）。但是，依据我国宪法和"地方组织法"的规定，乡长作为乡人民政府的行政首长，应由乡人民代表大会选举。因此，采取村民直接投票的方式选举乡长，尽管"是一次具有开拓性、突破性的试验，是一次扩大农村基层民主的探索"，但在我国现行宪政体制之下，应属"合理不合法"之举（浦兴祖：《直选乡长是扩大农村基层民主的一次探索——关于四川步云乡个案的思考》，《云南行政学院学报》2001年第6期）。

[②] ［法］托克维尔：《论美国的民主》（上卷），董果良译，沈阳出版社1999年版，第70页。

"末梢",国家在农村的各项发展目标、计划和任务,最终必须要靠乡镇人民政府加以贯彻、落实[①]。

(三) 乡、民族乡、镇人民政府的职权

依照《中华人民共和国地方各级人民代表大会和地方各级人民政府组织法》第六十一条的规定,乡、民族乡、镇的人民政府行使下列职权:

1. 执行本级人民代表大会的决议和上级国家行政机关的决定和命令,发布决定和命令;

2. 执行本行政区域内的经济和社会发展计划、预算,管理本行政区域内的经济、教育、科学、文化、卫生、体育事业和财政、民政、公安、司法行政、计划生育等行政工作;

3. 保护社会主义的全民所有的财产和劳动群众集体所有的财产,保护公民私人所有的合法财产,维护社会秩序,保障公民的人身权利、民主权利和其他权利;

4. 保障农村集体经济组织应有的自主权;

5. 保障少数民族的权利和尊重少数民族的风俗习惯;

6. 保障宪法和法律赋予妇女的男女平等、同工同酬和婚姻自由等各项权利;

7. 办理上级人民政府交办的其他事项。

第四节 地方人民政府派出机关、工作部门

一 地方人民政府的派出机关

(一) 地方人民政府派出机关概念

《地方组织法》第六十八条规定:"省、自治区的人民政府在必要的时候,经国务院批准,可以设立若干派出机关。县、自治县的人民政府在必要的时候,经省、自治区、直辖市的人民政府批准,可以设立若干区公所,作为它的派出机关。市辖区、不设区的市的人民政府,经上一级人民政府批准,可以设立若干街道办事处,作为它的派出机关"。可见,作为

[①] 王文惠:《实行村民自治后乡镇人民政府的行政管理问题探究》,《贵州师范大学学报》2010 年第 6 期。

一个法律概念，地方人民政府的派出机关是指县级以上地方人民政府经有权机关批准，在一定区域内设立的行政机关。具体来说，是指：

（1）省、自治区人民政府经国务院批准设立的行政公署；

（2）县、自治县人民政府经省、自治区、直辖市人民政府批准设立的区公所；

（3）市辖区、不设区的市人民政府经上一级人民政府批准设立的街道办事处。

（二）地方人民政府派出机关的基本特征

第一，派出机关是一级人民政府根据业务管理的需要，按法律规定在所管辖区域内设立的代表机关。

第二，派出机关不是一级人民政府。但是，根据法律规定，它们实际上履行着一级人民政府的职能，在一定的区域内对所有的行政事务享有行政管理权，以自己的名义作出行政行为，对其行为后果承担法律责任。

第三，派出机关具有行政法上的主体资格。例如《行政复议法》第十三条明确规定"对地方各级人民政府的具体行政行为不服的，向上一级地方人民政府申请行政复议。对省、自治区人民政府依法设立的派出机关所属的县级地方人民政府的具体行政行为不服的，向该派出机关申请行政复议"。

（三）派出机关不同于派出机构

所谓派出机构，是由政府的工作部门根据需要在一定行政区域内设置的派出机构，是行政机关为更好地实现其对国家事务和社会事务的管理而设立的一种行政组织。在我国，派出机构的种类繁多，典型的如公安派出所、工商所、税务所、司法所等。

派出机关与派出机构的区别主要表现在设立程序、要求，表现形式、法律地位等方面，具体来说：

首先，派出机关的设立必须严格按照《地方组织法》规定的程序设立，而派出机构的设立程序主要依据有关行政法规设立，如《公安机关组织管理条例》（2006年11月13日颁布）规定："市、县、自治县公安局根据工作需要设置公安派出所。……公安派出所的设立、撤销，按照规定的权限和程序审批"。

其次，派出机关是由特定地方人民政府设置的；派出机构则由地方人民政府的职能部门设置的。

再次，派出机关的职能是多方面的或综合性的，相当于一级政府；派出机构则只限于管理某项专门的行政事务。

最后，二者的最大区别在于：派出机关是独立的行政主体，能够独立承担法律责任，而派出机构一般不是独立的行政主体，不能以自己的名义行使权力，除非得到法律法规的明确授权。例如《治安管理处罚法》第九十一条明确规定："治安管理处罚由县级以上人民政府公安机关决定；其中警告、500元以下的罚款可以由公安派出所决定"；《税收管理法》第四十九条明确规定："本法规定的行政处罚，由县以上税务局（分局）决定；对个体工商户及未取得营业执照从事经营的单位、个人罚款额在1000元以下的，由税务所决定。税务机关罚款必须开付收据"。从以上法律规定可以发现，公安派出所、税务所，作为派出机构，只在法律有明确授权的地方，才能成为行政主体，或具有行政主体资格，而地方人民政府的派出机关，都具有行政主体的资格。

二 地方人民政府的工作部门

（一）地方人民政府的工作部门概述

依照《地方组织法》的规定，地方各级人民政府根据工作需要和精干的原则，设立必要的工作部门。

（二）地方人民政府工作部门法律制度的主要内容

1. 地方人民政府工作部门的设立

依照《地方组织法》的规定，(1) 县级以上的地方各级人民政府设立审计机关。地方各级审计机关依照法律规定独立行使审计监督权，对本级人民政府和上一级审计机关负责。(2) 省、自治区、直辖市的人民政府的厅、局、委员会等工作部门的设立、增加、减少或者合并，由本级人民政府报请国务院批准，并报本级人民代表大会常务委员会备案。(3) 自治州、县、自治县、市、市辖区的人民政府的局、科等工作部门的设立、增加、减少或者合并，由本级人民政府报请上一级人民政府批准，并报本级人民代表大会常务委员会备案[①]。

---

① 《地方组织法》第六十四条。

2. 地方人民政府工作部门的领导体制

各厅、局、委员会、科分别设厅长、局长、主任、科长,在必要的时候可以设副职。办公厅、办公室设主任,在必要的时候可以设副主任。省、自治区、直辖市、自治州、设区的市的人民政府设秘书长一人,副秘书长若干人①。

省、自治区、直辖市的人民政府的各工作部门受人民政府统一领导,并且依照法律或者行政法规的规定受国务院主管部门的业务指导或者领导。自治州、县、自治县、市、市辖区的人民政府的各工作部门受人民政府统一领导,并且依照法律或者行政法规的规定受上级人民政府主管部门的业务指导或者领导②。

3. 地方各级人民政府工作部门的基本特征

(1) 县级以上地方人民政府的工作部门一般都具有行政主体的资格。所谓行政主体,是指享有国家行政职权,能以自己的名义行使行政职权并能独立地承担因此而产生的相应法律责任的组织。按照有关法律的规定,县级以上地方各级人民政府根据工作需要而设立的若干职能部门,即县级以上地方各级人民政府序列中的各个专门行政机关,承担者某一方面行政事务的组织与管理。这些职能部门对本级人民政府和上一级行政机关负责,以自己的名义独立行使行政职权,并承担相应的法律后果,是行政法原理所指的行政主体。

(2) 县级以上地方人民政府的工作部门领导体制上具有"双重从属性":一方面,它们是同级人民政府分管具体行政事务的工作部门,因此当然受同级人民政府领导;另一方面,它们又是上级人民政府主管部门的下级,因此自然受上级人民政府主管部门的业务指导或者领导。

(3) 在乡镇人民政府序列中,一般只有乡镇人民政府一个行政主体。乡镇人民政府是我国最基层一级人民政府,其内部所设诸如文教、土地、司法、公安、林业等工作部门,事实上多为县级人民政府的职能部门的内设机构或派出机构。这些内设机构或派出机构,除法律法规明确授权的以外,一般不具有行政主体的资格。

---

① 《地方组织法》第六十五条。
② 《地方组织法》第六十六条。

第五节 法治政府

一 "法治政府"概述

从字面上讲,"法治政府"即"法律统治下的政府",这种观念在西方可谓源远流长。例如13世纪的英国法学家布拉克顿就有一句名言:"国王不可能处于任何人之下,但是必须处于上帝与法律之下。"① 可以说其中已经包含了法律高于权力、政府权力要受法律限制的法治主张。颁布于1215年的英国《自由大宪章》也蕴含了"王权有限,法律至上"的法治精神。但作为一种理论主张和政府模式,"法治政府"主要是从近代开始的,且各国对于"法治政府"的理解和要求各有不同。例如,当代英国行政法学者威廉·韦德在其巨著《行政法》中明确提到"法治政府",并指出:"法治……的基本含义是,任何事件都必须依法而行。将此原则适用于政府时,它要求每个政府当局必须能够证实自己所做的事是有法律授权的,几乎在一切场合这都意味着有议会立法的授权……政府行使权力的所有行为,即所有影响他人法律权利、义务和自由的行为都必须说明它的严格的法律依据。"② 而在美国的政治体制设计者汉密尔顿、麦迪逊等人看来,"在组织一个人统治人的政府时,……必须有辅助性的预防措施。"③ 这个所谓的"辅助性的预防措施",就是将行政权力置于宪法控制之下④。1787年,美国制定了世界上第一部成文宪法。按照美国的宪政设计,其"法治政府"的基本要素就在于宪法下的权力制约;宪法要求政府各部分权力的行使"到此为止,勿再超过"⑤。可见,将政府(行政权力)控制在宪法、法律之下,是"法治"或"法治国"的基本要求。建设法治国家,首先要从建设法治政府开始。"凡是一个有组织的社会不能没有政府来行使权力……重要的是政府的权力也要受法律的限制,这才是法治的实质意义"⑥。

---

① 参见徐继强《西方法律十二讲》,重庆出版社,第26页。
② [英] 威廉·韦德:《行政法》,大百科全书出版社1997年版,第27页。
③ [美] 汉密尔顿、杰伊、麦迪逊:《联邦党人文集》,商务印书馆1980年版,第264页。
④ 同上书,第257页。
⑤ 王人博、程燎原:《法治论》,山东人民出版社1989年版,第54页。
⑥ 龚祥瑞:《比较宪法与行政法》,法律出版社2003年版,第76页。

二 当代中国"法治政府"建设历程

(一)"法治政府"的提出

在我国,改革开放后对行政机关最早提出的要求是"依法行政"。据介绍,最早正式提出"依法行政"一词的是1991年4月最高人民法院工作报告中提出"做好民事、行政审判和告诉申诉工作,保护公民、法人的合法权益,维护国家行政机关依法行政"。1993年3月,提交第八届全国人民代表大会第一次会议审议的国务院《政府工作报告》提出:"各级政府都要依法行政,严格依法办事",从国务院的角度首次提出了"依法行政"。1993年11月14日,中国共产党在《中共中央关于社会主义市场经济体制若干问题的决定》中也明确提出"各级政府都要依法行政,依法办事",从而从中共中央的角度也首次提出了"依法行政"。全国人大常委会在1996年工作报告中第一次提到"依法行政"。最高人民检察院和全国政治协商会议则是在2001年之后才首次在工作报告中提到依法行政[1]。

依法行政是我国行政法的基本原则。1999年,国务院发布了《关于全面推进依法行政的决定》(国发〔1999〕23号),指出:全面推进依法行政,其基本要求是"认真履行宪法和法律赋予的职责,严格按照法定权限和程序,管理国家事务、经济与文化事业和社会事务,做到既不失职,又不越权;既要保护公民的合法权益,又要提高行政效率,维护公共利益和社会秩序,保证政府工作在法制轨道上高效率地运行,推进各项事业的顺利发展"。"各级政府和政府各部门及其领导干部,必须严格遵守宪法和法律、法规,严格执行党和国家的政策,严守纪律,带头依法办事,依法决策,依法处理问题","全面推进依法行政,必须做到有法必依、执法必严、违法必究。各级政府和政府各部门及其工作人员的一切行政行为必须符合法律、法规规范,切实做到依法办事、严格执法"。由此可以看出,"依法行政"更侧重于要求"一切行政行为必须符合法律、法规规范,切实做到依法办事、严格执法",侧重于规范行政机关及其工作人员的行政行为,更多的具有行为规范、法制层面的意义。

1997年召开的中国共产党第十五次全国代表大会,将"依法治国"

---

[1] 参见王敬波《行政法关键词三十年之流变》,《法学研究》2008年第6期。

确立为治国基本方略，将"建设社会主义法治国家"确定为社会主义现代化的重要目标。1999年，"中华人民共和国实行依法治国，建设社会主义法治国家"载入宪法。为了贯彻落实依法治国基本方略，1999年，国务院发布了《关于全面推进依法行政的决定》，首次以国务院文件形式明确提出了"依法行政"的要求。2004年3月22日，国务院发布了《全面推进依法行政实施纲要》，明确提出："全面推进依法行政，经过十年左右坚持不懈的努力，基本实现建设法治政府的目标"。在这里，国务院首次明确而主动地提出了建设"法治政府"的施政目标。这在中国历史上是第一次，在世界法治发展史上也是绝无仅有的。从此，法治政府成为"中国政府施政的基本准则"[①]，成为各级行政机关依法行政的终极目标。

2008年6月17日，国务院颁布《关于加强市县政府依法行政的决定》（国发〔2008〕17号），为全面落实依法治国基本方略，加快建设法治政府，就加强市县两级政府依法行政作出如下八个大方面的决定。

2010年10月10日，为在新形势下深入贯彻落实依法治国基本方略，全面推进依法行政，进一步加强法治政府建设，国务院发布了《关于加强法治政府建设的意见》（国发〔2010〕33号），这是继国务院发布《全面推进依法行政实施纲要》以后，贯彻落实依法治国基本方略的又一重大举措，全面推进依法行政，进一步加强法治政府建设的各项任务进行了部署。

党的十八大明确提出把"法治政府基本建成"作为实现2020年全面建成小康社会目标过程中的一项重要任务。2013年，十八届三中全会通过了《中共中央关于全面深化改革若干重要问题的决定》，对全面改革作出了部署，特别是明确提出了"完善和发展中国特色社会主义制度，推进国家治理体系和能力的现代化"的总目标；2014年，十八届四中全会通过的《中共中央关于全面推进依法治国重大问题的决定》，明确提出了"建设中国特色社会主义法治体系，建设社会主义法治国家"的总目标。根据该《决定》，全面推进依法治国，建设中国特色社会主义法治体系，建设社会主义法治国家的总目标是：在中国共产党领导下，坚持中国特色社会主义制度，贯彻中国特色社会主义法治理论，形成完备的法律规范体系、高效的法治实施体系、严密的法治监督体系、有力的法治保障体系，

---

① 国务院新闻办公室：《中国的法治建设》白皮书，2008年2月发布。

形成完善的党内法规体系，坚持依法治国、依法执政、依法行政共同推进，坚持法治国家、法治政府、法治社会一体建设，实现科学立法、严格执法、公正司法、全民守法，促进国家治理体系和治理能力现代化。

三 当代中国"法治政府"建设基本内容

根据国务院《全面推进依法行政实施纲要》等文件精神，我国建设法治政府的基本内容是：

（一）建设法治政府的指导思想

全面推进依法行政，必须以邓小平理论和"三个代表"重要思想为指导，坚持党的领导，坚持执政为民，忠实履行宪法和法律赋予的职责，保护公民、法人和其他组织的合法权益，提高行政管理效能，降低管理成本，创新管理方式，增强管理透明度，推进社会主义物质文明、政治文明和精神文明协调发展，全面建设小康社会。

（二）建设法治政府的目标

（1）政企分开、政事分开，政府与市场、政府与社会的关系基本理顺，政府的经济调节、市场监管、社会管理和公共服务职能基本到位。中央政府和地方政府之间、政府各部门之间的职能和权限比较明确。行为规范、运转协调、公正透明、廉洁高效的行政管理体制基本形成。权责明确、行为规范、监督有效、保障有力的行政执法体制基本建立。（2）提出法律议案、地方性法规草案，制定行政法规、规章、规范性文件等制度建设符合宪法和法律规定的权限和程序，充分反映客观规律和最广大人民的根本利益，为社会主义物质文明、政治文明和精神文明协调发展提供制度保障。（3）法律、法规、规章得到全面、正确实施，法制统一，政令畅通，公民、法人和其他组织合法的权利和利益得到切实保护，违法行为得到及时纠正、制裁，经济社会秩序得到有效维护。政府应对突发事件和风险的能力明显增强。（4）科学化、民主化、规范化的行政决策机制和制度基本形成，人民群众的要求、意愿得到及时反映。政府提供的信息全面、准确、及时，制定的政策、发布的决定相对稳定，行政管理做到公开、公平、公正、便民、高效、诚信。（5）高效、便捷、成本低廉的防范、化解社会矛盾的机制基本形成，社会矛盾得到有效防范和化解。（6）行政权力与责任紧密挂钩、与行政权力主体利益彻底脱钩。行政监督制度和机制基本完善，政府的层级监督和专门监督明显加强，行政监督效能显著提高。(7) 行政机关工作人员特别是各级领导干部依法行政的观念明显提高,尊重法律、崇尚法律、遵守法律的氛围基本形成;依法行政的能力明显增强,善于运用法律手段管理经济、文化和社会事务,能够依法妥善处理各种社会矛盾。

(三) 建设法治政府的基本要求

1. 合法行政。行政机关实施行政管理,应当依照法律、法规、规章的规定进行;没有法律、法规、规章的规定,行政机关不得作出影响公民、法人和其他组织合法权益或者增加公民、法人和其他组织义务的决定。

2. 合理行政。行政机关实施行政管理,应当遵循公平、公正的原则。要平等对待行政管理相对人,不偏私、不歧视。行使自由裁量权应当符合法律目的,排除不相关因素的干扰;所采取的措施和手段应当必要、适当;行政机关实施行政管理可以采用多种方式实现行政目的的,应当避免采用损害当事人权益的方式。

3. 程序正当。行政机关实施行政管理,除涉及国家秘密和依法受到保护的商业秘密、个人隐私的外,应当公开,注意听取公民、法人和其他组织的意见;要严格遵循法定程序,依法保障行政管理相对人、利害关系人的知情权、参与权和救济权。行政机关工作人员履行职责,与行政管理相对人存在利害关系时,应当回避。

4. 高效便民。行政机关实施行政管理,应当遵守法定时限,积极履行法定职责,提高办事效率,提供优质服务,方便公民、法人和其他组织。

5. 诚实守信。行政机关公布的信息应当全面、准确、真实。非因法定事由并经法定程序,行政机关不得撤销、变更已经生效的行政决定;因国家利益、公共利益或者其他法定事由需要撤回或者变更行政决定的,应当依照法定权限和程序进行,并对行政管理相对人因此而受到的财产损失依法予以补偿。

6. 权责统一。行政机关依法履行经济、社会和文化事务管理职责,要由法律、法规赋予其相应的执法手段。行政机关违法或者不当行使职权,应当依法承担法律责任,实现权力和责任的统一。依法做到执法有保障、有权必有责、用权受监督、违法受追究、侵权须赔偿。

2010年10月10日,国务院发布了《关于加强法治政府建设的意见》，进一步明确提出了法治政府建设的具体意见。其主要内容一是提出加强法治政府建设的总体要求。二是提出加强法治政府建设的途径。主要是：（1）提高行政机关工作人员特别是领导干部依法行政的意识和能力。具体要求是：高度重视行政机关工作人员依法行政意识与能力的培养；推行依法行政情况考察和法律知识测试制度；建立法律知识学习培训长效机制。（2）加强和改进制度建设。具体要求是：突出政府立法重点；提高制度建设质量；加强对行政法规、规章和规范性文件的清理；健全规范性文件制定程序；强化规章和规范性文件备案审查。（3）坚持依法科学民主决策。主要是：规范行政决策程序；完善行政决策风险评估机制；加强重大决策跟踪反馈和责任追究。（4）严格规范公正文明执法。具体要求是：严格依法履行职责；完善行政执法体制和机制。规范行政执法行为。（5）全面推进政务公开。具体要求是：加大政府信息公开力度。推进办事公开。创新政务公开方式。（6）强化行政监督和问责。具体要求是：自觉接受监督。加强政府内部层级监督和专门监督。严格行政问责。（7）依法化解社会矛盾纠纷。具体是：健全社会矛盾纠纷调解机制。加强行政复议工作。做好行政应诉工作。（8）加强组织领导和督促检查。等等。

四 "法治政府""服务型政府"主要区别

"服务型政府""法治政府"是近年来出现频率较高的两个词。但是，在当代中国的现实语境下，"服务型政府"是中国共产党十七大报告明确提出的社会主义民主政治的一个发展目标，而"法治政府"则是国务院《全面推进依法行政实施纲要》明确提出的政府施政目标。二者虽然有许多联系，但是也存在很大区别。其区别主要有[①]：

（一）"服务型政府"提出的时代背景有别于"法治政府"

据介绍，服务型政府的概念首先是由德国行政法学者厄斯特·福斯多夫提出来的。20世纪80年代以后，随着资本主义国家社会经济的发展，公民对政府的公共产品的质与量都提出了更高更新的要求，要求政府不只是要管理好社会公共事务，更重要的是要提供更多更优质的服务。在这种背景下，西方理论界适时地进行了理论创新，提出了新公共管理理论和公

---

① 王文惠：《法治政府基本内涵探究》，《贵州师范大学学报》2010年第2期。

共服务理论。同时，在实践中掀起了政府改革或政府再造的热潮，其最终目标即是为了塑造服务型政府。

在我国，服务型政府建设的实践，最早可追溯到20世纪90年代中期。1995年，顺德市提出了"依法行政、规范行政、高效行政、透明行政、服务行政、廉洁行政"的理念，开展了"为改革开放服务、为经济建设服务、为群众服务"的活动。南京市政府在2001年初提出"转变政府职能，建设服务型政府"。北京市政府在2003年3月、重庆市政府在2003年8月也分别提出建设"服务型政府"的目标。大连市于2001年10月正式推出了《大连市关于建设服务型政府的意见》，提出要以转变职能，加强服务和提高效率为目标，实现行政管理创新，建立不断满足市民和投资者要求的"公共管理"机制。随后，一些地方政府特别是省级政府，纷纷在年度《政府工作报告》中提出建设服务型政府的施政目标。服务行政首先被注入我国一些地方政府的职能设计之中。

2002年，党的十六大把政府职能归结为"经济调节、市场监管、社会管理和公共服务"四个方面，这一新的政府职能体系描述充分说明：对计划经济体制下形成的管制型政府体制应该加以彻底变革。为贯彻落实十六大精神，十六届三中全会通过的《关于完善社会主义市场经济体制若干问题的决定》指出：深化行政审批制度改革，切实把政府经济管理职能转到主要为市场主体服务和创造良好发展环境上来。2005年，《中共中央关于制定国民经济和社会发展第十一个五年规划的建议》中指出："各级政府要加强社会管理和公共服务职能，不得直接干预企业经营活动"。在中国共产党的上述文件中，虽然还没有明确提出建设服务型政府，但是深化行政管理体制改革，转变政府职能、建设服务型政府的思想已经十分明晰。2007年，党的十七大报告在第六部分"坚定不移发展社会主义民主政治"中，将"加快行政管理体制改革，建设服务型政府"作为社会主义民主政治的目标之一。自此，"服务型政府"承载着中国共产党立党为公、执政为民的重要思想，成为社会主义民主政治的一个发展目标。

可见，从我国官方文件提出"服务型政府""法治政府"的背景来看，全面论述"服务型政府"的是党的十七大报告。而明确提出建设"法治政府"目标的则是国务院发布的《全面推进依法行政实施纲要》。同样据介绍，中共中央全会文件第一次提到"法治政府"的是在2005年的《中共中央关于制定国民经济和社会发展第十一个五年规划的建议》之中提出"加快建设法治政府,全面推进依法行政,健全科学民主决策机制和行政监督机制";第二次提到"法治政府"是在十七大报告中在论述全面建设小康社会的目标时提出"法治政府建设取得新成就"①。可见,十七大报告在论述全面建设小康社会的目标时也提到"法治政府建设取得新成效",但与《全面推进依法行政实施纲要》提出的"法治政府"相比又显得原则而概括。同样,在国务院的政府工作报告中也提出建设"服务型政府",但就其在我国政治生活中的地位和作用来说又不能与十七大报告相比。另外,国务院正式提出建设"法治政府"是在2004年,而国家正式提出建设"服务型政府"则在此之后。

(二)"服务型政府"建设的主要内容有别于"法治政府"

根据党的十七大报告,建设"服务型政府"包括如下基本内容:第一,行政管理体制改革是"深化改革的重要环节",也就是"建设服务型政府"的重要环节。第二,"加快行政管理体制改革,建设服务型政府"的基本目标是"着力转变职能、理顺关系、优化结构、提高效能,形成权责一致、分工合理、决策科学、执行顺畅、监督有力的行政管理体制"。第三,具体任务包括"健全政府职责体系,完善公共服务体系,推行电子政务,强化社会管理和公共服务。加快推进政企分开、政资分开、政事分开、政府与市场中介组织分开,规范行政行为,加强行政执法部门建设,减少和规范行政审批,减少政府对微观经济运行的干预。规范垂直管理部门和地方政府的关系。加大机构整合力度,探索实行职能有机统一的大部门体制,健全部门间协调配合机制。精简和规范各类议事协调机构及其办事机构,减少行政层次,降低行政成本,着力解决机构重叠、职责交叉、政出多门问题。统筹党委、政府和人大、政协机构设置,减少领导职数,严格控制编制。加快推进事业单位分类改革"七大方面。而根据国务院《全面推进依法行政实施纲要》《关于加强法治政府建设的意见》等规范性文件要求,法治政府建设的基本内容有别于上述内容。

(三)"服务型政府"建设的价值取向不同于"法治政府"

"服务型政府"承载着中国共产党立党为公、执政为民、为人民服务的民本思想,是中国共产党人"为人民服务"道德诉求的重要体现。"立

---

① 王敬波:《行政法关键词三十年之流变》,《法学研究》2008年第6期。

党为公、执政为民"是"三个代表"重要思想的本质所在,"三个代表"重要思想的根本出发点和落脚点是实现人民的愿望、满足人民的需要、维护人民的利益。因此,"服务型政府"在价值取向上,侧重于体现中国共产党为人民服务的执政理念。而作为全面落实依法治国基本方略的重要举措,"法治政府"是国务院《全面推进依法行政实施纲要》明确提出的政府施政目标。"法治政府"在价值取向上侧重于对行政权力进行规范,强调行政权力的产生、运行必须符合社会主义法治的原则和精神。当然,在我国政治体制的现实运行中,"法治政府"的建设肯定要体现"服务型政府"的价值取向,如,国务院《纲要》规定,依法行政的首要目标就是"政企分开、政事分开,政府与市场、政府与社会的关系基本理顺,政府的经济调节、市场监管、社会管理和公共服务职能基本到位"。但是根据党的十七大报告精神,"服务型政府"的建设却不只是为了一个符合法治原则和精神的"法治政府"。因为按照十七大报告精神,建设服务型政府,需要加快行政管理体制改革。但是行政管理体制改革包括广义和狭义两个层面。而"十七大报告所确定的行政管理体制改革任务显然是广义的行政管理体制改革,如《十七大报告》提出的改革任务即包括统筹党委、政府和人大、政协机构设置和加快推进事业单位分类改革,这显然超出了政府内部关系调整和变革的范围"[1]。

本章小结

按照《宪法》《国务院组织法》和《地方各级人民代表大会和地方各级人民政府组织法》等法律的规定,我国实行五级政府管理体制,分别是:国务院;省、自治区、直辖市人民政府;设区的市、自治州人民政府;县、自治县、不设区的市、市辖区人民政府;乡、民族乡、镇人民政府。国务院即中央人民政府,是全国人民代表大会的执行机关,是最高国家行政机关;地方各级人民政府是地方各级人民代表大会的执行机关,是地方各级国家行政机关。地方各级人民政府都是国务院统一领导下的国家行政机关,都服从于国务院。《宪法》《国务院组织法》和《地方各级人民代表大会和地方各级人民政府组织法》还具体规定了我国各级人民政

---

[1] 王文惠:《论建设法治政府的价值取向》,《江西社会科学》2009年第9期。

府的组成、任期、领导体制、职权范围等具体内容。

2004年，国务院发布了《全面推进依法行政实施纲要》，首次明确而主动地提出了建设"法治政府"的施政目标。近年来，中国政府通过切实加强自身建设，进一步转变职能，加快建设法治政府步伐。例如，加快建立突发事件应急机制，提高政府应对公共危机的能力，努力建设服务政府；做好政府信息公开工作，努力建设"阳光"政府；加大行政问责力度，努力建设责任政府，以实现"在党的领导下、在法治轨道上开展工作，创新执法体制，完善执法程序，推进综合执法，严格执法责任，建立权责统一、权威高效的依法行政体制，加快建设职能科学、权责法定、执法严明、公开公正、廉洁高效、守法诚信的法治政府"的法治目标。

第四章　当代中国民族区域自治法律制度

我们生活的地球，是一个民族的世界。当今世界，约有 3000 个民族，分布在 200 多个国家和地区，绝大多数国家由多民族组成。在当今社会，民族问题往往与历史、政治、经济、文化、语言、文字、宗教、习俗等问题交织在一起，不仅是多民族国家中普遍存在的一个复杂而又敏感的社会问题，而且是关系着多民族国家的前途和命运的重大问题。在一些国家和地区，它已成为民族之间冲突不断、战乱不已、社会动荡的主要原因，有些国家甚至因此而四分五裂。对于每一个多民族国家来说，能否正确认识和处理民族问题，不仅关系到国家的稳定与发展，而且关系到国家的兴衰和存亡。

中华人民共和国是一个统一的多民族国家。迄今为止，通过识别并由中央政府确认的民族有 56 个①。中国各民族之间人口数量相差很大，其中汉族人口最多，其他 55 个民族人口相对较少，习惯上被称为"少数民族"。中国共产党自 1921 年成立后，就积极探索解决中国民族问题的正确道路，成功地制定和执行了民族政策，团结并带领全国各族人民取得了新民主主义革命的胜利。1949 年 9 月，在新中国成立前夕召开的中国人民政治协商会议上，根据中国共产党的建议，各民族、各党派代表共同协商决定，建立统一的多民族的中华人民共和国，并通过了在当时具有临时宪法性质的《中国人民政治协商会议共同纲领》。这个纲领专章阐述了新中

---

① 在中华人民共和国成立以前，中国究竟有多少少数民族，并不清楚。中华人民共和国成立后，为了全面贯彻实行民族平等政策，从 1953 年起，国家组织了大规模的民族识别考察工作，辨别民族成分和民族名称。识别考察从中国的历史和现实情况出发，按照科学认定与本民族意愿相结合的原则，只要具有构成单一民族条件的，不管其社会发展水平如何，不论其居住区域大小和人口多少，都认定为一个民族。经过认真的调查研究，到 1954 年，中国政府确认了 38 个民族；到 1964 年，中国政府又确认了 15 个民族。加上 1965 年确认的珞巴族、1979 年确认的基诺族，全国 55 个少数民族都被正式确认并公布。

中国共有民族 56 个，即汉、蒙古、回、藏、维吾尔、苗、彝、壮、布依、朝鲜、满、侗、瑶、白、土家、哈尼、哈萨克、傣、黎、傈僳、佤、畲、高山、拉祜、水、东乡、纳西、景颇、柯尔克孜、土、达斡尔、仫佬、羌、布朗、撒拉、毛南、仡佬、锡伯、阿昌、普米、塔吉克、怒、乌孜别克、俄罗斯、鄂温克、德昂、保安、裕固、京、塔塔尔、独龙、鄂伦春、赫哲、门巴、珞巴和基诺族。

国的民族政策，并明确把民族区域自治确定为一项基本国策。1954年召开的第一届全国人民代表大会，把民族区域自治制度载入了《中华人民共和国宪法》之中。此后中国历次《宪法》修改，都始终坚持实行这一政治制度。1984年5月31日，第六届全国人民代表大会第二次会议通过了《中华人民共和国民族区域自治法》，于1984年10月1日施行。

那么，当代中国民族区域自治的基本内涵是什么？我国的民族区域自治法律规范有哪些？民族区域自治权的具体内容是什么？等等，本章结合我国《宪法》《民族区域自治法》等法律的规定，对于我国民族区域自治法律制度进行简要介绍。

第一节 当代中国民族区域自治

一 当代中国民族区域自治概述

（一）民族区域自治概念

依据《宪法》和《民族区域自治法》等规定，民族区域自治是在中华人民共和国领土之内，在国家统一领导之下，由各少数民族聚居的地方通过设立自治机关行使自治权而实行的区域自治[①]。民族区域自治是中国共产党运用马克思列宁主义解决中国民族问题、协调民族关系和促进民族和谐的基本政策，是我国的一项基本政治制度。为切实保障民族地方行使自治权，新中国成立以后，我国不仅在宪法中确立了民族区域自治制度，而且通过一系列法律法规保障这项制度的实施、实现。早在新中国成立之前的1947年，在中国共产党领导下，中国就建立第一个省级民族自治地方——内蒙古自治区。中华人民共和国成立后，根据宪法和法律的规定，中国政府开始在少数民族聚居的地方全面推行民族区域自治。1955年10月，新疆维吾尔自治区成立；1958年3月，广西壮族自治区成立；1958年10月，宁夏回族自治区成立；1965年9月，西藏自治区成立。截至2008年底，全国共建立了155个民族自治地方，

---

① 参见《宪法》第四条：各少数民族聚居的地方实行区域自治，设立自治机关，行使自治权。各民族自治地方都是中华人民共和国不可分离的部分；《民族区域自治法》序言第二段：民族区域自治是在国家统一领导下，各少数民族聚居的地方实行区域自治，设立自治机关，行使自治权。

包括5个自治区、30个自治州、120个自治县（旗）。2000年第五次全国人口普查表明，我国55个少数民族中，有44个建立了自治地方，实行区域自治的少数民族人口占少数民族总人口的71%，民族自治地方的面积占全国国土面积的64%。此外，中国还建立了1100多个民族乡，作为民族区域自治制度的补充①。

民族区域自治，既是中国共产党的民族政策，又是中华人民共和国的国家法律措施，更是党的民族政策和国家民族法律的有机统一体。

（二）当代中国实行民族区域自治制度的重要意义

我国实行民族区域自治的政治制度，是尊重历史、合乎国情、顺应民心的必然选择：

第一，从历史传统来说，统一多民族国家的长期存在，是实行民族区域自治的历史渊源。中国各民族形成和发展的情况虽然各不相同，但总的方向是发展成为统一的多民族国家，汇聚成为统一稳固的中华民族。今天中国的疆域和版图，是中华大家庭中各民族在长期的历史发展中共同开发形成的。历史上虽然出现过短暂的割据局面和局部分裂，但国家统一始终是主流和方向。无论是汉族还是少数民族，都以自己建立的中央政权为中华正统，都把实现多民族国家的统一作为最高政治目标。统一多民族国家的长期延续，将极大地促进各民族之间的经济、政治和文化交流，增进各民族对中央政权的向心力和对中华文化的认同感，增强中华民族的凝聚力、生命力和创造力，促进形成中华文明的统一性和多样性。

第二，从民族关系来说，在中华民族多元一体格局中，各民族之间密切而广泛的联系，是实行民族区域自治的经济文化基础。中国各民族形成和发展的历史，也是各民族之间彼此交融的历史。在长期的历史发展过程中，各民族频繁迁徙，逐渐形成了大杂居、小聚居的分布格局。汉族作为中国人口最多的民族遍布全国。少数民族人口虽少，且主要居住在广大边疆地区，但在内地县级以上行政区域都有少数民族居住。这种你中有我、我中有你、相互依存的人口分布状况决定了以少数民族聚居的地方为基础，建立不同类型和不同行政级别的民族自治地方，有利于民族关系的和谐稳定和各民族的共同发展。

---

① 国务院新闻办公室：《中国的民族政策与各民族共同繁荣发展》白皮书，2009年9月27日发布。

第三，从民族分布来说，中国各民族的大杂居、小聚居的状况以及自然、经济、文化的多样性和互补性，既为实行民族区域自治提供了现实条件，同时也使中国共产党采取民族区域自治政策成为必然选择。少数民族聚居的地方面积广大，自然资源丰富，但与其他地区特别是发达地区相比，经济社会发展水平相对落后。实行民族区域自治，可以在充分发挥少数民族地区优势的同时，促进少数民族地区与其他地区之间的交流与合作，从而加快少数民族地区和整个国家的现代化建设步伐，实现各地区的共同发展和各民族的共同繁荣。

周恩来同志曾言："在中国适宜于实行民族区域自治，而不宜于建立也无法建立民族共和国。历史发展没有给我们造成这样的条件，我们就不能采取这样的办法。历史发展给我们造成了另一种条件，就是中国各民族杂居的条件，这种条件适宜于民族合作，适宜于实行民族区域自治。一个民族不仅可以在一个地区实行自治，成立自治区，而且可以分别在很多地方实行自治，成立自治州、自治县和民族乡。回族是最典型的例子。这没有什么不好，而是很好。我们根据我国实际情况，实事求是地实行民族区域自治，这种民族区域自治，是民族自治与区域自治的正确结合，是经济因素与政治因素的正确结合，不仅使聚居的民族能够享受到自治权利，而且使杂居的民族也能够享受到自治权利。从人口多的民族到人口少的民族，从大聚居的民族到小聚居的民族，几乎都成了相当的自治单位，充分享受了民族自治权利。这样的制度是史无前例的创举。"[①] 实行民族区域自治，体现了国家充分尊重和保障各少数民族管理本民族内部事务权利的精神，体现了国家坚持实行各民族平等、团结和共同繁荣的原则，有利于发挥各族人民当家做主的积极性，发展平等、团结、互助的社会主义民族关系，巩固国家的统一，促进民族自治地方和全国社会主义建设事业的发展。实行民族区域自治，有利于把国家的集中、统一与各民族的自主、平等结合起来，有利于把国家的法律政策与民族自治地方的具体实际、特殊情况结合起来，有利于把国家的富强民主文明和谐与各民族的团结进步繁荣发展结合起来，有利于把各族人民热爱祖国的感情与热爱自己民族的感情结合起来。民族区域自治制度把国家的集中统一与少数民族聚居地区的区域自治有机结合起来，是中国共产党解决中国民族问题的一大创造。实

---

① 周恩来：《关于我国民族政策的几个问题》，1957年8月4日。肖蔚云、王禹、张翔编：《宪法学参考资料》（上册），北京大学出版社2003年版，第42页。

行民族区域自治制度，对于保障少数民族当家做主，巩固和发展各民族平等团结互助和谐关系，维护国家的集中统一，实现社会的和谐进步，对于整个中华民族的兴旺发达，都将产生巨大的影响和作用。正如毛泽东所说："国家的统一，人民的团结，国内各民族的团结，这是我们的事业必定要胜利的基本保证。"[①]

二 当代中国民族区域自治基本内涵、特征

(一) 民族区域自治基本内涵

当代中国的民族区域自治制度既不同于一般的地方行政区域，也不同于西方具有一般性和普遍意义的地方自治。作为一项基本的政治制度，它有自己的基本内涵。具体来说：

第一，只有少数民族聚居的地方才有权实行区域自治，没有少数民族聚居的地方则不能实行区域自治。"民族区域自治是民族自治与区域自治的正确结合，是经济因素与政治因素的正确结合"。这里说的两个正确结合，道出了民族区域自治所具备的四个因素："民族""区域""经济""政治"，缺一不可。民族自治地方，是既有"民族"又有"地方"，既不能只说"民族自治"，也不能只说"地方自治"。实行区域自治的民族与其他民族共同组成自治机关，在其自治地方内，既行使一般的地方国家事务的管理权，也行使管理民族内部事务的自治权。民族如果离开了一定的聚居区域，自治权利就无从实现。一定的聚居区域如不是少数民族自治地方，只行使一般地方行政权，同样也不是民族区域自治。只有把民族与区域结合起来使这类地方的政权机关具有两重性，既是民族自治地方的自治机关，又是一级地方政权，这才是名副其实的民族区域自治[②]。

第二，当代中国的民族区域自治，不是各少数民族以民族为单位实施的超区域的社会组织自治，而是以一个或几个少数民族聚居区为基础建立

---

① 转引自彭真《关于中华人民共和国宪法修改草案的报告》，1982年11月26日。资料来源：肖蔚云、王禹、张翔编：《宪法学参考资料》（上册），北京大学出版社2003年版，第101页。
② 曹育明：《对〈民族区域自治法〉一些基本原则的再认识》，《中央民族大学学报》2001年第1期。

的区域性自治单元①。"实行民族区域自治,不仅可以在这个地方有这个民族的自治区,在另一个地方还可以有这个民族的自治州、自治县、民族乡。例如内蒙古自治区虽然地区很大,那里的蒙古族只占它本民族人口的三分之二左右,即一百四十万人中的一百多万人,另外占三分之一的几十万蒙古族人就分在各地,比如在东北、青海、新疆还有蒙古族的自治州或自治县。""藏族也是这样。西藏自治区筹备委员会所管辖的地区,藏族只有一百多万,可是在青海、甘肃、四川、云南的藏族自治州、自治县还有一百多万藏族人口"②。总之,是否有少数民族聚居,是我国实施民族区域自治的前提和条件。在我国通过自治的方式解决民族问题,不仅要考虑民族要素,还要考虑区域的要素。我国的民族区域自治是民族因素与区域因素、政治因素与经济因素、历史因素与现实因素、制度因素与法律因素的有机统一。

第三,宪法和民族区域自治法明确规定由自治机关行使自治权,而不是由一两个民族行使自治权。建立自治地方不限于一个少数民族,而是这一区域可以是居住着多种民族。我国的民族区域自治是单一制国家结构下的地方自治,民族自治地方的人民代表大会和人民政府既是自治地方的自治机关,又是国家的一级地方政权机关③。民族自治地方的自治机关既行使宪法第三章第五节规定的地方国家机关的职权,同时依照宪法和民族区域自治法规定的权限行使自治权,根据本地方的实际情况贯彻执行国家的法律、政策④。为此,我国《民族区域自治法》专门规定了"民族自治地方内的民族关系",要求民族地方的自治机关保障本地方内各民族都享有平等权利;民族自治地方的自治机关帮助教育和鼓励各民族的干部互相学习语言文字;民族自治地方的自治机关帮助聚居在本地方的其他少数民族,建立相应的自治地方或者民族乡;民族自治地方的自治机关帮助本地方各民族发展经济、教育、科学、文化、卫

---

① 参见《民族区域自治法》第十二条的规定,"少数民族聚居的地方,根据当地民族关系、经济发展等条件,并参酌历史情况,可以建立以一个或者几个少数民族聚居区为基础的自治地方。民族自治地方内其他少数民族聚居的地方,建立相应的自治地方或者民族乡。民族自治地方依据本地方的实际情况,可以包括一部分汉族或者其他民族的居民区和城镇。"
② 周恩来:《关于我国民族政策的几个问题》,1957年8月4日。资料来源:肖蔚云、王禹、张翔编:《宪法学参考资料》(上册),北京大学出版社2003年版,第42页。
③ 《民族区域自治法》第三条。
④ 《民族区域自治法》第四条。

生、体育事业；民族自治地方的自治机关在处理涉及本地方各民族的特殊问题的时候，必须与他们的代表充分协商，尊重他们的意见；民族自治地方的自治机关保障本地方内各民族公民都享有宪法规定的公民权利，并教育他们履行公民应尽的义务；民族自治地方的自治机关提倡爱祖国、爱人民、爱劳动、爱科学、有社会主义的公德，对本地方内各民族公民进行爱国主义、共产主义和民族政策的教育。教育各民族的干部和群众互相信任，互相学习，互相帮助、互相尊重语言文字、风俗习惯和宗教信仰，共同维护国家的统一和各民族的团结，以切实维护民族团结、处理好"民族自治地方内的民族关系"①。

(二) 民族区域自治基本特征

当代中国的民族区域自治有如下基本特征：

一是在国家统一领导下的自治。各民族自治地方都是中国不可分离的一部分，各民族自治机关都是中央政府领导下的一级地方政权，都必须服从中央统一领导。

二是当代中国的民族区域自治，不只是单纯的民族自治或地方自治，而是民族因素与区域因素的结合，政治因素和经济因素的结合。

三是民族自治地方的自治机关具有两重性：一方面，自治地方的人民代表大会和人民政府，是一级地方国家权力机关和行政机关，它和一般的地方国家权力机关和行政机关一样行使宪法赋予它们的职权，这是它的共同性；另一方面，它又是民族自治地方的自治机关，享有宪法和民族区域自治法所赋予的自治权，这是它的特殊性。民族自治地方的自治机关和一般地方国家机关的区别在于自治机关的民族化和自治权。民族化是民族区域自治的表现形式和标志，自治权则是民族区域自治的核心与实质。可以说，没有民族化与自治权，也就没有真正的民族区域自治。

四是自治权的广泛性与真实性。自治权的广泛性表现在：从自治权本身来看，它所包含的内容和范围涉及政治、经济、财政、文化教育等多方面；从能够真正享有自治权的少数民族来看，也是非常广泛的。而自治权的真实可靠性，则主要表现在：我国宪法和民族区域自治法，不仅从法律条文规定各民族一律平等，而且还特别重视解决民族间历史上遗留下来的事实上的不平等问题；不仅详细地规定民族自治机关所享有的自治权，而

---

① 《民族区域自治法》第五章。

且还对上级国家机关,对民族自治地方的领导与帮助,作了一系列的具体规定,以保证自治权的完全实现。

总之,多民族是中国的一大特色,也是当代中国发展的一大有利因素。在历史演进中,中国各民族在分布上交错杂居、文化上兼收并蓄、经济上相互依存、情感上相互亲近,形成了你中有我、我中有你、谁也离不开谁的多元一体格局①。当代中国在多民族背景下实施的民族区域自治,实质上是"民族自治与区域自治的正确结合,是经济因素与政治因素的正确结合,不仅使聚居的民族能够享受到自治权利,而且使杂居的民族也能够享受到自治权利"。诚如习近平总书记强调指出的,"民族区域自治,既包含了民族因素,又包含了区域因素,民族区域自治不是某个民族独享的自治,民族自治地方更不是某个民族独有的地方"②。

三 中国共产党民族区域自治政策的形成

在多民族国家中,国家的结构形式问题是关系政局稳定乃至国家命运的重大问题。马克思、恩格斯从无产阶级的历史使命和根本利益出发,曾设想坚持各民族在一切权利完全平等的基础上自愿地联合和团结起来,建立统一而不可分的单一制大国,同时通过一定形式的自治制度来保障少数民族管理本民族内部事务的权利。由于历史条件的限制,这一设想在马克思、恩格斯的时代未能付诸实践。以毛泽东为代表的中国共产党人,把民族区域自治确立为解决我国民族问题的基本政策,使马克思列宁主义解决民族的基本构想从美好的蓝图变成了生动的现实。

中国共产党民族区域自治政策的提出,最早是在1922年7月中国共产党召开的第二次全国代表大会上③。在二大上,中国共产党对中国的国情进行了分析,认为新疆、西藏和蒙古等民族的经济生产和生活方式与中国本部各省完全不同,因此不能用中央集权的方式来统一中国,主张用联邦制的方式来解决国内的民族问题。"中国人民应当反对割据式的联省自治和大一统的武力统一,首先推翻一切军阀,由人民统一中国本部,建立一个真正的民主共和国;其次依据经济不同的原则,一方面免除军阀势力

---

① 中共中央宣传部:《习近平总书记系列重要讲话读本》(2016年版),学习出版社、人民出版社,第179页。
② 转引自吴宗金主编《中国民族区域自治法学》,法律出版社2016年版,第17页。
③ 吴宗金主编:《中国民族区域自治法学》,法律出版社2016年版,第19页。

的膨胀,另一方面又因新生边疆人民的自主,促成蒙古、西藏、回疆三部实行自治,成立民主自治邦","用自由联邦制,统一中国本部,蒙古、西藏、回疆,建立中华联邦共和国。"① 这是中国共产党第一次明确提出通过联邦制来解决国内民族问题的主张。1931年11月,中华苏维埃第一次全国代表大会通过了《中华苏维埃共和国宪法大纲》,该法第14条规定:凡居住在中国地域内的少数民族,可通过"加入或脱离中国苏维埃联邦,或建立自己的自治区域"行使"民族区域自治"权利。但是,正如前国家民委政策法规司司长毛公宁所说的,"由于当时我们党还处在幼年时期,对马克思主义民族理论特别是对多民族的国情还缺乏了解,并受到当时苏联的影响,所以开始一个时期,我们党提出的解决民族问题的纲领和主张,很显然是不切合实际情况的"②。中国共产党于20世纪二三十年代提出解决国内"民族问题"的"民族自决"原则,实质上是将"中华民族"意义上的"民族"概念混用到国内"少数民族"意义上的"民族问题"上。这一误用随着中国共产党对于国内"民族问题"的深入实践和"民族理论"的深入了解已得到了修正③。

1934年10月,中央红军开始长征。长征途中,红军经过西南、西北等少数民族聚居的地区,为争取少数民族的拥护和支持,中国共产党开始建立少数民族政权。1936年,中国共产党在宁夏建立了豫海县回民自治政府,这是中国共产党领导建立的第一个县级民族自治政府,标志着中国共产党的民族政策从理论变为实践,为中国共产党更加深刻地认识民族问题,将马克思主义的民族理论和中国国情相结合创造了条件,也为中国共产党以后制定民族政策奠定了基础④。

1938年10月,中国共产党召开了六届六中全会,会上强调了各民族团结抗日的思想主张,提出"团结中华各民族(汉、满、蒙、回、藏、苗、瑶、夷、番等)为统一的力量,共同抗日图存。"在本次大会上,毛泽东作了《论新阶段》的报告,论述了中国共产党当时的民族政策,他指出:"允许蒙、回、藏、苗、瑶、夷、番各民族与汉族有平等的权利,在共同对日原则下,有自己管理自己事务之权,同时与汉族联合建立统一

---

① 转引自郗玉松《论中国共产党民族区域自治政策的形成》,《民族论坛》2011年第7期。
② 毛公宁:《民族问题新论》,民族出版社2009年版,第172页。
③ 沈寿文:《中国民族区域自治制度的性质》,法律出版社2013年版,第16页。
④ 郗玉松:《论中国共产党民族区域自治政策的形成》,《民族论坛》2011年第7期。

的国家。""对国内各民族给予平等权利,而在自愿原则下互相团结,建立统一政府。"从这里可以看出,在当时的历史条件下,中国共产党的民族政策已经发生了转变,不再强调少数民族的民族自决和建立联邦政府,而是与汉族联合建立统一的国家。虽然中国共产党还没有把民族区域自治政策作为解决国内民族问题的基本政策,但是中国共产党已经提出了民族区域自治的一些内容,表明了中国共产党的民族政策开始由民族自决向民族区域自治过渡[①]。

中国共产党民族区域自治政策最早提出是在1941年5月颁布的《陕甘宁边区施政纲领》中,"依据民族平等原则,实行蒙、回民族与汉族在政治、经济、文化上的平等权利,建立蒙、回民族的自治区,尊重蒙、回民族的宗教信仰与风俗习惯。"根据这一规定,成立了城川蒙民自治区和5个回民自治乡,将民族区域自治的政策进行了实践。

1947年4月27日,内蒙古自治政府成立,这在中国共产党民族政策发展史上具有极其重要的意义,5月1日,内蒙古自治区成立,这是中国共产党领导建立的第一个省级的民族自治区,它的成立,标志着中国共产党民族区域自治政策的成熟。

1949年9月,中国人民政治协商会议第一届全体会议通过了《中国人民政治协商会议共同纲领》,该《共同纲领》第六章以"民族政策"为题、专章阐述了新中国的民族政策[②]。《共同纲领》起了临时宪法的作用,它的颁布,标志着民族区域自治制度作为国家政治制度地位的正式确立。按照《共同纲领》的规定,新中国成立后,在少数民族聚居的地区,全面推行了民族区域自治制度。

[①] 郗玉松:《论中国共产党民族区域自治政策的形成》,《民族论坛》2011年第7期。
[②] 《共同纲领》第六章"民族政策"具体内容为:第五十条"中华人民共和国境内各民族一律平等,实行团结互助,反对帝国主义和各民族内部的人民公敌,使中华人民共和国成为各民族友爱合作的大家庭。反对大民族主义和狭隘民族主义,禁止民族间的歧视、压迫和分裂各民族团结的行为。"第五十一条"各少数民族聚居的地区,应实行民族的区域自治,按照民族聚居的人口多少和区域大小,分别建立各种民族自治机关。凡各民族杂居的地方及民族自治区内,各民族在当地政权机关中均应有相当名额的代表。"第五十二条"中华人民共和国境内各少数民族,均有按照统一的国家军事制度,参加人民解放军及组织地方人民公安部队的权利。"第五十三条"各少数民族均有发展其语言文字、保持或改革其风俗习惯及宗教信仰的自由。人民政府应帮助各少数民族的人民大众发展其政治、经济、文化、教育的建设事业。"资料来源:肖蔚云、王禹、张翔编:《宪法学参考资料》(上册),北京大学出版社2003年版,第114—115页。

四　当代中国民族区域自治立法简介

（一）中华人民共和国民族区域自治实施纲要

1952年8月9日，中央人民政府颁布《中华人民共和国民族区域自治实施纲要》，这是新中国成立以后颁布的第一部关于民族区域自治的国家立法。《中华人民共和国民族区域自治实施纲要》包括总则、自治区、自治机关、自治权利、自治区内的民族关系、上级人民政府的领导原则、附则，共七章四十条，对民族自治地方的建立、自治机关的组成、自治机关的自治权利等重要问题作出了明确规定。它的颁布，标志着新中国民族区域自治走上了法制轨道。

（二）宪法

1954年9月，中华人民共和国第一届全国人民代表大会第一次会议通过了新中国第一部宪法即1954年宪法。1954年宪法首先在序言第五段阐述了民族关系的基本原则，其次在总纲第三条明确规定："中华人民共和国是统一的多民族的国家。各民族一律平等。禁止对任何民族的歧视和压迫，禁止破坏各民族团结的行为。各民族都有使用和发展自己的语言文字的自由，都有保持或者改革自己的风俗习惯的自由。各少数民族聚居的地方实行区域自治。各民族自治地方都是中华人民共和国不可分离的部分"。最后在第二章"国家机构"中的第五节以"民族自治地方的自治机关"为题、专门规定了民族区域自治的基本制度[①]。

1981年6月27日，中共中央发布的《中国共产党中央委员会关于建国以来党的若干历史问题的决议》明确指出："在民族问题上，过去，特别是在'文化大革命'中，我们犯过把阶级斗争扩大化的严重错误，伤害了许多少数民族干部和群众。在工作中，对少数民族自治权利尊重不够。这个教训一定要认真记取。必须明确认识，现在我国的民族关系基本上是各族劳动人民之间的关系。必须坚持实行民族区域自

---

① 值得一提的是，1954年《宪法》第二章第五节虽然题为"民族自治地方的自治机关"，但在从第六十七条至第七十二条的具体条款之中，却并未对"民族自治地方的自治机关"进行限定。与1954年宪法没有明确规定民族自治地方的自治机关不同，1975年《宪法》明确规定"自治区、自治州、自治县都是民族自治地方，它的自治机关是人民代表大会和革命委员会"（第二十四条）。1978年《宪法》也规定"自治区、自治州、自治县的自治机关是人民代表大会和革命委员会"（第三十八条）。

治,加强民族区域自治的法制建设,保障各少数民族地区根据本地实际情况贯彻执行党和国家政策的自主权。"1982年12月4日,第五届全国人民代表大会第五次会议审议通过了现行宪法。现行宪法不仅在序言、总纲中多处明确规定民族区域自治的指导思想、基本原则,并在第三章第六节以"民族自治地方的自治机关"为题、专门规定了民族区域自治的基本制度。1982年宪法,"关于民族区域自治的规定,不但恢复了1954年宪法中一些重要的原则,而且根据国家情况的变化增加了新的内容"①,"扩大了民族自治地方的自治权,规定自治区主席、自治州州长、自治县县长由实行区域自治的民族人员担任"②。1982年宪法后经过了1988年、1993年、1999年和2004年四次修改,但是几次修改均未直接涉及民族区域自治制度。

从1954年宪法到1982年宪法,尽管在条款分布、语言表述等方面有所不同,但是新中国宪法对于"民族区域自治"制度的肯定和坚持却是一贯的。在宪法确立了民族区域自治这一基本政治制度以后,将民族区域自治制度进一步具体化的任务、历史地落在了《中华人民共和国民族区域自治法》的肩上。

(三)中华人民共和国民族区域自治法

1984年5月31日,第六届全国人民代表大会第二次会议通过了《中华人民共和国民族区域自治法》,于1984年10月1日施行。《中华人民共和国民族区域自治法》的颁布,标志着我国的民族区域自治,从1949年的《中国人民政治协商会议共同纲领》将民族区域自治确定为新中国的一项基本政策,到1954年《宪法》以根本法形式确认了这一制度、再到《民族区域自治法》的颁行,我国的"民族区域自治实现了政策、制度、法律的三位一体"③。2001年,根据社会主义市场经济条件下进一步加快民族自治地方经济社会事业发展的需要,在充分尊重和体现民族自治地方

---

① 彭真:《关于中华人民共和国宪法修改草案的报告》(1982年11月26日在第五届全国人民代表大会第五次会议的报告),资料来源:肖蔚云、王禹、张翔编:《宪法学参考资料》(上册),第102页。

② 彭真:《关于中华人民共和国宪法修改草案的说明》(1982年4月22日在第五届全国人民代表大会常务委员会第二十三次会议上的报告),资料来源:肖蔚云、王禹、张翔编:《宪法学参考资料》(上册),第90页。

③ 国务院新闻办公室:《中国的民族政策与各民族共同繁荣发展》白皮书,2009年9月28日发布。

各族人民意愿的基础上,全国人大常委会对《民族区域自治法》进行了修改,使这一法律更加完善。

《中华人民共和国民族区域自治法》是实施《宪法》规定的民族区域自治制度的基本法律,其内容涵盖政治、经济、文化、社会等各个方面。它规范了中央和民族自治地方的关系以及民族自治地方各民族之间关系,其法律效力不只限于民族自治地方,全国各族人民和一切国家机关都必须遵守、执行该项法律。另外,在我国的现有法群中,《中华人民共和国民族区域自治法》有一个显著特点,即有一个序言①。该法在序言的结尾郑重申明:《中华人民共和国民族区域自治法》是实施宪法规定的民族区域自治制度的基本法律。

(四) 国务院实施《中华人民共和国民族区域自治法》若干规定

2005年5月11日,国务院发布《国务院实施〈中华人民共和国民族区域自治法〉若干规定》,自2005年5月31日起施行。该《规定》是贯彻落实《民族区域自治法》的行政法规,也是《中华人民共和国民族区

---

① 法律序言即是法律正文前的叙述或论述性文字,是对制定这个法的目的、社会背景和指导思想等的说明。法律是否必须具备序言?根据我国《立法法》第六十一条关于"法律根据内容需要,可以分编、章、节、条、款、项、目。编、章、节、条的序号用中文数字依次表述,款不编序号,项的序号用中文数字加括号依次表述,目的序号用阿拉伯数字依次表述。法律标题的题注应当载明制定机关、通过日期。经过修改的法律,应当依次载明修改机关、修改日期"的规定可见,序言并非我国法律的必须结构或必备成分(事实上,世界上有许多法律,包括著名的《法国民法典》,也并没有序言这一结构)。但在立法实践中,由于宪法在国家政治中的特殊地位和作用,因此一国在制定宪法时,往往需要在专门的、独立的、处于宪法内容开头的或篇首的结构即序言中,表明制定该宪法的政治背景、立法原则、立法宗旨,确定整个宪法以及宪法统率下的立法体系的基本任务和在实现这些任务中必须恪守的基本法律信条。美国著名的宪法学家爱德华·科文曾就1787年《美利坚合众国宪法》的序言评价道:"序言是宪法的开场白。它规定了宪法权力的渊源和宪法要实现的伟大目标"。

在我国立法体系中,新中国颁行的四部宪法均有序言。1954年9月15日,刘少奇在第一届全国人民代表大会第一次会议上所做的《关于中华人民共和国宪法草案的报告》中这样描述:"宪法所以需要序言这个部分,更重要的是因为要在序言中说明我国正处在过渡时期这个历史特点,并且着重地指明国家在过渡时期的总任务和实现这个总任务的内外条件。"(《宪法学参考资料》(上册),北京大学出版社2003年版,第35页)。除宪法有序言以外,就是在《民族区域自治法》《香港特行政区基本法》和《澳门特别行政区基本法》等只适用于特定方面或特定地区的基本法律中设立了序言。在这些序言中,"往往规定实行特殊社会制度的历史政治理由和宪法依据,规定特殊法律制度与普通法律制度的关系,确定特定区域法律制度的基本原则和价值标准。这种法律序言实际上是宪法与特定地区的法律制度的中介和桥梁,起着承上启下的作用,这种序言对于适用特定地区的基本法律的正文以及该法律指导下的分支立法体系,具有宏观的规划和调整作用"(杨宗科:《法律序言的结构与功能》,《法律科学》1992年第五期)。

域自治法》颁布实施21年后制定的第一部行政法规,是我国民族法制建设的一大成果。该《规定》"着重就自治法关于各级人民政府帮助民族自治地方加快经济和社会发展的原则作出了具体规定"[1]。该《规定》在促进民族自治地方经济、社会、教育、文化事业以及少数民族干部、各类人才培养等方面有了新的突破,表现在:一是《规定》第四条将开展民族团结进步表彰活动以法规的形式加以规定;二是《规定》第五条明确规定上级人民政府及其职能部门在制定经济社会发展中长期规划时应当听取民族自治地方和民族工作部门的意见;三是将未列入西部大开发范围的自治县,规定由所在的省级人民政府在职权范围内比照西部大开发的有关政策予以支持;四是《规定》第七条第三款将《民族区域自治法》第五十六条第二款关于"国家在民族自治地方安排基础设施建设,需要民族自治地方配套资金的,根据不同情况给予减少或者免除配套资金的照顾"的规定具体化;五是"优先在民族自治地方安排资源开发和深加工项目""在民族自治地方开采石油、天然气等资源的,在带动当地经济发展发展相应的服务产业以及促进就业等方面,对当地给予支持""加快建立生态补偿机制"等方面有了新突破;六是对于民族自治地方财政支持上,明确规定了"三个保证"即"上级财政支持民族自治地方财政、保证民族自治地方的国家机关正常运转、财政供养人员工资按时足额发放、基础教育正常经费支出";七是将设立"少数民族发展资金和民族工作经费"用法规的形式加以规定;八是将"兴边富民行动"和人口较少民族的发展纳入经济和社会发展规划写进《规定》;九是将边贸优惠照顾政策法律化,使这项政策具有相对的稳定性;十是明确加快民族地方社会保障体系建设,这个内容是《民族区域自治法》没有的,是对《民族区域自治法》的一个突破;十一是《规定》第三十条关于"各级人民政府民族工作部门对本规定的执行情况实施监督检查,每年将监督检查的情况向同级人民政府报告,并提出意见和建议"的规定,以及第三十一条、三十二条规定,是我国民族立法上的重大突破,为民族区域自治法的贯彻落实,提供了监督保障;此外,《规定》在民族自治地方的教育支持、少数民族干部培养、配备,各类人才培养等方面做了具体的、细化性规定。

---

[1] 国家民族事务委员会政策法规司编:坚持和完善民族区域自治制度——《国务院实施〈中华人民共和国民族区域自治法〉若干规定》贯彻实施十六讲,民族出版社2007年版,第16页。

第二节 当代中国民族区域自治基本原则

法律是它所调整的社会经济、文化和人们生活的反映，不同时期、不同国家的社会制度不同，法律原则也不相同。但总的来说，法律原则是法律规范的基础或在法律中较为稳定的原理和准则。其特点是，它不预先设定任何确定而具体的事实状态，也没有规定具体的权利、义务和责任。在我国，任何立法，首先要遵循和维护法制统一的原则。在法制统一原则下，每一个法律又担负着调整特定社会关系的任务，所以每一个法律又需确定自己的基本原则，并把这些基本原则贯穿在立法、执法、司法等等各个具体环节之中。

从广义上说，我国的民族区域自治法，是包括宪法、《民族区域自治法》和《国务院实施〈中华人民共和国民族区域自治法〉若干规定》等一系列规范性文件的总和。根据《宪法》《民族区域自治法》等法律的规定可见，我国民族区域自治法的基本原则主要是：

一 维护祖国统一

我们国家之所以颁布民族区域自治法，简单说，就是为了更好地维护我们这一个多民族国家的统一。我国宪法在序言中宣告："中华人民共和国是全国各族人民共同缔造的统一的多民族国家。"《宪法》第四条第三款规定："各少数民族聚居的地方实行区域自治，设立自治机关，行使自治权。各民族自治地方都是中华人民共和国不可分离的部分。"作为"实施宪法规定的民族区域自治制度的基本法律"，首先，《民族区域自治法》在"序言"中明确规定："中华人民共和国是全国各族人民共同缔造的统一的多民族国家。""民族区域自治是在国家统一领导下，各少数民族聚居的地方实行区域自治，设立自治机关，行使自治权。""实行民族区域自治，对发挥各族人民当家做主的积极性，发展平等、团结、互助的社会主义民族关系，巩固国家的统一，促进民族自治地方和全国社会主义建设事业的发展，都起了巨大的作用。"其次，《民族区域自治法》在"总则"中明确规定："民族自治地方的自治机关必须维护国家的统一，保证宪法和法律在本地方的遵守和执行。"① 这些规定十分清晰地表明：维护国家

---

① 《民族区域自治法》第五条。

统一，是民族区域自治法的基本原则。

早在先秦时期，中国先民的"天下"观念和"大一统"理念便已形成。公元前221年，秦朝实现了中国历史上第一次大统一，在全国设郡县加以统治，今天广西、云南等少数民族较为集中的区域都纳入秦朝管辖之下。汉朝（公元前206年—公元220年）进一步发展了统一的局面，在今新疆地区设置西域都护府，管辖包括新疆地区在内的广大地区，并增设17郡统辖四周各民族，形成了包括今天新疆各族人民先民在内的疆域宽广的国家。秦汉开创了中国统一的多民族国家基本格局。汉朝以后的历代中央政权发展和巩固了统一的多民族国家的格局。中国历史上虽然出现过短暂的割据局面和局部分裂，但国家统一始终是主流和方向。无论是汉族还是少数民族，都以自己建立的中央政权为中华正统，都把实现多民族国家的统一作为最高政治目标。广袤的疆域是各民族共同开拓的，悠久灿烂的中华文化是各民族共同发展的，统一的多民族国家是各民族共同缔造的。

新中国成立前后，《共同纲领》及新中国宪法均确认，我们国家的结构形式是单一制。作为宪法学上的一个重要概念，国家结构形式是指一个国家的整体与部分相互之间分类组合而形成的法律关系。国家结构形式是宪法对国家权力进行配置的重要方面，也因此成为宪法所规范的重要内容[1]。单一制是指国家机构在形式上比较划一，由各个地方政府在中央政府的统辖下构成统一完整的全国政府体系的国家权力纵向配置模式。一般而言，单一制的特征主要有：从法律体系上看，单一制国家只有一部宪法，并由国家最高立法机关根据宪法制定普遍适用于全国各地的法律；从政府结构上看，单一制国家只有一个统一的国家最高立法机关、最高行政机关和最高司法机关，其在全国范围内有普遍管辖权；从政府关系上，在单一制国家，地方政府一般要接受中央政府的统一领导和管理；在对外关系上，单一制国家是单一的国际法主体，由中央政府代表国家统一行使主权，等等。我国民族区域自治法规定："民族自治地方的自治机关必须维护国家的统一，保证宪法和法律在本地方的遵守和执行"[2]，"民族自治地方自治机关要把国家的整体利益放在首位，积极完成上级国家机关交给的

---

[1] 朱福惠主编：《宪法学》，厦门大学出版社2013年版，第136页。
[2] 《民族区域自治法》第五条。

任务"①，民族自治地方的各项社会主义建设，必须在国家统一领导、统一计划下进行：自治区的自治条例和单行条例，要报全国人民代表大会常务委员会批准方可生效。民族自治地方人民法院的审判工作，受最高人民法院和上级人民法院监督。民族自治地方人民检察院的工作，受最高人民检察院和上级人民检察院的领导②，等等。这些规定从国家管理体制、立法程序、司法制度、经济体制等各方面体现和维护了国家的统一，体现了在自治基础上的统一和在统一领导下的自治。

总之，正如我国宪法序言所宣告的：中华人民共和国是全国各族人民共同缔造的统一的多民族国家。没有民族区域自治，就不能正确地解决民族问题，也就不能实现国家长久而稳固的统一。同时，没有国家的统一，也就没有民族区域的自治。因此，维护国家统一，是我国民族区域自治法的基本原则。

二 民族平等

民族平等，是指不同民族在社会生活和交往联系的相互关系中，处在平等的地位，具有同样的权利。就我国实际情况而言，民族平等是指：各民族不论人口多少，经济社会发展程度高低，风俗习惯和宗教信仰异同，都是中华民族的一部分，具有同等的地位，在国家和社会生活的一切方面，依法享有相同的权利，履行相同的义务，反对一切形式的民族压迫和民族歧视。在正确处理社会主义民族关系的实践中，不论是聚居还是杂散居的各民族，均以平等的地位参与管理国家事务和地方事务。民族平等，是马列主义处理民族问题的根本原则③，也是无产阶级民族政策的基本内容，是中国共产党民族政策的基石。

我国宪法第四条规定："中华人民共和国各民族一律平等。国家保障各少数民族的合法权利和利益，维护和发展各民族的平等、团结、互助关系，禁止对任何民族的歧视和压迫，禁止破坏民族团结和制造民族分裂的

---

① 《民族区域自治法》第七条。
② 《民族区域自治法》第四十六条第二款。
③ 马克思和恩格斯在《神圣家族，或对批判的批判所作的批判》文章中第一次明确提出了民族平等思想，指出古往今来每个民族都在某些方面优越于其他民族。他们在《论波兰》中也提出了民族平等和民族团结的思想，"要使各民族真正团结起来，他们就必须有共同的利益。要使他们的利益能一致，就必须消灭现存的所有制关系。"资料来源：中央民族学院民族研究所：《民族问题著作选》（内部发行），1985年版，第24页。

行为。""凡具有中华人民共和国国籍的人都是中华人民共和国公民。""中华人民共和国公民在法律面前一律平等。""国家尊重和保障人权。""任何公民享有宪法和法律规定的权利,同时必须履行宪法和法律规定的义务。""中华人民共和国年满十八周岁的公民,不分民族、种族、性别、职业、家庭出身、宗教信仰、教育程度、财产状况、居住期限,都有选举权和被选举权;但是依照法律被剥夺政治权利的人除外。"现行《宪法》规定的这些内容,十分清楚地昭示了民族平等原则。

在中国,各民族一律平等包括三层含义:一是各民族不论人口多少,历史长短,居住地域大小,经济发展程度如何,语言文字、宗教信仰和风俗习惯是否相同,政治地位一律平等;二是各民族不仅在政治、法律上平等,而且在经济、文化、社会生活等所有领域平等;三是各民族公民在法律面前一律平等,享有相同的权利,承担相同的义务。我国民族区域自治法完整地、准确地贯彻了这一原则。如第四十五条规定:"民族自治地方的自治机关,保障本地方内各民族都享有平等权利。"第五十条规定:"民族自治地方的自治机关照顾本地方散居民族的特点和需要。"第五十二条规定:"民族自治地方的自治机关,保障本地方内各民族公民都享有宪法规定的公民权利",从而为真正实现民族平等、团结、互助,取消民族歧视和压迫提供了法律保障。具体来说,我国民族区域自治法主要在以下几方面集中反映了民族平等的原则。第一,它明确规定我国是多民族国家,承认各少数民族的存在,申明尊重各少数民族的平等地位;第二,它规定了政治、经济、文化教育等一系列关于民族平等的具体措施;第三,它以法律的形式保证了各少数民族同汉族人民一样,都享有管理国家事务的平等权利。不仅民族自治地方行使自治权,而且从中央到地方的各级政府中,也都有少数民族干部参加领导工作;第四,把积极培养和使用少数民族干部作为一个根本性问题规定下来,并且规定了各种培养和造就少数民族干部的途径和措施。这是因为民族平等不解决民族干部问题,少数民族不能管理本民族内部事务,就不可能实现真正的民族平等;第五,确认了民族语言文字的平等政策,尊重和保障各民族使用和发展本民族语言文字的自由,以充分发展少数民族地区的文化教育事业。

不仅如此,我国还形成了一个具有中国特色的保障民族平等的法律规范体系,各民族平等权利依法得到保障。具体而言:首先,根据宪法和法律规定,国家尊重和保障人权。各民族公民的人身自由不受侵犯,禁止非法拘禁和以其他方法非法剥夺或者限制公民的人身自由。各民族公民人格尊严不受侵犯，其名誉权、姓名权、肖像权等受法律保护。禁止用任何方法对公民进行侮辱、诽谤和诬告陷害。新中国成立前，四川等地的彝族地区大约 100 万人口保留着奴隶制度，西藏、云南西双版纳等地区大约有 400 万人口保留着封建农奴制度。这些地区的少数民族群众大都附属于封建领主、大贵族、寺庙或奴隶主，可以被任意买卖或当作礼物赠送，没有人身自由。如在旧西藏，形成于 17 世纪并沿用了 300 多年的法律——《十三法典》《十六法典》，将人严格划分为三等九级。《法典》规定："上等上级人"的命价为与其尸体等重的黄金，"下等下级人"的命价仅为一根草绳，而"下等人"占西藏总人口的 95% 以上。新中国为了保障人权，于 20 世纪 50 年代对这些地区进行了民主改革，废除了奴隶制和封建农奴制，昔日广大农奴和奴隶获得了人身自由，成为新社会的主人[①]。

其次，法律面前一律平等。在中国，任何公民既一律平等地享有宪法和法律规定的权利，又一律平等地履行宪法和法律所规定的义务；公民的合法权益一律受到平等的保护，对违法行为和任何人犯罪都依法予以追究，在适用法律上一律平等，不允许任何人有超越法律的特权。为了保障少数民族使用本民族语言文字进行诉讼的权利，《中华人民共和国民事诉讼法》第十一条规定："各民族公民都有用本民族语言、文字进行民事诉讼的权利。在少数民族聚居或者多民族共同居住的地区，人民法院应当用当地民族通用的语言、文字进行审理和发布法律文书。人民法院应当对不通晓当地民族通用的语言、文字的诉讼参与人提供翻译。"《中华人民共和国刑事诉讼法》《中华人民共和国行政诉讼法》和《中华人民共和国人民法院组织法》均作了类似的规定。再次，平等地享有管理国家事务的权利。在中国，各少数民族与汉族以平等的地位参与国家事务和地方事务的管理。《宪法》第三十四条规定："中华人民共和国年满十八周岁的公民，不分民族、种族、性别、职业、家庭出身、宗教信仰、教育程度、财产状况、居住期限，都有选举权和被选举权。"不仅如此，法律还为少数民族的政治参与给予了特殊保障。全国人民代表大会和地方各级人民代表大会，是中国各族人民行使国家权力的机关。《中华人民共和国全国人民代表大会和地方各级人民代表大会选举法》规定：在同一少数民族人口不

[①] 国务院新闻办公室：《中国的民族政策与各民族共同繁荣发展》白皮书，2009 年 9 月发布。

到当地总人口15%时，少数民族每一代表所代表的人口数可以适当少于当地人民代表大会每一代表所代表的人口数，人口特别少的民族至少也应有一名代表。历届全国人民代表大会中，少数民族代表人数占全国人民代表大会代表总人数的比例，均高于同期少数民族人口占全国总人口的比例①。

三 民族团结

民族团结，就是各民族之间平等相待，互相尊重，和睦相处，互助合作，共同致力于发展经济和各项社会事业，维护祖国统一，促进社会稳定。坚持民族团结是马克思主义民族理论的基本原则，也是中国共产党关于民族问题的基本观点和民族政策的重要内容。

中国共产党在领导全国各族人民进行新民主主义革命和社会主义革命及建设的历程中，继承和发展了马克思列宁主义民族理论，一贯重视实现我国各民族之间的真正平等，实现各民族的真诚团结，并以此作为解决民族问题的基本方针。特别是在新中国成立后，中国共产党更为重视民族团结。1957年2月27日，毛泽东在《关于正确处理人民内部矛盾的问题》的重要报告中，将民族团结问题提到关系社会主义事业全局的高度，强调指出："国家的统一，人民的团结，国内各民族的团结，这是我们的事业必定要胜利的基本保证"。周恩来同志也十分重视民族团结的重要性，强调："我们反对两种民族主义，就是既反对大民族主义（在中国主要是反对大汉族主义），也反对地方民族主义，特别要注意反对大汉族主义。这两种民族主义都是资产阶级民族主义的表现"，"这两种错误态度、两种倾向，如果任其发展下去，不仅不利于我们民族间的团结，而且会造成我们各民族间的对立，甚至于分裂。这个问题怎样解决呢？""应当用处理人民内部矛盾的原则来解决，就是运用毛主席提出的公式，从民族团结的愿望出发，经过批评或斗争，在新的基础上达到我们各民族间进一步的团结。""这个新的基础，就是我们各民族要建设社会主义的现代化国家。建设这样的祖国，就是我们各族人民团结的共同基础。""我们各民族必

---

① 国务院新闻办公室：《中国的民族政策与各民族共同繁荣发展》白皮书；2009年9月发布。

须在为了建设强大的社会主义祖国这个新的基础上来达到新的团结。"①党的十一届三中全会以后,我国进入以改革开放为标志的社会主义建设的新时期,以邓小平为核心的党中央第二代领导集体继续推进民族团结事业,提出了汉族离不开少数民族,少数民族也离不开汉族的"两个离不开"的重要思想。1982年召开的党的第十二次全国代表大会上,党中央的工作报告中明确指出:"民族团结、民族平等和各民族的共同繁荣,对于我们这个多民族的国家来说,是一个关系到国家命运的重大问题。"总之,民族团结的思想和原则是贯通马克思列宁主义、毛泽东思想、邓小平理论关于民族问题思想的一条红线,是推进民族团结事业,做好民族工作的理论依据。

在中国这样一个多民族国家,维护民族团结有着特别重要的意义:其一,民族团结是国家统一的重要保证。只有实现了民族团结,才能维护国家统一。没有民族团结,必然是民族矛盾、冲突不断,导致国家四分五裂、一盘散沙。其二,民族团结是社会稳定的重要前提。只有实现了民族团结,社会才能安定和谐,人民才能安居乐业,国家才能长治久安。其三,民族团结是各项社会事业发展的重要保障。各民族只有团结一心,才能聚精会神搞建设,一心一意谋发展,使经济社会取得长足进步、各族人民生活不断得到改善。

民族区域自治法规定,"发挥各族人民当家做主的积极性,发展平等、团结、互助的社会主义民族关系,巩固国家的统一","建设团结、繁荣的民族自治地方,为各民族的共同繁荣,把祖国建设成为富强、民主、文明的社会主义国家而努力奋斗"②。并具体规定禁止对任何民族的歧视和压迫,禁止破坏民族团结和制造民族分裂的行为;消除历史遗留下来的民族歧视和民族隔阂,促进各民族团结发展;在维护民族团结的斗争中,要反对大民族主义,主要是大汉族主义,也要反对地方民族主义;把国家的集中统一与少数民族聚居地区的区域自治有机结合起来,保障少数民族当家做主,以巩固和发展各民族平等团结互助和谐关系等内容,充分体现并贯彻了民族团结的基本原则。

---

① 周恩来:《关于我国民族政策的几个问题》,1957年8月4日。资料来源:肖蔚云、王禹、张翔编:《宪法学参考资料》(上册),北京大学出版社2003年版,第38—39页。
② 《民族区域自治法》序言。

四　保障民族自治地方自治机关充分行使自治权

这是我国民族区域自治法的核心性原则。自治权是民族自治地方的自治机关根据宪法和民族区域自治法的规定，自主地管理本地区各民族内部事务的一种特殊权利，是国家权力的有机组成部分，是人民民主专政国家权力在民族自治地方的具体体现，是我国平等、团结、互助的社会主义民族关系的重要标志，它充分体现了党和国家对民族自治地方的关怀和尊重，也体现了我国社会主义制度的优越性。可以说，没有自治权，民族区域自治无从谈起，也不可能有真正的民族区域自治。因此，坚持和完善民族区域自治制度，必须保障民族自治地方自治机关充分行使自治权。

我国宪法和民族区域自治法赋予民族区域自治地方的自治权范围非常广泛，表现在政治、经济、文化和社会生活的诸方面。我国的《民族区域自治法》设专章明文规定了自治机关的自治权[①]。其中，政治方面（第十九—二十四条）共6条，经济方面（第二十五—三十五条）共11条，文化方面（包括教育、科技等）（第三十六—四十二条）方面共7条，人口管理方面（包括计划生育）、保护和改善生活环境和生态环境等方面（第四十三—四十五条）共3条。由于民族区域自治法作为一部基本法律，条文比较原则，需要制定配套法规加以具体化，2001年，全国人大常委会根据市场经济的新形势对民族区域自治法进行了较大幅度的修改。修改时特别规定了一条，即自治法第七十三条："国务院及其有关部门应当在职权范围内，为实施本法分别制定行政法规、规章、具体措施和办法。"2005年5月11日，国务院发布《国务院实施〈中华人民共和国民族区域自治法〉若干规定》，自2005年5月31日起施行。该《规定》"着重就自治法关于各级人民政府帮助民族自治地方加快经济和社会发展的原则作出了具体规定"。《规定》总计35条，主要内容：一是将帮助民族自治地方加快经济发展放在突出位置，规定了上级人民政府及其职能部门在规划、基础设施项目安排、西部开发、资源开发和生态环境保护、财政转移支付、金融、外贸等方面对民族自治地方给予支持。国家扶持民族贸易和民族特需用品生产、推进兴边富民行动、扶持人口较少民族发展、加强民族自治地方扶贫开发、鼓励对口支援等这些在民族工作实践中行之

[①] 详见《民族区域自治法》第三章"自治机关的自治权"第十九—四十五条，共27条。

有效的做法，进一步提炼后写进了《规定》。二是规定了促进民族自治地方发展教育、科技、文化、卫生、体育和健全社会保障体系的内容，体现了重视民族自治地方经济社会事业协调发展的特点。三是在政治方面强调巩固民族团结，既规定了开展促进民族团结进步的各项活动、加强民族法规政策的宣传教育的内容，又规定了要妥善处理影响民族团结的问题，禁止破坏民族团结和制造民族分裂行为的内容，为保证民族自治地方自治机关充分行使自治权提供了有力的制度保障。

为了保证民族自治地方自治机关充分行使自治权，《民族区域自治法》不仅第六章专章规定了"上级国家机关的职责"，还规定民族自治地方各族人民依法行使宪法和法律赋予的选举权和被选举权，通过选出人民代表大会代表，组成自治机关，行使管理本民族、本地区内部事务的民主权利。为切实保障自治机关充分行使管理本民族、本地区内部事务的政治权利，上级国家机关和民族自治地方的自治机关采取各种措施，大量培养少数民族各级干部和各种科学技术、经营管理等专业人才。各少数民族通过选出本民族的全国人民代表大会代表，行使管理国家事务的权利[①]。《民族区域自治法》规定：民族自治地方的人民代表大会除享有一般地方国家权力机关的权力外，还有权依照当地民族的政治、经济和文化的特点，制定自治条例和单行条例。《中华人民共和国立法法》规定：自治条例和单行条例可以依照当地民族的特点，对法律和行政法规的规定作出变通规定，自治条例和单行条例依法对法律、行政法规、地方性法规作变通规定的，在本自治地方适用自治条例和单行条例的规定。《民族区域自治法》还规定：上级国家机关的决议、决定、命令和指示，如有不适合民族自治地方实际情况的，自治机关可以报经该上级国家机关批准，变通执行或停止执行。民族自治地方的自治机关在执行公务的时候，依照本民族自治地方自治条例的规定，使用当地通用的一种或者几种语言文字；同时使用几种通用的语言文字执行职务的，可以以实行区域自治的民族语言文字为主等，这些规定从政治、经济、文化等方面为民族自治地方充分行使自治权提供了法律保障。

---

① 自第一届全国人民代表大会以来，历届全国人民代表大会少数民族代表的比例都高于少数民族人口的比例。例如，第十届全国人民代表大会有少数民族代表415名，占代表总数的13.91%，高于人口比例5.5个百分点。每个民族都有全国人民代表大会代表，人口在百万以上的民族都有全国人民代表大会常务委员会委员（资料来源：国家民委官网）。

总之，民族区域自治，就是在国家不可分割的完整领土内，在最高国家机关的统一领导下，以少数民族居住的地区为基础建立民族自治地方，按照民主集中制原则，建立自治机关，充分行使自治权利，遵照国家的法律和政策，根据本民族、本地方的实际情况，自主地决定具体的方针政策，管理本民族、本地方的事务。在民族区域自治制度中，自治权是其核心的内容。自治权的确定和行使直接关系到民族自治地方的建设，关系到各民族的切身利益和权利的实现。为将这一权利落到实处，我国《民族区域自治法》把我国的民族区域自治制度具体化，对民族自治机关的自治权作了专章的规定，从各方面明确了自治权的内容，这一方面对于发挥各族人民当家做主人的积极性，发展平等、团结、互助的社会主义民族关系，巩固国家的统一，促进民族自治地方的发展，具有十分重要的意义；另一方面，实行民族区域自治制度，能够使少数民族依法自主地管理本民族事务，民主地参与国家和社会事务的管理，保证各民族不论大小都享有平等的经济、政治、社会和文化权利，共同维护国家统一和民族团结，反对分裂国家和破坏民族团结的行为，从而形成各民族相互支持、相互帮助、共同团结奋斗、共同繁荣发展的和谐民族关系。

五　实现各民族共同繁荣

我国是一个多民族的国家，我国的民族政策就是要使各民族共同发展、繁荣，这是社会主义制度优越性的重要表现。祖国的统一要建立在民族平等原则基础上，而民族的平等是以民族的共同繁荣为条件的。在我国，少数民族的经济文化一般比较落后，这是历史上遗留下来的民族间事实上的不平等。经济发展了，生产上去了，文化发展了，教育上去了，少数民族干部、专业人才培养出来了，历史上遗留下来的民族间的事实上的不平等就可以逐步得到解决。因此，照顾各民族自治地方的特点和需要，帮助民族自治地方的经济和文化的发展，逐步消除历史上遗留下来的民族间的事实上的不平等，实现各民族的共同繁荣，既是新的历史时期少数民族工作的根本性任务，也是民族区域自治法的基本原则。

为了实现这一历史性的任务，我国《宪法》规定，"国家根据各少数民族的特点和需要，帮助各少数民族地区加速经济和文化的发展"。《民族区域自治法》规定"国家根据国民经济和社会发展计划，努力帮助民族自治地方加速经济和文化的发展"，国家尽一切努力促进各民族的共同繁荣,从财政、物钱、技术等方面帮助各少数民族加速发展经济建设和文化建设事业。实行民族区域自治,既是为了团结各民族,也是为了发展各民族。民族区域自治制度,正是通过民族合作、民族互助,求得共同发展、共同繁荣。比如,国家在建立广西壮族自治区的过程中,就综合考虑广西东部和西部的人口分布、自然资源、经济发展水平等情况,认为合则双利、分则两害,最终作出整合建区的决策。实行民族区域自治,正是促进民族互助、地区合作的重大制度安排①。

综上,我国的民族地区既是资源富集区、水系源头区、生态屏障区,也是文化特色区、边疆地区和相对贫困落后地区②。中华人民共和国是全国各族人民共同缔造的统一的多民族国家。民族区域自治是中国共产党运用马克思列宁主义解决我国民族问题的基本政策,是国家的一项基本政治制度。实行民族区域自治,是我们这个多民族国家实现统一的途径、方式,巩固和发展祖国的统一是我国民族区域自治法的目的,充分发挥各民族人民当家做主的积极性、民族平等是我们最根本的民族政策,各民族共同繁荣则是民族平等的事实前提。我国民族区域自治法,就是紧紧地围绕着这些原则制定并始终体现这些基本原则的③。

第三节 民族自治地方

一 民族自治地方概述

(一) 民族自治地方

民族自治地方是当代中国民族区域自治制度的基础性概念之一,这一概念在仅有138个条文的现行宪法中出现了18次,在仅有74个条文的《民族区域自治法》中则出现了62次,在仅有35个条文的《国务院实施〈中华人民共和国民族区域自治法〉若干规定》中,出现了72次。显然,

---

① 王正伟:《充分发挥民族区域自治制度优势——纪念民族区域自治法颁布实施30周年》,载《人民日报》2014年9月30日。
② 我国少数民族聚居区大都地广人稀,资源富集。民族地区的草原面积,森林和水力资源蕴藏量,以及天然气等基础储量,均超过或接近全国的一半。全国2.2万多公里陆地边界线中的1.9万公里在民族地区。全国的国家级自然保护区面积中民族地区占到85%以上,是国家的重要生态屏障(《中国的民族政策与各民族共同繁荣发展》白皮书)。
③ 孙谦:《论我国民族区域自治法的基本原则》,《求是学刊》1984年第6期。

离开"民族自治地方"便无所谓民族区域自治制度,也无所谓民族区域自治权,更无所谓"使实行区域自治的少数民族当家做主"①。

那么,什么是民族自治地方呢?民族自治地方是根据我国宪法和《民族区域自治法》的规定,在少数民族聚居地区建立起来的构成一级国家行政单位的自治单位,是实行区域自治的一个或多个少数民族聚居的地方。从行政建制来看,我国的民族自治地方分为自治区、自治州、自治县。"划分三级行政地位的依据,是少数民族聚居区人口的多少、区域面积的大小"②。目前,我国共有155个民族自治地方③,具体包括内蒙古自治区、广西壮族自治区、西藏自治区、宁夏回族自治区、新疆维吾尔自治区共5个自治区④,30个自治州,120个自治县。在55个少数民族中,有44个建立了自治地方,实行区域自治的少数民族人口占少数民族总人口的71%,民族自治地方的面积占全国国土总面积的64%左右。

(二)民族乡

鉴于我国的一些少数民族聚居地域较小、人口较少并且分散,不宜建立自治地方,《宪法》规定通过设立民族乡的办法⑤,使这些少数民族也能行使当家做主、管理本民族内部事务的权利。

1983年12月29日,国务院发布《关于建立民族乡问题的通知》,该《通知》的主要内容包括:凡是相当于乡的少数民族聚居的地方,应当建立民族乡。民族乡可以在一个少数民族居住的地方建立,也可以在两个或几个少数民族居住的地方建立。建立民族乡,少数民族的人口在全乡总人口中所占的比例,一般以百分之三十左右为宜;个别情况特殊的,可以低于这个比例。民族乡的名称,一般按照地方名称加民族名称确定。民族乡

---

① 参见沈寿文著《中国民族区域自治制度的性质》,法律出版社2013年版,第18页。
② 国务院新闻办公室:《中国的民族区域自治》白皮书,2005年2月28日发布。
③ 参见中央人民政府门户网站,中国民族自治区、自治州、自治县一览表,详见本书附录二。
④ 1947年5月1日,在中国共产党领导下,内蒙古自治区正式宣告成立。新中国成立后,根据宪法和法律的规定,中国政府开始在少数民族聚居的地方全面推行民族区域自治。1955年10月,新疆维吾尔自治区成立;1958年3月,广西壮族自治区成立;1958年10月,宁夏回族自治区成立;1965年9月,西藏自治区成立。
⑤ 宪法第三十条:中华人民共和国的行政区域划分如下:(一)全国分为省、自治区、直辖市;(二)省、自治区分为自治州、县、自治县、市;(三)县、自治县分为乡、民族乡、镇。直辖市和较大的市分为区、县。自治州分为县、自治县、市。自治区、自治州、自治县都是民族自治地方。

人民政府配备工作人员,应当照顾到本乡内的各民族。民族乡的乡长由建立民族乡的少数民族公民担任。民族乡使用当地民族通用的语言文字,等等。1993年9月15日,国家民族事务委员会经过国务院批准颁布《民族乡行政工作条例》,以保障民族乡制度的贯彻实施。根据《民族乡行政工作条例》,"民族乡是在少数民族聚居的地方建立的乡级行政区域。少数民族人口占全乡总人口百分之三十以上的乡,可以按照规定申请设立民族乡;特殊情况的,可以略低于这个比例"①,"民族乡的建立,由省、自治区、直辖市人民政府决定"②。截至2003年底,中国在相当于乡的少数民族聚居的地方共建立了1173个民族乡。11个因人口较少且聚居区域较小而没有实行区域自治的少数民族中,有9个建有民族乡③。

由此可见,民族乡是根据宪法和民族区域自治法的规定,在相当于乡一级的少数民族聚居地区建立的基层行政区域。民族乡不是民族自治地方,而是我国民族区域自治制度的一种补充形式,是我国特有的、少数民族自己管理自己的内部事务、依法行使当家做主权利的一种基层政权形式,是解决我国散杂居少数民族问题的一种较好的政权形式。

二 民族自治地方的建立

《民族区域自治法》第十二条规定:"少数民族聚居的地方,根据当地民族关系、经济发展等条件,并参酌历史情况,可以建立以一个或者几个少数民族聚居区为基础的自治地方。民族自治地方内其他少数民族聚居的地方,建立相应的自治地方或者民族乡。民族自治地方依据本地方的实际情况,可以包括一部分汉族或者其他民族的居民区和城镇。"

(一) 建立民族自治地方的条件

可见,根据《民族区域自治法》第十二条的规定,建立民族自治地方必须同时具备三个条件:一是"少数民族聚居";二是"民族关系、经济发展等条件";三是"参酌历史情况"。具体来说,

第一,"少数民族聚居",这是建立民族自治地方的基本条件。这表明,民族自治地方的建立,既不是以单纯的民族为标准,也不是按某一少数民族人口多少来划分,而是与我国各民族的居住状况和人口状况相联

---

① 《民族乡行政工作条例》第二条。
② 《民族乡行政工作条例》第三条。
③ 国务院新闻办公室:《中国的民族区域自治》白皮书,2005年2月28日发布。

系的。

第二，有利于处理民族关系和当地经济的发展。在少数民族聚居的地方，是建立以一个少数民族为主体的自治地方，还是建立几个少数民族为主体的联合的自治地方，主要是根据当地民族关系、经济发展等条件来决定。应当有利于发挥当地的经济优势和经济要素的互补性，经济布局的合理性，有利于当地少数民族人民的生产、生活，有利于当地经济的发展。

第三，参酌历史情况。建立民族自治地方时，要从我国各民族在漫长的历史发展过程中，逐步形成的相对稳定的政治、社会联系及共同的经济活动区域的现状出发，尊重各民族世代相沿俗成、彼此认可的合理的生活、生产区域和权益分配格局，使业已形成的在一定区域内共同劳动，共同生产，联系紧密的各民族关系在经济、政治和文化上的相互接触、相互帮助得到进一步的发展。

（二）民族自治地方的建立、撤销、合并

《民族区域自治法》第十四条规定：民族自治地方的建立、区域界线的划分、名称的组成，由上级国家机关会同有关地方的国家机关和有关民族的代表充分协商拟定，按照法律规定的程序报请批准。民族自治地方一经建立，未经法定程序，不得撤销或者合并；民族自治地方的区域界线一经确定，未经法定程序，不得变动；确实需要撤销、合并或者变动的，由上级国家机关的有关部门和民族自治地方的自治机关充分协商拟定，按照法定程序报请批准。

三 民族自治地方的类型

各民族自治地方的行政区域和命名，是根据当地民族成份、民族分布、民族关系和历史状况决定的，其名称一般由民族名冠以地方名称组成。大体分为如下几个类型：一是以一个少数民族聚居区为主建立的自治地方，如新疆维吾尔自治区等；二是以两个少数民族聚居区联合建立的自治地方，如四川省阿坝藏族羌族自治州等；三是以多个少数民族聚居区联合建立的自治地方，如广西龙胜各族自治县等；四是在一个大的少数民族自治地方内人口较少的少数民族聚居区建立自治地方，如广西壮族自治区的恭城瑶族自治县等；五是一个民族在多处有聚居区的，建立多个自治地方，如宁夏回族自治区、甘肃省临夏回族自治州、河北省大厂回族自治县等。

民族自治地方，不论属于哪一种类型或哪一级别，都是以少数民族聚居区为基础建立起来的，都是建立在一定的管辖区域之上的。由于各少数民族聚居区的分布状况不同，有的民族有一个聚居区，有的民族则有多个大小不等的聚居区。因此，有的民族建立了一个自治地方，如达斡尔族只在内蒙古自治区莫力达瓦这个聚居区建立了一个自治地方；而有多个聚居区的民族则在全国建立了多个民族自治地方，如回族在全国多个聚居区建立了多个自治地方。

四 民族自治地方的名称

民族自治地方不论其属于哪种类型，它的名称的确定都应依法进行。根据《民族区域自治法》第十三条规定，民族自治地方的名称，除特殊情况外，按照地方名称、民族名称、行政地位的顺序组成。

在民族关系上，实行区域自治的民族是这个自治地方的主体民族，民族自治地方的名称是以建立和实行区域自治的民族命名的。周恩来总理在《关于我国民族政策的几个问题》一文中曾这样指出："党和政府最后确定成立新疆维吾尔自治区，新疆的同志也同意。称为新疆维吾尔自治区，'帽子还是戴的维吾尔民族，因为维吾尔族在新疆是主体民族，占百分之七十以上，其他民族也共同戴这个帽子。"

第四节 民族自治地方自治机关

一 民族自治地方自治机关概述

（一）民族自治地方自治机关概念

民族自治地方的自治机关是指在民族自治地方设立的、依法行使同级地方国家机关职权并同时行使自治权的一级地方政权机关。民族自治地方的自治机关是国家的一级政权机关，是民族自治地方的国家机关，依法行使民族区域自治的自治权。

（二）民族自治地方自治机关

根据《民族区域自治法》第十五条规定，民族自治地方的自治机关是自治区、自治州、自治县的人民代表大会和人民政府。人民代表大会是民族自治地方的国家权力机关，人民政府是民族自治地方的国家行政机关。《民族区域自治法》第十五条第三款规定，民族自治地方的自治机关的组织和工作，根据宪法和法律，由民族自治地方的自治条例或者单行条例规定。

二　民族自治地方自治机关基本特征

民族自治地方自治机关是地方政权机关，但又不同于一般的地方政权机关。相对于一般地方行政区域的相应机关而言，民族自治地方的自治机关具有如下基本特征：

一是双重性。自治机关相对于一般地方行政区域的相应机关而言，具有双重性质，既有共性，也有个性。其共性是，作为一般地方政权机关，自治机关同一般地方的政权机关一样，人民代表大会和人民政府同样行使宪法赋予的地方权力机关和地方行政机关的职权。以自治地方的人民政府为例，《民族区域自治法》规定，民族自治地方的人民政府对本级人民代表大会和上一级国家行政机关负责并报告工作，在本级人民代表大会闭会期间，对本级人民代表大会常务委员会负责并报告工作。各民族自治地方的人民政府都是国务院统一领导下的国家行政机关，都服从国务院[①]。这和《地方人大和地方政府组织法》第五十五条关于"地方各级人民政府对本级人民代表大会和上一级国家行政机关负责并报告工作。县级以上的地方各级人民政府在本级人民代表大会闭会期间，对本级人民代表大会常务委员会负责并报告工作。全国地方各级人民政府都是国务院统一领导下的国家行政机关，都服从国务院"的规定是基本一致的。其个性是，它依照宪法和民族区域自治法的规定享有广泛的自治权。

二是特定化。民族自治地方自治机关仅仅指自治区、自治州、自治县的人民代表大会和人民政府，而不包括连同司法机关在内的民族自治地方的其他机关。民族自治地方的人民法院和人民检察院是在本地方代表国家统一行使审判权和法律监督权的机关，且其审判权和检察权的行使也不属于宪法和民族区域自治法赋予的自治权的范畴，因而不属于自治机关。此外，民族自治地方的党委、政协、人民团体等，没有自治权，也都不属于自治机关。

三是自治机关的主要领导人由实行区域自治的民族的公民担任，自治

[①]　《民族区域自治法》第十五条。

机关的组成有民族构成方面的特殊要求。宪法规定,"自治区、自治州、自治县的人民代表大会常务委员会中应当有实行区域自治的民族的公民担任主任或者副主任。"①《民族区域自治法》第十六条第三款规定,"民族自治地方的人民代表大会常务委员会中应当有实行区域自治的民族的公民担任主任或者副主任。"关于自治地方的人民政府,宪法第一百一十四条规定,自治区主席、自治州州长、自治县县长由实行区域自治的民族的公民担任。《民族区域自治法》除了作出与宪法一致的规定,并进一步明确"自治区、自治州、自治县的人民政府的其他组成人员,应当合理配备实行区域自治的民族和其他少数民族的人员。"②

四是人民代表大会的代表比例有特殊要求。宪法规定,自治区、自治州、自治县的人民代表大会中,除实行区域自治的民族的代表外,其他居住在本行政区域内的民族也应当有适当名额的代表③。《民族区域自治法》第十六条除同样规定"民族自治地方的人民代表大会中,除实行区域自治的民族的代表外,其他居住在本行政区域内的民族也应当有适当名额的代表"之外,并进一步规定,"民族自治地方的人民代表大会中,实行区域自治的民族和其他少数民族代表的名额和比例,根据法律规定的原则,由省、自治区、直辖市的人民代表大会常务委员会决定,并报全国人民代表大会常务委员会备案。"依据《中华人民共和国全国人民代表大会和地方各级人民代表大会选举法》的规定,自治区、聚居的少数民族多的省,经全国人民代表大会常务委员会决定,代表名额可以另加百分之五。聚居的少数民族多或者人口居住分散的县、自治县、乡、民族乡,经省、自治区、直辖市的人民代表大会常务委员会决定,代表名额可以另加百分之五④。全国少数民族应选全国人民代表大会代表,由全国人民代表大会常务委员会参照各少数民族的人口数和分布等情况,分配给各省、自治区、直辖市的人民代表大会选出。人口特少的民族,至少应有代表一人⑤。需要注意的是,关于少数民族代表的选举,《中华人民共和国全国人民代表大会和地方各级人民代表大会选举法》第五章就"各少数民族的选举"

---

① 《宪法》第一百一十三条第二款。
② 《民族区域自治法》第十七条。
③ 《宪法》第一百一十三条。
④ 《选举法》第十一条第三款。
⑤ 《选举法》第十七条。

作了专章规定。

三 民族自治地方自治机关组织原则和工作原则

（一）民族自治地方自治机关的组织原则

依据《宪法》和《民族区域自治法》的规定，民族自治地方的自治机关遵循的组织原则是民主集中制和行政首长负责制。具体来说，《宪法》第三条规定，中华人民共和国的国家机构实行民主集中制的原则。《民族区域自治法》规定，"民族自治地方设立自治机关，自治机关是国家的一级地方政权机关。民族自治地方的自治机关实行民主集中制的原则。"[①] "民族自治地方的自治机关是自治区、自治州、自治县的人民代表大会和人民政府。民族自治地方的人民政府对本级人民代表大会和上一级国家行政机关负责并报告工作，在本级人民代表大会闭会期间，对本级人民代表大会常务委员会负责并报告工作。各民族自治地方的人民政府都是国务院统一领导下的国家行政机关，都服从国务院。"[②] 可见，民主集中制是民族自治地方自治机关的组织原则。同时，依据《民族区域自治法》第十七条关于"民族自治地方的人民政府实行自治区主席、自治州州长、自治县县长负责制。自治区主席、自治州州长、自治县县长，分别主持本级人民政府工作"的规定可见，行政首长负责制，也是民族自治地方的人民政府的组织原则。

（二）民族自治地方自治机关的工作原则

依据《宪法》《民族区域自治法》的有关规定，自治机关应当遵循以下工作原则：

1. 维护国家的统一，保证宪法和法律在本地方的遵守和执行。

2. 领导各族人民集中力量进行社会主义现代化建设。根据本地方的情况，在不违背宪法和法律的原则下，有权采取特殊政策和灵活措施，加速民族自治地方经济、文化建设事业的发展。

3. 把国家的整体利益放在首位，积极完成上级国家机关交给的各项任务。

4. 从实际出发，不断提高劳动生产率和经济效益，发展社会生产力，

[①]《民族区域自治法》第三条。
[②]《民族区域自治法》第十五条。

逐步提高各民族的物质生活水平。

5. 继承和发扬民族文化的优良传统，建设具有民族特点的社会主义精神文明，不断提高各民族人民的社会主义觉悟和科学文化水平。

6. 保障本地方各民族都有使用和发展自己的语言文字的自由。

7. 保障各民族公民有宗教信仰、保持或改革本民族风俗习惯的自由[①]。

第五节　民族自治地方的人民法院和人民检察院

一　民族自治地方人民法院和人民检察院的法律属性

《宪法》规定，中华人民共和国人民法院是国家的审判机关。中华人民共和国设立最高人民法院、地方各级人民法院和军事法院等专门人民法院。中华人民共和国人民检察院是国家的法律监督机关。中华人民共和国设立最高人民检察院、地方各级人民检察院和军事检察院等专门人民检察院。《民族区域自治法》规定，民族自治地方的自治机关是自治区、自治州、自治县的人民代表大会和人民政府。宪法和民族区域自治法的这些规定说明：民族自治地方的人民法院和人民检察院与一般地方的人民法院和人民检察院一样，它们并不属于自治机关。这一点，是它们与自治地方的人民代表大会和人民政府相比最大的区别。

我国民族自治地方的人民法院是代表国家在民族自治地方行使国家审判权的审判机关，人民检察院是国家的法律监督机关。它们不属于民族自治地方的自治机关，其基本原因和具体表现是：

[①] 尊重和保护宗教信仰自由是我国政府一项长期的基本国策。《中华人民共和国宪法》明确规定："中华人民共和国公民有宗教信仰自由"，"任何国家机关、社会团体和个人不得强制公民信仰宗教或者不信仰宗教，不得歧视信仰宗教的公民和不信仰宗教的公民"，"国家保护正常的宗教活动。任何人不得利用宗教进行破坏社会秩序、损害公民身体健康、妨碍国家教育制度的活动"。同时，各民族"都有保持或者改革自己的风俗习惯的自由"，对少数民族服饰、饮食、居住、婚姻、节庆、礼仪、丧葬等风俗习惯，国家给予充分尊重和切实保障。如，为了保障一些少数民族饮食清真食品的习惯，北京、广州、昆明、成都等中心城市，都有专门立法保障清真食品的供应和管理。为了保障少数民族欢度本民族节日的权利，国家法律规定民族自治地方人民政府可以按照有关少数民族的习惯制定放假办法；少数民族职工参加本民族重大节日活动，可以按照国家有关规定放假，并照发工资。为了防止发生侵犯少数民族风俗习惯的问题，国家法律法规对新闻、出版、文艺、学术研究等有关单位和从业人员提出明确要求。刑法专门设有"非法侵犯少数民族风俗习惯罪"，对侵犯少数民族风俗习惯的违法行为依法进行追究。

第一，单一制的国家结构形式，内在地要求民族自治地方的司法机关不可能享有自治权。

第二，《民族区域自治法》的法律结构也将民族自治地方的人民法院、人民检察院排除在"自治机关"之外。《民族区域自治法》第二章题为"民族自治地方的建立和自治机关的组成"，未涉及人民法院、人民检察院。而第四章题为"民族自治地方的人民法院和人民检察院"，专章规定民族自治地方的人民法院和人民检察院的属性、体制、组成等内容。显然，《民族区域自治法》通过法律规定，清楚地将"民族自治地方的人民法院和人民检察院"从自治机关中排除出来，以示区别。

第三，《民族区域自治法》专章规定的"民族自治地方的人民法院和人民检察院"与《宪法》第三章第七节"人民法院和人民检察院"的规定是基本一致的，这既是"国家维护社会主义法制的统一和尊严"的宪法精神的体现，也是民族自治地方的司法属于国家统一司法体制的体现。

第四，《民族区域自治法》第四十六条第三款关于"民族自治地方的人民法院和人民检察院的领导成员和工作人员中，应当有实行区域自治的民族的人员"的规定，是对民族自治地方的人民法院和人民检察院组织工作的一个特殊要求，是民族自治地方的人民法院和人民检察院人员构成上的特殊体现。它既不同于一般地方人民法院和人民检察院的人员构成，也不同于民族自治地方自治机关的人员构成。但是，《民族区域自治法》的这一规定，目的是为了培养少数民族干部、方便民族自治地方的人民法院和人民检察院更好地开展工作。因为少数民族干部和人才是少数民族中的优秀分子，他们熟悉本民族的语言、历史、传统和风俗习惯，熟悉当地政治、经济、文化的特点，是政府联系少数民族群众的重要桥梁和纽带。

二 民族自治地方人民法院组织系统和内部管理体制

（一）民族自治地方人民法院的组织系统

根据《宪法》和《人民法院组织法》的有关规定，民族自治地方的人民法院分为基层人民法院、中级人民法院和高级人民法院。民族自治地方的基层人民法院包括自治县人民法院，自治区、自治州行政区域内的县级人民法院、市人民法院、市辖区人民法院。民族自治地方的中级人民法院包括自治州中级人民法院、自治区内按地区设立的中级人民法院、自治区辖市的中级人民法院。民族自治地方的高级人民法院是自治区高级人民法院。基层人民法院可以根据地区、人口和案件情况设立若干人民法庭，人民法庭是基层人民法院的组成部分，它的判决和裁定就是基层人民法院的判决和裁定。

（二）民族自治地方人民法院的监督体制

依据《宪法》规定，最高人民法院是国家最高审判机关。最高人民法院监督地方各级人民法院和专门人民法院的审判工作，上级人民法院监督下级人民法院的审判工作[①]。《人民法院组织法》规定，最高人民法院对全国人民代表大会和全国人民代表大会常务委员会负责并报告工作。地方各级人民法院对本级人民代表大会及其常务委员会负责并报告工作。下级人民法院的审判工作受上级人民法院监督[②]。最高人民法院监督地方各级人民法院和专门人民法院的审判工作[③]。《民族区域自治法》规定，民族自治地方的人民法院和人民检察院对本级人民代表大会及其常务委员会负责[④]。民族自治地方人民法院的审判工作，受最高人民法院和上级人民法院监督[⑤]。

从以上法律规定可以看出，民族自治地方的人民法院，无论是自治区人民法院、自治州人民法院还是自治县人民法院，都属于中华人民共和国的地方人民法院，在政治体制上，都由同级人民代表大会产生，对本级人民代表大会负责并报告工作；同时，都要受最高人民法院和上级人民法院的监督。

三　民族自治地方人民检察院组织系统及领导体制

（一）民族自治地方人民检察院的组织系统

依据《人民检察院组织法》的规定，民族自治地方的人民检察院分为自治区人民检察院、自治区人民检察院分院、自治州人民检察院、自治县人民检察院，自治区和自治州行政区域内的县、市、市辖区人民检察院。自治区人民检察院和自治县检察院，根据工作需要，提请本级人民代表大会常务委员会批准，可以在工矿区、农垦区、林区等区域设置人民检

[①]《宪法》第一百二十七条。
[②]《人民法院组织法》第十六条。
[③]《人民法院组织法》第二十九条。
[④]《民族区域自治法》第四十六条第一款。
[⑤]《民族区域自治法》第四十六条第二款。

察院，作为派出机构①。

(二) 民族自治地方人民检察院的领导体制

依据宪法规定，中华人民共和国人民检察院是国家的法律监督机关。最高人民检察院是国家最高检察机关。最高人民检察院领导地方各级人民检察院和专门人民检察院的工作，上级人民检察院领导下级人民检察院的工作。《人民检察院组织法》规定，最高人民检察院对全国人民代表大会和全国人民代表大会常务委员会负责并报告工作。地方各级人民检察院对本级人民代表大会和本级人民代表大会常务委员会负责并报告工作。最高人民检察院领导地方各级人民检察院和专门人民检察院的工作，上级人民检察院领导下级人民检察院的工作②。《民族区域自治法》规定，民族自治地方的人民检察院对本级人民代表大会及其常务委员会负责。民族自治地方的人民检察院并对上级人民检察院负责。民族自治地方的人民检察院的工作，受最高人民检察院和上级人民检察院领导③。

从以上法律规定可以看出，民族自治地方的人民检察院，属于中华人民共和国的地方人民检察院。在政治体制上，由同级人民代表大会产生，并对本级人民代表大会及其常务委员会负责并报告工作。同时，都要受最高人民检察院和上级人民检察院的领导。

这里需要注意的是《民族区域自治法》第四十六条第一款后半段的规定，即"民族自治地方的人民检察院并对上级人民检察院负责"，这说明了民族自治地方的人民检察院在我国宪政体制之中的双重属性：既对本级人民代表大会及其常务委员会负责并报告工作，又对上级人民检察院负责。这和民族自治地方的人民法院只"对本级人民代表大会及其常务委

---

① 检察机关的派出机构是检察机关根据人民检察院组织法和检察工作的需要，在一定行政区域或监狱等特殊场所设置的派出组织，是检察机关为更好地履行法律监督职责而设立的。检察机关的派出机构包括派出检察院和派驻检察室两部分。其中派出检察院包括监所派出检察院、林业检察院、油田检察院、坝区检察院、开发区检察院、科学城检察院和铁路运输检察院等；派驻检察室包括派驻监狱、看守所、劳教所等监管场所检察室、乡镇检察室，驻街道检察室和林业检察室等。我国检察机关派出机构的设置始于1953年，当时，最高人民检察署党组向中共中央提了《关于检察工作情况和当前检察工作方针任务的意见的报告》，其中"逐步地建立工矿区检察署和铁路水运等专门检察署"的意见得到了中共中央的批准。1958年，湖北省人民检察院在沙洋劳改农场局设立了我国第一个监所检察派出检察院（参见广东省广州市人民检察院课题组《检察机关派出机构体制研究》，《人民检察》2010年第9期）。

② 《人民检察院组织法》第十条。

③ 《民族区域自治法》第四十六条。

员会负责并报告工作",同时"受最高人民法院和上级人民法院的监督"的宪政体制是有区别的。

四 民族自治地方人民法院和人民检察院工作原则

作为国家的地方司法机关,民族自治地方的人民法院和人民检察院和其他地方司法机关一样,坚持宪法和法律规定的司法原则,认真行使审判权和法律监督权。除此之外,依照《宪法》《民族区域自治法》等法律规定,民族区域自治地方的人民法院和人民检察院在司法工作中,还应特别注意贯彻如下司法原则:

第一,在适用法律上,坚持法制统一与兼顾民族自治地方特殊性原则。具体来说,一是注意"民族自治地方的人民代表大会有权依照当地民族的政治、经济和文化的特点,制定自治条例和单行条例。"① 二是注意"上级国家机关的决议、决定、命令和指示,如有不适合民族自治地方实际情况的,自治机关可以报经该上级国家机关批准,变通执行或者停止执行"②。民族自治地方的司法机关在具体适用法律时,就要注意适用有关的自治条例和单行条例。

第二,民族自治地方的人民法院和人民检察院应当用当地通用的语言文字审理和检察案件,并合理配备通晓当地通用的少数民族语言文字的人员。对于不通晓当地通用的语言文字的诉讼参与人,应当为他们提供翻译。法律文书应当根据实际需要,使用当地通用的一种或者几种文字。保障各民族公民都有使用本民族语言文字进行诉讼的权利。

第六节 民族自治地方的自治权

民族自治地方的自治权是民族区域自治制度的重要内容,包括自治权的来源、自治权等。

一 民族自治地方自治权概述

民族自治地方的自治权亦称为民族区域自治权。我国现行《宪法》和《民族区域自治法》并没有对民族区域自治权下一明确定义。但是,

---

① 《立法法》第七十五条第一款。
② 《民族区域自治法》第二十条。

根据《宪法》和《民族区域自治法》等法律法规的规定可知，所谓民族自治地方的自治权，是指民族区域自治地方的自治机关依照《宪法》和《民族区域自治法》等法律法规的规定，根据当地民族的政治、经济和文化的实际，自主地管理本地方、本民族内部事务的一些特定的权利。具体来说，是指民族自治地方的人大和人民政府依照宪法、民族区域自治法和其他法律规定的权限，根据本地方实际情况贯彻执行国家的法律、政策，自主管理本地方各民族内部事务和地方性事务的民主权利[1]。

民族区域自治权的基本内涵：首先，民族区域自治权是一种法定权，亦即民族区域自治权是从法律规定中获得的，表现在一是自治机关自治权的行使，由法律规定；二是自治机关自治权的具体内容，亦由法律明文规定；三是自治机关行使自治权的具体行为，由法律予以具体规范。其次，宪法和民族区域自治法规定的自治机关的自治权，是具有国家立法规范的一种自治权限，它限定适用于一定的地区和由特定的主体行使，其内容和原则都是法定的。再次，民族自治地方的自治权是民族自治地方的自治机关依照《宪法》和《民族区域自治法》等法律法规的规定，根据当地民族的政治、经济和文化的实际，自主地管理本地方、本民族内部事务的一种特定权利。这里的"本地方"特指所辖的民族自治地方，"本民族"特指生活在此辖区内的各民族，自治权并非属于某一个特定（主体）民族所特有，而是由生活在"本地方"的各民族所享有[2]。

二　民族自治地方的自治权

《民族区域自治法》关于自治权的规定，大体可概括为：

（一）制定"变通规定"或"补充规定"

《宪法》《民族区域自治法》均规定，自治机关"根据本地方实际情况贯彻执行国家的法律、政策"。这一宪法规定体现在民族自治地方的自治权中，就是民族自治地方的人民代表大会可以根据具体法律的授权、作出变通规定或补充规定。变通规定是民族自治地方的自治区、自治州、自治县在宪法和授权法律原则大前提下，依据一定的法定程序而对授权法律

---

[1] 陈云生：《民族区域自治法精义》，人民出版社1991年版，第173页。
[2] 吴宗金主编：《中国民族区域自治法学》，法律出版社2016年版，第152—153页。

的有关条款进行变通，使变通的条款更符合民族自治地方的实际、操作性更强。补充规定则是在此前提下填补授权法律的空白，补充规定的内容简单地说，就是对法律没有明确规定的内容予以补充。

我国法律授权民族自治地方的人民代表大会作出"变通""补充"规定、并非个别现象，大致来说，

1. 《立法法》。该法第七十五条规定：民族自治地方的人民代表大会有权依照当地民族的政治、经济和文化的特点，制定自治条例和单行条例，自治条例和单行条例可以依照当地民族的特点，对法律和行政法规的规定作出变通规定。

2. 《婚姻法》。该法第五十条规定：民族自治地方的人民代表大会有权结合当地民族婚姻家庭的具体情况，制定变通规定。

3. 《继承法》。该法第三十五条规定，民族自治地方的人民代表大会可以根据本法的原则，结合当地民族财产继承的具体情况，制定变通的或者补充的规定。

4. 《收养法》。该法第三十一条规定，民族自治地方的人民代表大会及其常务委员会可以根据本法的原则，结合当地情况，制定变通的或者补充的规定。

5. 《民事诉讼法》。该法第十六条规定，民族自治地方的人民代表大会根据宪法和本法的原则，结合当地民族的具体情况，可以制定变通或者补充的规定。自治区的规定，报全国人民代表大会常务委员会批准。自治州、自治县的规定，报省或者自治区的人民代表大会常务委员会批准，并报全国人民代表大会常务委员会备案。

6. 《刑法》。该法第九十条规定，民族自治地方不能全部适用本法规定的，可以由自治区或者省的人民代表大会根据当地民族的政治、经济、文化的特点和本法规定的基本原则，制定变通或者补充的规定，报请全国人民代表大会常务委员会批准施行，

7. 《妇女权益保障法》。该法第六十条规定，民族自治地方的人民代表大会，可以依据本法规定的原则，结合当地民族妇女的具体情况，制定变通的或者补充的规定。

8. 《老年人权益保障法》。该法第八十三条规定，民族自治地方的人民代表大会，可以根据本法的原则，结合当地民族风俗习惯的具体情况，依照法定程序制定变通的或者补充的规定。

第四章　当代中国民族区域自治法律制度

9.《森林法》。该法第四十八条规定，民族自治地方不能全部适用本法规定的，自治机关可以根据本法的原则，结合民族自治地方的特点，制定变通或者补充规定，依照法定程序报省、自治区或者全国人民代表大会常务委员会批准施行。

10.《全民所有制工业企业法》。该法第六十八条规定，自治区人民代表大会常务委员会可以根据本法和《中华人民共和国民族区域自治法》的原则，结合当地的特点，制定实施办法，报全国人民代表大会常务委员会备案。

11.《人口与计划生育法》。该法第十八条规定，少数民族也要实行计划生育，具体办法由省、自治区、直辖市人民代表大会或者其常务委员会规定①。

12.《预算法》。该法第九十九条规定，民族自治地方的预算管理，依照民族区域自治法的有关规定执行；民族区域自治法没有规定的，依照本法和国务院的有关规定执行。等等。

另外，《国旗法》第七条规定，"国庆节、国际劳动节、元旦和春节，各级国家机关和各人民团体应当升挂国旗；企业事业组织、村民委员会、居民委员会、城镇居民院（楼）以及广场、公园等公共活动场所，有条件的可以升挂国旗。不以春节为传统节日的少数民族地区，春节是否升挂国旗，由民族自治地方的自治机关规定。民族自治地方在民族自治地方成立纪念日和主要传统民族节日，可以升挂国旗"。这一规定，事实上也可以看作是法律对于民族自治地方的授权性变通执行②。但从实际情况来看，全国150多个民族自治地方在行使变通立法权方面、目前只对四部法律作出了43项变通规定，此外还有四川省6个民族自治地方对四川省的

---

①《人口与计划生育法》第三款。
② 当前，我国法律关于民族自治地方的变通规定主要有变通规定、变通条例、某些变通规定、实施办法、准变通规定等几种形式。具体来说，授权制定变通、补充规定的有刑法、继承法、收养法、森林法、妇女权益保障法、老年人权益保障法、民事诉讼法；授权制定变通、补充条例、规定的有民法通则；授权制定某些变通、补充规定的有婚姻法；授权制定实施办法的有全民所有制工业企业法；授权制定变通规定的有传染病防治法，授权制定类似变通规定的有国旗法；这两部法律均限于变通其中的一条；未直接明确授权制定变通、补充规定但授权某些事务按照民族区域自治法执行的有预算法。据不完全统计，目前我国自治地方针对法律制定了73个变通、补充规定。其中，变通规定28个，补充规定45个（参见陈伯礼、徐信贵《关于民族变通规定法律问题探析》，《西北民族大学学报》（哲学社会科学版）2007年第5期）。

4 部地方性法规作出了 11 项变通规定①。自治区对法律的变通和补充权的行使情况也不具有普遍性,以《婚姻法》为例,只有新疆、西藏②、内蒙古 3 个自治区进行了变通和补充执行③。

(二) 制定自治条例和单行条例

《宪法》《民族区域自治法》都规定:民族自治地方的人民代表大会有权依照当地民族的政治、经济和文化的特点,制定自治条例和单行条例。自治条例和单行条例,是民族自治地方反映本地政治、经济、文化和其他方面的特殊情况,行使自治权发展民族自治地方各相关事业,从本地特殊情况出发实施宪法、法律的法的形式。其中,自治条例是民族自治地方的人民代表大会根据宪法和民族区域自治法的原则,结合自治地方的政治、经济、文化的特点制定的自治法规,自治条例通常规定有关本地区实行的区域自治的组织原则、机构设置、自治机关职权、工作制度及其他重大问题,是民族自治地方实行民族区域自治的综合性的基本依据和活动准则。单行条例是指民族自治地方的人民代表大会在自治权的范围内,根据当地民族的政治、经济和文化特点,制定的关于某一方面具体事项的规范性文件。

依照《立法法》的规定,自治区的自治条例和单行条例,报全国人民代表大会常务委员会批准后生效。自治州、自治县的自治条例和单行条例,报省、自治区、直辖市的人民代表大会常务委员会批准后生效④。据统计,截至 2008 年年底,民族自治地方共制定了 637 件自治条例、单行条例及对有关法律的变通或补充规定⑤。不过到目前为止,我国五个自治

---

① 张文山:《对〈民族区域自治法〉的再认识——兼论〈民族区域自治法〉的修改》,《内蒙古社会科学》(汉文版) 2014 年第 5 期。
② 1971 年,西藏自治区人民代表大会常务委员会从西藏少数民族历史婚俗等实际情况出发,通过了《西藏自治区施行〈中华人民共和国婚姻法〉的变通条例》,将《婚姻法》规定的男女法定婚龄分别降低两岁,并规定对执行变通条例之前已经形成的一妻多夫和一夫多妻婚姻关系,凡不主动提出解除婚姻关系者,准予维持。结合西藏实际情况,自治区还先后制定实施了多项国家有关法律的变通条例和补充规定。资料来源:国务院新闻办公室《民族区域自治制度在西藏的成功实践》白皮书,2015 年 9 月 7 日发布。
③ 宋才发等:《民族区域自治制度的发展与完善——自治区自治条例研究》,人民出版社 2008 年版,第 254 页。
④ 《立法法》第七十五条。
⑤ 国务院新闻办公室:《中国的民族政策与各民族共同繁荣发展》白皮书,2009 年 9 月 27 日发布。

区尚未出台自治区自治条例①。

（三）对上级国家机关的决议、决定、命令和指示可以变通执行或者停止执行

《民族区域自治法》第二十条规定，"上级国家机关的决议、决定、命令和指示，如有不适合民族自治地方实际情况的，自治机关可以报经该上级国家机关批准，变通执行或者停止执行；该上级国家机关应当在收到报告之日起六十日内给予答复。"例如，在执行全国性法定节假日的基础上，西藏自治机关将"藏历新年""雪顿节"等藏民族的传统节日列入自治区的节假日。根据西藏特殊的自然地理因素，西藏自治区将职工的周工作时间规定为35小时，比全国法定工作时间少5小时。1981年，西藏自治区人民代表大会常务委员会从西藏少数民族历史婚俗等实际情况出发，通过了《西藏自治区施行〈中华人民共和国婚姻法〉的变通条例》，将《婚姻法》规定的男女法定婚龄分别降低两岁，并规定对执行变通条例之前已经形成的一妻多夫和一夫多妻婚姻关系，凡不主动提出解除婚姻关系者，准予维持。结合西藏实际情况，自治区还先后制定实施了多项国家有关法律的变通条例和补充规定。其中包括《西藏自治区文物保护条例》《西藏自治区环境保护条例》《西藏自治区人民代表大会常务委员会关于严厉打击"赔命金"违法犯罪行为的决定》等多部地方法规②。

（四）人事管理方面的自治权

《民族区域自治法》第二十二条规定：民族自治地方的自治机关根据社会主义建设的需要，采取各种措施从当地民族中大量培养各级干部、各种科学技术、经营管理等专业人才和技术工人，充分发挥他们的作用，并且注意在少数民族妇女中培养各级干部和各种专业技术人才。民族自治地方的自治机关录用工作人员的时候，对实行区域自治的民族和其他少数民族的人员应当给予适当的照顾。民族自治地方的自治机关可以采取特殊措施，优待、鼓励各种专业人员参加自治地方各项建设工作。第二十三条还规定：民族自治地方的企业、事业单位依照国家规定

---

① 宋才发等：《民族区域自治制度的发展与完善——自治区自治条例研究》，人民出版社2008年版，第8页。

② 国务院新闻办公室：《民族区域自治制度在西藏的成功实践》白皮书，2015年9月7日发布。

招收人员时,优先招收少数民族人员,并且可以从农村和牧区少数民族人口中招收。这些规定,体现的就是自治地方的人事管理方面的自治权。

具体来说,自治地方的人事管理自治权主要体现在以下三个方面:
一是采取各种措施大力培养、使用当地民族人才。自治机关根据需要,有权采取各种措施从当地民族中大量培养各级干部、各种科学技术、经济管理等专业人才和技术工人,并且注意在少数民族妇女中选拔培养各级干部和各种专业技术人才。二是采取特殊措施引进人才。自治机关可以采取特殊措施,优待、鼓励各种人员参加民族自治地方各项建设工作。三是优先招收少数民族人员。民族自治地方的企业、事业单位招收人员的时候,要优先招收少数民族人员;并且可以从农村和牧区少数民族人口中招收。例如,1965 年西藏自治区成立初期,全区只有 7600 多名少数民族干部;到 1976 年,少数民族干部已发展到 1.67 万人;到 1976 年年底,全区有 3.1 万名少数民族干部;到 1994 年年底,有 4.4 万名少数民族干部;到 2014 年年底,全区少数民族干部已有 11 万多人,与自治区成立之初相比增长 13 倍多,占全区干部总量的 70%以上。目前,西藏自治区省级领导干部中有 33 名少数民族干部,地厅级干部中有 450 多名少数民族干部,地(市)、县(区)党政正职大部分由少数民族干部担任,乡镇(街道)党政班子中少数民族干部占 70% 以上,全区各级党政机关中都依法配备了少数民族领导干部。此外,还有一批优秀少数民族干部直接参与管理国家事务,在西藏十二届全国人大代表、全国政协委员中,藏族和其他少数民族均占 70% 以上。十世班禅、阿沛·阿旺晋美、帕巴拉·格列朗杰、热地、向巴平措等先后担任国家级领导职务①。

(五)组织公安部队的自治权

《民族区域自治法》第二十四条规定:民族自治地方的自治机关依照国家的军事制度和当地的实际需要,经国务院批准,可以组织本地方维护社会治安的公安部队。

民族自治地方组建公安部队,是法律赋予自治地方的一项权利,但现

---

① 国务院新闻办公室:《民族区域自治制度在西藏的成功实践》白皮书,2015 年 9 月 7 日发布。

实生活中实际组建的情况十分少见①。

(六) 财政经济方面的自主权

民族自治地方的自治机关具有较大程度的财政经济自主权,主要体现在:

第一,民族自治地方的自治机关在国家计划的指导下,根据本地方的特点和需要,制定经济建设的方针、政策和计划,自主地安排和管理地方性的经济建设事业。在坚持社会主义原则的前提下,根据法律规定和本地方经济发展的特点,合理调整生产关系和经济结构,努力发展社会主义市场经济。坚持公有制为主体、多种所有制经济共同发展的基本经济制度,鼓励发展非公有制经济。

第二,在国家计划的指导下,根据本地方的财力、物力和其他具体条件,自主地安排地方基本建设项目。自主地管理隶属于本地方的企业、事业。

第三,民族自治地方依照国家规定,可以开展对外经济贸易活动,经国务院批准,可以开辟对外贸易口岸。与外国接壤的民族自治地方经国务院批准,开展边境贸易。民族自治地方在对外经济贸易活动中,享受国家的优惠政策②。

第四,民族自治地方的财政是地方一级财政,是国家财政的组成部分。但也有相当的自治权。《民族区域自治法》第三十二条规定:民族自

---

① 我国民族自治地方组建公安部队的历史仅见于内蒙古、新疆、西藏以及四川省凉山彝族自治州。这些民族自治地方所组建的自卫武装或公安部队,在本地方曾发挥了重要作用。进入20世纪80年代以后,随着我国政治环境、经济发展、社会治安以及民族问题等各方面综合因素的不断好转与完善,这些民族自治地方所组建的公安部队逐渐地被取消。如1987年4月凉山彝族自治州第五届人大二次会议通过、当年7月四川省第六届人大常委会第二十六次会议批准的《凉山彝族自治州自治条例》取消了组织公安部队的相关规定。当前,我国155个民族自治地方都没有组织公安部队(吴宗金主编:《中国民族区域自治法学》,法律出版社2016年版,第101页脚注)。

② 以新疆为例,1978年后,经国家批准,新疆先后开通了17个一类口岸、12个二类口岸,成功举办19届"乌鲁木齐对外经济贸易洽谈会"和4届"中国—亚欧博览会"。建立喀什、霍尔果斯两个国家级经济开发区、中国—哈萨克斯坦霍尔果斯国际边境合作中心。目前,全区已有国家级产业集聚区23个,主要贸易伙伴已扩大到186个国家和地区,一个全方位对外开放新格局已经形成。新疆外贸进出口总额由1955年的0.51亿美元提高到2014年的276.69亿美元,年均增长11.3%。2009—2014年,实际利用外资年均增长12.12%,境外承包工程营业额年均增长26.1%,对外投资年均增长25.1%(国务院新闻办公室发布,新疆各民族平等团结发展的历史见证,2015年9月)。

治地方的自治机关有管理地方财政的自治权。凡是依照国家财政体制属于民族自治地方的财政收入，都应当由民族自治地方的自治机关自主地安排使用。民族自治地方在全国统一的财政体制下，通过国家实行的规范的财政转移支付制度，享受上级财政的照顾。民族自治地方的财政预算支出，按照国家规定，设机动资金，预备费在预算中所占比例高于一般地区。民族自治地方的自治机关在执行财政预算过程中，自行安排使用收入的超收和支出的节余资金。

（七）教育、文化、语言文字方面的自主权

第一，民族自治地方的自治机关享有一定程度的教育自主权

《民族区域自治法》第三十七条规定：民族自治地方的自治机关自主地发展民族教育，扫除文盲，举办各类学校，普及九年义务教育，采取多种形式发展普通高级中等教育和中等职业技术教育，根据条件和需要发展高等教育，培养各少数民族专业人才。

民族自治地方的自治机关为少数民族牧区和经济困难、居住分散的少数民族山区，设立以寄宿为主和助学金为主的公办民族小学和民族中学，保障就读学生完成义务教育阶段的学业。办学经费和助学金由当地财政解决，当地财政困难的，上级财政应当给予补助。

招收少数民族学生为主的学校（班级）和其他教育机构，有条件的应当采用少数民族文字的课本，并用少数民族语言讲课；根据情况从小学低年级或者高年级起开设汉语文课程，推广全国通用的普通话和规范汉字。各级人民政府要在财政方面扶持少数民族文字的教材和出版物的编译和出版工作。

第二，民族自治地方的文化自主权

文化是民族的重要特征，是民族生命力、创造力和凝聚力的重要源泉。少数民族文化是中华文化的重要组成部分，是中华民族的共有精神财富。《民族区域自治法》第三十八条规定：民族自治地方的自治机关自主地发展具有民族形式和民族特点的文学、艺术、新闻、出版、广播、电影、电视等民族文化事业，加大对文化事业的投入，加强文化设施建设，加快各项文化事业的发展。

民族自治地方的自治机关组织、支持有关单位和部门收集、整理、翻译和出版民族历史文化书籍，保护民族的名胜古迹、珍贵文物和其他重要历史文化遗产，继承和发展优秀的民族传统文化。

第三，语言文字使用的自主权

保护少数民族或少数人的权利（语言权利亦在其中），使其免于被歧视和侵害是国际法的一项重要内容。我国是多民族、多语言、多文种的国家，少数民族语言本身的系属及种类极为繁多，各种语言的使用情况依其使用者的居住格局、人口数量、书面文化资源、社会和政治影响的不同而千差万别。我国"在约1.14亿少数民族人口中，目前有6000多万人口在使用本民族语言"[①]。《民族区域自治法》第二十一条规定：民族自治地方的自治机关在执行职务的时候，依照本民族自治地方自治条例的规定，使用当地通用的一种或者几种语言文字；同时使用几种通用的语言文字执行职务的，可以以实行区域自治的民族的语言文字为主。

在我国的国家政治生活中，全国人民代表大会、中国人民政治协商会议等重要会议，都提供蒙古、藏、维吾尔、哈萨克、朝鲜、彝、壮等民族语言文字的文件或语言翻译。人民币主币除使用汉字之外，还使用了蒙古、藏、维吾尔、壮四种少数民族文字[②]。民族自治地方的自治机关在执行公务时，都使用当地通用的一种或几种文字。同时，少数民族语言文字在教育、新闻出版、广播影视、网络电信等诸多领域，都得到了广泛的应用和发展。以新疆为例，新疆维吾尔自治区是多民族共居的自治地方，也是全国唯一三级自治地方（区、州、县）俱全的自治区。自治区内设有5个自治州、6个自治县和42个民族乡。同时，新疆又是多语言文字地区，主要使用10种语言。自治区颁布了《新疆维吾尔自治区语言文字工作条例》，少数民族语言文字在司法、行政、教育、新闻出版、广播影视、网络等领域以及日常生活中得到广泛应用。政府机关在执行公务、各类机构在招聘及晋级考试时，使用当地通用的一种或者几种语言文字。自治区中小学教育共使用7种语言教学，广播、电视用5种语言播放节目，图书、音像和电子出版物用6种语言文字出版。根据《中华人民共和国国家通用语言文字法》，普通话和规范汉字为国家通用语言和文字。自治区积极倡导少数民族学习国家通用语言和文字，在中小学对少数民族学生进行通用语言文字教育，提倡各民族相互学习语言，增进各民族间的了解和沟

[①] 肖建飞：《语言权利研究——关于语言的法律政治学》，法律出版社2012年版，第204页。

[②] 国务院新闻办公室：《中国的民族政策与各民族共同繁荣发展》白皮书，2009年9月27日发布。

通。自 2010 年起，自治区要求新录用公职人员正式上岗前必须具备基本的国家通用语言和少数民族语言能力，并提供培训"双语"的机会和条件①。在西藏，西藏学校教育全面实行藏汉双语教育，藏语文在学习中传承。目前，农牧区和部分城镇小学实行藏汉语文同步教学，主要课程用藏语授课。中学阶段开设藏语文课（包括内地西藏中学），其他课程用汉语文授课。在高校和中等专业学校的招生考试中，藏语文作为考试科目，成绩计入总分。自治区大型会议和行文坚持使用藏汉两种文字，司法机关在执法、法治宣传等工作中着重使用藏语文，农牧、科技等涉农部门也加强藏语文的使用。2014 年，西藏人民出版社、西藏藏文古籍出版社出版各类图书 547 种、1302.5 万册，其中藏文图书种数占比超过 80%；共有 14 种藏文期刊、11 种藏文报纸出版发行。西藏人民广播电台共开办有 42 个藏语（包括康巴话）节目（栏目），藏语新闻综合频率每天播音达 21 小时 15 分钟，康巴话广播频率每天播音 18 小时，西藏电视台藏语卫视实现了 24 小时滚动播出②。

（八）其他方面的自主权

此外，根据《民族区域自治法》的规定，民族自治地方还拥有根据本地方经济和社会发展的需要，可以依照法律规定设立地方商业银行和城乡信用合作组织；自主地决定本地方的科学技术发展规划，普及科学技术知识；自主地决定本地方的医疗卫生事业的发展规划，发展现代医药和民族传统医药；自主地发展体育事业，开展民族传统体育活动，增强各族人民的体质；依照国家规定，可以和国外进行教育、科学技术、文化艺术、卫生、体育等方面的交流等等自主权。鉴于少数民族在经济社会发展等方面与汉族相比有一定差距，中国的少数民族公民不仅平等地享有宪法和法律规定的所有公民权利，还依法享有一些特殊的权益保障。

本章小结

1949 年中国人民政治协商会议通过的具有临时宪法作用的《中国人民政治协商会议共同纲领》，将民族区域自治确定为新中国的一项基本政

---

① 国务院新闻办公室：《新疆各民族平等团结发展的历史见证》白皮书，2015 年 9 月发布。
② 同上。

策。1952年中央人民政府颁布《民族区域自治实施纲要》，对民族自治地方的建立、自治机关的组成、自治机关的自治权利等重要事项作出明确规定。1954年《宪法》以根本法形式确认了这一制度，并始终坚持实行这一制度。1984年，在总结民族区域自治历史经验的基础上，第六届全国人民代表大会第二次会议通过《民族区域自治法》。至此，中国的民族区域自治实现了政策、制度、法律的三位一体。《民族区域自治法》是实施宪法规定的民族区域自治制度的基本法律，规范了中央和民族自治地方的关系以及民族自治地方各民族之间的关系，其法律效力不只限于民族自治地方，全国各族人民和一切国家机关都必须遵守、执行这项法律。

民族区域自治是中国解决民族问题、协调民族关系和促进民族和谐的基本政策，既是党的民族政策，又是国家法律措施，更是民族政策和民族法律的有机统一体。民族区域自治既作为治国方式，又作为民族地方的治理措施，总体上有原则、有立场和有方向，其中既蕴含着诸多的法治理念，又显现了丰富多彩的中国特色。民族区域自治，是我国解决民族问题的基本政策，是我国的一项基本政治制度。

第五章　当代中国人民法院和人民检察院法律制度

1949年9月颁布的具有临时宪法性质的《中国人民政治协商会议共同纲领》和《中华人民共和国中央人民政府组织法》，奠定了新中国的法制基石。1954年制定的《中华人民共和国宪法》和《中华人民共和国人民法院组织法》《中华人民共和国人民检察院组织法》等法律、法令，规定了人民法院、人民检察院的组织体系和基本职能，确立了合议制度、辩护制度、公开审判制度、人民陪审员制度、法律监督制度、人民调解制度，形成了当代中国司法制度的基本体系。

依照《宪法》的规定，人民法院是国家的审判机关。国家设立最高人民法院、地方各级人民法院和军事法院等专门人民法院，依法审理民事、刑事、行政诉讼案件，开展民事、行政执行和国家赔偿等执法活动。人民检察院是国家的法律监督机关。国家设立最高人民检察院、地方各级人民检察院和军事检察院等专门人民检察院。人民检察院依法对刑事、民事、行政诉讼实行法律监督。人民法院、人民检察院由各级人民代表大会产生，对它负责，受它监督。

那么，在当代中国的宪政体制下，人民法院和人民检察院的属性、体系、职权是什么？它们的内部管理体制是什么？本章依据我国宪法、人民法院组织法、人民检察院组织法和三大诉讼法以及法官法、检察官法等法律的规定，简要介绍我国人民法院和人民检察院相关法律制度。

第一节　当代中国人民法院

一　当代中国人民法院概述

（一）人民法院概念

依据《宪法》规定，人民法院是国家的审判机关。宪法的这一规定明确了人民法院在当代中国政治体制中的地位，这就是：第一，人民法院是"国家"的审判机关。它表明人民法院行使的审判权代表了国家，是以国家的名义对各类纠纷进行裁决。我国采用单一制的国家结构形式。人民法院是国家的审判机关的宪法定位说明、人民法院是"国家的"法院而非地方的法院，人民法院行使的审判权力代表着国家的意志，而非任何地方、团体或个人的意志。第二，人民法院是国家的审判机关。人民法院是专司审判职能的国家机关，这既表明了人民法院在国家权力配置中职能的专门性，是行使审判权的国家机关，同时也显示了人民法院行使权力的方式，它是通过审判活动，解决纠纷、保障人权、维护国家法制统一的机关，而不是通过其他方式行使权力[①]。

（二）人民法院的建立及人民法院组织法的颁行

1931年11月，"中华苏维埃共和国"成立，大会讨论和通过了宪法大纲、劳动法、工农检察等问题的决议案。大会选举毛泽东、项英、周恩来、朱德等63人为中央执行委员，组成中华苏维埃共和国中央执行委员会。中央执行委员会下设中央人民委员会，人民委员会内设外交、军事、财政、工农检察、司法9个人民委员部和国家政治保卫局，即九部一局。但在这次会议上没有成立最高法院。1932年2月19日，中央人民委员会第七次常会以判决重要政治犯为直接理由，决议组织临时最高法庭，委任何叔衡为主席。自此，临时中央政府的最高审判机关成立。1937年9月6日，陕甘宁边区政府成立。在陕甘宁等边区抗日民主政权中成立的司法机关，在本地方行使司法权。在各边区内，最高的审判机关是各边区高等法院。

1949年9月29日通过的起临时宪法作用的《中国人民政治协商会议共同纲领》第十七条规定，要"废除国民党反动政府一切压迫人民的法律、法令和司法制度，制定保护人民的法律、法令，建立人民司法制度。"与此同时颁布的《中央人民政府委员会组织法》第五章专章规定了"最高人民法院及最高人民检察署"的设置及职权等内容。按照《中国人民政治协商会议共同纲领》和《中央人民政府委员会组织法》的规定，1949年10月1日，中央人民政府委员会任命沈钧儒为中央人民政府最高人民法院院长，开始组建最高人民法院。从1949年10月新中国成立到1954年9月第一部宪法颁布之前，最高法院受中央政府的领导。中央政

[①] 韩大元：《中国司法制度的宪法构造》，《中国人民大学学报》2009年第6期。

府下设的政务院内设立政治法律委员会、法制委员会和司法部,共同对司法工作进行组织、领导和协调。

另外,虽然新中国成立初期、百废待兴,但是,党中央和毛泽东主席仍然感到制定宪法及法律的重要性和迫切性。为此,担任宪法起草委员会主席的毛泽东同志从1953年12月起,用近3个月的时间亲自主持宪法的起草工作,亲自对宪法草案逐条逐句反复推敲审定。宪法草案在经中央政治局扩大会议、500多位全国政协委员及800多位党政军领导干部讨论后,并于1954年6月16日在《人民日报》全文刊登,向全国人民征求意见。全国参加讨论的人数有1.5亿人之多,几乎达当时成年人口的一半。在第一部宪法起草的同时,第一部人民法院组织法的起草工作也在紧张进行。1954年9月20日,中华人民共和国的第一部宪法在第一届全国人大第一次会议获得通过;次日,中华人民共和国第一部人民法院组织法也在大会上通过[1]。新中国第一部《人民法院组织法》,不但明确了人民法院在国家权力架构中的地位、人民法院的体系和设置,还明确了审判的基本原则和制度,如该法规定"人民法院独立进行审判,只服从法律"(第四条),"人民法院审理案件,除法律规定的特别情况外,一律公开进行"(第七条),"人民法院审判第一审案件,实行人民陪审员制度"(第八条)[2],等等。这说明在新中国成立之初召开的第一次全国人民代表大会上,新中国即把制定人民法院组织法与制定宪法同时列入会议的议程,充分说明了党和国家对人民法院建设的高度重视,同时也充分说明人民法院机构的建立和审判权的来源,都是由宪法和法律授予的,实质上也就是全国人民通过全国人民代表大会授予的[3]。

二 当代中国人民法院组织体系

《宪法》规定,中华人民共和国设立最高人民法院、地方各级人民法院和军事法院等专门人民法院。人民法院的组织由法律规定。

---

[1] 1979年7月1日,第五届全国人民代表大会第二次会议通过了新修订后的《中华人民共和国人民法院组织法》,《中华人民共和国人民法院组织法》后经1983年9月2日第六届全国人民代表大会常务委员会、2006年10月31日第十届全国人民代表大会常务委员会等决定修订。

[2] 肖蔚云、王禹、张翔编:《宪法学参考资料》(上册),北京大学出版社2003年版,第178—179页。

[3] 山民:《重读第一部人民法院组织法有感——写在中华人民共和国成立60周年的时候》,《人民司法》2009年10月。

根据《宪法》《人民法院组织法》的规定，人民法院的组织体系是：

第一，地方各级人民法院

地方各级人民法院最早由 1951 年《人民法院暂行组织条例》（以下简称"条例"）第二条创设，包括"县级人民法院"和"省级人民法院"。但是由于 1951 年条例是由中央人民政府委员会根据 1949 年《组织法》第三十条授权制定的法律，因而对地方各级人民法院的属性界定简单而笼统。1954 年宪法开创性地将地方各级人民法院提升为宪法机关，其国家机构章的第六节"人民法院和人民检察院"规定了地方各级人民法院，第七十三条将地方各级人民法院与最高人民法院、专门人民法院一起设定为"行使审判权"的机关。从以上条文中可以提炼出地方各级人民法院的三项属性：第一，国家性，地方各级人民法院规定于宪法的国家机构章，因此是国家的审判机关；第二，地方性，地方各级人民法院须对本级人大负责并报告工作；第三，审判权一体性，地方各级人民法院与最高人民法院一起独立行使审判权，只服从法律，且其审判工作受最高人民法院监督[①]。1954 年宪法赋予地方各级人民法院的上述三项属性，成为此后历部宪法尤其是现行宪法的基础。1982 年宪法以 1954 年宪法的框架为基础，在国家机构章的第七节"人民法院和人民检察院"确定了地方各级人民法院的地位，并有新的发展。

（一）基层人民法院

依据《人民法院组织法》的规定，基层人民法院包括：县人民法院和市人民法院；自治县人民法院；市辖区人民法院。

1. 基层人民法院组成。基层人民法院由院长一人，副院长和审判员若干人组成。

2. 基层人民法院设刑事审判庭、民事审判庭等审判庭。庭设庭长、副庭长。

3. 基层人民法院审判刑事和民事的第一审案件，但是法律、法令另有规定的案件除外。基层人民法院对其所受理的刑事和民事案件，认为案情重大应当由上级人民法院审判的时候，可以请求移送上级人民法院审判。

[①] 王建学：《地方各级人民法院宪法地位的规范分析》，《法学研究》2015 年第 4 期。

4. 基层人民法院的派出法庭

基层人民法院根据地区、人口和案件情况可以设立若干人民法庭。作为派出机构，人民法庭不是一个审级。人民法庭是基层人民法院的组成部分，它的判决和裁定就是基层人民法院的判决和裁定。

（二）中级人民法院

中级人民法院包括：在省、自治区内按地区设立的中级人民法院；在直辖市内设立的中级人民法院；省、自治区辖市的中级人民法院；自治州中级人民法院。

中级人民法院由院长一人，副院长、庭长、副庭长和审判员若干人组成。

中级人民法院设刑事审判庭、民事审判庭等审判庭，根据需要并可以设其他审判庭。

中级人民法院审判下列案件：

一是法律规定由它管辖的第一审案件。如，依据《民事诉讼法》第十八条的规定，中级人民法院管辖下列第一审民事案件：重大涉外案件；在本辖区有重大影响的案件；最高人民法院确定由中级人民法院管辖的案件。依据《行政诉讼法》第十五条的规定，中级人民法院管辖下列第一审行政案件：对国务院部门或者县级以上地方人民政府所作的行政行为提起诉讼的案件；海关处理的案件；本辖区内重大、复杂的案件；其他法律规定由中级人民法院管辖的案件。依据《刑事诉讼法》第二十条规定，中级人民法院管辖下列第一审刑事案件：危害国家安全、恐怖活动案件；可能判处无期徒刑、死刑的案件。

二是基层人民法院移送审判的第一审案件；

三是对基层人民法院判决和裁定的上诉案件和抗诉案件；

四是人民检察院按照审判监督程序提出的抗诉案件。

中级人民法院对其所受理的刑事和民事案件，认为案情重大应当由上级人民法院审判的时候，可以请求移送上级人民法院审判。

（三）高级人民法院

高级人民法院包括：省高级人民法院；自治区高级人民法院；直辖市高级人民法院。高级人民法院由院长一人，副院长、庭长、副庭长和审判员若干人组成。

高级人民法院审判下列案件：法律规定由它管辖的第一审案件；下级

人民法院移送审判的第一审案件；对下级人民法院判决和裁定的上诉案件和抗诉案件；人民检察院按照审判监督程序提出的抗诉案件。

（四）专门人民法院

专门人民法院，是指在某些特定部门和系统内设立的审理特定案件的法院。专门人民法院是法院系统的重要组成部分，不同于按行政区划设立的地方人民法院，专门人民法院是我国在特定部门或地区设立的审理特定案件的法院，因而受理案件的范围也与一般的地方人民法院不同。专门人民法院不按行政区划设立，其管辖范围一般是全国性或跨区域的。专门法院的设立，来自于宪法性文件的授权。《中华人民共和国人民法院组织法》第二条除明确规定设立军事法院外，对于其他专门法院的设置，并没作具体规定。可见，专门人民法院可以根据实际需要设立。实践中，我国已设立的专门人民法院有军事法院、铁路运输法院、海事法院等。为便于体例编排，专门人民法院的具体内容其后详述。

第二，最高人民法院

（一）最高人民法院概述

依照宪法、人民法院组织法的规定，最高人民法院是中华人民共和国最高审判机关，负责审理各类案件，制定司法解释，监督地方各级人民法院和专门人民法院的审判工作，并依照法律确定的职责范围，管理全国法院的司法行政工作。

（二）最高人民法院的主要职权

1. 最高人民法院负责审判的案件。最高人民法院是中华人民共和国最高审判机关，负责审理各类案件，具体来说：最高人民法院审理下列案件：一是审理法律规定由它管辖的和它认为应当由自己审判的第一审案件；二是审理对高级人民法院、专门人民法院判决、裁定的上诉、抗诉、申请再审与申诉案件；三是审理最高人民检察院按照审判监督程序提出的抗诉案件；四是核准本院判决以外的死刑案件；五是依法审理国家赔偿案件，决定国家赔偿；六是核准法定刑以下判处刑罚的案件。

除审判案件外，最高人民法院还负责统一管理、统一协调全国法院的执行工作。目前，每年全国法院受理大量申请强制执行案件。这些案件主要由地方人民法院执行。最高人民法院设立执行局，负责这项工作的管理、监督、协调①。

2. 司法解释

《人民法院组织法》第三十二条规定,"最高人民法院对于在审判过程中如何具体应用法律、法令的问题,进行解释"。最高人民法院对于在审判过程中如何具体应用法律、法令的问题所作的解释,学理上称为司法解释。

最高人民法院"司法解释"的权力,除了来源于《人民法院组织法》第三十二条的规定,还来源于1981年6月10日、全国人民代表大会常务委员会《关于加强法律解释工作的决议》第二项的规定,即:"凡属于法院审判工作中具体应用法律、法令的问题,由最高人民法院进行解释。"为了规范司法解释工作,最高人民法院于1997年发布了《关于司法解释工作的若干规定》(法发〔1997〕15号),对最高人民法院制定司法解释作了详细的规定。2007年3月23日,最高人民法院发布了最高人民法院《关于司法解释工作的规定》(法发〔2007〕12号),自2007年4月1日起施行②。

根据最高人民法院《关于司法解释工作的规定》,司法解释是"人民法院在审判工作中就具体应用法律的问题"而作出的解释;最高人民法院的司法解释,"应当根据法律和有关立法精神,结合审判工作实际需要制定";司法解释的形式分为"解释""规定""批复"和"决定"四种(对在审判工作中如何具体应用某一法律或者对某一类案件、某一类问题如何应用法律制定的司法解释,采用"解释"的形式;根据立法精神对审判工作中须要制定的规范、意见等司法解释,采用"规定"的形式;对高级人民法院、解放军军事法院就审判工作中具体应用法律问题的请示制定的司法解释,采用"批复"的形式;修改或者废止司法解释,采用"决定"的形式);最高人民法院发布的司法解释,应当经审判委员会讨论通过;司法解释以最高人民法院公告形式发布,应当在《最高人民法院公报》和《人民法院报》刊登;司法解释自公告发布之日起施行,但司法解释另有规定的除外;最高人民法院发布的司法解释,具有法律效力;司法解释施行后,人民法院作为裁判依据的,应当在司法文书中援

---

① 资料来源:最高人民法院官网。
② 根据该《最高人民法院关于司法解释工作的规定》(法发〔2007〕12号)第三十一条的规定,最高人民法院1997年7月1日发布的《关于司法解释工作的若干规定》被废止。

引；人民法院同时引用法律和司法解释作为裁判依据的，应当先援引法律，后援引司法解释。

须要说明的是，当代中国具有司法解释权的除了最高人民法院，还有最高人民检察院。关于最高人民检察院的司法解释权，其后详述。

3. 监督地方各级人民法院和专门人民法院的审判工作

《宪法》第一百二十七条规定，最高人民法院是最高审判机关。最高人民法院监督地方各级人民法院和专门人民法院的审判工作，上级人民法院监督下级人民法院的审判工作。宪法这一规定十分清楚地说明：在我国，最高人民法院和地方各级人民法院、专门人民法院之间，上下级法院之间是监督关系而非领导关系。

人民法院的审判职能不同于行政机关的行政管理职能和检察机关的法律监督职能。行政机关为了加强行政管理，提高行政效率，检察机关为了行使侦查、提起公诉、抗诉等法律监督职权，都必须确立上下级之间的领导与被领导的关系。而人民法院审判工作的特点和规律是，它在处理案件时扮演的是居中裁断、冷静客观、不偏不倚、超脱当事人双方利益的角色，它处理案件的过程是深入思考、独立作出判断的过程，它处理案件所依据的都是条文既定、内容明确的法律，这些特点和规律决定了下级人民法院的审判工作不须要依靠上级人民法院的直接领导和指挥，相反，如果有上级人民法院的领导和指挥，就会使下级人民法院的审判工作具有行政首长负责制的特点，就会不可避免地导致下级人民法院服从上级人民法院的领导和权威超过服从法律的规定和权威，进而不可避免地损害法律的统一实施。因此，就司法的组织结构和程序而言，"监督"意味着上级法院仅仅可以依职权就下级法院对某一具体案件的审判结果作出维持、变更或撤销的决定，至于最高法院的司法解释权和各级法院的指定管辖权，则是有关法律对上下级法院关系的特别规定。

但是，上下级法院之间的"监督"关系，在现实的司法图景之中，准确地应是指审判业务中的审级关系，亦即因上诉、再审、死刑复核、减轻处罚核准等与审级结构相关的审判制度，是根据法律程序所设置的审判监督关系，是一种常态化、程序化和制度化的上下级法院审判业务关系。审级关系的特点是：审级关系对应的是审级制度，特指审级间的审判监督关系；审级关系的程序化构造十分清晰明确，主要是通过法律设定的上诉和审判监督程序来实现审级间的指导监督关系；审级关系呈现出一种单一的上对下的指导监督关系,即"上级法院对下级法院的审判监督,不是在具体案件之外发布规范性文件,而是在具体案件审理过程中实施的'个案监督'"[①]。事实上,除了程序上的审判监督关系外,在现实中,上下级法院之间还存在着大量的审判业务指导关系、审判管理关系、政策主导(或理念指引)关系、督查督办关系、内审控制关系、协调联动关系、司法巡查关系、知识生产传输和支配影响关系,等等[②]。

4. 案例指导

2010年11月26日,最高人民法院发布了《关于案例指导工作的规定》(法发〔2010〕51号)。最高人民法院《关于案例指导工作的规定》的出台,标志着中国特色的案例指导制度得以确立[③]。从2012年1月11日最高人民法院发布第一个指导性案例——"上海中原物业顾问有限公司诉陶德华居间合同纠纷"案至2016年9月1日,最高人民法院共发布了13批64个指导性案例[④]。

根据最高人民法院《关于案例指导工作的规定》及其《实施细则》的相关规定,指导性案例是指"裁判已经发生法律效力,认定事实清楚,适用法律正确,裁判说理充分,法律效果和社会效果良好,对审理类似案件具有普遍指导意义的"[⑤]、并符合以下条件的案例:社会广泛关注;法律规定比较原则;具有典型性;疑难复杂或者新类型;其他具有指导作用的案例。最高人民法院发布的"指导性案例由标题、关键词、裁判要点、相关法条、基本案情、裁判结果、裁判理由"等部分组成。其中,最重要的是裁判要点、基本案情及裁判理由部分。对于这部分内容,发布者并不是对原生效裁判文书的照搬,而是通过重新梳理对其所作的提炼和总结,因此对于司法实践具有很强的指导意义。指导性案例由最高人民法院确定并统一发布;符合条件的指导性案例,报请院长或者主管副院长提交最高人民法院审判委员会讨论决定;最高人民法院审判委员会讨论决定的指导性案例,统一在《最高人民法院公报》、最高人民法院网站、《人民

---

① 杜豫苏:《上下级法院审判业务关系研究》,北京大学出版社2015年版,第22—23页。
② 同上书,第23—31页。
③ 为了具体实施《最高人民法院关于案例指导工作的规定》,加强、规范和促进案例指导工作,充分发挥指导性案例对审判工作的指导作用,统一法律适用标准,维护司法公正,2015年4月27日,最高人民法院还发布了《〈最高人民法院关于案例指导工作的规定〉实施细则》。
④ 详情参见本书附录一。
⑤ 参见《〈最高人民法院关于案例指导工作的规定〉实施细则》第三条。

法院报》上以公告的形式发布；最高人民法院发布的指导性案例，各级人民法院审判类似案例时应当参照。

指导性案例具有以下基本特征：一是发布主体一元化。指导性案例的发布主体，又可称为创制主体，是指将一定的案例确定为指导性案例的权威机构。从理论上看，为了维护指导性案例的权威性和适用法律的统一性，发布指导性案例的主体只能实行一元化，不能实行多元化，即只能由国家最高审判机关发布。从实践上看，《最高人民法院关于案例指导工作的规定》第一条便开宗明义地指出对全国法院审判、执行工作具有指导作用的指导性案例，由最高人民法院确定并统一发布。据此，在我国，指导性案例的发布权统一于最高人民法院，地方各级人民法院均不享有此项权力。二是来源途径多元化。指导性案例的来源实行推荐制度，最高人民法院设立案例指导工作办公室，专门负责指导性案例的遴选、审查和报审工作。三是参照效力具有强制性。《最高人民法院关于案例指导工作的规定》第七条规定，最高人民法院发布的指导性案例，各级人民法院审判类似案例时应当参照。从该条文义出发，结合指导性案例的性质以及案例指导制度本身的要求可知，"应当"与"参照"两个要求是密不可分的。如果允许法官自由决定其是否援引指导性案例，则指导性案例制度就没有任何权威性，将会形同虚设，毫无意义。因此，对于此处的"应当参照"应理解为必须参照，即在待决案件与指导性案例相同或类似时，必须要参照指导性案例进行裁判。四是发布形式具有公告性。经最高人民法院审判委员会讨论决定的指导性案例，应当以公告的形式统一发布。目前，公告的法定途径主要有三种，即《最高人民法院公报》《人民法院报》和最高人民法院网站。五是援引方式具有规范性。根据《〈最高人民法院关于案例指导工作的规定〉实施细则》第十条和第十一条的规定可知，指导性案例只能作为裁判理由予以引述，而不能直接作为裁判依据予以援引，而且法官在裁判理由部分引述指导性案例时，应当注明其编号和裁判要点。另外，非法官援引指导性案例作为控（诉）辩理由时，案件承办人员亦应当在裁判理由中回应是否参照了该指导性案例并说明理由[①]。

综上，最高人民法院《关于案例指导工作的规定》的出台是我国司法制度建设中一座重要的里程碑，它标志着中国特色的案例指导制度的确

[①] 参见《最高法指导性案例司法应用年度报告2015》（资料来源：中国社会科学网）。

立。我国的案例指导制度，客观上是由于在幅员辽阔、各地经济社会发展不平衡、诉讼纠纷复杂多样、不同层级法院之间乃至同一法院的不同法官之间存在"同案不同判"等现象的产生，需要充分发挥典型性案例在审判工作中的指导作用，以统一司法尺度和裁判标准。但是，我国作为成文法国家，法官不能"造法"，法院判决不是法律渊源，也不奉行"遵循先例"原则，所以，我国案例指导制度与英美法系国家判例制度又有着本质的区别。我国的案例指导制度是在以成文法为主的法律体系下，运用案例对法律规定的准确理解和适用进行指导的一种制度，是最高法院在吸取我国传统法例制度合理因素和英美国家判例法有益成分的基础上，顺应世界两大法系逐渐融合发展的大趋势，经过实践探索创制的一项独具中国特色的司法制度。最高人民法院建立的案例指导制度，正是为了加强案件管理，促进司法行为的规范化。因为社会公平正义的维护应当落实到每一起案件的办理过程中，体现在每一个司法行为上。事实证明，"案例指导制度促进了司法自由裁量权的规范行使，加强了法律适用的统一性"[①]。

三　当代中国专门人民法院

《宪法》规定，中华人民共和国设立最高人民法院、地方各级人民法院和军事法院等专门人民法院。《人民法院组织法》第二十八条规定，"专门人民法院的组织和职权由全国人民代表大会常务委员会另行规定。"下面简要介绍我国的几个专门人民法院。

（一）海事法院

海事法院是我国主管与海相通的可航水域发生的海事、海商案件，如船舶碰撞、共同海损、海难救助、船舶污染、船舶扣押和拍卖案件以及涉外海事、海商案件的专门人民法院。

20世纪80年代中期，我国对外开放政策全面实施，外贸业发展迅猛，海运事业得到空前发展，我国海洋大国和海运大国的地位日益突出。为适应我国海事运输和对外经济贸易事业发展的需要，有效地行使司法管辖权，1984年11月14日，第六届全国人民代表大会常务委员会第八次会议通过了《全国人民代表大会常务委员会关于在沿海港口城市设立海事法院的决定》。该《决定》的主要内容包括：一是为了适应我国海上运

---

① 国务院新闻办公室：《中国的司法改革》白皮书2012年10月发布。

输和对外经济贸易事业发展的需要，有效地行使我国司法管辖权，及时地审理海事、海商案件，以维护我国和外国的当事人的合法权益，决定根据需要在沿海一定的港口城市设立海事法院；二是海事法院的设置或者变更、撤销，由最高人民法院决定。海事法院的审判机构和办事机构的设置，由最高人民法院规定；三是海事法院对所在地的市人民代表大会常务委员会负责。海事法院的审判工作受所在地的高级人民法院监督；四是海事法院管辖第一审海事案件和海商案件，不受理刑事案件和其他民事案件。各海事法院管辖区域的划分，由最高人民法院规定；五是对海事法院的判决和裁定的上诉案件由海事法院所在地的高级人民法院管辖；六是海事法院院长由所在地的市人民代表大会常务委员会主任提请本级人民代表大会常务委员会任免。海事法院副院长、庭长、副庭长、审判员和审判委员会委员，由海事法院院长提请所在地的市人民代表大会常务委员会任免。海事法院的设置或者变更、撤销，由最高人民法院决定。海事法院的审判机构和办事机构的设置，由最高人民法院规定。

1984年11月28日，最高人民法院依据上述《决定》发布了《最高人民法院关于设立海事法院几个问题的决定》，决定在以下港口城市设立海事法院：在广州市设立广州海事法院；在上海市设立上海海事法院；在青岛市设立青岛海事法院；在天津市设立天津海事法院；在大连市设立大连海事法院。最高人民法院的《决定》同时规定，海事法院设海事审判庭、海商审判庭、研究室和办公室等机构。海事法院收案范围暂定为：国内企业、组织、公民之间，中国企业、组织、公民同外国企业、组织、公民之间，外国企业、组织、公民之间的依法应当由我国管辖的下列海事案件和海商案件：船舶碰撞损害赔偿案件；船舶碰撞海上和港口设施损害赔偿案件；船舶排放有害物质和海上作业措施不当，造成水域污染的损害赔偿案件；海上作业设施影响船舶航行造成经济损失的索赔案件；海上运输和海上、港口作业过程中的人身伤亡事故引起的损害赔偿案件；海运和海上作业中的重大责任事故案件（审理过程中发现构成犯罪须要追究刑事责任的，分别转公安、检察机关依照法律规定的程序办理）；海上货物运输合同纠纷案件；海上旅客和行李运输合同纠纷案件；船舶租赁、代理、修理合同纠纷案件；海上保险业务纠纷案件；海上救助、打捞、拖航纠纷案件；共同海损纠纷案件；港口装卸作业和理货纠纷案件；海洋开发和海洋利用纠纷案件；因海事、海商等纠纷，起诉前一方当事人申请采取保全措施扣押船舶的案件；因违反有关海事的法律、条例受主管行政机关处罚，当事人不服，在法律规定的期限内起诉的案件；或者在期限内不起诉，期满又不履行，主管行政机关申请强制执行的案件；海事仲裁机构申请采取保全措施的案件；对海事仲裁机构作出的裁决，一方当事人逾期不履行，对方当事人申请执行的案件；上级人民法院交办的和法律规定由海事法院受理的其他海事、海商案件。《决定》还对各海事法院的管辖区域作了规定。作为当代中国的专门人民法院之一，海事法院自此开始在上海、广州等地陆续建立起来。1990年3月2日，最高人民法院决定设立海口海事法院和厦门海事法院。1992年12月4日，最高人民法院决定设立宁波海事法院。1999年7月19日，最高人民法院发布了《关于北海海事法院正式对外受理案件问题的通知》。

目前，我国共有十个海事法院，分别为：北海海事法院、大连海事法院、广州海事法院、海口海事法院、宁波海事法院、青岛海事法院、上海海事法院、天津海事法院、武汉海事法院、厦门海事法院。

（二）中国人民解放军军事法院

1. 军事法院概述

中国人民解放军军事法院是中华人民共和国在中国人民解放军中设立的国家审判机关，属于国家审判体系中的专门人民法院，受中央军委和总政治部领导，受最高人民法院监督。根据《中国人民解放军政治工作条例》第十四条关于"中国人民解放军政治工作的主要内容是：……（八）军事审判、检察和司法行政工作。依法代表国家在军队中行使审判权、检察权，组织开展司法行政工作，保证宪法和法律在军队的实施。运用法律手段保护国家军事利益，维护军队和军人合法权益，为部队和官兵提供法律服务"的规定可知，军事审判也是军队政治工作的主要内容之一。

2. 解放军军事法院的成立

中国人民解放军的军事审判组织制度最早萌芽于土地革命战争时期。当时红军内部设有履行军事审判职能的军事法庭和军法官。1931年9月1日，鄂豫皖区苏维埃政府颁布了《革命军事法庭组织条例》，规定红军师以上、地方各县军区指挥部及军事委员会分会之下，设立革命军事法庭。1932年2月1日，根据中华苏维埃共和国中央执行委员会颁布的《中华苏维埃共和国军事裁判所暂行组织条例》，红军师以上部队设立军事裁判所。军事裁判所分为初级（包括军队初级、阵地初级）军事裁判所、高级军事裁判所和最高军事裁判会议,其中初级军事裁判所隶属于高级军事裁判所,高级军事裁判所设在中央革命军事委员会,最高军事裁判会议设在中华苏维埃临时最高军事法庭。抗日战争时期,八路军的军事审判机构按照国民革命军的编制体制进行了改编,将红军时期的军事裁判所一律改编为军法处,并颁发了《第八路军军法处工作条例草案》,但此后虽然各部队军法处仍属于基层级军事审判机构,但最高军事审判权限仍然归属于中央政府。例如,1937年延安红军高级将领黄克功杀人案件,是由陕甘宁边区政府高等法院直接审理的,而非当时军队设置的军法处审理。1949年新中国的成立为将军事审判工作纳入国家审判体制创造了必要的条件。1950年之前,军事审判机构与组织名称仍然沿用军法处,实行审检合署,设置在师级以上单位政治机关内。1951年1月,中央军委批准颁发国防军编制表,在全军各部队团或相当于团的机关、部队、学校设置军法干事。这是从组织上加强军事审判工作的一个重要举措。1954年1月,中央军委决定在解放军总部成立"中国人民解放军军事法庭",统一管理全军审判工作。同年2月28日,中央人民政府中央军事委员会主席毛泽东任命陈奇涵(后授予上将军衔)为中国人民解放军军事法庭庭长。11月1日,中央军委颁布军事法院暂行编制表,将"中国人民解放军军事法庭"改称为"中国人民解放军军事法院"。1955年8月31日,根据全国人民代表大会第一次会议制定的《中华人民共和国宪法》和《中华人民共和国人民法院组织法》的规定,国防部下发通知,明确各军区、军、师军法处更名为军事法院,从而形成了由中国人民解放军军事法院和各军区、军、师军事法院组成的四级军事审判体系[①]。

3. 军事法院管辖的案件

(1) 军人违反职责犯罪

早在红军初创时期,我军就制定了红军惩戒条例。抗日战争时期,又制定和颁布了八路军军法条例、新四军奖惩暂行条例等。从解放战争起直到新中国成立初期,先后制定和完善了一批军事刑事法规。1951年5月,军队司法机关拟定出中国人民解放军暂行军法条例。1954年,又组织起草了中国人民解放军军事刑罚条例和中华人民共和国军事刑法。1957年,全国人大常委会组织起草国家刑法草案时,军队负责对刑法分则第十章军

---

① 张建田:《关于军事法院体制改革问题的思考》,《法学杂志》2016年第2期。

职罪的草拟和修改工作。1979年,新中国第一部刑法颁布后,军队又组织讨论修改以至形成了中华人民共和国惩治军人违反职责罪暂行条例,1981年6月经全国人大常委会讨论通过颁布实施。1997年修改实施的新刑法在其分则第十章中规定了军人违反职责罪,既总结了前述军职罪条例在实施中比较成熟的经验,又对其中一些不够完善的规定作了适当的调整,还增设了一些新的军人违反职责罪,从而使我国的刑事立法、军事刑事立法趋于完备。2013年,解放军总政治部征得最高人民法院、最高人民检察院和公安部同意,颁布了《关于军人违反职责罪案件立案标准的规定(试行)》,对军人违反职责罪的有关问题作了进一步的明确。

1997年10月1日,新修订的《中华人民共和国刑法》正式施行。《刑法》分则第十章专章规定了"军人违反职责罪",明确规定"军人违法职责,危害国家军事利益,依照法律应当受刑罚处罚的行为,是军人违法职责罪"[1],并具体规定了战时违抗命令罪,隐瞒、谎报军情罪,拒传、假传军令罪,投降罪,战时临阵脱逃罪,擅离、玩忽军事职守罪,战时自伤罪,武器装备肇事罪,阻碍军事职务罪,指使部属违反职责罪,违令作战消极罪,拒捕救援友邻部队罪,军人叛逃罪,非法获取军事秘密罪,为境外窃取、刺探、收买、非法提供军事秘密罪,故意泄露军事秘密罪,过失泄露军事秘密罪,战时造谣惑众罪,逃离部队罪,擅自改变武器装备编配用途罪,盗窃、抢夺武器装备、军用物资罪,非法出卖、转让武器装备罪,遗弃武器装备罪,遗失武器装备罪,擅自出卖、转让军队房地产罪,虐待部属罪,遗弃伤病军人罪,战时拒不救治伤病军人罪,战时残害居民、掠夺居民财物罪,私放俘虏罪,虐待俘虏罪等军人违反职责各种犯罪的构成及处罚。1997年6月29日,最高人民法院发布关于执行《中华人民共和国刑事诉讼法》若干问题的解释(法释〔1997〕23号)第二十条规定,"现役军人(含军内在编职工,下同)和非军人共同犯罪的,分别由军事法院和地方人民法院或者其他专门法院管辖;涉及国家军事秘密的,全案由军事法院管辖。"[2] 同时,根据1998年8月12日中国人民解放军总政治部军事法院、军事检察院关于《中华人民共和国刑法》第十章所列刑事案件管辖范围的通知和最高人民法院、最高人民检察院、公安

---

[1] 参见《刑法》第四百二十条。
[2] 2013年1月1日,《最高人民法院关于适用〈中华人民共和国刑事诉讼法〉的解释》正式公布并施行。该司法解释被废止,作者注。

部、国家安全部、司法部、解放军总政治部关于印发《办理军队和地方互涉刑事案件规定》的通知（政保〔2009〕1号）等规定可见，军事法院管辖的案件首先是刑法分则规定的"军人违反职责"犯罪。

（2）一定范围的民事案件

根据最高人民法院发布的《关于军事法院管辖民事案件若干问题的规定》（法释〔2012〕11号），军事法院管辖下列民事案件：

双方当事人均为军人或者军队单位的案件，但法律另有规定的除外；涉及机密级以上军事秘密的案件；军队设立选举委员会的选民资格案件；认定营区内无主财产案件。同时，根据该《规定》第二条，下列民事案件，地方当事人向军事法院提起诉讼或者提出申请的，军事法院应当受理：军人或者军队单位执行职务过程中造成他人损害的侵权责任纠纷案件；当事人一方为军人或者军队单位，侵权行为发生在营区内的侵权责任纠纷案件；当事人一方为军人的婚姻家庭纠纷案件；民事诉讼法第三十四条规定的不动产所在地、港口所在地、被继承人死亡时住所地或者主要遗产所在地在营区内，且当事人一方为军人或者军队单位的案件；申请宣告军人失踪或者死亡的案件；申请认定军人无民事行为能力或者限制民事行为能力的案件。此外，该《规定》还对以下事项作出了规定：一是当事人一方是军人或者军队单位，且合同履行地或者标的物所在地在营区内的合同纠纷，当事人书面约定由军事法院管辖，不违反法律关于级别管辖、专属管辖和专门管辖规定的，可以由军事法院管辖。二是军事法院受理第一审民事案件，应当参照民事诉讼法关于地域管辖、级别管辖的规定确定。三是军事法院发现受理的民事案件属于地方人民法院管辖的，应当移送有管辖权的地方人民法院，受移送的地方人民法院应当受理。四是军事法院与地方人民法院之间因管辖权发生争议，由争议双方协商解决；协商不成的，报请各自的上级法院协商解决；仍然协商不成的，报请最高人民法院指定管辖。五是军事法院受理案件后，当事人对管辖权有异议的，应当在提交答辩状期间提出。军事法院对当事人提出的异议，应当审查。异议成立的，裁定将案件移送有管辖权的军事法院或者地方人民法院；异议不成立的，裁定驳回。

（三）铁路运输法院

铁路运输法院始建于新中国成立初期，1953年在天津铁路管理局成立了第一个铁路沿线专门法院，随后很快推广，在全国各铁路管理局普遍成立①。但是，由于新中国成立初期我国司法机构的设置模式基本沿袭苏联司法机构的设置模式，以铁路运输法院为例，20世纪50年代照搬苏联模式曾经设立过，但很快被全部撤销。在新中国成立后30多年的时间里，我国基本上没有专门的铁路运输司法机构（即铁路运输法院和铁路运输检察院）。党的十一届三中全会后，我国实行改革开放政策，同时大力加强民主法制建设，各级公、检、法机关相继得到恢复和完善，军事、海事和铁路等专门司法机构也得以建立。铁路运输法院在20世纪70年代末又重新组建，于1982年5月开始办案，当时有铁路运输高级、中级和基层三级法院，1986年铁路运输高级法院被撤销，只存在铁路运输中级和铁路运输法院若干，按铁路局和铁路分局建制而设立且跨行政区划，其管辖也是跨区域的，审判业务接受各铁路运输中级法院所在地的高级人民法院指导，但人、财、物隶属各铁路局和铁路分局。铁路运输法院呈网状分布在全国各地，几乎有铁路存在的地方就有铁路运输法院②。

2009年，中央下发关于铁路公检法管理体制改革的文件，要求铁路公检法整体纳入国家司法体系，铁路法院整体移交驻在地省（直辖市、自治区）党委、高级人民法院管理。截至2012年6月底，全国铁路法院完成管理体制改革，整体纳入国家司法体系。

2012年7月2日，最高人民法院发布《关于铁路运输法院案件管辖范围的若干规定》（法释〔2012〕10号），主要内容：一是铁路运输法院受理同级铁路运输检察院依法提起公诉的刑事案件。具体来说，下列刑事公诉案件，由犯罪地的铁路运输法院管辖：车站、货场、运输指挥机构等铁路工作区域发生的犯罪；针对铁路线路、机车车辆、通讯、电力等铁路设备、设施的犯罪；铁路运输企业职工在执行职务中发生的犯罪。在列车上的犯罪，由犯罪发生后该列车最初停靠的车站所在地或者目的地的铁路运输法院管辖；但在国际列车上的犯罪，按照我国与相关国家签订的有关管辖协定确定管辖，没有协定的，由犯罪发生后该列车最初停靠的中国车站所在地或者目的地的铁路运输法院管辖。二是下列涉及铁路运输、铁路安全、铁路财产的民事诉讼，由铁路运输法院管辖：铁路旅客和行李、包裹运输合同纠纷；铁路货物运输合同和铁路货物运输保险合同纠纷；国际

---

① 张永江、孟亚东：《铁路法院改造为跨行政区划法院的相关问题研究》，《尊重司法规律与刑事法律适用研究（上）——全国法院第27届学术讨论会获奖论文集》。
② 彭世忠：《铁路运输司法机构存废论》，《现代法学》2007年第3期。

铁路联运合同和铁路运输企业作为经营人的多式联运合同纠纷；代办托运、包装整理、仓储保管、接取送达等铁路运输延伸服务合同纠纷；铁路运输企业在装卸作业、线路维修等方面发生的委外劳务、承包等合同纠纷；与铁路及其附属设施的建设施工有关的合同纠纷；铁路设备、设施的采购、安装、加工承揽、维护、服务等合同纠纷；铁路行车事故及其他铁路运营事故造成的人身、财产损害赔偿纠纷；违反铁路安全保护法律、法规，造成铁路线路、机车车辆、安全保障设施及其他财产损害的侵权纠纷；因铁路建设及铁路运输引起的环境污染侵权纠纷；对铁路运输企业财产权属发生争议的纠纷。

2015年2月4日，最高人民法院发布《关于全面深化人民法院改革的意见——人民法院第四个五年改革纲要（2014—2018）》（法发〔2015〕3号），明确"将铁路运输法院改造为跨行政区划法院，主要审理跨行政区划案件、重大行政案件、环境资源保护、企业破产、食品药品安全等易受地方因素影响的案件、跨行政区划人民检察院提起公诉的案件和原铁路运输法院受理的刑事、民事案件"。

（四）知识产权法院

自20世纪60年代始，一些国家和地区就开始探索成立知识产权法院。世界上公认的第一个知识产权法院是德国于1961年成立的联邦专利法院。此后，英国于1977年成立了专利法院，美国1982年成立了联邦巡回上诉法院，泰国、日本、我国台湾地区、俄罗斯亦分别于1997年、2005年、2008年、2013年成立自己的知识产权法院。建立专门法院已经成为知识产权司法的国际潮流。

知识产权案件具有复杂性、专业性、周期长等特点。我国对于专利、著作权、商标等知识产权案件，长期以来的审理格局是：中级人民法院行使管辖权居多，高级人民法院管辖再审、复议、确权为特例，高级人民法院指定或者案件比较集中的部分基层人民法院管辖为例外。2008年国务院发布的《国家知识产权战略纲要》，首次将知识产权案件的专门化审判改革提上了议事日程，提高到了战略高度。该纲要指出：要研究设置统一受理知识产权案件民事、行政和刑事案件的专门知识产权法庭；研究适当集中专利等技术性较强案件的审理管辖权问题，探索建立知识产权上诉法院。自此，知识产权专门化审判的改革拉开了序幕。2013年，十八届三中全会通过的《中共中央关于全面深化改革若干重大问题的决定》指出，要"加强知识产权运用和保护,健全技术创新激励机制,探索建立知识产权法院。"2014年8月31日,全国人民代表大会常务委员会通过了《关于在北京、上海、广州设立知识产权法院的决定》,该《决定》的主要内容包括:一是明确在北京、上海、广州设立知识产权法院;二是规定知识产权法院审判庭的设置,由最高人民法院根据知识产权案件的类型和数量确定。知识产权法院管辖有关专利、植物新品种、集成电路布图设计、技术秘密等专业技术性较强的第一审知识产权民事和行政案件。不服国务院行政部门裁定或者决定而提起的第一审知识产权授权确权行政案件,由北京知识产权法院管辖。知识产权法院对第一款规定的案件实行跨区域管辖;三是知识产权法院所在市的基层人民法院第一审著作权、商标等知识产权民事和行政判决、裁定的上诉案件,由知识产权法院审理;四是知识产权法院第一审判决、裁定的上诉案件,由知识产权法院所在地的高级人民法院审理;五是知识产权法院审判工作受最高人民法院和所在地的高级人民法院监督。知识产权法院依法接受人民检察院法律监督;六是知识产权法院院长由所在地的市人民代表大会常务委员会主任会议提请本级人民代表大会常务委员会任免。知识产权法院副院长、庭长、副庭长、审判员和审判委员会委员,由知识产权法院院长提请所在地的市人民代表大会常务委员会任免。知识产权法院对所在地的市人民代表大会常务委员会负责并报告工作。2014年10月31日,最高人民法院发布《关于北京、上海、广州知识产权法院案件管辖的规定》(法释〔2014〕12号)。根据该《规定》,知识产权法院管辖所在市辖区内的下列第一审案件:1.专利、植物新品种、集成电路布图设计、技术秘密、计算机软件民事和行政案件;2.对国务院部门或者县级以上地方人民政府所作的涉及著作权、商标、不正当竞争等行政行为提起诉讼的行政案件;3.涉及驰名商标认定的民事案件。此外,该《规定》还对三个知识产权法院具体管辖的案件作了规定。2014年11月6日,全国首家知识产权审判专业机构——北京知识产权法院挂牌并正式履职。12月16日,广州知识产权法院成立。12月28日,上海市知识产权法院挂牌成立。当代中国一个新的专门人民法院——知识产权法院自此应运而生。

我国知识产权法院的建立,不仅是循应知识产权司法保护体制变革的国际潮流,更是深化我国司法体制改革的重要举措。最高人民法院《关于全面深化人民法院改革的意见——人民法院第四个五年改革纲要(2014—

2018)》(法发〔2015〕3号)明确,"建立与行政区划适当分离的司法管辖制度"是全面深化人民法院改革的主要任务之一,其中一项举措就是"推动设立知识产权法院","根据知识产权案件的特点和审判需要,建立和完善符合知识产权案件审判规律的专门程序、管辖制度和审理规则。"另外,国家在北京、上海、广州三地设立专门知识产权法院,只是"探索建立知识产权法院"的第一步,知识产权司法体制改革还有待深化。

(五)其他专门人民法院

在当代中国,除了军事法院、海事法院、知识产权法院,还有林业法院、农垦法院等专门法院。其中,林业法院亦称森林法院,是国家在林区设立的、专门审理有关森林案件的专门人民法院。例如,1982年5月9日,吉林省人民代表大会常务委员会决定在延边朝鲜族自治州设立延边森林中级人民法院;在吉林市设立吉林森林中级人民法院;在通化地区设立通化森林中级人民法院,等等。

最高人民法院《关于全面深化人民法院改革的意见——人民法院第四个五年改革纲要》明确,要"将林业法院、农垦法院统一纳入国家司法管理体系,理顺案件管辖机制,改革部门、企业管理法院的体制。"

四 人民法院审判案件基本原则及制度

(一)基本原则

我国宪法和有关法律规定了我国人民法院审判案件的基本原则,这些基本原则主要是:

1. 国家的审判权由人民法院统一行使。人民法院是国家的审判机关,国家的审判权由人民法院统一行使,其他任何机关、团体和个人都无权行使这个权力。

2. 人民法院依照法律规定独立行使审判权。我国人民法院依照法律规定独立行使审判权,不受任何行政机关、社会团体和个人的干涉。

3. 一切公民、法人和其他组织在适用法律上一律平等。我国人民法院审判案件,对于一切公民、法人和其他组织在适用法律上一律平等,不允许有任何特权。

4. 以事实为根据,以法律为准绳。人民法院审理案件忠实于事实和法律,以案件的客观事实为基础,严格按照法律的规定作出裁判。

(二) 基本制度

根据我国宪法和有关法律的规定，人民法院审判案件的基本制度是：

1. 公开审判制度

人民法院审理案件除涉及国家秘密、个人隐私和未成年人犯罪以及法律另有规定的案件外，一律公开进行。离婚案件、涉及商业秘密的案件、当事人申请不公开审理的，可以不公开审理。公开审理的案件，要先期公告，允许公民旁听。人民法院宣告判决，一律公开进行。

2. 辩护制度

人民法院审判刑事案件，被告人有权获得辩护，人民法院有义务保证被告人获得辩护。我国1979年制定的刑事诉讼法规定，被告人在法院审判阶段才有权委托辩护人。1996年修改的刑事诉讼法明确规定，犯罪嫌疑人在侦查阶段就可以聘请律师提供法律帮助，案件侦查终结移送检察机关后有权委托辩护人。2012年修改的刑事诉讼法进一步明确规定，犯罪嫌疑人自被侦查机关第一次讯问或者被采取强制措施之日起，有权委托辩护人，被告人有权随时委托辩护人。犯罪嫌疑人、被告人在押期间要求委托辩护人的，人民法院、人民检察院和公安机关应当及时转达其要求，犯罪嫌疑人、被告人的监护人、近亲属也可以代为委托辩护人。被告人除自己进行辩护外，有权委托律师为他辩护。为进一步保障犯罪嫌疑人、被告人的辩护权和其他权利，2012年修改的刑事诉讼法将法律援助在刑事诉讼中的适用范围，从审判阶段扩大到侦查、审查起诉阶段，并扩大了法律援助对象范围。犯罪嫌疑人、被告人是盲、聋、哑、未成年人、尚未完全丧失辨认或者控制自己行为能力的精神病人以及可能被判处无期徒刑、死刑，没有委托辩护人的，人民法院、人民检察院和公安机关应当通知法律援助机构指派律师为其辩护。

3. 诉讼代理制度

在我国民事诉讼中和行政诉讼中，当事人有权委托诉讼代理人。无诉讼行为能力人由他的监护人作为法定代理人代为诉讼，法定代理人之间互相推诿代理责任的，由人民法院指定其中一人代为诉讼。当事人、法定代理人可以委托一人至二人作为诉讼代理人。律师、当事人的近亲属、有关的社会团体或者所在单位推荐的人、经人民法院许可的其他公民，都可以被委托为诉讼代理人。委托他人代为诉讼，须向人民法院提交由委托人签名或者盖章的授权委托书。

4. 回避制度

人民法院审判案件，诉讼当事人及其法定代理人，对于其认为与本案有利害关系或者其他关系可能影响公正处理案件的审判人员、书记员、公诉人、鉴定人、勘验人和翻译人员，有权申请回避；上述人员如果认为自己对本案有利害关系或者其他关系，需要回避时，也应当自行回避。

5. 调解制度

人民法院审理民事案例，根据当事人自愿和合法的原则，在查明事实、分清是非的基础上，进行调解，调解在各个诉讼阶段都可以进行。调解达成协议，必须双方自愿，不得强迫，调解协议的内容不得违反法律规定。调解达成协议后由人民法院制作调解书，调解书经双方当事人签收后，即具有法律效力。调解未达成协议或者调解书送达后一方反悔的，人民法院应当及时判决。

须要注意的是，调解作为一项具有中国特色的非诉讼矛盾纠纷解决方式，在社会中应用广泛。根据主持调解的主体、调解纠纷的类型、法律依据等方面的不同，调解可以分为司法调解、行政调解和人民调解。其中，在村（居）委、乡镇（街道）、企事业单位以及矛盾高发行业和领域设立的人民调解委员会主持下的调解，是人民调解；行政调解是行政机关依据法律规定，在当事人自愿的前提下，对职权管辖范围内的行政争议和与职权相关的民事纠纷进行的调解，如根据《治安管理处罚法》第九条的规定，"对于因民间纠纷引起的打架斗殴或者损毁他人财物等违反治安管理行为，情节较轻的"，公安机关可以调解处理。司法调解是人民法院对受理的民事案件，依职权或经当事人申请，在法官主持下进行的调解。另外，近年来，我国人民检察院建立起了"检调对接"工作机制。具体而言，检调对接机制是指检察机关公诉部门针对进入公诉环节的某些刑事案件，在履行法定职责的过程中引入人民调解制度，促使双方当事人在专门调解机构主持下就犯罪嫌疑人的行为所造成被害人的损失赔偿事项达成调解协议，并经确认后依法对犯罪嫌疑人作出从轻或减轻处理的一种诉讼与调解相结合的工作机制和司法活动[1]。

6. 合议制度

人民法院审判案件，由审判员组成合议庭或者由审判员和人民陪审员

---

[1] 黄通荣、叶成国：《公诉工作中检调对接机制研究》，《中国刑事法杂志》2010 年第 11 期。

组成合议庭进行的制度被称为合议制度。简单的民事案件、适用简易程序的刑事案件和法律另有规定的案件，可以由审判员一人独任审判。人民法院审判上诉和抗诉案件，由审判员三人至五人组成合议庭进行。

7. 审判委员会制度

各级人民法院设立由院长、庭长和有经验的审判员参加的审判委员会。审判委员会的任务是总结审判经验，讨论重大或者疑难的案件和其他有关审判工作的问题。审判委员会在讨论中发生意见分歧时，实行少数服从多数的原则。

8. 两审终审制度

人民法院审判案件，实行两审终审制。对于地方各级人民法院和专门人民法院第一审案件的判决、裁定，当事人有权向上一级人民法院上诉；被告人的辩护人和近亲属，经被告人同意，也可以提出上诉。地方各级人民检察院认为本级人民法院的第一审刑事判决、裁定确有错误时，应当向上一级人民法院提出抗诉。不服第一审判决、裁定的上诉和抗诉案件由上一级人民法院依照第二审程序进行审理，第二审作出的判决和裁定是终审的判定和裁定。最高人民法院审判的第一审案件作出的判决和裁定是终审的判决和裁定。

9. 死刑复核制度

死刑是剥夺犯罪分子生命的刑罚方法。我国刑法规定死刑只适用于极少数罪行极其严重的犯罪分子，并规定了严格的适用标准。2011 年颁布的《刑法修正案（八）》取消了 13 个经济性非暴力犯罪的死刑，占死刑罪名总数的 19.1%，并规定对审判时已年满七十五周岁的人一般不适用死刑。人民法院适用死刑特别慎重，终审判决确定后还要经过专门的死刑复核程序。从 2007 年开始，由最高人民法院统一行使死刑案件的核准权。死刑案件除由最高人民法院判决的以外，应由高级人民法院复核后，报请最高人民法院核准。死刑第二审案件全部开庭审理，以完善死刑复核程序，加强死刑复核监督。最高人民法院复核死刑案件，应当讯问被告人，辩护律师提出要求的，应当听取辩护律师的意见。最高人民检察院可以向最高人民法院提出意见。死刑复核程序的改革，确保了办理死刑案件的质量。

10. 审判监督制度

各级人民法院院长对本院已经发生法律效力的判决、裁定，发现确有错误，认为须要再审的，应当提交审判委员会讨论决定。最高人民法院对地方各级人民法院已经发生法律效力的判决、裁定、上级人民法院对下级人民法院已经发生法律效力的判决、裁定，发现确有错误的，有权提审或者指令下级人民法院再审。最高人民检察院对各级人民法院已经发生法律效力的判决、裁定，上级人民检察院对下级人民法院已经发生法律效力的判决、裁定，发现确有错误的，应当按照审判监督程序提出抗诉。对于人民检察院提出抗诉的案件，人民法院应当再审。

五　法官

(一) 法官概述

1. 法官概念

依照《中华人民共和国法官法》规定，法官是依法行使国家审判权的审判人员，包括最高人民法院、地方各级人民法院和军事法院等专门人民法院的院长、副院长、审判委员会委员、庭长、副庭长、审判员和助理审判员。法官的等级分为十二级。最高人民法院院长为首席大法官，二级至十二级则包括大法官、高级法官和法官。

2.《法官法》的颁行

1995年2月27日，第八届全国人民代表大会常务委员会第十二次会议通过了《中华人民共和国法官法》，并于1995年7月1日起施行。中华人民共和国《法官法》是我国第一部法官的专门立法，是加强社会主义法制建设的一项重大举措。2001年，《法官法》修订，修改后的《中华人民共和国法官法》，总结了1995年以来人民法院建设的经验，在法官的任职条件、任免程序、任职回避和对任命法官的监督、法官员额比例的确定等方面作了进一步的修改和完善，对建立具有中国特色的法官制度，保障法官依法履行职责，提高法官队伍的整体素质，实现对法官的科学管理，具有十分重要的意义。

(二) 法官任职条件

担任法官必须具备下列条件：具有中华人民共和国国籍；年满二十三周岁；拥护中华人民共和国宪法；有良好的政治、业务素质和良好的品行；身体健康；高等院校法律专业本科毕业或者高等院校非法律专业本科毕业具有法律专业知识，从事法律工作满二年，其中担任高级人民法院、最高人民法院法官，应当从事法律工作满三年；获得法律专业硕士学位、博士学位或者非法律专业硕士、博士学位具有法律专业知识,从事法律工作满一年,其中担任高级人民法院、最高人民法院法官,应当从事法律工作满二年。初任法官的选任,按照德才兼备的标准,从通过国家统一司法考试①,并且具备法官条件的人员中择优提出人选。人民法院的院长、副院长应当从法官或者其他具备法官条件的人员中择优提出人选。

(三) 法官的任免

最高人民法院院长由全国人民代表大会选举和罢免,副院长、审判委员会委员、庭长、副庭长和审判员由最高人民法院院长提请全国人民代表大会常务委员会任免。地方各级人民法院院长由地方各级人民代表大会选举和罢免,副院长、审判委员会委员、庭长、副庭长和审判员由本院院长提请本级人民代表大会常务委员会任免。在省、自治区内按地区设立的和在直辖市内设立的中级人民法院院长,由省、自治区、直辖市人民代表大会常务委员会根据主任会议的提名决定任免,副院长、审判委员会委员、庭长、副庭长和审判员由高级人民法院院长提请省、自治区、直辖市的人

---

① 国家司法考试是国家统一组织的从事特定法律职业的资格考试,其前身为律师资格考试(全国律师资格考试始于 1986 年)。2001 年,最高人民法院最高人民检察院司法部联合发布《国家司法考试实施办法(试行)》,第二条规定"国家司法考试是国家统一组织的从事特定法律职业的资格考试。初任法官、初任检察官和取得律师资格必须通过国家司法考试。" 2008 年 8 月 14 日,司法部会同最高人民法院、最高人民检察院对《国家司法考试实施办法(试行)》进行了修订,修订后的《国家司法考试实施办法》第二条规定"初任法官、初任检察官,申请律师执业和担任公证员必须通过国家司法考试,取得法律职业资格。法律、行政法规另有规定的除外。"自 2002 年起,国家司法考试每年举办一次,由国家统一组织实施,实现了法律职业准入制度由分散到统一的转变。作为法律职业准入的国家司法考试制度,在规范法律职业人员任职资格、提高司法人员综合素质、推动法律人员职业化方面发挥了重要作用。2015 年 12 月,中共中央办公厅 国务院办公厅印发了《关于完善国家统一法律职业资格制度的意见》,《意见》指出:"法律职业资格考试制度是国家统一组织的选拔合格法律职业人才的国家考试制度。""将现有司法考试制度调整为国家统一法律职业资格制度,实行全国统一组织、统一命题、统一标准、统一录取的考试方式,一年一考。"《意见》明确了法律职业人员范围:法律职业人员是指具有共同的政治素质、业务能力、职业伦理和从业资格要求,专门从事立法、执法、司法、法律服务和法律教育研究等工作的职业群体。担任法官、检察官、律师、公证员、法律顾问、仲裁员(法律类)及政府部门中从事行政处罚决定审核、行政复议、行政裁决的人员,应当取得国家统一法律职业资格。国家鼓励从事法律法规起草的立法工作者、其他行政执法人员、法学教育研究工作者等,参加国家统一法律职业资格考试,取得职业资格。《意见》规定了取得法律职业资格的条件:取得国家统一的法律职业资格必须同时具备下列条件:拥护中华人民共和国宪法,具有良好的政治、业务素质和道德品行;具备全日制普通高等学校法学类本科学历并获得学士及以上学位,或者全日制普通高等学校非法学类本科以上学历并获得法律硕士、法学硕士及以上学位或获得其他相应学位从事法律工作三年以上;参加国家统一法律职业资格考试并获得通过,法律法规另有规定的除外。

民代表大会常务委员会任免。在民族自治地方设立的地方各级人民法院院长、由民族自治地方各级人民代表大会选举和罢免，副院长、审判委员会委员、庭长、副庭长和审判员由本院院长提请本级人民代表大会常务委员会任免。人民法院的助理审判员由本院院长任免。

六 人民陪审员

（一）人民陪审员概念

人民陪审员，是指在法院的审判工作中，担任与法官一样的职责，负责对案件的案情的了解和处理的公民。人民陪审员是代表人民群众在人民法院参加合议庭审判活动的人员，是人民群众参加管理，行使审判权，对审判工作进行监督的重要体现。人民陪审员被称为"不穿制服的法官"。吸收人民陪审员参与审理案件，可以监督司法，促进司法公正；弥补法官力量不足，促进司法效率的提高；人民陪审员与法官形成优势互补，促进办案的法律效果和社会效果的统一；人民陪审员能更好地宣传和普及法律，促进人民群众民主法制意识的提高。人民陪审员是法院与群众之间的桥梁。人民陪审员制度，是国家审判机关审判案件时吸收非职业法官作为陪审员，陪审与职业法官或职业审判员一起审判案件的一种司法制度。

（二）当代中国人民陪审制度的建立

在我国，陪审制度最早出现在清末沈家本编订的《大清刑事民事诉讼法》第208—234条中，该法第208条规定："凡陪审员有助公堂秉公行法，于刑事使无屈抑，于民事使审判公直之责任"。该法虽对陪审制度规定详尽，但终因当时社会动荡而最终未能施行。

我国的陪审制度真正确立于第二次国内革命战争时期，1932年、中华苏维埃中央执行委员会颁布的《中华苏维埃共和国裁判部暂行组织及裁判条例》中，具体规定了陪审制度。新中国成立后，第一个宪法性纲领文件《中国人民政治协商会议共同纲领》就规定：人民法院审判案件依照法律实行人民陪审员制度。1951年的《人民法院暂行组织条例》也规定了陪审制度，1954年的《中华人民共和国宪法》将人民陪审员制度确认为一项宪法制度，第七十五条明确规定：人民法院审判案件依照法律实行人民陪审员制度。同年的《人民法院组织法》将其确认为一项司法原则，进一步规定：人民法院审判第一审案件，实行人民陪审员制度。可见，人民陪审员制度在新中国成立伊始就得到了充分的肯定。1978年宪法重新规定了人民陪审员制度，恢复了人民陪审员制度的法律地位，其中第41条规定：人民法院审判案件，依照法律的规定实行群众代表陪审的制度。在1979年新颁布的《人民法院组织法》和中国第一部《刑事诉讼法》中也对人民陪审员制度做了规定。

2004年8月28日，第十届全国人民代表大会常务委员会第十一次会议通过了《关于完善人民陪审员制度的决定》，并于2005年5月1日开始实施。《关于完善人民陪审员制度的决定》是我国第一部有关人民陪审员制度的人大立法，它的颁行，使得我国的人民陪审制度在制度设置上更加完善，标志着我国的人民陪审员制度走向更加规范的道路，使人民陪审员制度跨入了一个新的发展时期。

（三）人民陪审制度的基本特征

根据全国人大常委《关于完善人民陪审员制度的决定》，我国人民陪审员制度具有如下特征：

一是主体具有广泛性。公民担任人民陪审员，应当具备下列条件：拥护中华人民共和国宪法；年满二十三周岁；品行良好、公道正派；身体健康。担任人民陪审员，一般应当具有大学专科以上文化程度。人民代表大会常务委员会的组成人员，人民法院、人民检察院、公安机关、国家安全机关、司法行政机关的工作人员和执业律师等人员，不得担任人民陪审员。下列人员不得担任人民陪审员：因犯罪受过刑事处罚的；被开除公职的。

二是参与案件的广泛性。人民法院审判下列第一审案件，由人民陪审员和法官组成合议庭进行，适用简易程序审理的案件和法律另有规定的案件除外：社会影响较大的刑事、民事、行政案件；刑事案件被告人、民事案件原告或者被告、行政案件原告申请由人民陪审员参加合议庭审判的案件。

三是人民陪审员产生程序的法定性。符合担任人民陪审员条件的公民，可以由其所在单位或者户籍所在地的基层组织向基层人民法院推荐，或者本人提出申请，由基层人民法院会同同级人民政府司法行政机关进行审查，并由基层人民法院院长提出人民陪审员人选，提请同级人民代表大会常务委员会任命。

四是人民陪审员的任职具有期限性。人民陪审员的任期为五年。

五是参加审判活动权利法定性。依法参加审判活动是人民陪审员的权利和义务。人民陪审员依法参加审判活动,受法律保护。人民陪审员参加合议庭审判案件,对事实认定、法律适用独立行使表决权。

六是免职条件、程序法定性。人民陪审员有下列情形之一,经所在基层人民法院会同同级人民政府司法行政机关查证属实的,应当由基层人民法院院长提请同级人民代表大会常务委员会免除其人民陪审员职务:本人申请辞去人民陪审员职务的;无正当理由,拒绝参加审判活动,影响审判工作正常进行的;具有《决定》第五条、第六条所列情形之一的[①];违反与审判工作有关的法律及相关规定,徇私舞弊,造成错误裁判或者其他严重后果的。

七是价值取向上的民主性。"陪审制度首先是一种政治制度,应当把它看成是人民主权的一种形式"[②]。陪审制度的核心是民主,是通过广大民众参与审判的形式将民主的精神和原则贯穿于司法审判实践之中。正是陪审制度满足广大人民对司法权参与的愿望,成为人民在司法权行使过程中表达意愿的途径。人民陪审员制度既是人民群众对司法权参与行使的一种途径,也是人民群众参与我国政治生活,实现公民权利,表达公民意愿的形式。人民陪审员制度的实质就是人民群众参与国家管理,表达权利诉求的一种方式,是中国共产党密切联系群众,从群众中来,到群众中去,全心全意依靠人民群众管理国家和社会事务的一种方式。

第二节 当代中国人民检察院

一 当代中国人民检察院概述

(一)人民检察院

《宪法》第一百二十九条规定:"中华人民共和国人民检察院是国家的法律监督机关"。这一宪法规定表明:法律监督是我国检察机关的根本

[①] 《关于完善人民陪审员制度的决定》第五条:"人民代表大会常务委员会的组成人员,人民法院、人民检察院、公安机关、国家安全机关、司法行政机关的工作人员和执业律师等人员,不得担任人民陪审员。"第六条:"下列人员不得担任人民陪审员:(一)因犯罪受过刑事处罚的;(二)被开除公职的。"

[②] [法]托克维尔:《论美国的民主》(上),董果良译,商务印书馆1997年版,第314页。

属性和职责。社会主义国家的公共权力配置中，监督权具有相对独立性。当代中国的检察制度是人民代表大会制度的一项专门的法律监督机制，它将法律监督职能从国家一般职能中分离出来，使之成为一项独立的专门的国家职能。检察机关"法律监督"的功能定位决定了中国检察权的权力禀赋、职权配置及运行原则都与西方国家有很大差别。中国检察机关通过依法行使批准逮捕、提起公诉、对国家工作人员职务犯罪案件进行侦查以及对侦查活动、审判活动、刑罚执行活动的监督，保障法律实施，维护国家法治[1]。也因如此，当代中国的人民检察制度与众不同，尤其是在苏联解体、东欧剧变之后，制度特色日益凸显：在政治特色方面，它坚持党的领导；在体制特色方面，它作为"一府两院"的组成部分，受人民代表大会及其常委会的监督并对其负责、向其报告工作；在职能特色方面，它与西方的"行政机关""公诉机构"不同，以"守护法律"、实施法律监督为其职能核心，是国家重要的司法机关之一；在制度内容方面，与时俱进，一直处于探索、改革和完善的过程中，并将随着中国特色社会主义制度的改革、完善而不断完善[2]。

(二) 中国检察制度溯源

检察制度是国家实施法律的一种制度，但与国家实施法律的其他制度如审判制度和监狱制度相比，检察制度并没有伴随着国家的产生而产生。作为人类社会进化到法治时代的产物，检察制度的出现是在近代资产阶级革命胜利以后。我国于清末变法修律时，始引进、继受检察制度[3]。

1905年，清模仿行宪政开始。期间，清朝曾派大臣多人出外考察外国司法制度，其中包括检察制度。通过聘请法学专家的讲授和派大臣出国考察，基本上为清末朝廷选定大陆法系检察制度作变法后检察制度的体制，形成了系统的理论，并给京内外检察机关及其检察官员以比较系统的检察教育，这对清末检察制度的建立的影响，无疑是积极的，有益的[4]。

清朝最初于1906年拟定的检察机关为"检事局"。检事局配置于各

---

[1] 孙谦：《论检察》，中国检察出版社2013年版，第3页。
[2] 孙谦：《论检察"出版说明"》，中国检察出版社2013年版，第1页。
[3] 张培田、张华：《近现代中国审判检察制度的演变》，中国政法大学出版社2004年版，第237页。
[4] 同上书，第240页。

级法院。确定检察机关为"检事局",明显带有模仿日本的痕迹。为避免照搬日本之嫌,到正式修改颁行的诉讼法草案和法院编制法时,又将"检事局"改作"检察厅"①。不仅如此,清末朝廷还"十分突出地在立法中贯彻司法官僚制度","在检察机关编制、检察官任用资格、级别、待遇等方面,清末立法"都"有一系列规定"②。例如,对检察官任用资格的确定,原则上比照法官或推事。宣统元年颁行的《法院编织法》、对推事及检察官的任用资格,有十分严格的规定。如《法院编织法》第一百六十条强调:"推事及检察官,应照法官考试任用章程,经两次考试合格者,始准任用。"第一百七十条明确"凡在法政法律学堂三年以上,领有毕业文凭者,得应第一次考试"。但如果"在京师法科大学毕业,及在外国法政大学或法政专门学堂毕业,经学部考试给予进士出身者,以经第一次考试合格论"。经过第一次考试合格或具备第一次考试合格资格,才具有学习推事或学习检察官的资格。学习推事或学习检察官经过二年学习,方才可以参加第二次推事或检察官的资格考试。通过推事和检察官资格的第二次考试,才能候补推事及候补检察官③。

随着满清帝制的很快覆灭,清朝的检察制度并没有来得及全面推广。但是,因其本身所具有的完全不同于过去传统的司法监察性质,多多少少又标志着对两千余年封建专制法制的否定,标志着中华法系的解体。因此清末的检察制度,"开了近现代中国检察制度的先河"④。

(三) 新中国的人民检察院

新中国成立之初,《中国人民政治协商会议共同纲领》第十七条即规定,要"废除国民党反动政府一切压迫人民的法律、法令和司法制度,制定保护人民的法律、法令,建立人民司法制度。"1949 年 9 月 27 日颁布的《中央人民政府委员会组织法》规定,"中央人民政府委员会对外代表中华人民共和国,对内领导国家政权。"(第四条)"中央人民政府委员会组织政务院,以为国家政务的最高执行机关;组织人民革命军事委员会,以为国家军事的最高统辖机关;组织最高人民法院及最高人民检察

---

① 张培田、张华:《近现代中国审判检察制度的演变》,中国政法大学出版社 2004 年版,第 241 页。
② 同上。
③ 同上书,第 247 页。
④ 同上书,第 256 页。

署，以为国家的最高审判机关及检察机关"（第五条），并用第五章专章规定"最高人民法院及最高人民检察署"，明确规定"最高人民检察署对政府机关、公务人员和全国国民之严格遵守法律，负最高的检察责任。"（第二十八条）"最高人民检察署设检察长一人，副检察长若干人，委员若干人。"（第二十九条）"最高人民法院及最高人民检察署的组织条例，由中央人民政府委员会制定之"（第三十条）。由此可见，《中央人民政府组织法》已经确立了检、审分设的制度，并将其明确为国家政权机关，只是由于全国人民代表第一次会议尚未召开，因而将检、法置于中央人民政府的领导之下。

1951年9月4日，中央人民政府颁布《最高人民检察署试行组织条例》，这是新中国第一部关于检察制度的单行法规，它规定："中央人民政府最高人民检察署，为全国人民最高检察机关，对政府机关、公务人员和全国国民之严格遵守法律，负最高的检察责任。"（第二条）"最高人民检察署受中央人民政府委员会之直辖，直接行使并领导下级检察署行使下列职权：检察全国各级政府机关、公务人员和全国国民是否严格遵守中国人民政治协商会议共同纲领、人民政府的政策方针和法律法令；对反革命及其他刑事案件，实行检察，提起公诉；对各级审判机关之违法或不当裁判，提起抗诉；检察全国监所及犯人劳动改造机构之违法措施；处理人民不服下级检察署不起诉处分之声请复议案件；代表国家公益参与有关全国社会和劳动人民利益之重要民事案件及行政诉讼。"（第三条）《最高人民检察署试行组织条例》是在新中国第一部《宪法》尚未制定的情况下颁布的，在第一届全国人民代表大会召开之前、依据《中央人民政府组织法》和《最高人民检察署试行组织条例》组建的检察机关，虽明显带有创建阶段的性质，但它发挥了历史作用，为建设完备的检察制度，积累了经验。1954年9月15日，第一届全国人大一次会议通过了《中华人民共和国人民检察院组织法》。这部组织法与新中国成立初期相比，一个关键的变化是称谓——"检察署"改成了"检察院"。改"署"为"院"，标志着我国人民代表大会制度下的"一府两院"——即中央人民政府、最高人民法院、最高人民检察院的国家机构体制正式形成。

1979年7月，五届全国人大二次会议通过的《中华人民共和国人民检察院组织法》，明确规定人民检察院是国家的法律监督机关，为检察机关恢复重建和检察工作顺利开展提供了基本法律依据。1983年9月，六届全国人大常委会第二次会议通过的《关于修改〈中华人民共和国人民检察院组织法〉的决定》对人民检察院组织法中的四项条款进行了修改。不过，由于检察院组织法对检察任务的规定不全面，表述也不尽科学；对各级检察院的职权规定不能完全涵盖司法实践中检察机关实际履行的检察职能，等等，近年来，理论界修改完善人民检察院组织法的呼声较高。

二 当代中国人民检察院组织体系

依照《宪法》《人民检察院组织法》的规定，人民检察院的组织体系是：最高人民检察院、地方各级人民检察院和军事检察院等专门人民检察院。

（一）最高人民检察院

中华人民共和国人民检察院是国家的法律监督机关，最高人民检察院就是国家最高法律监督机关。其主要任务是领导地方各级人民检察院和专门人民检察院依法履行法律监督职能，保证国家法律的统一和正确实施。具体而言，最高人民检察院的主要职责：

一是对全国人民代表大会和全国人民代表大会常务委员会负责并报告工作，接受全国人民代表大会及其常务委员会的监督；

二是依法向全国人民代表大会和全国人民代表大会常务委员会提出议案；

三是领导地方各级人民检察院和专门人民检察院的工作，确定检察工作方针，部署检察工作任务；

四是依法对贪污案、贿赂案、侵犯公民民主权利案、渎职案以及认为需要自己依法直接受理的其他刑事案件进行侦查。领导地方各级人民检察院和专门人民检察院的侦查工作；

五是对重大刑事犯罪案件依法审查批捕、提起公诉。领导地方各级人民检察院和专门人民检察院对刑事犯罪案件的审查批捕、起诉工作；

六是领导地方各级人民检察院和专门人民检察院开展民事、经济审判和行政诉讼活动的法律监督工作；

七是对地方各级人民检察院和监所派出检察院依法对执行机关执行刑罚的活动和监管活动是否合法实行监督；

八是对各级人民法院已经发生法律效力、确有错误的判决和裁定，依法向最高人民法院提起抗诉；

九是对地方各级人民检察院和专门人民检察院在行使检察权作出的决定进行审查，纠正错误决定；

十是受理公民控告、申诉和检举；

十一是对国家机关工作人员职务犯罪预防工作进行研究并提出职务犯罪的预防对策和检察建议；负责职务犯罪的法制宣传工作；负责全国检察机关对检察环节中其他社会治安综合治理工作的指导；

十二是受理对贪污、贿赂等犯罪的举报，并领导全国检察机关的举报工作；

十三是提出全国检察机关体制改革规划的意见，经主管部门批准后，组织实施；规划和指导全国检察机关的检察技术工作和物证检验、鉴定、审核工作；

十四是对于检察工作中具体应用法律的问题进行司法解释；

十五是制定有关检察工作的条例、细则和规定；

十六是负责检察机关的思想政治工作和队伍建设。领导地方各级人民检察院和专门人民检察院依法管理检察官的工作。

十七是协同地方党委管理和考核省、自治区、直辖市人民检察院和专门人民检察院的检察长、副检察长，提请全国人民代表大会常务委员会批准或不批准省、自治区、直辖市人民检察院检察长的任免；提请全国人民代表大会常务委员会决定任免专门人民检察院的检察长；建议全国人民代表大会常务委员会撤换下级人民检察院的检察长、副检察长和检察委员会委员；

十八是协同主管部门管理人民检察院的机构设置和人员编制；等等。

须要注意的是：

第一，关于上下级检察机关之间的关系。最高人民检察院领导地方各级人民检察院和专门人民检察院的工作。地方各级人民检察院和专门人民检察院既受最高人民检察院的领导，也受上级人民检察院的领导，上下级人民检察院之间是领导与被领导的关系。检察机关的领导体制和活动原则是由我国的国家体制和政党制度决定的，我国是由中国共产党领导的、以人民代表大会制度为根本政治制度的社会主义国家。在人民代表大会之下，国家设立行政机关、审判机关、检察机关，分别行使行政权、审判权和检察权。正是由于国家权力被分别授予行政、审判、检察等机关行使，因此，如何在人民代表大会制度中实现对权力的监督制约就是一个关键问题。检察机关作为专门的法律监督机关,是人民代表大会制度之下国家实现权力监督与制约的制度设计。可以说,上下级检察机关之间的"领导"关系,既是中国共产党领导下的人民代表大会这一根本政治制度的体制延伸,也是检察机关肩负的专门法律监督机关的使命使然。

第二,关于检察解释。对于司法解释,1981年全国人大常委会《关于加强法律解释工作的决议》发布之前,适用的是1955年全国人大常委会《关于解释法律问题的决议》(1955年6月23日全国人民代表大会常务委员会第十七次会议通过)。该决议只规定了最高法院可以对具体应用法律问题进行解释,而没有规定最高检对法律的解释问题。因此检察解释权实质上是从1981年才真正开始确立的。1981年全国人大常委会《关于加强法律解释工作的决议》第二项规定:"凡属于检察院检察工作中具体应用法律、法令的问题,由最高人民检察院进行解释。"据此,最高人民检察院1996年发布了《最高人民检察院司法解释暂行工作规定》(高检发研字〔1996〕7号),对最高检的司法解释作了规定。

根据《最高人民检察院司法解释暂行工作规定》,最高人民检察院的司法解释,是"对检察工作中具体应用法律的问题"进行的解释;最高人民检察院发布的司法解释,文件采用"解释""规定""意见""通知""批复"等形式,统一编排文号;人民检察院在起诉书等法律文书中,可以引用最高人民检察院司法解释的规定;最高人民检察院在必要时,可以商请最高人民法院等部门联合发布司法解释;最高人民检察院的司法解释以文件形式对下颁发,并及时登载于《最高人民检察院公报》或者通过其他新闻媒介对外公布。

(二)地方各级人民检察院

根据《人民检察院组织法》规定,地方各级人民检察院分为:省、自治区、直辖市人民检察院;省、自治区、直辖市人民检察院分院,自治州和省辖市人民检察院;县、市、自治县和市辖区人民检察院。省一级人民检察院和县一级人民检察院,根据工作需要,提请本级人民代表大会常务委员会批准,可以在工矿区、农垦区、林区等区域设置人民检察院,作为派出机构。

三 当代中国专门人民检察院

依据人民检察院组织法的规定,国家设立"军事检察院等专门人民检察院"。专门人民检察院的设置、组织和职权由全国人民代表大会常务委员会另行规定。

1. 军事检察院

军事检察院是我国检察机关的组成部分,是专门检察院的一种,是与军事保卫机关、军事法院并列的军队中的执法部门。新中国成立后,1954年《宪法》第八十一条规定,"中华人民共和国最高人民检察院对于国务院所属各部门、地方各级国家机关、国家机关工作人员和公民是否遵守法律,行使检察权。地方各级人民检察院和专门人民检察院,依照法律规定的范围行使检察权。地方各级人民检察院和专门人民检察院在上级人民检察院的领导下,并且一律在最高人民检察院的统一领导下,进行工作"。第八十二条规定,"最高人民检察院检察长任期四年。人民检察院的组织由法律规定。"与此同时,第一部《人民检察院组织法》第一条也明确规定,"中华人民共和国设立最高人民检察院、地方各级人民检察院和专门人民检察院"。由此可见,1954年宪法和人民检察院组织法已经为设立专门检察院提供了宪法依据和制度空间。此后,1975《宪法》第二十五条第二款规定"检察机关的职权由各级公安机关行使",检察机关被撤销。1978年《宪法》第四十三条明确规定"地方各级人民检察院和专门人民检察院,依照法律规定的范围行使检察权",检察机关得以恢复重建。1982年《宪法》第一百三十条明确规定"中华人民共和国设立最高人民检察院、地方各级人民检察院和军事检察院等专门人民检察院。"在新中国的四部宪法之中,1982年宪法第一次明确提到"军事检察院"。

事实上,作为国家在中国人民解放军中设置的专门法律监督机关,军事检察院的最早设立可以追溯到中华苏维埃的"工农检察部"[①]。新中国成立后,根据1954年宪法及第一部人民检察院组织法的制度安排,1955年11月10日,第一届全国人民代表大会常务委员会第二十三次会议批准任命黄火星为最高人民检察院副检察长兼最高人民检察院军事检察院检察长。军队最高一级军事检察院宣告成立,名称为"最高人民检察院军事

[①] 参见孙谦著《论检察》,中国检察出版社,第279页:"中华苏维埃共和国的最高权力机关是全国苏维埃代表大会,在大会闭幕期间的最高政权机构是中央执行委员会。中央执行委员会下设中央人民委员会,为中华苏维埃共和国的最高行政机关。中央人民委员会设九部一局。其中,中央工农检察人民委员部和国家政治保卫局检察科承担部分检察职能,与此后设立的军事检察(查)所和最高法院、各级裁判部内设的检察机构,共同组成了苏区检察机构体系。"

检察院",后来改称"中国人民解放军军事检察院",黄火星成为新中国首任军事检察院检察长①。

军事检察院依照法律规定,独立行使检察权。

2. 铁路运输检察院

铁路运输检察院是根据《中华人民共和国人民检察院组织法》的规定,为保障铁路运输秩序和安全,设立在铁路运输系统的国家专门法律监督机关,属于专门检察院序列,是中国人民检察制度中特殊而又重要的组成部分,始建于20世纪50年代。

我国在铁路运输系统设立专门的检察机关,始于新中国成立初期。1953年,最高人民检察署开始筹划在铁路水上运输系统试建检察署,计划在各铁路局设立铁路沿线专门检察署(后更名为铁路运输检察院,相当于后来的铁路检察分院),在各铁路分局设立铁路沿线专门检察分支机构(后更名为铁路运输检察分院,相当于后来的基层铁路检察院)。1953年10月,天津铁路沿线专门检察署成立,这是新中国设立的第一个铁路专门检察机关。至1954年底,全国铁路系统共建立9个铁路沿线专门检察署。随着最高人民检察署更名为最高人民检察院,已成立的两级铁路沿线专门检察署及分支机构,统一更名为铁路运输检察院、铁路运输检察分院。1955年1月,最高人民检察院设立了铁路水上运输检察院,部分地方也相继设立了铁路运输检察院和水上运输检察院。

党的十一届三中全会后,1979年全国人大五届二次会议通过新的《人民检察院组织法》,规定设立与地方人民检察院并行的专门人民检察院,明确专门人民检察院包括铁路运输检察院。到1982年,全国恢复成立了以全国铁路运输检察院为领导的三级铁检机关。

进入21世纪,铁路检察院管理体制改革被纳入中央司法体制和工作机制改革的总体部署。2004年,中共中央《转发〈中央司法体制改革领导小组关于司法体制和工作机制改革的初步意见〉的通知》提出,要改革有关部门、企业管理公检法的体制,将铁路公检法纳入国家司法管理体系。2009年7月8日,中央编办印发的《关于铁路公检法管理体制改革和核定政法专项编制的通知》提出了铁路检察院与铁路运输企业全部分离,一次性整体纳入国家司法管理体系,一次性移交给驻在地省(自治

---

① 方圆法治网:黄火星,军事检察的开创者。

区、直辖市）党委和省级检察院，实行属地管理的总原则。2010年12月8日，中央编办、最高人民法院、最高人民检察院、财政部、人力资源和社会保障部、铁道部联合印发了《关于铁路法院检察院管理体制改革若干问题的意见》，对铁路检察院管理体制改革后的干部管理、法律职务任免、业务管辖、资产移交、经费保障等问题作出了具体规定。至2012年6月30日，全国17个铁路运输检察分院和59个铁路运输基层检察院全部移交给29个省级人民检察院实行属地管理①。

四 人民检察院主要职权

根据我国《宪法》第一百二十九条和人民检察院组织法等有关法律的规定，检察机关的主要职权包括：

（1）刑事案件侦查权。侦查权是国家的专门机关依照法律规定的程序，收集证据，揭露、证实犯罪，查获犯罪人，并采取必要的强制措施的权力。根据《刑事诉讼法》第一十八条第二款规定，人民检察院的侦查权主要适用于贪污贿赂犯罪，国家工作人员的渎职犯罪，国家机关工作人员利用职权实施的非法拘禁、刑讯逼供、报复陷害、非法搜查的侵犯公民人身权利的犯罪及侵犯公民民主权利的犯罪。对于国家机关工作人员实施的其他重大的犯罪案件，需要由人民检察院直接受理的时候，经省级以上人民检察院决定，可以由人民检察院立案侦查。同时，法律规定人民检察院可以参加公安机关复验、复查，并可对公安机关侦查终结移送起诉的案件进行补充侦查。

（2）批准和决定逮捕权。《宪法》第三十七条和《刑事诉讼法》第八十五条规定，公安机关要求逮捕犯罪嫌疑人的时候，必须经过人民检察院批准，由公安机关执行。人民检察院批准和决定逮捕权是指人民检察院对公安机关提请批准逮捕的犯罪嫌疑人的审查批准逮捕和对直接受理案件的决定逮捕的权力。

（3）公诉权。公诉权是人民检察院代表国家，为追究犯罪嫌疑人的刑事责任，依照法律向有管辖权的法院提出指控的权力。除自诉案件由人民法院直接受理，刑事案件都应当由人民检察院提起公诉。在我国，公诉权由人民检察院代表国家统一行使，其他任何机关、团体、组织都无权行

---

① 徐向春：《铁路运输检察体制改革》，《国家检察官学院学报》2015年第2期。

使这项权力。公诉权包括决定起诉、不起诉、变更起诉及提出抗诉等。

（4）立案监督和侦查活动监督权。立案监督权是人民检察院对公安机关的立案活动是否合法进行监督的权力。人民检察院通过立案监督，依法纠正和防止公安机关有案不立或者以罚代刑的现象，使犯罪分子受到刑事追究。侦查活动监督权是人民检察院在审查侦查机关提请批准逮捕犯罪嫌疑人和移送起诉的案件时对侦查活动是否合法实行监督的权力。人民检察院对侦查活动的监督权力，一方面是惩罚犯罪的主要手段和武器；另一方面，通过监督，发现并纠正侦查中在搜查、扣押、讯问被告人、询问证人、现场勘验、检查、鉴定等环节上的违法乱纪情况，以保护公民的民主权利、人身权利和其他权利。

（5）刑事审判监督权。刑事审判监督权是人民检察院对审判机关的刑事审判活动是否违反规定的诉讼程序以及对于确有错误的判决和裁定实行监督的权力。人民检察院对审判机关的违法行为有要求其纠正的权力。对法院做出的判决和裁决拥有抗诉权，以保证法院正确行使刑事处罚权（抗诉权同时也是公诉权的组成部分）。

（6）对刑事判决、裁定的执行和监管改造机关的活动是否合法的监督权。人民检察院这一职权包括两个方面的内容：一方面是对执行刑事判决、裁定的刑罚，包括生命刑、自由刑和财产刑，是否合法、正确、严肃实行监督的权力；另一方面是对看守所、监狱的监管改造工作是否合法实行监督。

（7）民事审判、行政诉讼监督权。是指人民检察院对审判机关的民事、行政审判活动是否合法，包括判决、裁决的合法性实行监督的权力。目前其主要内容是对已经发生法律效力但确有错误的判决、裁定提出抗诉。

（8）职务犯罪预防权。是指人民检察院在查处职务犯罪同时，收集、分析、处理职务犯罪相关信息，提出预防职务犯罪的对策和建议，开展预防职务犯罪的法制宣传、警示教育和预防措施咨询活动，建立和完善行贿犯罪档案查询制度并受理行贿犯罪档案查询，在重点行业、领域与有关单位共同建立预防职务犯罪的工作机制，检查、通报预防职务犯罪工作情况。

五　检察官

（一）检察官

依照《检察官法》的规定，检察官是依法行使国家检察权的检察人员,包括最高人民检察院、地方各级人民检察院和军事检察院等专门人民检察院的检察长、副检察长、检察委员会委员、检察员和助理检察员①。

(二) 中华人民共和国检察官法

1987年10月,党的十三大报告指出,当前干部人事制度改革的重点,是建立国家公务员制度,即制定法律和规章,对政府中行使国家行政权力、执行国家公务的人员,依法进行科学管理。国家权力机关、审判机关和检察机关的领导人员和工作人员,建立类似国家公务员的制度进行管理。根据党的十三大会议精神,制定一部检察官法、完善检察官管理、建立起符合检察机关性质和工作特点的管理制度被提到日程上来。1995年2月28日,第八届全国人民代表大会常委会第十二次会议通过了《中华人民共和国检察官法》,该法自1995年7月1日起施行,共和国第一部《检察官法》诞生。2001年6月30日,第九届全国人民代表大会常务委员会第二十二次会议对该法进行了修正。

(三) 担任检察官的条件

依据《检察官法》的规定,担任检察官必须具备下列条件:具有中华人民共和国国籍;年满二十三岁;拥护中华人民共和国宪法;有良好的政治、业务素质和良好的品行;身体健康;高等院校法律专业本科毕业或者高等院校非法律专业本科毕业具有法律专业知识,从事法律工作满二年,其中担任省、自治区、直辖市人民检察院、最高人民检察院检察官,应当从事法律工作满三年;获得法律专业硕士学位、博士学位或者非法律专业硕士学位、博士学位具有法律专业知识,从事法律工作满一年,其中担任省、自治区、直辖市人民检察院、最高人民检察院检察官,应当从事法律工作满二年。下列人员不得担任检察官:曾因犯罪受过刑事处罚的;曾被开除公职的。初任检察官采用严格考核的办法,按照德才兼备的标准,从通过国家统一司法考试取得资格,并且具备检察官条件的人员中择优提出人选。

六 人民监督员

(一) 人民监督员制度概述

宪法赋予了检察机关"法律监督者"的崇高地位,在具体的职能方

---

① 参见《中华人民共和国检察官法》第二条。

面,检察机关集职务犯罪侦查、批准逮捕、审查起诉、提起公诉、民行监督、监所检察等权能于一身,所涉范围覆盖了各种类别的诉讼以及诉讼的每一环节。而司法民主是司法公正的前提,为了回应"谁来监督监督者"的民众期待,2003年,最高人民检察院发布《关于实行人民监督员制度的规定(试行)》,旨在"加强对人民检察院查办职务犯罪案件工作的监督,提高执法水平和办案质量,确保依法公正履行检察职责,维护社会公平和正义",正式启动人民监督员制度试点工作。由此可见,人民监督员制度是党中央决定逐步推进政治体制改革的历史背景下应运而生的、我国检察机关首创的司法民主方式,是检察体制改革科学发展的产物,也是人民群众参与司法实践的一项创新举措。2010年10月,最高人民检察院发布《关于实行人民监督员制度的规定》,人民监督员制度在全国检察机关开始全面推行。通过从社会各界选任人民监督员,依照监督程序对人民检察院办理职务犯罪案件过程中出现的应当立案而不立案、不应当立案而立案、拟撤销案件、拟不起诉等情形进行监督与评议。

(二)人民监督员制度主要内容

1. 监督范围

根据《最高人民检察院关于实行人民监督员制度的规定》,人民检察院办理直接受理立案侦查案件,实行人民监督员制度。人民监督员依照《最高人民检察院关于实行人民监督员制度的规定》对人民检察院办理直接受理立案侦查案件工作实施监督。具体来说,人民监督员对人民检察院办理直接受理立案侦查案件的下列情形实施监督:应当立案而不立案或者不应当立案而立案的;超期羁押或者检察机关延长羁押期限决定不正确的;违法搜查、扣押、冻结或者违法处理扣押、冻结款物的;拟撤销案件的;拟不起诉的;应当给予刑事赔偿而不依法予以赔偿的;检察人员在办案中有徇私舞弊、贪赃枉法、刑讯逼供、暴力取证等违法违纪情况的。

2. 人民监督员的担任条件、产生

人民监督员应当具备下列条件:拥护中华人民共和国宪法;有选举权和被选举权;年满二十三周岁;公道正派,有一定的文化水平;身体健康。下列人员不得担任人民监督员:受过刑事处罚或者正在受到刑事追究的;受过劳动教养或者行政拘留处罚的;被开除公职或者开除留用的。下列人员不宜担任人民监督员:党委、政府及其组成部门的负责人;人民代表大会常务委员会组成人员;人民法院、人民检察院、公安机关、国家安全机关、司法行政机关的在职人员；执业律师、人民陪审员；其他因职务原因可能影响履行人民监督员职责的人员。

根据《最高人民检察院关于实行人民监督员制度的规定》，人民监督员实行选任制。

3. 人民监督员案件监督方式、步骤

人民监督员办事机构向人民监督员提交拟处理决定（意见）书、主要证据目录、相关法律规定及有关材料；案件承办人向人民监督员介绍案情，说明拟处理决定（意见）的理由和依据；案件承办人回答人民监督员提出的问题；人民监督员进行评议和表决。案件监督中，案件承办人必要时可以向人民监督员出示相关案件材料，或者播放相关视听资料。人民监督员推举一人主持会议，并根据案件情况独立进行评议和表决。人民监督员在评议时，可以对案件事实、证据和法律适用情况、办案程序、是否同意检察机关拟处理决定（意见）及案件的社会反映等充分发表意见。

第三节　当代中国司法体制改革

一　司法体制概述

（一）司法体制概念、特点

司法体制是行使司法权力的国家机关的设置、各机关之间职权划分和相互关系的体系、机制的总和。我国现行司法体制奠基于1954年，确立于1982年。我国现行司法体制，具有以下几个显著特点：

第一，人民法院、人民检察院并列为司法机关。法院作为司法机关当是世界各国通例。至于检察机关之性质，西方发达国家大体分为两种类型，不认为检察机关属于司法机关。中国将检察机关定性为专门的法律监督机关，负有维护法律尊严、保障法律统一实施的责任，因此不同于一般意义上的追诉机关，属于司法机关。

第二，审判权检察权依法独立行使。宪法、法律规定，人民法院依法独立行使审判权，人民检察院依法独立行使检察权，"不受行政机关、社会团体和个人的干涉"。这表明，所谓的"独立"，一是指人民法院、人民检察院整体独立，而非法官、检察官独立，有些案件要经过审判委员会或检察委员会讨论决定；二是指独立于各级行政机关、社会团体和个人，而不独立于执政党和民意代表机关。

第三，人民法院、人民检察院、公安机关办理刑事案件，应当分工负责、互相配合、互相制约。这是1979年制定刑事诉讼法时确立的基本原则之一，1982年又规定于现行《宪法》第一百三十五条之中。

第四，坚持党的领导。中国共产党是执政党，是领导中国特色社会主义事业的核心力量，司法机关应当毫不动摇地坚持党的领导。

第五，司法机关对权力机关负责。我国的政体是人民代表大会制度，宪法规定，"国家行政机关、审判机关、检察机关都由人民代表大会产生，对它负责，受它监督。"据此制定的人民法院组织法、人民检察院组织法规定，各级司法机关由各级权力机关产生，对它负责，受它监督。这与西方国家"三权分立"政治体制下司法权与立法权、行政权的"分权与制衡"关系，有着根本的区别。

(二) 司法体制改革必要性

一个国家实行什么样的司法制度，是由这个国家的国情决定的。发展至今的中国特色社会主义司法制度，有着深厚的中国法律文化底蕴，借鉴了世界法治文明的优秀成果，是中国人民百年来努力探索与实践的结晶，符合当今中国之国情，能最大限度地满足人民群众的司法需求，并在多方面独具中国"特色"。同时，现行的司法体制也存在不足，这首先表现在对外关系上的地方化倾向：我国是单一制国家，司法权属于中央事权，人民法院和人民检察院均是"国家"的法院和"国家"的检察院。但是，根据我国现行人民法院组织法和人民检察院组织法，地方各级人民法院院长和地方各级人民检察院检察长由地方各级人民代表大会选举，副院长、庭长、副庭长、审判员、副检察长、检察委员会委员、检察员由地方各级人民代表大会常务委员会任免。地方各级人民法院和地方各级人民检察院的经费均由同级人民政府预算，同级人民代表大会审议，由政府部门划拨。在人、财、物均受制于地方的情况下，各级司法机关就不可能摆脱地方党政对司法工作的干预，最终无法保证其独立行使权力。其次表现在对内关系上的行政化倾向，这一点在法院表现得尤为突出：在人民法院内部审判人员的人事管理和业务办理方面，行政化倾向十分突出。前者表现为将法官与一般公务员相等同，套用行政级别决定法官的薪酬、业务职称；后者表现为法院内部业务办理方面形成的各种行政式"审批""请示"制度，以及审判委员会与合议庭之间"决定"与"执行"的关系上。法院内部的行政化倾向不仅压抑了法官个体的积极性和职业荣誉感，也违背了诉讼规律，是一种非法治化的内部结构关系[①]。

现行司法体制是伴随社会主义经济、政治、文化制度的发展完善而建立起来的。它总体上与社会主义初级阶段的基本国情相适应，与人民民主专政的国体和人民代表大会制度的政体相符合。但是随着改革开放的不断深入特别是社会主义市场经济的发展、依法治国基本方略的全面推进和人民群众司法需求的日益增长，司法制度也面临改革、完善和发展的时代要求。加快推进司法体制改革，促进中国特色社会主义司法制度的自我发展与完善，增进司法机关在维护社会公平正义、促进社会和谐方面的价值与功能，成为法治中国建设的必然选择。

二 当代中国司法体制改革

(一) 司法体制改革进程

20世纪80年代中后期，以强化庭审功能、扩大审判公开、加强律师辩护等为重点内容的改革探索，标志着我国司法制度改革步入了酝酿准备阶段。

21世纪之初前后，以深化审判方式改革、建立符合审判工作规律的审判组织形式、全面建立主诉（主办）检察官办案责任制，科学设置内设机构，深化人事管理制度、完善组织体系，探索人员分类管理、经费管理机制，提高司法效率和管理水平等为内容的司法改革，标志着我国司法制度改革步入了起步阶段。1999年，最高人民法院推出《第一个五年改革纲要》，提出了39项具体的改革任务，以推进立审分立、审执分立、审监分立的内部机构改革，强化合议庭审判职能和庭审职能，建立繁简分流诉讼程序，着力加强法官职业化建设等。2000年，最高人民检察院出台第一个《检察改革三年实施意见》，明确了35项改革举措，推进检察组织体系改革，加强上级院对下级院的领导，全面建立主诉（主办）检察官办案责任制，探索检察人员分类管理，经费管理机制等。

2004年，以完善司法机关的机构设置、职权划分和管理制度，健全权责明确、相互配合、相互制约、高效运行司法体制为内容的第二轮司法改革，标志着我国司法改革步入重点突破阶段。中央司法体制改革领导小

---

① 陈光中、魏晓娜：《论我国司法体制的现代化改革》，《中国法学》2015年第1期。

组转发的《关于司法体制和工作机制改革的初步意见》，提出了改革和完善诉讼制度、诉讼收费、检察监督、劳动教养、监狱和刑罚执行、司法鉴定、律师和司法干部管理、经费保障机制、铁路、林业等企业管理"公检法"体制等35项改革任务。2005年，最高人民法院发布《第二个五年改革纲要》，涉及50项改革措施。最高人民检察院发布《关于进一步深化检察改革的三年实施意见》，明确了加强诉讼活动法律监督、接受监督与制约、创新检察工作机制、经费保障体制等36项改革内容[①]。

2008年，以优化司法职权配置、落实宽严相济刑事政策、加强司法队伍建设、加强司法经费保障四个方面为主要内容的第三轮司法改革启动，标志着我国司法改革创新步入了重点深化、系统推进的新阶段。改革从民众司法需求出发，以维护人民共同利益为根本，以促进社会和谐为主线，以加强权力监督制约为重点，抓住影响司法公正、制约司法能力的关键环节，解决体制性、机制性、保障性障碍，从优化司法职权配置、落实宽严相济刑事政策、加强司法队伍建设、加强司法经费保障等四个方面提出具体改革任务。

（二）深化司法体制改革的目标

2013年11月，党的十八届三中全会通过了《中共中央关于全面深化改革若干重大问题的决定》，决定指出："建设法治中国，必须坚持依法治国、依法执政、依法行政共同推进，坚持法治国家、法治政府、法治社会一体建设。深化司法体制改革，加快建设公正高效权威的社会主义司法制度，维护人民权益，让人民群众在每一个司法案件中都感受到公平正义。"为深化司法体制改革指明了目标和方向。

2014年10月召开的十八届四中全会，是执政党历史上首次以"法治"为主题而召开的中央全会，全会通过的《中共中央关于全面推进依法治国若干重大问题的决定》对全面推进依法治国布置了180多项改革举措，《决定》中涉及司法体制改革的举措有30余项，包含在三个改革方向和八个改革基点之下，成为司法体制改革决策层最高、涉及面最广的部署[②]。

---

① 徐汉明等：《深化司法体制改革的理念、制度与方法》，《法学评论》2014年第4期。
② 秦前红、苏绍龙：《深化司法体制改革须要正确处理的多重关系——以十八届四中全会〈决定〉为框架》，《法律科学》（西北政法大学学报）2015年第1期。

本章小结

　　现行宪法在第三章中设有专门一节即第七节"人民法院和人民检察院",该节共 13 条,宪法其他章节还有 10 条直接提及人民法院(审判机关)和人民检察院(检察机关),即我国宪法关于人民法院和人民检察院的规定共有 23 条,约占整个宪法文本正文的 16%,这足以说明"人民法院和人民检察院"在当代中国宪政体制下的重要性。不仅如此,自现行宪法颁布实施以来,先后进行了四次修改,形成了 31 条修正案,但涉及"人民法院和人民检察院"的内容却从未修改,这说明我国"人民法院和人民检察院"的宪法基础是相对稳定的,具有适应现实生活的能力。

　　改革开放以来,中国经济社会快速发展,社会公众的法治意识显著增强,司法环境发生深刻变化,司法工作遇到许多新情况、新问题,现行司法体制和工作机制中存在的不完善、不适应问题日益凸显,须要在改革中逐步完善和发展。早在 20 世纪 80 年代,中国就开始了以强化庭审功能、扩大审判公开、加强律师辩护、建设职业化法官和检察官队伍等为重点内容的审判方式改革和司法职业化改革。从 2008 年开始,中国启动了新一轮司法改革。司法改革是我国政治体制改革的重要组成部分,是我国特色社会主义司法制度的自我完善和发展,是一项长期而艰巨的任务,还将随着经济社会的发展而逐步深化。

第六章　当代中国基层民主法律制度

发展社会主义民主政治是中国共产党始终不渝的奋斗目标。人民当家做主是社会主义民主政治的本质和核心。人民民主是中国共产党始终高扬的光辉旗帜，强调人民民主是社会主义的生命。在城乡社区治理、基层公共事务和公益事业中实行群众自我管理、自我服务、自我教育、自我监督，是人民依法直接行使民主权利的重要方式。

基层民主制度，主要包括村民自治制度、城市居民自治制度和职工代表大会等制度，是人民行使当家做主权利的主要方式。新中国成立以来，在建立人民代表大会制度的同时，也着手建立基层人民民主制度。先后制定了《村民委员会组织法》《城市居民委员会组织法》等，人民群众通过基层自治制度、职工代表大会制度，管理国家事务，管理经济和文化事业，管理社会事务，直接行使当家做主的权利。广大人民群众在城乡基层群众性自治组织中，依法直接行使民主选举、民主决策、民主管理和民主监督的权利，对所在基层组织的公共事务和公益事业实行民主自治，成为当代中国最直接、最广泛的民主实践。

那么，作为一项基本政治制度，基层民主在当代中国的表现形式具体是什么？它的法律依据、行使内容是什么？本章结合《宪法》《村民委员会组织法》等法律规定，对当代中国的基层民主政治及其法律规范、村民自治、居民自治和企事业单位民主管理法律制度等内容进行简要探讨和介绍。

第一节　当代中国基层民主

一　当代中国基层民主概述

（一）基层民主概念

基层民主，通常指社会形态的民主，主要是以群众自治和公民参与为支撑，其功能是利益表达与政治参与。由于它是由广大人民群众直接行使民主权利,因此又称之为直接民主。基层民主政治,是人民群众直接参与和自己切身利益密切相关的国家与社会事务管理的政治制度和政治实践,具体体现了人民群众当家做主的民主权利。人民当家做主,是马克思主义的一项基本原则。但是,在一个有着数千年封建历史的东方大国,如何使亿万人民行使当家做主的民主权利,建构起社会主义民主政治大厦,是社会主义政治文明建设的一项重要任务。

(二) 发展基层民主政治,是中国共产党的奋斗目标

当代中国的基层民主政治,发源于新民主主义革命时期,探索于社会主义建设时期,发展于改革开放新时期,逐渐成为我们党发展社会主义民主的一项基础性工作。在新民主主义革命时期,中国共产党高举民族独立和人民解放的大旗,将争取人民民主作为重要使命。毛泽东同志曾言,"历史给予我们的革命任务,中心的本质的东西是争取民主"[1],"中国主要缺少了两件东西,一件是独立,一件是民主。这两件东西少了一件,中国的事情就办不好。"[2] 中国共产党正是将民主作为实现民族独立和人民解放的结合点,从广大人民群众中汲取力量源泉,以争取民族独立和人民解放为目标,紧紧依靠广大工农群众,在革命根据地和解放区的局部执政环境下,确立了发展基层民主的原则,探索并开始实践基层民主政治建设的形式。在中央苏区、敌后抗日根据地以及解放区,中国共产党先后建立了苏维埃政权、抗日民主政权和人民民主政权,探索并实践了丰富的基层民主政治实践形式。新民主主义革命时期,中国共产党处于十分艰苦的战争环境,正是依靠广大人民群众,通过基层民主政治建设,让人民群众在实际生活中感受到当家做主的好处,从而赢得了民心,广泛动员人民群众参与革命斗争,为争取革命胜利奠定了最雄厚的群众基础。可以说,中国共产党得以取代国民党成为革命的领导者并取得新民主主义革命的胜利,一个重要原因就是"政党下乡",将政党的力量延伸到广大且处于最底层的农村社会,进行最广泛的政治动员。中国共产党之所以能够将广大农民动员到自己的旗帜下,成为革命的主力,主要有两方面原因,一是通过暴力革命的方式使农民能够获得极度渴望的土地,以改善民生问题;二是建

---

[1] 毛泽东:《为争取千百万群众进入抗日民族统一战线而斗争》,《毛泽东选集》(第1卷),人民出版社1991年版,第274页。

[2] 毛泽东:《新民主主义的宪政》,《毛泽东选集》(第2卷),人民出版社1991年版,第731页。

立农民政权,让农民通过政治参与来维护自己的利益,以解决民主问题。民生和民主可以说是中国共产党进行政治动员并实现政治整合的两大法宝[1]。正因如此,新中国成立前夕通过的《共同纲领》第一条即明确:"中华人民共和国为新民主主义即人民民主主义的国家,实行工人阶级领导的、以工农联盟为基础的、团结各民主阶级和国内各民族的人民民主专政,反对帝国主义、封建主义和官僚资本主义,为中国的独立、民主、和平、统一和富强而奋斗"[2]。随后成立的中华人民共和国是以工人和农民为主体的人民民主政权,长期以来为专制政治所压迫的人民成为新型国家的主人。1954年,新中国的第一部宪法明确规定:"中国人民经过一百多年的英勇奋斗,终于在中国共产党领导下,在1949年取得了反对帝国主义、封建主义和官僚资本主义的人民革命的伟大胜利,因而结束了长时期被压迫、被奴役的历史,成立了人民民主专政的中华人民共和国。中华人民共和国的人民民主制度,也就是新民主主义制度,保证我国能够通过和平的道路消灭剥削和贫困,建成繁荣幸福的社会主义社会"(序言)。"中华人民共和国是工人阶级领导的、以工农联盟为基础的人民民主国家"(第一条),"中华人民共和国的一切权力属于人民。人民行使权力的机关是全国人民代表大会和地方各级人民代表大会。全国人民代表大会、地方各级人民代表大会和其他国家机关,一律实行民主集中制"(第二条)[3]。"中华人民共和国的一切权力属于人民",这些宪法规定成为当代中国基层民主得以建立和发展的制度起点。

　　中华人民共和国成立后,继续推进民主革命,发动人民群众,以巩固全国性的新生政权。在农村,发动农民进行土地改革,将基层政权建设与反封建剥削结合起来,将实现"耕者有其田"与"当家做主"结合起来;在工厂,中国共产党发动工人进行厂矿企业的民主化改革,吸收工人参加工厂管理,建立工厂管理委员会和职工代表会议,从而建立起对工矿企业的领导权;在城市,中国共产党在居民区建立了由市民参与的群众性自治组织——居民委员会,等等。基层民主政治建设成为中国共产党领导人民

---

[1] 徐勇:《社会动员、自主参与与政治整合——中国基层民主政治发展60年研究》,《社会科学战线》2009年第6期。

[2] 肖蔚云、王禹、张翔编:《宪法学参考资料》(上册),北京大学出版社2003年版,第110页。

[3] 同上书,第3、4页。

群众建立和巩固新生的人民政权、建设社会主义的重要措施。但是,由于指导思想中"左"的错误思想影响,基层民主政治建设成效受到制约。尤其是在"文革"中,离开了党的领导和依法办事,基层民主演变为群众运动式的"大民主",结果不仅没有真正实现和保障人民群众的民主权利,反而造成社会大动乱,给党、国家和人民都造成了严重的损失。

1978年12月召开的十一届三中全会,对民主和法制问题进行了认真的讨论,作出了为适应社会主义现代化建设的需要,在党的生活和国家政治生活中加强民主的重大决定,提出了健全社会主义民主和加强社会主义法制的任务。作为改革开放的现代化建设总设计师的邓小平,在总结国内和国际历史经验的基础上,发表了"没有民主就没有社会主义,就没有社会主义的现代化"的著名论断,他指出:"就国内政策而言,最重大的有两条:一条是政治上发展民主,一条是经济上进行改革,同时相应地进行社会其他领域的改革。"[①] "我们政治体制改革总的目标是三条:第一,巩固社会主义制度;第二,发展社会主义社会的生产力;第三,发扬社会主义民主,调动广大人民的积极性。"[②] 从而确定了民主政治是社会主义现代化建设的重要目标之一,并强调发扬社会主义民主必须同健全社会主义法制紧密结合。邓小平同志在对社会主义民主发展作整体规划的同时,还特别强调权力下放,发展基层直接民主。

1981年6月27日,党的十一届六中全会一致通过了《关于建国以来党的若干历史问题的决议》,指出"逐步建设高度民主的社会主义政治制度,是社会主义革命的根本任务之一。新中国成立以来没有重视这一任务,成了'文化大革命'得以发生的一个重要条件,这是一个沉痛教训,必须根据民主集中制的原则加强各级国家机关的建设,使各级人民代表大会及其常设机构成为有权威的人民权力机关,在基层政权和基层社会生活中逐步实现人民的直接民主,特别要着重努力发展各城乡企业中劳动群众对于企业事务的民主管理。"1982年9月,党的十二次报告指出,要"按照民主集中制的原则,继续改革和完善国家的政治体制和领导体制,使人民能够更好地行使国家权力,使国家机关能够更有效地领导和组织社会主义建设。社会主义民主要扩展到政治生活、经济生活、文化生活和社会生活的各个方面,发展各个企业事业单位的民主管理,发展基层社会生活的

[①] 《邓小平文选》(第3卷),人民出版社1993年版,第116页。
[②] 同上书,第178页。

群众自治"。同年12月4日，五届人大五次会议通过的《宪法》第一百一十一条规定，"城市和农村按居民居住地区设立的居民委员会或者村民委员会是基层群众性自治组织。居民委员会、村民委员会的主任、副主任和委员由居民选举。居民委员会、村民委员会同基层政权的相互关系由法律规定。居民委员会、村民委员会设人民调解、治安保卫、公共卫生等委员会，办理本居住地区的公共事务和公益事业，调解民间纠纷，协助维护社会治安，并且向人民政府反映群众的意见、要求和提出建议。"城市的居民委员会和农村的村民委员会作为基层群众自治组织，第一次写入了《宪法》。

发展社会主义民主政治，是中国共产党在新的历史时期的奋斗目标之一，是改革开放后党的纲领性文件中的重要内容。例如，党的十五大报告指出，"扩大基层民主，保证人民群众直接行使民主权利，依法管理自己的事情，创造自己的幸福生活，是社会主义民主最广泛的实践。城乡基层政权机关和基层群众性自治组织，都要健全民主选举制度，实行政务和财务公开，让群众参与讨论和决定基层公共事务和公益事业，对干部实行民主监督。坚持和完善以职工代表大会为基本形式的企事业民主管理制度，组织职工参与改革和管理，维护职工合法权益。坚决纠正压制民主、强迫命令等错误行为。"党的十六大报告指出，"扩大基层民主，是发展社会主义民主的基础性工作。健全基层自治组织和民主管理制度，完善公开办事制度，保证人民群众依法直接行使民主权利，管理基层公共事务和公益事业，对干部实行民主监督。完善村民自治，健全村党组织领导的充满活力的村民自治机制。完善城市居民自治，建设管理有序、文明祥和的新型社区。坚持和完善职工代表大会和其他形式的企事业民主管理制度，保障职工的合法权益。"十七大报告指出，"人民依法直接行使民主权利，管理基层公共事务和公益事业，实行自我管理、自我服务、自我教育、自我监督，对干部实行民主监督，是人民当家做主最有效、最广泛的途径，必须作为发展社会主义民主政治的基础性工程重点推进。要健全基层党组织领导的充满活力的基层群众自治机制，扩大基层群众自治范围，完善民主管理制度，把城乡社区建设成为管理有序、服务完善、文明祥和的社会生活共同体。全心全意依靠工人阶级，完善以职工代表大会为基本形式的企事业单位民主管理制度，推进厂务公开，支持职工参与管理，维护职工合法权益。深化乡镇机构改革，加强基层政权建设，完善政务公开、村务公开等制度,实现政府行政管理与基层群众自治有效衔接和良性互动。发挥社会组织在扩大群众参与、反映群众诉求方面的积极作用,增强社会自治功能。"2007年10月12日,第十七届三中全会通过了《中共中央关于推进农村改革发展若干重大问题的决定》,这是中国共产党"指导当前和今后一个时期推进农村改革发展的行动纲领"。《决定》基于"农业、农村、农民问题关系党和国家事业发展全局","农业是安天下、稳民心的战略产业,没有农业现代化就没有国家现代化,没有农村繁荣稳定就没有全国繁荣稳定,没有农民全面小康就没有全国人民全面小康"的深刻认识,提出了"健全农村民主管理制度"的一系列具体要求。十八大报告指出:"完善基层民主制度。在城乡社区治理、基层公共事务和公益事业中实行群众自我管理、自我服务、自我教育、自我监督,是人民依法直接行使民主权利的重要方式。要健全基层党组织领导的充满活力的基层群众自治机制,以扩大有序参与、推进信息公开、加强议事协商、强化权力监督为重点,拓宽范围和途径,丰富内容和形式,保障人民享有更多更切实的民主权利。全心全意依靠工人阶级,健全以职工代表大会为基本形式的企事业单位民主管理制度,保障职工参与管理和监督的民主权利。发挥基层各类组织协同作用,实现政府管理和基层民主有机结合。"

二 当代中国基层民主主要表现

当代中国是一个人民民主的国家。人民民主的政治表现形式就是人民当家做主,其基本表现形式一是人民参与国家管理,二是人民自我组织、自我管理与自我服务。前者表现为人民代表大会制度;后者则通过人民自我组织和自我管理来实现,其制度安排主要集中于基层群众自治,如村委会、居委会、职代会等。目前,我国已经建立了以农村村民委员会、城市居民委员会和企业职工代表大会为主要内容的基层民主自治体系。

其中,村民自治是广大农民直接行使民主权利,依法办理自己的事情,实行自我管理、自我教育、自我服务的一项基层民主制度。居民自治是城市居民以居住社区为单位,以群众性自治组织——居民委员会为主要载体,围绕社区居民的公共事务和公益事业而进行的自我管理、自我教育、自我服务活动。企事业单位民主管理是职工依照法律、法规规定,通过职工代表大会或其他形式,对企事业单位的经济和社会以及其他事务实行民主决策、民主参与、民主监督。广大人民在城乡基层群众性自治组织中，依法直接行使民主选举、民主决策、民主管理和民主监督的权利，对所在基层组织的公共事务和公益事业实行民主自治，成为当代中国最直接、最广泛的民主实践。

三 当代中国基层民主基本特征

当代中国基层民主具有如下基本特征：

一是利益的相关性。民生与民主相伴而行。民主跟着利益走，民主实际上是一种利益保障和均衡机制①。在现阶段，人民的直接利益在基层，矛盾也集中于基层。

二是参与的广泛性与有序性。在一个有着13亿人口的大国，广大人民群众参与政治生活，不仅是一件大事，而且是一件难事。既有参与不足的问题，也面临"参与爆炸"的挑战，如何做到政治稳定与政治参与的平衡是一大难题。

三是环境的适应性。民主不能孤立发展，必须与经济社会发展相适应，才能取得实际成效。中国基层民主发展始终与经济社会发展相适应、相促进。农村村民自治制度是适应农村经济体制改革需要而产生的；城市社区居民自治制度则是适应城市基层社会管理和居民生活需要的产物；企事业单位民主与劳动人事制度改革密切相关。

四是发展的渐进性。这主要表现在：一是中国共产党对发展基层民主的认识是与时俱进、逐步深化的；二是基层民主发展的实践是由点到面、由浅入深，由单领域向多领域逐步推开的；三是基层民主发展的各项制

---

① 例如，贵州省锦屏县圭叶村，一个位于大山深处仅有86户人家的侗族村寨，2006年"诞生了"一枚"史上最牛公章"。圭叶村位于平秋镇西北部，全村辖4个村民小组。从2006年开始，该村成立了五人组成的民主理财小组，该村把审核财务的一枚印章分成五瓣，分别由5名村民代表各管一瓣，经他们审核同意后把梨木合起来盖上，村里花出去的钱才能报销。5人中只要有一人不同意，村干部的票据就不能报销。由于"平秋镇圭叶村民主理财小组审核"的公章由五瓣梨木组成，理财小组成员每人掌管一瓣，用章需要将五瓣梨木合拢，因此，这枚章又叫"五合章"。圭叶村在实施该制度之前，该村每年都按照规定在村务公开栏公示收支情况，但不少村民仍有意见。2004年村务公开时，甚至有村民看后当场就把布告撕了。村民对财务产生怀疑，干群关系紧张，一个300多人的小村，居然无法开群众大会。采用"五合章"民主理财方法后，"村民们过去对村干部财务问题的种种怀疑和议论，现在没有了，群众满意了"。"五合章"经报道后，受到了媒体广泛的称赞，认为它体现了最简单、最真实的民主。正如圭叶村民所言：什么是民主？"民主就是让大家都来说话，都来监督你。发扬民主，就是让一些人来监督你。""民主就是做事公开，费用公开，大家都知道。""民主就是人民选出来的。""民主就是让人民来做主。"

度、法律和法规是逐步健全的。邓小平就社会主义与民主之间的关系曾作了深刻的阐述，提出："没有民主就没有社会主义，就没有社会主义的现代化。当然，民主化和现代化一样，也要一步一步地前进。社会主义愈发展，民主也愈发展。"①

总之，作为一种政治制度，我国的基层民主制度，主要是指基层群众性自治制度，是指基层群众性自治组织形式及其运作方式，包括村民自治制度、城市居民自治制度和职工代表大会制度，是人民行使当家做主权利的一种主要方式。它是基层群众性自治组织自我教育、自我管理、自我服务的方式、方法、程序的总和，是人民直接参与管理国家事务和社会事务的一种形式，是社会主义民主制度的一个重要方面。

四 当代中国基层民主法律规范简介

目前，规范我国基层民主的法律及规范性文件主要有：

（一）中华人民共和国宪法

《宪法》第二条规定："中华人民共和国的一切权力属于人民。人民行使国家权力的机关是全国人民代表大会和地方各级人民代表大会。人民依照法律规定，通过各种途径和形式，管理国家事务，管理经济和文化事业，管理社会事务。"第一百一十一条规定："城市和农村按居民居住地区设立的居民委员会或者村民委员会是基层群众性自治组织。居民委员会、村民委员会的主任、副主任和委员由居民选举。居民委员会、村民委员会同基层政权的相互关系由法律规定。居民委员会、村民委员会设人民调解、治安保卫、公共卫生等委员会，办理本居住地区的公共事务和公益事业，调解民间纠纷，协助维护社会治安，并且向人民政府反映群众的意见、要求和提出建议。"宪法的这些规定，为当代中国的基层民主提供了根本大法依据。

（二）中华人民共和国村民委员会组织法

该法于1987年11月24日经第六届全国人民代表大会常务委员会第二十二次会议通过（试行），1997年11月4日经第九届全国人民代表大会常务委员会第五次会议通过以后正式施行。自1998年11月正式颁布实

---

① 《邓小平文选》（第2卷），人民出版社1983年7月第一版，1994年10月第2版，第168页。

施以来，《村民委员会组织法》对推进以村民民主选举、民主决策、民主管理和民主监督为主要内容的村民自治发挥了重要作用，村民自治制度已经发展成为中国特色社会主义民主政治的重要组成部分。但随着我国经济社会的发展和改革的不断深化，村民自治工作遇到了一些新情况新问题，须要对村民委员会组织法进行修改完善。2010 年 10 月 28 日，第十一届全国人民代表大会常务委员会第十七次会议对《村民委员会组织法》进行了再次修订。

（三）中华人民共和国城市居民委员会组织法

1954 年 12 月 31 日，全国人民代表大会常务委员会第四次会议通过了《中华人民共和国城市居民委员会组织条例》，这是新中国成立以后关于城市居民委员会组织的第一个法律[1]。

1989 年 2 月 26 日，第七届全国人民代表大会常务委员会第十一次会议通过了《中华人民共和国城市居民委员会组织法》，为新时期城市居民委员会的规范运作提供了制度框架。

（四）其他

如《高等教育法》第四十三条，《全民所有制工业企业法》第十条，

---

[1] 该《组织条例》共十条，除明确规定了"居民委员会是群众自治性的居民组织"之外，还明确规定了如下内容：（1）居民委员会的任务：办理有关居民的公共福利事项；向当地人民委员会或者它的派出机关反映居民的意见和要求；动员居民响应政府号召并遵守法律；领导群众性的治安保卫工作；调解居民间的纠纷。（2）居民委员会的组织：居民委员会应当按照居民的居住情况并且参照公安户籍段的管辖区域设立，一般地以一百户至六百户居民为范围。居民委员会下设居民小组；居民小组一般地以十五户至四十户居民组成。每个居民委员会所设的小组最多不得超过十七个。居民委员会设委员七人至十七人，由居民小组各选委员一人组成；并且由委员互推主任一人、副主任一人至三人；其中须有一人管妇女工作。居民小组设组长一人，一般地应当由居民委员会委员兼任；在必要的时候，可以选举副组长一人至二人。居民委员会委员被推为主任或者副主任的时候，选举他的小组可以另选组长一人。居民较少的居民委员会，一般地不设工作委员会，由居民委员会委员分工担任各项工作。居民较多的居民委员会，如果工作确实需要，经市人民委员会批准，可以设立常设的或者临时的工作委员会，在居民委员会统一领导下进行工作。常设的工作委员会可以按照社会福利（包括优抚）、治安保卫、文教卫生、调解、妇女等项工作设立，最多不得超过五个。临时的工作委员会，应当在工作结束时宣布撤销。工作委员会应当吸收居民中的积极分子参加，但要尽可能做到一人一职，不使他们的工作负担过重。居民中的被管制分子和其他被剥夺政治权利的分子，应当编入居民小组，但不得担任居民委员会委员、居民小组组长和工作委员会的委员；在必要的时候，居民小组组长有权停止他们参加居民小组的某些会议。（3）居民委员会的任期：居民委员会每届任期一年。居民委员会委员因故不能担任职务的时候，可以随时改选或者补选，等内容（肖蔚云、王禹、张翔编：《宪法学参考资料》（上册），北京大学出版社 2003 年版；第 192 页）。

等等。

第二节　当代中国的村民自治法律制度

一　村民自治概述

据介绍，村民自治制度的渊源可以追溯到中国的原始社会。那时，在长江流域、黄河流域有许多氏族和部落。当时没有国家，也没有阶级。人类为了生存，必须团结起来，共同抵御自然界的各种灾害，如何组织呢？人们逐渐地探索达成共识，推举一位德高望重的人担任部落首领，由他召集大家开会，共同商讨大事：狩猎、迁徙、寻找水源……于是在氏族社会时期就有"天下为公，选贤与能"（《礼记·礼运篇》）的规定，而对不得民心的首领则"流共工于幽州"（《尚书·尧典》），这说明氏族成员间有着较为平等的关系，通过"选举"和"罢免"等机制，氏族成员可行使其参与氏族社会管理的权利[①]。公元前221年，秦始皇统一全国，并实行"郡县制"，在县以下设置"乡""里"以作为乡村管理机构，"乡""里"两级长官由乡民直接选举产生。汉朝设"乡""亭""里"以作为乡村自治组织，尔后的唐宋各朝也均有相应的乡村自治机构，这种"皇权不下县"的传统可以看作是村民自治的历史根源。

虽然在中国乡村治理的历史上，自治作为一种治理方式可能早已有之，但是历史上自治的内容、形式、程度、性质以及价值、精神与今天的基层自治完全不同。历史上的农村自治本质上不是由于乡土社会内部村民权利意识萌发和农村社会发展的客观要求而产生，而是因为国家权力鞭长莫及，在农村无法有效施展其管控力而应运而生。因此，旧时代的乡村自治往往徒有其名，而无其实。

作为改革开放以后中国的一项特定政治产物，村民自治制度诞生于中国改革开放的进程初期，具有特定的涵义。

（一）村民自治的产生

恩格斯指出，"一切社会变迁和政治变革的终极原因，不应在人们的头脑中，在人们对永恒的真理和正义的日益增进的认识中去寻找，而应当

---

① 于建波：《农村基层民主政治建设问题研究》，中知网：中国博士学位论文全文数据库。

在生产方式和交换方式的变更中去寻找；不应当在有关的时代的哲学中去寻找，而应当在有关时代的经济学中去寻找"①。我国的村民自治制度，即是建立于人民公社制度解体后特定的经济及社会基础之上的农村治理模式。

　　实行村民自治，让农民群众依法办理好自己的事情，是在党的十一届三中全会后党和国家所确定的一条重要方针，是党中央在新的历史时期加强社会主义民主和法制建设的一项重大决策。1978年，我国进入了改革开放的新时期。改革率先从农村突破，在全国范围内普遍实行了家庭联产承包责任制。家庭联产承包责任制的推行，使农村的生产方式和分配方式发生了根本性变化。其中一个变化，就是农村废除了人民公社这一经济管理模式②。在人民公社体制下，国家建立了人民公社、生产大队、生产队三级严密的组织体系，广大农民被严格束缚在公社体制内，参加公社组织的统一劳动、统一分配。人民公社既是国家政权组织机构，又是一种经济组织，具有政社合一的特性。在人民公社体制下，"国家对村庄的政治、经济、文化实行全面控制，村庄通过掌握土地等生产资料所有权直接支配广大农民的生产与生活，以资源控制为基础的政治动员是一切政治活动开展的重要手段。建立于土地等生产资料集体占有基础上的行政控制是村庄治理的基本特征，广大农民在封闭性的地域范围内从事生产、生活活动，自身的经济和社会权利受到诸多条件的约束和限制。"③ 人民公社废除了，农村的生产方式和分配方式随之发生根本性变化——原来负责组织农民统

---

　　① 恩格斯：《反杜林论》，《马克思恩格斯选集》（第3卷），人民出版社1972年版，第307页。
　　② 人民公社是改革开放前我国农村中同基层政权机构相结合的社会主义集体所有制的经济组织。1958年，中共中央发布了《关于在农村建立人民公社的决议》，实行政社合一，乡党委就是社党委，乡人民委员会就是社务委员会，以政社合一的人民公社行使乡镇人民政府职权，农业生产合作社改称生产大队。此后，全国农村普遍建立了人民公社，取消了乡政府的体制。在人民公社体制下，生产资料实行"三级所有，队为基础"，取消了自留地、家庭副业。1962年9月，中共八届十中全会再次通过《农村人民公社工作条例修正草案》（简称"农业六十条"），"农业六十条"规定："农村人民公社是政社合一的组织，是我国社会主义社会在农村中的基层单位，又是我国社会主义政权在农村中的基层单位"。1975年《宪法》第七条明确规定：农村人民公社是政社合一的组织。1978年宪法同样肯定了农村人民公社的合法性。1982年12月4日通过的现行宪法规定：乡、民族乡、镇为中国农村基层政权。人民公社自此失去宪法依据。1983年10月12日，中共中央、国务院发布了《关于实行政社分开建立乡政府的通知》。1984年底，全国农村完成了由社到乡的转变。
　　③ 袁方成、李增元：《农村社区自治：村治制度的继替与转型》，《华中师范大学学报》（人文社会科学版）2011年第1期。

一生产、统一分配的生产大队、生产队两级组织失去了依托；农村公共事务谁来管、如何管，成为一个新的社会问题。当时，广西宜山县合寨大队的果作自然村6个生产队，面对实行包产到户后原有集体生产组织瘫痪，社会治安等农村公共事务无人管的情况，其85户农民自发组织起来，以无记名投票的方式选举自己的组织和领导人，新选出来的组织被称之为村委会。不同于原来的生产大队管委会和生产队队委会，村委会建立后，召集村民共同制定村规民约和管理章程，组织农民修建路桥，植树造林，维护社会治安，为当地村民提供了一个安定的生产生活环境。1980年1月8日中午，果地屯在村口的球场上举行了村委会成立大会，"中国村民自治第一村"自此诞生。

1981年，党的十一届六中全会决议确定"在基层政权和基层社会生活中逐步实现人民的直接民主"。1982年党的十二大指出，社会主义民主要扩大到政治生活、经济生活和社会生活的各个方面，要发展各个企业、事业单位的民主管理，发展基层社会生活的群众自治。同年，"村民委员会"被写进宪法。1983年10月，中共中央、国务院《关于实行政社分开建立乡政府的通知》指出：村民委员会是基层群众性自治组织，应按村民居住状况设立。村民委员会要积极办理本村的公共事务和公益事业。协助乡人民政府搞好本村的行政工作和生产建设工作。村民委员会主任、副主任和委员要由村民选举产生。各地在建乡中可根据当地情况制订村民委员会工作简则，在总结经验的基础上，再制定全国统一的村民委员会组织条例。有些以自然村为单位建立了农业合作社等经济组织的地方，当地群众愿意实行两个机构一套班子，兼行经济组织和村民委员会的职能，也可同意试行。并强调在建乡的过程中设立村民委员会。1987年11月，第六届全国人大常委会第23次会议审议通过了《中华人民共和国村民委员会组织法（试行）》[①]。村民自治正式启动，全国范围内开始组织乡村选举。

(二) 村民自治的含义

所谓村民自治，是指依照我国《宪法》和《村民委员会组织法》的

---

① 该法从1984年提交审议，1987年11月23日通过，中间经过了一次全国人大、三次全国人大常委会的讨论。人们长期以来在人民公社体制下生活，一下子要改成由农民自己管理自己，相当一部分人难以接受，甚至还有人反对。所以前后经过了近4年的时间，最后以"试行"方式颁布。该法从1988年6月1日开始试行，到1998年11月4日修订后正式实施，整整10年零5个月。一部法律戴着"试行"的帽子，试行10年，在中国立法史上是鲜见的，它实际上反映了当时人们思想认识上的矛盾和冲突相当激烈。

规定，在广大农村普遍推行的一种社区制度，是广大农民群众直接行使民主权利，依法办理自己的事情，创造自己的幸福生活，实行自我管理、自我教育、自我服务的一项基本社会政治制度，是亿万农民群众在中国共产党的领导下，依据马克思主义关于社会主义的理论和中国基本国情，对民主形式和途径的一种积极探索和正确选择。它发端于20世纪80年代初期，发展于80年代，普遍推行于90年代，是当今中国农村扩大基层民主和提高农村治理水平的一种有效方式。

村民自治的基本内涵是：

1. 根据《村民委员会组织法》第三条关于"村民委员会根据村民居住状况、人口多少，按照便于群众自治，有利于经济发展和社会管理的原则设立。村民委员会的设立、撤销、范围调整，由乡、民族乡、镇的人民政府提出，经村民会议讨论同意，报县级人民政府批准。村民委员会可以根据村民居住状况、集体土地所有权关系等分设若干村民小组"的规定可知，村民自治中的"村"是指"行政村"而非"自然村"[①]。

2. 根据《村民委员会组织法》第二十一条、二十二条、二十三条、二十四条等规定，村民自治的主体是全体村民而非"村民委员会"。

3. 村民自治的基本内容是民主选举、民主决策、民主管理和民主监督，目的是使村民实行自我管理、自我教育、自我服务。

（三）村民自治的特征

村民自治是中国民主化进程中的试验田，具有自己显著的特征：

1. 我国的村民自治是由民众首创、经国家法律规范的基层直接民主形式。但是，由于目前我国尚处于社会主义初级阶段，生产力水平还不高，地区之间发展不平衡，基层民主意识、民主观念还比较薄弱。而村民自治这种直接的民主形式，发展目标是通过人民群众自己的民主行为实行"自我管理、自我教育、自我服务"，从而实现"民主选举、民主管理、民主决策、民主监督"，要求"大家的事情大家议，大家的事情大家管，大家的制度大家遵守"。作为基层直接民主形式，村民自治具有社会整合功能，是农民群众实施社会活动和社会组合的一种法定形式。村民自治的

[①] 一般而言，行政村是指政府为了便于管理，在乡镇政府以下建立的中国最基层的农村行政单元。而自然村则是人们因为长时间生活居住而在某处自然环境中聚居而自然形成的村落，习惯上称作"村""庄"或"屯"等。自然村是农民日常生活和交往的单位，但不是一个社会管理单位。

决策内容是村民依法自主管理本村事务,其范围是与本村群众利益直接相关的村务而不包括政务。

2. 作为一种民主权利,村民自治具有国家赋权的特点。村民自治来源于宪法和法律的授权。与西方国家地方自治是经过长期自然生成而得到国家法律认可的路径不同,我国的村民自治一开始就具有国家立法以授权的性质。换言之,当代中国的村民自治制度虽发端于农村、根基于社会,而且其最终发展也必须依赖于农村社会的发展与成熟。但是,它又不是完全依赖社会而自发成长起来的。相反,它是国家政权体系培育的结果。

3. 村民自治组织本身不是政权机关,不向国家承担行政责任,而只行使单一的自治职能,依法行使自治权,办理公共事务,主要手段是非强制性的。村民自治组织的领导人不属于国家公职人员,而是从村民中由全体村民直接选举产生,且不脱离生产劳动,只能根据有关规定领取一定的经济补贴[①]。

4. 村民自治表明我国广大农村的社会治理模式在改革开放后发生了深刻的变化:一方面,"三级所有,队为基础"时期,"政社合一"的人民公社是国家乡村治理模式中的最上一级;而实行村民自治后,村民委员会作为乡村基层民主的制度载体,是乡村社会利益表达与维护的基本组织,而不是乡镇人民政府的下属机构,也不是国家行政机关的体制延伸。乡镇人民政府作为国家行政权力延伸到乡村社会的最低一级,"是国家意志在乡村社会的输出终端"。乡镇人民政府与村民委员会不再是领导与被领导的行政命令关系,而是"指导、支持和帮助"的关系。另一方面,村民自治要求村委会的成员必须由村民直接选举产生,任何组织和个人不得指定、委派或者撤换村委会成员。在村民自治以前,不论是任命产生的村干部还是选举产生的村干部,他们都要向上级政府负责,而不需要向村民负责;而实行村民自治以后的村干部首先必须向村民负责,村民因此成了本村事务的主人。我国历史上的乡村自治实际上是"乡绅自治",自治的主体是乡绅地主而不是农民。村民自治与中国历史上的乡绅自治的区别就是农民群众成了自治的主体而不再是客体。村民自治的主体是农村人民群众,而不是地方。另外,村委会组织法展现的村级组织的建设目标是"自治",即"村民自我教育、自我管理和自我服务",并且规定用民主的

[①] 参见《村民委员会组织法》第六条第三款。

方式实现。这一目标和人民公社时期通过外部力量对农民进行教育、组织的做法也有一个彻底的改变。

5. 村民自治并不意味着不受法律的约束、随心所欲。相反，村民自治是在法律规定范围内的自治。例如《村民委员会组织法》第二十条规定：村民会议可以制定和修改村民自治章程、村规民约，并报乡、民族乡、镇的人民政府备案。村民自治章程、村规民约以及村民会议或者村民代表讨论决定的事项不得与宪法、法律、法规和国家的政策相抵触，不得有侵犯村民的人身权利、民主权利和合法财产权利的内容。另外，依照《村民委员会组织法》的规定，中国共产党在农村的基层组织，按照中国共产党章程进行工作，发挥领导核心作用，领导和支持村民委员会行使职权；依照宪法和法律，支持和保障村民开展自治活动、直接行使民主权利。

综上，当代中国村民自治是中国共产党领导下广大人民群众的伟大创举，是马克思主义关于人民自治理论与中国农村实际相结合的产物，是对民主形式和途径的一种积极探索和正确选择。

二 村民自治基本原则

依照《村民委员会组织法》的规定，村民自治遵循以下基本原则：

（一）民主原则

村民自治是农村基层民主形式，民主是村民自治的精髓，它要求在村民自治过程中必须充分发扬民主，通过民主形式实现村民自治。具体来说就是实行民主选举、民主决策、民主管理、民主监督。

（二）自治原则

自治与民主紧密相连，并贯穿于村民自治的始终。在村民自治中坚持自治原则，就是让广大村民对于村务实现自我管理、自我教育、自我服务。包括基层人民政府在内的任何组织不得干预依法属于村民自治范围内的事项，《村民委员会组织法》第四条规定，乡、民族乡、镇的人民政府不得干预依法属于村民自治范围内的事项，第十一条规定，任何组织或者个人不得指定、委派或者撤换村民委员会成员。

（三）依法自治原则

依法自治原则是指村民自治过程中必须遵循和运用法律手段实现自

治，使自治符合法律规定，在法律轨道上健康发展，村民自治权的行使不得与有关法律法规相抵触。《村民委员会组织法》第二十条规定，村民自治章程、村规民约以及村民会议或者村民代表会议决定的事项不得与宪法、法律、法规和国家的政策相抵触，不得有侵犯村民的人身权利、民主权利和合法财产权利的内容。

（四）党的领导原则

中国共产党是中国特色社会主义事业的领导核心，村民自治是在党的领导下的自治。《党章》第三十二条明确规定，"街道、乡、镇党的基层委员会和村、社区党组织，领导本地区的工作，支持和保证行政组织、经济组织和群众自治组织充分行使职权。"《村民委员会组织法》第四条也明确规定，"中国共产党在农村的基层组织，按照中国共产党章程进行工作，发挥领导核心作用，领导和支持村民委员会行使职权；依照宪法和法律，支持和保障村民开展自治活动、直接行使民主权利。"

三 村民自治的内容及方式

（一）村民自治的内容

村民自治的内容是自我管理、自我教育、自我服务。自我管理就是村民组织起来，自己管理自己，自己约束自己，自己办理自己的事务。自我教育就是通过开展村民自治活动，使村民受到各种教育。在这种自我教育中，教育者和被教育者是统一的。每个村民既是教育者，又是受教育者，每个村民通过自己的行为影响其他村民，主要担当教育任务的村民委员会也来自于村民。自我服务在基层群众自治中具有重要作用，有利于增强自治的吸引力和凝聚力，团结村民开展自治。自我服务的特点是：服务项目根据村民需要确定，重大项目由村民会议讨论决定；所需费用和资金由村民自己筹集；村民一起动手，共同兴办，村民委员会负责组织协调。自我服务的内容主要有两个方面：一是社会服务；二是生产服务。农村实行以家庭承包经营为基础、统分结合的双层经营体制后，开展生产服务十分必要。

（二）村民自治的方式

村民自治的方式是民主选举、民主决策、民主管理、民主监督。

民主选举是指村民委员会的主任、副主任和委员由民主选举产生，任何组织或者个人不得指定、委派村民委员会成员。选举实行公平、公正和公开的原则。

民主决策是指涉及村民切身利益的事项，必须由村民民主讨论，按多数人的意见作出决定。村民议事的基本形式是由本村十八周岁以上村民组成的村民会议。

民主管理是指对村内的社会事务、经济建设、个人行为的管理，要遵循村民的意见，在管理过程中吸收村民参加，并认真听取村民的不同意见。根据宪法、法律和法规以及国家政策，结合本村实际情况，由村民会议制定村民自治章程和村规民约，把村民的权利和义务，村级各类组织之间的关系和工作程序以及经济管理、社会治安、村风民俗、婚姻家庭、计划生育等方面的要求，规定得清清楚楚，明明白白，据此进行管理。

民主监督是指由村民对村民委员会的工作和村内的各项事务实行民主监督。主要体现在以下几个方面：(1) 村民委员会由村民选举产生，受村民监督，本村五分之一以上的村民联名，可以要求罢免村民委员会成员。(2) 村民委员会向村民会议负责并报告工作，村民会议每年审议村民委员会的工作报告，并评议村民委员会成员的工作。经村民民主评议不称职的，可以按法定程序撤换和罢免。(3) 村民委员会实行村务公开制度。村民委员会对于应当由村民会议讨论决定的事项及其实施情况，国家计划生育政策的落实方案，救灾救济款物的发放情况，水电费的收缴以及涉及本村村民利益、村民普遍关心的其他事项，及时公布。其中涉及财务的事项，至少每六个月公布一次，接受村民监督。村民委员会应当保证公布内容的真实性，并有义务接受村民的查询。

四　村民委员会

(一) 村民委员会的性质

村民委员会是村民自我管理、自我教育、自我服务的基层群众性自治组织，实行民主选举、民主决策、民主管理、民主监督。村民委员会是村民自治的执行机构或自治体，是在村民自治区域内执行法律法规、政策、村民自治章程和村规民约的机构。

村民委员会的性质特点，使它首先区别于国家政权机关。在我国，国家政权机关包括国家权力机关、行政机关、审判机关和检察机关。村民委员会不是国家政权机关的任何一种，也不是国家政权机关的派出机关。其次，区别于其他的群众组织。在我国，有许多从事社会活动的群众组织，如工会、青年团、妇女联合会、青年联合会等。村民委员会作为基层群众组织，和他们有一定的共同之处，但在设立、任务、服务对象、作用等方面有明显的不同之处。最后，区别于民族自治地方的自治机关。根据宪法规定，少数民族聚居的地方实行民族区域自治。民族自治地方建立自治机关，行使自治权。自治机关除行使一般地方国家机关的职权外，还行使自治权，是国家政权机关的组成部分，不同于村民委员会。

（二）村民委员会的主要任务

依照村民委员会组织法的规定，村民委员会的主要任务是：1. 办理本居住地区的公共事务和公益事业。公共事务是指与本村全体村民生产和生活直接相关的事务，公益事业是指本村的公共福利事业。两者有所不同，但又不可截然分开。在实际工作中，村民委员会兴办的公共事务和公益事业主要有，修桥建路、修建码头、兴修水利、兴办学校、幼儿园、托儿所、敬老院、植树造林、整理村容、美化环境、扶助贫困、救助灾害等。2. 调解民间纠纷。调解民间纠纷是村民委员会的一项重要的经常性工作。这项工作主要由村民委员会下设的调解委员会完成。3. 协助维护社会治安。在我国，维护社会治安，保证人民的生命财产安全，维护正常的社会秩序和经济秩序，是公安行政管理机关的一项重要职责。但是，在我们这样一个人口众多、地域辽阔的大国，仅靠公安机关来维护社会治安是不够的，必须动员和组织广大人民群众参加社会治安工作。因此，法律赋予村民委员会协助人民政府维护社会治安的任务。村民委员会的这一任务主要是通过下设的治安保卫委员会来完成的。4. 向人民政府反映村民的意见、要求和提出建议。村民委员会是村民同人民政府之间的纽带和桥梁。村民委员会来自于村民，活动在村民之中，熟悉情况，了解群众的意愿和心声。通过反映村民的意见、要求和提出建议，使上下沟通，下情上达，村民委员会反映意见、建议和要求，主要是向乡、镇人民政府，但又不限于乡、镇人民政府，还可以向县以至县级以上的各级人民政府反映意见和要求。

（三）村民委员会及其成员的基本职责、要求

根据村民委员会组织法的规定，村民委员会及其成员应当履行如下职责、义务：

1. 村民委员会应当支持和组织村民依法发展各种形式的合作经济和其他经济，承担本村生产的服务和协调工作，促进农村生产建设和经济发展。

2. 村民委员会依照法律规定，管理本村属于村农民集体所有的土地和其他财产，引导村民合理利用自然资源，保护和改善生态环境。

3. 村民委员会应当尊重并支持集体经济组织依法独立进行经济活动的自主权，维护以家庭承包经营为基础、统分结合的双层经营体制，保障集体经济组织和村民、承包经营户、联户或者合伙的合法财产权和其他合法权益。

4. 村民委员会应当宣传宪法、法律、法规和国家的政策，教育和推动村民履行法律规定的义务、爱护公共财产，维护村民的合法权益，发展文化教育，普及科技知识，促进男女平等，做好计划生育工作，促进村与村之间的团结、互助，开展多种形式的社会主义精神文明建设活动。

5. 村民委员会应当支持服务性、公益性、互助性社会组织依法开展活动，推动农村社区建设。多民族村民居住的村，村民委员会应当教育和引导各民族村民增进团结、互相尊重、互相帮助。

6. 村民委员会及其成员应当遵守宪法、法律、法规和国家的政策，遵守并组织实施村民自治章程、村规民约，执行村民会议、村民代表会议的决定、决议，办事公道，廉洁奉公，热心为村民服务，接受村民监督。

（四）村民委员会的设立

村民委员会的设立，直接涉及村民自治。适度的村民委员会规模，将会促进农村民主制度的建设，把直接民主扩大到政治、经济和社会生活各个方面。依照村民委员会组织法的规定，村民委员会根据村民居住状况、人口多少，按照便于群众自治，有利于经济发展和社会管理的原则设立。

具体来说，村民委员会的设立包括条件、原则、程序等几个方面：首先，设立的条件主要是看"村民居住状况、人口多少"。其次，设立的原则一是"便于群众自治"；二是"利于经济发展"；三是"有利于社会管理"。最后，设立的程序一是"由乡、民族乡、镇的人民政府提出"；二是"经村民会议讨论同意"；三是"报县级人民政府批准。"

（五）村民委员会的组成

依据《村民委员会组织法》第六条的规定，村民委员会由主任、副主任和委员共三至七人组成。村民委员会成员中，应当有妇女成员，多民族村民居住的村应当有人数较少的民族的成员。村民委员会根据需要设人民调解、治安保卫、公共卫生与计划生育等委员会。村民委员会成员可以兼任下属委员会的成员。人口少的村的村民委员会可以不设下属委员会，由村民委员会成员分工负责人民调解、治安保卫、公共卫生与计划生育等工作。

(六) 村民委员会的选举

依照《村民委员会组织法》的规定,"村民委员会主任、副主任和委员,由村民直接选举产生。任何组织或者个人不得指定、委派或者撤换村民委员会成员。村民委员会每届任期三年,届满应当及时举行换届选举。村民委员会成员可以连选连任。"由此可见,村民委员会的选举,是村民的民主权利,也是村民委员会产生的唯一合法途径。具体而言:

1. 村民委员会的选举,由村民选举委员会主持。

2. 选举权和被选举权。年满十八周岁的村民,不分民族、种族、性别、职业、家庭出身、宗教信仰、教育程度、财产状况、居住期限,都有选举权和被选举权;但是,依照法律被剥夺政治权利的人除外。

3. 选举人员登记。依照《村民委员会组织法》的规定,村民委员会选举前,应当对下列人员进行登记,列入参加选举的村民名单:户籍在本村并且在本村居住的村民;户籍在本村,不在本村居住,本人表示参加选举的村民;户籍不在本村,在本村居住一年以上,本人申请参加选举,并且经村民会议或者村民代表会议同意参加选举的公民。已在户籍所在村或者居住村登记参加选举的村民,不得再参加其他地方村民委员会的选举。

4. 提名候选人。选举村民委员会,由登记参加选举的村民直接提名候选人。村民提名候选人,应当从全体村民利益出发,推荐奉公守法、品行良好、公道正派、热心公益、具有一定文化水平和工作能力的村民为候选人。候选人的名额应当多于应选名额。村民选举委员会应当组织候选人与村民见面,由候选人介绍履行职责的设想,回答村民提出的问题。

5. 投票选举。选举村民委员会,由登记参加选举的村民过半数投票,选举有效;候选人获得参加投票的村民过半数的选票,始得当选。当选人数不足应选名额的,不足的名额另行选举。另行选举的,第一次投票未当选的人员得票多的为候选人,候选人以得票多的当选,但是所得票数不得少于已投选票总数的三分之一。

选举实行无记名投票、公开计票的方法,选举结果应当当场公布。选举时,应当设立秘密写票处。须要注意的是,针对当前农村劳动力转移,很多选民无法返回农村参加选举,《村民委员会组织法》第十五条第四款规定了村民选举书面委托投票制度,这就是"登记参加选举的村民,选举期间外出不能参加投票的,可以书面委托本村有选举权的近亲属代为投票。村民选举委员会应当公布委托人和受委托人的名单。"

(七) 村民委员会选举的无效及救济

以暴力、威胁、欺骗、贿赂、伪造选票、虚报选举票数等不正当手段当选村民委员会成员的,当选无效。

对以暴力、威胁、欺骗、贿赂、伪造选票、虚报选举票数等不正当手段,妨害村民行使选举权、被选举权,破坏村民委员会选举的行为,村民有权向乡、民族乡、镇的人民代表大会和人民政府或者县级人民代表大会常务委员会和人民政府及其有关主管部门举报,由乡级或者县级人民政府负责调查并依法处理。

(八) 村民委员会的罢免

村民委员会的罢免,是指村民对于认为不称职或不满意的村委会成员,在其任职期届满前用投票的方法免除其职务的活动。具体的要求是:本村五分之一以上有选举权的村民或者三分之一以上的村民代表联名,可以提出罢免村民委员会成员的要求,并说明要求罢免的理由。被提出罢免的村民委员会成员有权提出申辩意见。罢免村民委员会成员,须有登记参加选举的村民过半数投票,并须经投票的村民过半数通过。"罢免要求"是村民在村委会成员任期届满以前,要求解除自己选出的村委会成员的职务的动议。"罢免要求"应当是书面的,即罢免对象、罢免理由、领衔人和附署人的签名都应是文字的;口头提出不能成立,口头赞同也不能作为联名。提出罢免要求应当写明罢免理由。被提出罢免要求的村委会成员有权申辩。村委会应当及时召开村民会议,对罢免要求进行投票表决。

五 村民会议/村民代表会议

(一) 村民会议

村民会议是村民自治组织的最高权力机构或最高决策机构,是村民集体讨论决定涉及全村村民利益问题的一种组织形式,是监督和制约村委会和村干部行为的组织保证,是村民行使自治权力的重要途径。依照《村民委员会组织法》的规定,村民会议主要包括如下内容:

1. 村民会议的组成。村民会议由本村十八周岁以上的村民组成。

2. 村民会议的召集。村民会议由村民委员会召集。有十分之一以上的村民或者三分之一以上的村民代表提议,应当召集村民会议。召集村民会议，应当提前十天通知村民。

召开村民会议，应当有本村十八周岁以上村民的过半数，或者本村三分之二以上的户的代表参加，村民会议所作决定应当经到会人员的过半数通过。法律对召开村民会议及作出决定另有规定的，依照其规定。召开村民会议，根据需要可以邀请驻本村的企业、事业单位和群众组织派代表列席。

3. 村民会议是村民自治中的权力机构或最高决策机构，其主要表现是：一方面，村民委员会向村民会议负责并报告工作。村民会议审议村民委员会的年度工作报告，评议村民委员会成员的工作；有权撤销或者变更村民委员会不适当的决定；有权撤销或者变更村民代表会议不适当的决定。村民会议可以授权村民代表会议审议村民委员会的年度工作报告，评议村民委员会成员的工作，撤销或者变更村民委员会不适当的决定。另一方面，《村民委员会组织法》第二十四条明确规定，涉及村民利益的下列事项，经村民会议讨论决定，方可办理：一是本村享受误工补贴的人员及补贴标准；二是从村集体经济所得收益的使用；三是本村公益事业的兴办和筹资筹劳方案及建设承包方案；四是土地承包经营方案；五是村集体经济项目的立项、承包方案；六是宅基地的使用方案；七是征地补偿费的使用、分配方案；八是以借贷、租赁或者其他方式处分村集体财产；九是村民会议认为应当由村民会议讨论决定的涉及村民利益的其他事项。村民会议可以授权村民代表会议讨论决定以上规定的事项。

4. 村民会议可以制定和修改村民自治章程、村规民约

（1）自治章程、村规民约

村规民约的制定最早可以追溯到我国古代的吕氏乡约①，而村民自治章程则是当代中国村民自治运动中体制创新的产物。

村民自治章程是村民会议根据国家法律、法规和政策，结合本村的实

---

① 《吕氏乡约》是中国历史上最早的成文乡约，一般认为是北宋陕西蓝田吕氏兄弟（北宋著名家族，吕氏一共有兄弟六人，其中四人名留史册）于 1076 年创制。《吕氏乡约》要求入约民众德业相劝、过失相规、礼俗相交、患难相恤。《吕氏乡约》在当时似乎并未受到人们的重视，真正使其重获新生的是南宋理学家朱熹。朱熹在 1175 年修订了《吕氏乡约》，他延续了原约的基本框架，将《吕氏乡仪》的内容全部精简并整合到《吕氏乡约》的"礼俗相交"款中，使其更加完善整饬，同时也注入了他对现实的关怀。遗憾的是，朱熹生前未能亲自实践他修订的《吕氏乡约》。他的弟子与再传弟子弥补了他的遗憾。1215 年，朱熹弟子胡泳在家乡江西推行乡约；1243 年，朱熹再传弟子阳枋在家乡四川推行乡约。总之，《吕氏乡约》对后世基层社区的发展产生了不可磨灭的影响（参见中国纪检监察报《吕氏乡约》：中国历史上最早的成文乡约。2016 年 1 月 18 日）。

际情况，制定通过的实行村民自治的综合性规范，也可以说是村民自治中层次最高、结构最完整的一种村规民约。据介绍，1990年山东省章丘村制定了全国第一部村民自治章程①。而村规民约是村民根据有关法律、法规和政策，结合本村实际共同商议制定，并需要全体村民自觉遵守的行为规范，其内容涉及村民自治权的各个方面。从广义上看，村民自治章程属于村规民约中的一种，因为其内容完备，集中规定村务的民主管理，被誉为村里的"小宪法"；从狭义上看，村规民约是指除了村民自治章程以外的其他规范性文件，从《村民委员会组织法》第二十条规定看，该法是从狭义上理解村规民约的。村规民约的内容可以涉及农村基层社会生活的各个方面，但从各地的村规民约来看，主要有：一是维护生产秩序方面的。农村实行家庭承包经营后，有些事情政府不便管，也管不了、管不好，须要由村民自己采用村规民约的形式加强管理。如封山育林、护山护林，保护水利设施、合理用水，禁止乱放家禽、牲畜，禁止乱砍滥伐，保护生态环境等。二是维护社会治安方面的。我国地域辽阔，村民居住分散，公安机关的管理难以顾及。再加上一些人法律知识缺乏，法制观念淡漠，肆意扰乱社会秩序。因此，很多村针对这种情况制定了村规民约，如遵纪守法、不偷盗、不赌博、不吸毒、不打架斗殴，维护社会公共秩序。三是履行法律义务方面的内容。如依法按时交粮、纳税、响应国家号召服兵役，实行计划生育，爱护公物、爱护集体财产，并履行其他应尽的义务。四是精神文明建设方面的内容。如提倡热爱祖国、热爱共产党、热爱社会主义、热爱劳动；讲礼貌、尊老爱幼、团结互助，帮助困难户，不虐待老人、妇女和儿童；讲文明、讲卫生，搞好环境美化绿化；学科学、学文化、移风易俗，反对封建迷信；积极参加各种公益活动。总之，村民自治章程和村规民约相比，两者有共同之处，也有不同之点，各有优势和长处，不可互相替代。

（2）村民自治章程和村规民约制定要求

村民自治章程和村规民约是每个村民在日常生产生活中必须遵守和执行的行为规范。因此，制定和修改村民自治章程和村规民约，要充分发扬民主，从实际出发。同时还要注意的是：

---

① 张弘、潘昌伟：《我国村民自治权的法律渊源及实现——兼论村民自治章程和村规民约的法律效力问题》，资料来源：中国—瑞士"权力的纵向配置与地方治理"国际学术研讨会论文集。

首先，村民自治章程和村规民约应当符合宪法、法律、法规和国家政策的规定，不得与之相抵触。具体来说：一是不能与宪法、法律、法规和国家政策的规定相反；二是不能与宪法、法律、法规和国家政策的精神和宗旨相违背；三是不能超越了村民自治章程和村规民约的权限范围；四是不能规定不适当的处罚措施。

其次，村民自治章程和村规民约不得有侵犯村民人身权利、民主权利和合法财产权利的内容。村民自治章程和村规民约不能搞"土政策"，限制公民人身自由、民主权利和财产权利，搞不合法的处罚措施。

再次，村民自治章程和村规民约须报乡、民族乡、镇的人民政府备案。

（二）村民代表会议

在村民自治组织中，村民代表会议是仅次于村民会议的权力机构，讨论决定村民会议授权的事项。根据村民委员会组织法规定，人数较多或者居住分散村，可以推选村民代表，召开村民代表会议。从法律条文看，村民代表会议不是一个必设机构，但是，从村民自治的实践看，村民代表会议是实现村民自治的一种重要的组织形式。

1. 村民代表会议的组成。村民代表会议由村民委员会成员和村民代表组成，村民代表应当占村民代表会议组成人员的五分之四以上，妇女村民代表应当占村民代表会议组成人员的三分之一以上。村民代表由村民按每五户至十五户推选一人，或者由各村民小组推选若干人。村民代表应当向其推选户或者村民小组负责，接受村民监督。

2. 村民代表会议的召集与议事规则。村民代表会议由村民委员会召集。村民代表会议每季度召开一次。有五分之一以上的村民代表提议，应当召集村民代表会议。村民代表会议有三分之二以上的组成人员参加方可召开，所作决定应当经到会人员的过半数同意。

（三）村民小组会议

新修订的《村民委员会组织法》增加了村民小组会议制度，规定了村民小组会议的召开条件、议事规则和讨论事项。召开村民小组会议，应当有本村民小组十八周岁以上的村民三分之二以上，或者本村民小组三分之二以上的户的代表参加，所作决定应当经到会人员的过半数同意。村民小组组长由村民小组会议推选。村民小组组长任期与村民委员会的任期相同，可以连选连任。属于村民小组的集体所有的土地、企业和其他财产的经营管理以及公益事项的办理,由村民小组会议依照有关法律的规定讨论决定,所作决定及实施情况应当及时向本村民小组的村民公布。

六 村民自治中的民主管理和民主监督制度

(一) 村务公开制度

根据《村民委员会组织法》第三十条的规定,村民委员会实行村务公开制度。村民委员会应当及时公布下列事项,接受村民的监督:一是村民委员会组织法第二十三条、第二十四条规定的由村民会议、村民代表会议讨论决定的事项及其实施情况;二是国家计划生育政策的落实方案;三是政府拨付和接受社会捐赠的救灾救助、补贴补助等资金、物资的管理使用情况;四是村民委员会协助人民政府开展工作的情况;五是涉及本村村民利益,村民普遍关心的其他事项。以上规定事项中,一般事项至少每季度公布一次;集体财务往来较多的,财务收支情况应当每月公布一次;涉及村民利益的重大事项应当随时公布。村民委员会应当保证所公布事项的真实性,并接受村民的查询。

村民委员会不及时公布应当公布的事项或者公布的事项不真实的,村民有权向乡、民族乡、镇的人民政府或者县级人民政府及其有关主管部门反映,有关人民政府或者主管部门应当负责调查核实,责令依法公布;经查证确有违法行为的,有关人员应当依法承担责任。

(二) 村务档案制度

《村民委员会组织法》新增了村务档案制度并具体规定了建档的内容。村民委员会和村务监督机构应当建立村务档案。村务档案包括:选举文件和选票,会议记录,土地发包方案和承包合同,经济合同,集体财务账目,集体资产登记文件,公益设施基本资料,基本建设资料,宅基地使用方案,征地补偿费使用及分配方案等。村务档案应当真实、准确、完整、规范。

(三) 村务监督机构

为了健全村务监督机制,村民委员会应当建立村务监督委员会或者其他形式的村务监督机构。村务监督机构负责村民民主理财,监督村务公开等制度的落实。村务监督机构的组成人员由村民会议或者村民代表会议在村民中推选产生,其中应有具备财会、管理知识的人员。村民委员会成员及其近亲属不得担任村务监督机构成员。村务监督机构成员向村民会议和村民代表会议负责,可以列席村民委员会会议。

(四) 民主评议制度

村民委员会实行民主评议制度。村民委员会成员以及由村民或者村集体承担误工补贴的聘用人员,应当接受村民会议或者村民代表会议对其履行职责情况的民主评议。民主评议每年至少进行一次,由村务监督机构主持。村民委员会成员连续两次被评议不称职的,其职务终止。

(五) 村委会成员离任审计制度

村民委员会成员实行任期和离任经济责任审计,审计包括下列事项:一是本村财务收支情况;二是本村债权债务情况;三是政府拨付和接受社会捐赠的资金、物资管理使用情况;四是本村生产经营和建设项目的发包管理以及公益事业建设项目招标投标情况;五是本村资金管理使用以及本村集体资产、资源的承包、租赁、担保、出让情况,征地补偿费的使用、分配情况;六是本村五分之一以上的村民要求审计的其他事项。村民委员会成员的任期和离任经济责任审计,由县级人民政府农业部门、财政部门或者乡、民族乡、镇的人民政府负责组织,审计结果应当公布,其中离任经济责任审计结果应当在下一届村民委员会选举之前公布。

七 村民自治与农村基层党组织及其他机关、单位的关系

(一) 中国共产党在农村的基层组织与村民自治

依照《村民委员会组织法》的规定,中国共产党在农村的基层组织,按照中国共产党章程进行工作,发挥领导核心作用,领导和支持村民委员会行使职权;依照宪法和法律,支持和保障村民开展自治活动、直接行使民主权利。

(二) 地方国家权力机关与村民自治

依照《村民委员会组织法》的规定,一是地方各级人民代表大会和县级以上地方各级人民代表大会常务委员会在本行政区域内保证《村民委员会组织法》的实施,保障村民依法行使自治权利[①]。二是省、自治区、直辖市的人民代表大会常务委员会根据本法,结合本行政区域的实际

---

① 《村民委员会组织法》第三十九条。

情况，制定实施办法①。

（三）乡、民族乡、镇人民政府与村民自治

依照《村民委员会组织法》的规定，一是乡、民族乡、镇的人民政府对村民委员会的工作给予指导、支持和帮助，但是不得干预依法属于村民自治范围内的事项；二是村民委员会协助乡、民族乡、镇的人民政府开展工作。

（四）驻在农村的机关和单位与村委会的关系

《村民委员会组织法》第三十八条规定，驻在农村的机关、团体、部队、国有及国有控股企业、事业单位及其人员不参加村民委员会组织，但应当通过多种形式参与农村社区建设，并遵守有关村规民约。村民委员会、村民会议或者村民代表会议讨论决定与前款规定的单位有关的事项，应当与其协商。

在我国，由于工作需要，有一些机关，如政府的派出机构，某些乡、民族乡人民政府，中国人民解放军的野战部队、边防部队，矿山、油田和其他一些与农村紧密联系的企业、事业单位驻在农村。这些单位和组织的人员，不参加村民委员会组织。这主要是因为：（1）上述单位和组织的人员及其家属，在其居住区，一般都设立了家属委员会或居民委员会，管理自己的事务。在基层社会生活中，他们已经有了自治的组织。（2）上述单位的人员虽然住在农村，但他们在经济、文化、生活方式等方面，与村民有许多不同之处，不宜合为一体，同村民一起自治。

第三节 当代中国的城市社区自治法律制度

一 当代中国城市社区自治历程

社区自治是经济社会发展到一定阶段的必然产物。联合国早在1955年制定的《通过社区发展促进社会进步》的报告中就指出应把促进社区居民积极参与社区工作，改进地方行政机构的功能作为重要目标，并同时

---

① 《村民委员会组织法》第四十条。

指出政府应积极而广泛地协助社区自治计划的实现①。

据介绍，中国社区自治生根发芽在清末即光绪三十四年（1908）、一些有识之士向清政府奏呈的《城镇乡地方自治章程》，应该说，这是为清政府"预备立宪"制定的，因其仓促颁布未能得到实施而停留于"纸上谈兵"。不过，它毕竟包括9章112条，又是非常明确地提出了"城镇乡地方"的"自治"，其在社区自治中所具有的里程碑意义不可小觑。

新中国城市社区自治的真正确立以1954年第一届全国人大常委会第四次会议通过的《城市居民委员会组织条例》为标志，这是我国首次以法律形式规定城市居委会作为群众自治组织的重要文献。当然，这个文献的产生也经历了一个酝酿和发展的过程。早在1949年10月中旬，杭州市人民政府根据市民政局的提议，召开区长联席会议，专门研究取消保甲制度、建立居民委员会问题，并决定在上城、下城和江干区先行试点，由此选举产生了新中国成立后第一批群众性自治组织——居民委员会，如上城区的上羊市街居委会等。1949年12月，杭州市人民政府正式发布《关于取消保甲制度建立居民委员会的工作指示》，明确提出"人民民主管理城市"的思想："建立新的居民组织的目的，是在动员组织群众，团结教育群众，使人民自己来真正当家办事，应在'自己当主人，自己来办事'的口号下，去提高群众的政治觉悟，建立人民民主管理城市的基础，并使城市革命秩序获得更进一步的巩固，同时，新的居民组织，必须能广泛地反映人民意见，传递和推行政府的政策法令，加强政府与群众的联系，协助政府来做好城市的管理与建设工作。"这是目前发现的我国最早的关于在城市建立居委会的政令，也是新中国成立初期地方政府发出的对"居民自治"阐述得比较完备的一份文件。1953年，时任北京市长的彭真向中央提交了《关于城市街道办事处、居民委员会组织和经费问题的报告》，报告指出："街道的居民委员会的组织是必须建立的，它是群众自治组织，不是政权组织。"这样，城市社区自治就变成合乎国家宪法、指导思想明确、充分反映自治精神的一个制度创新。在随后的几年中，居民委员会得以在全国普遍建立，社区自治不断发展，中国基层民主生活也进入了一个新的历史时期②。

---

① 于杰:《城市社区自治中居委会职能的转变》,《中共青岛市委党校青岛行政学院学报》2009年第3期。

② 赵秀玲:《中国城市社区自治的成长与思考——基于与村民自治相参照的视野》,《江苏师范大学学报》（哲学社会科学版）2013年11月。

1954年12月31日，全国人民代表大会常务委员会第四次会议通过了《城市居民委员会组织条例》①，首次以国家法律的形式确认了城市居民委员会的名称、自治性质、地位和作用，有力地推动了城市居民委员会组织的建设和发展。根据该《条例》的规定，全国各个城市开始建立居民委员会，实行城市居民对居住地公共事务管理的民主自治。1956年，全国城市普遍都建立了居民委员会。但随着"左"的错误路线占主导地位，1958年人民公社建立后城市居民基层自治走上了不平坦之路。

十一届三中全会以后，城市居民委员会的组织建设得到了全面的恢复和发展。1980年1月，全国人大常委会重新颁布了《中华人民共和国城市居民委员会组织条例》。1982年，在总结城市居民自治的经验基础上，第五届全国人民代表大会第五次会议通过的《中华人民共和国宪法》首次以根本法的形式明确规定，"城市和农村按居民居住地区设立的居民委员会或者村民委员会是基层群众性自治组织。居民委员会、村民委员会的主任、副主任和委员由居民选举。居民委员会、村民委员会同基层政权的相互关系由法律规定。居民委员会、村民委员会设人民调解、治安保卫、公共卫生等委员会，办理本居住地区的公共事务和公益事业，调解民间纠纷，协助维护社会治安，并且向人民政府反映群众的意见、要求和提出建议。"

1986年，民政部提出"社会福利社会办"的口号，从社会保障角度提出开展"社区服务"的要求，"社区"概念首次被提出并引入到城市基层管理之中。1989年，七届全国人大常委会第十一次会议制定并通过了《城市居民委员会组织法》，以明确的法律形式全面规范地确定了居民委员会的性质、地位和任务等，并第一次把"开展便民利民的社区服务活动"规定为居民委员会的一项主要职责，从而为城市居民委员会发展提供了法律基础和制度保障。1995年12月，民政部制定《全国社区服务示范城区标准》，全国开始推进示范城区建设。2001年3月，九届人大四次会议批准《国民经济和社会发展第十个五年计划纲要》，提出"加强城乡基层政权机关和群众性自治组织建设，扩大公民有序的政治参与，引导人

---

① 《城市居民委员会组织条例》共十条，主要内容包括：1. 为了加强城市中街道居民的组织和工作，增进居民的公共福利，在市辖区、不设区的市的人民委员会或者它的派出机关指导下，可以按照居住地区成立居民委员会。居民委员会是群众自治性的居民组织。2. 居民委员会的任务如下：办理有关居民的公共福利事项；向当地人民委员会或者它的派出机关反映居民的意见和要求；动员居民响应政府号召并遵守法律；领导群众性的治安保卫工作；调解居民间的纠纷。3. 居民委员会的组织、任期等内容。

民群众依法参与经济、文化和社会事务的管理""加强社区民主建设",这表明"社区建设"成为新时期我国经济社会发展的重要组成部分。2001年7月,民政部发布《全国城市社区建设示范活动指导纲要》,启动了大中城市的社区建设示范活动,强调社区体制改革创新,明确政府和社区的职责,社区居民委员会依法自治。2007年10月,党的十七大报告提出:要健全基层党组织领导的充满活力的基层群众自治机制,扩大基层群众自治范围,完善民主管理制度,把城乡社区建设成为管理有序、服务完善、文明祥和的社会生活共同体。从而把基层群众自治制度纳入到中国特色社会主义政治制度体系之中。这标志着城市社区民主自治建设进入了一个新的高度和阶段。

二 城市社区自治的特点和意义

我国城市社区民主自治机制是中国特色社会主义政治制度的重要组成部分,是中国共产党在领导人民进行依法治国过程中的制度创新,具有鲜明的特点和优势。

(一) 城市社区自治特点

1. 城市社区民主自治建设与城市基层管理体制改革相辅相成。我国城市社区民主自治建设是城市改革,尤其是城市基层管理体制改革的产物,并与之相辅相成。居民委员会在改革开放前大多只起到"拾单位之遗、补单位之漏"的作用。随着改革的深化,更多的"单位人"转向"社会人""社区人"。社区的功能日益重要,社区人的公共利益需求日益强烈,社区民主自治的诉求就成为现实的必然结果,区、街、居管理体制必然向社区管理体制转化,而城市基层管理体制的深化改革又促进了社区居民民主自治建设,民主自治建设与城市基层管理体制改革相辅相成。不仅如此,在这个互动过程中,人民群众的智慧和创造性得到了充分的发挥和尊重,我国自下而上的直接民主制度不断得到健全。

2. 党和政府在城市社区民主自治过程中的主导和推动作用至关重要。我国城市基层民主自治建设的发展离不开人民群众、党和政府的共同作用,其中党和政府的主导和直接推动对这一伟大进程至关重要。党和政府在推动改革开放过程中,审时度势,以满足人民群众根本利益为出发点,及时把人民群众的创造加以总结并上升到理论高度,然后再用以指导人民群众自治的实践，并通过制定一系列的法律法规保障人民群众的民主自治坚持正确的方向和有序稳定的发展。我国的国情和社会主义制度的本质决定了我国的基层群众自治必须发挥党和政府的主导和推动作用，坚持党的领导、人民当家做主和依法治国的统一。

(二) 城市社区自治重要意义

城市社区基层民主建设是中国民主发展的重要组成部分和新的生长点，它对中国民主政治的发展和社会建设的影响广泛而深远。

其一，促进了社区的和谐发展和社会的稳定。社区民主建设调动了居民的积极性，充分发挥了他们当家做主的热情，有效化解了居民内部的矛盾，整合了社区建设的各种资源，改善了社区的环境，提高了居民生活质量。因此，社区民主建设大大促进了社区的和谐发展和社会的稳定。

其二，孕育和培养了中国民主政治的主体。民主的发展首先要提高公民的民主意识和民主素养、民主能力等。由于生活在社区的居民主要是我国的城镇居民，主体数量较大，而且还有上亿的流动的农村人口等。社区民主的发展无疑会使民主、自由、平等、人权、法治等民主观念不断深入人心，提高社会居民的民主意识、民主素养和民主能力等。

其三，有益于探索具有中国特色的民主之路。中国的国情决定了中国的民主制度建设不能照搬西方的模式。由于中国社区发展的不均衡，中国的基层民主建设在基本原则一致前提下各具自己的特色。国家民主制度层面的代表制与基层社会层面的直选制交相辉映，形成了颇具中国特色的民主之路。而且，社区基层民主越发展，中国民主发展的社会空间就越大，中国特色的民主制度亦会日益丰富。

其四，有助于推动中国的政治社会改革。随着中国市场经济的深入发展和社会结构的变化，社区民主建设乃至整个社区建设必然会促进党和政府的各项改革，尤其是基层政权和社会管理的改革。一种相对民主、高效、科学的"小政府、大社会"的管理机制，将会成为中国社会的发展趋势①。

---

① 参见王久高《改革开放以来我国城市社区民主自治建设的历史考察》，《中国特色社会主义研究》2009年第1期。

三 城市社区自治法律制度主要内容

（一）居民委员会

1. 居民居委会

居民委员会是中国城市居民实现自我管理、自我教育、自我服务的基层群众性自治组织，是在城市基层实现直接民主的重要形式。

2. 居民委员会的任务

依据《城市居民委员会组织法》的规定，居民委员会的任务主要是：

（1）宣传宪法、法律、法规和国家的政策，维护居民的合法权益，教育居民履行依法应尽的义务，爱护公共财产，开展多种形式的社会主义精神文明建设活动；

（2）办理本居住地区居民的公共事务和公益事业；

（3）调解民间纠纷；

（4）协助维护社会治安；

（5）协助人民政府或者它的派出机关做好与居民利益有关的公共卫生、计划生育、优抚救济、青少年教育等项工作；

（6）向人民政府或者它的派出机关反映居民的意见、要求和提出建议。

3. 居民委员会的设立、组成

居民委员会根据居民居住状况，按照便于居民自治的原则，一般在一百户至七百户的范围内设立。居民委员会的设立、撤销、规模调整，由不设区的市、市辖区的人民政府决定。

居民委员会由主任、副主任和委员共五人至九人组成。多民族居住地区，居民委员会中应当有人数较少的民族的成员。居民委员会主任、副主任和委员，由本居住地区全体有选举权的居民或者由每户派代表选举产生；根据居民意见，也可以由每个居民小组选举代表二人至三人选举产生。居民委员会每届任期三年，其成员可以连选连任。

居民委员会根据需要设人民调解、治安保卫、公共卫生等委员会。居民委员会成员可以兼任下属的委员会的成员。居民较少的居民委员会可以不设下属的委员会，由居民委员会的成员分工负责有关工作。

市、市辖区的人民政府有关部门，需要居民委员会或者它的下属委员会协助进行的工作，应当经市、市辖区的人民政府或者它的派出机关同意并统一安排。市、市辖区的人民政府的有关部门,可以对居民委员会有关的下属委员会进行业务指导。

(二) 居民会议

1. 居民会议组成

居民会议由十八周岁以上的居民组成。居民会议可以由全体十八周岁以上的居民或者每户派代表参加,也可以由每个居民小组选举代表二人至三人参加。居民会议必须有全体十八周岁以上的居民、户的代表或者居民小组选举代表的过半数出席,才能举行。会议的决定,由出席人的过半数通过。

居民委员会向居民会议负责并报告工作。

居民会议由居民委员会召集和主持。有五分之一以上的十八周岁以上的居民、五分之一以上的户或者三分之一以上的居民小组提议,应当召集居民会议。涉及全体居民利益的重要问题,居民委员会必须提请居民会议讨论决定。

居民会议有权撤换和补选居民委员会成员。依照法律被剥夺政治权利的人编入居民小组,居民委员会应当对他们进行监督和教育。

2. 居民会议的主要任务

居民会议的主要任务:一是制定居民公约;二是审议居民委员会的工作计划和工作报告;三是决定兴办本居住地区的公益事业;四是撤换或者补选居民委员会成员;五是决定涉及本地区全体居民利益的其他重要问题。

由此可见,居民会议是居民自治中的权力机构。

(三) 居民公约

居民公约由居民会议讨论制定,报不设区的市、市辖区的人民政府或者它的派出机关备案,由居民委员会监督执行。居民应当遵守居民会议的决议和居民公约。居民公约的内容不得与宪法、法律、法规和国家的政策相抵触。

(四) 城市社区自治与其他组织的关系

1. 居委会与社区党组织的关系

确切地说,居委会是党领导下的社区居民实行自我管理、自我教育、自我服务、自我监督的群众性自治组织,这就明确了社区党组织与居委会的关系是领导与被领导的关系。中国共产党是代表最广大人民利益的,居委会是由社区全体居民选举产生的,是维护居民合法权益的,两者代表的根本利益是一致的。据此,居委会要服从社区党组织的领导,依靠社区党组织和社区广大党员的力量,带领和发动社区居民参与社区建设。社区党组织在对居委会实行政治领导中,保证党的路线、方针、政策和上级党组织的指示在居委会得到贯彻落实;通过党的组织系统,协调好社区单位和社区整体的关系;通过合法的工作程序,把党组织的主张和意图变为群众组织的自治行为,发动和组织社区单位和社区党员以及社区居民积极投入社区建设事业;支持和保证居委会依法组织居民开展民主自治活动,做好社区居民的思想政治工作,不要包揽居委会的具体事务,切实保证居委会依法行使自治职权。

2. 居委会与物业管理企业的关系

居委会与物业管理公司是两类不同性质的组织。两者的不同点表现有三:一是组织性质不同。居委会是群众性的自治组织;物业管理公司是企业性的提供管理服务的经济单位。二是功能与职责范围不同。居委会的主要功能是表达居民共同意愿,组织社区居民开展民主自治、自理,以服务人为主;物业管理公司的主要职责是居住物业的保修、保洁、保安、保绿,以管物为主。三是运作手段不同。居委会组织居民实行自治性管理,主要靠社会性机制;物业管理公司实行专业化的产业管理,主要靠市场化机制。但是两者在社区建设方面有一些共同点:它们都以为居民(业主)服务为根本宗旨,为创造一个安全、文明、舒适的社区生活和工作环境而共同努力。根据居住物业管理条例和居委会组织法的有关规定,居委会要以主要精力抓好社区居民自治,物业管理公司应配合居委会做好社区管理和服务工作,并接受居委会代表居民和业主对物业管理工作的指导和监督。两者各有其位,各尽其责,协同配合,共建文明社区。

3. 居委会与业主委员会的关系

居委会与业主委员会都是群众性自治组织,两者都具有提高居民生活质量,使居民"安、居、乐、业"的目标,但是两者又有不同之处。首先,居委会是社区居民的自治性组织,是我国民主政治制度的重要组成部分;业主委员会是在物业管理区域内代表全体业主对物业实施自治管理的组织。其次,居委会的功能是组织居民实行自治,维护全体居民的合法权益,其功能具有综合性、社会性、群众性;而业主委员会只代表本居住物业区内业主的合法权益,是以经济产权联系起来的社会组织,具有比较单一的功能,主要是对委托的物业管理企业进行检查、监督和审核。业主委员会无权决定产权之外或与全体居民有关的社会性事务。业主委员会召开业主会议应邀请居委会列席,凡是决定和社区公共生活有关的事务,应听取居委会的建议。

《居民委员会组织法》规定市、市辖区的人民政府有关部门,需要居民委员会或者它的下属委员会协助进行的工作,应当经市、市辖区的人民政府或者它的派出机关同意并统一安排。市、市辖区的人民政府的有关部门,可以对居民委员会有关的下属委员会进行业务指导。

居民委员会在不设区的市、市辖区的人民政府和它的派出机关的指导、帮助和支持下,开展工作。乡、民族乡、镇辖区内的居民委员会在乡、民族乡、镇人民政府的指导、帮助和支持下,开展工作。居民委员会协助所在地的人民政府或它的派出机关开展工作。

第四节 当代中国的企事业单位民主管理法律制度

一 企事业单位民主管理概述

我国民主政治的特点之一就是加强基层的民主政治建设,让广大人民群众广泛地参与对社会事务的管理。

民主管理是企事业单位的职工依照法律规定,通过一定的组织形式参与对企事业单位的管理,行使民主权利的活动。就民主管理的各项活动而言,参与是其最主要的特点,也就是说民主管理是通过各种形式的参与活动体现出来的。民主管理既是生产力发展尤其是科学技术发展的必然结果,也是社会主义制度的本质要求。目前在企事业单位中推进企业民主管理制度建设,将广大职工群众关心的企业改革和发展方面的重点问题、事关其切身利益的热点问题,以及企事业单位领导班子和党风廉政建设方面的难点问题等,纳入厂务公开民主管理之中,易于被广大职工群众所接受、认可,具有广泛的代表性、群众性和权威性;有利于培养职工群众的主人翁责任感和大局观念,巩固党的执政基础和执政地位;有利于强化职工民主意识,增长知识和才干,全面提高自身素质;有利于激发职工建功立业的积极性和创造性。

为充分保障公民的民主权利、贯彻落实宪法基本精神,企业法、劳动法、工会法、公司法等对企业民主管理问题进一步作出明确规定。

二 企业民主管理法律制度主要内容

(一) 全民所有制工业企业民主法律制度

全民所有制工业企业是依法自主经营、自负盈亏、独立核算的社会主义商品生产的经营单位。企业的财产属于全民所有,国家依照所有权和经营权分离的原则授予企业经营管理。企业对国家授予其经营管理的财产享有占有、使用和依法处分的权利。

目前,关于全民所有制工业企业民主管理的法律依据主要是:《中华人民共和国全民所有制企业法》和《全民所有制工业企业职工代表大会条例》(1986年9月15日国务院、中共中央发布)等法律法规。主要内容有:

1. 职工代表大会

在我国,职工在企业单位中享有的当家做主的民主权利,主要通过职工代表大会制度来实现。新中国成立后即在公有制企业中实行了职工代表会议制度,1957年后在全国普遍推行了这一制度[①]。职工参与企业民主管理,是由我国的政治制度和生产资料公有制性质决定的。《工会法》第三十五条规定"国有企业职工代表大会是企业实行民主管理的基本形式,是职工行使民主管理权力的机构,依照法律规定行使职权"。《全民所有制工业企业法》第五十一条明确规定:"职工代表大会是企业实行民主管理的基本形式,是职工行使民主管理权力的机构"。职工代表是由职工民主选举出来的,职代会不是一般性群众组织,也不是政治性团体,职工代表大会是实行民主管理的机构。

职工代表大会接受企业党的基层委员会(简称党委)的思想政治领导,贯彻执行党和国家的方针、政策,正确处理国家、企业和职工三者利益关系,在法律规定的范围内行使职权。积极支持厂长行使经营管理决策和统一指挥生产活动的职权.职工代表大会至少每半年召开一次。每次会议必须有三分之二以上的职工代表出席。遇有重大事项,经厂长、企业工会或三分之一以上职工代表的提议,可召开临时会议。职工代表大会进行

[①] 资料来源:《国务院新闻办公室》,《中国的民主政治建设》白皮书2005年10月发布。

选举和作出决议，必须经全体职工代表过半数通过。

2. 职工代表大会依法行使下列职权

一是定期听取厂长的工作报告，审议企业的经营方针、长远和年度计划、重大技术改造和技术引进计划、职工培训计划、财务预决算、自有资金分配和使用方案，提出意见和建议，并就上述方案的实施作出决议；

二是审议通过厂长提出的企业的经济责任制方案、工资调整计划、奖金分配方案、劳动保护措施方案、奖惩办法及其他重要的规章制度；

三是审议决定职工福利基金使用方案、职工住宅分配方案和其他有关职工生活福利的重大事项。

四是评议、监督企业各级行政领导干部，提出奖惩和任免的建议。对工作卓有成绩的干部，可以建议给予奖励，包括晋级、提职。对不称职的干部，可以建议免职或降职。对工作不负责任或者以权谋私，造成严重后果的干部，可以建议给予处分，直至撤职。

五是根据政府主管部门的决定选举厂长，报政府主管部门批准。主管机关任命或者免除企业行政领导人员的职务时，必须充分考虑职工代表大会的意见。职工代表大会根据主管机关的部署，可以民主推荐厂长人选，也可以民主选举厂长，报主管机关审批。

归纳起来就是审议建议权（对企业经营重大决策进行审议，并提出意见和建议的民主权利）；审查同意或否决权（对有关职工切身利益的重大事项表示认可或否决的权利）；审议决定权（即对职工生活福利方面的重大问题作出决定的权利）；评议监督权（职工代表大会依法享有评议、监督企业行政领导干部的职权）；选举权（民主选举或推荐企业高层管理人员的权利）。

3. 职工代表

根据《全民所有制工业企业职工代表大会条例》的规定，职工代表的产生，由职工直接选举。职工代表实行常任制，每两年改选一次，可以连选连任。

职工代表的权利主要是：

（1）在职工代表大会上，有选举权、被选举权和表决权；

（2）有权参加职工代表大会及其工作机构对企业执行职工代表大会决议和提案落实情况的检查，有权参加对企业行政领导人员的质询；

（3）因参加职工代表大会组织的各项活动而占用生产或者工作时间，

有权按照正常出勤享受应得的待遇。

（4）对职工代表行使民主权利，任何组织和个人不得压制、阻挠和打击报复。

职工代表的义务主要有：

（1）努力学习党和国家的方针、政策、法律、法规，不断提高政治觉悟、技术业务水平和参加管理的能力；

（2）密切联系群众，代表职工合法利益，如实反映职工群众的意见和要求，认真执行职工代表大会的决议，做好职工代表大会交给的各项工作；

（3）模范遵守国家的法律、法规和企业的规章制度、劳动纪律，做好本职工作。

职工代表大会选举主席团主持会议。

参加企业管理委员会的职工代表，由职工代表大会推选产生。

4. 企业工会委员会

全民所有制企业职工代表大会是企业实行民主管理的基本形式，是职工行使民主管理权力的机构，依照《中华人民共和国全民所有制工业企业法》的规定行使职权。职工代表大会的工作机构是企业的工会委员会。企业工会委员会负责职工代表大会日常工作，检查、督促职工代表大会决议的执行。企业工会代表和维护职工利益，依法独立自主地开展工作。企业工会组织职工参加民主管理和民主监督。

依照《工会法》的规定，在中国境内的企业、事业单位、机关中以工资收入为主要生活来源的体力劳动者和脑力劳动者，不分民族、种族、性别、职业、宗教信仰、教育程度，都有依法参加和组织工会的权利。工会的职责主要是组织和教育职工依照宪法和法律的规定行使民主权利，发挥国家主人翁的作用，通过各种途径和形式，参与管理国家事务，管理经济和文化事业，管理社会事务；协助人民政府开展工作，维护工人阶级领导的、以工农联盟为基础的人民民主专政的社会主义国家政权。

依据全民所有制工业企业法的规定，企业工会委员会作为职工代表大会的工作机构承担下列工作：

（1）组织职工选举职工代表；

（2）提出职工代表大会议题的建议，主持职工代表大会的筹备工作和会议的组织工作；

(3) 主持职工代表团（组）长、专门小组负责人联席会议；

(4) 组织专门小组进行调查研究，向职工代表大会提出建议，检查督促大会决议的执行情况，发动职工落实职工代表大会决议；

(5) 向职工进行民主管理的宣传教育，组织职工代表学习政策、业务和管理知识，提高职工代表素质；

(6) 接受和处理职工代表的申诉和建议，维护职工代表的合法权益；

(7) 组织企业民主管理的其他工作。

总之，全民所有制企业单位的工会，组织职工依照法律规定参加本单位的民主管理和民主监督。

5. 当前，企业职工民主管理存在的主要问题

一是非公有制企业民主管理的法律依据和法律保障缺失。企业职工代表大会制度是我国多年来形成的企业职工民主管理和民主参与的基本制度和形式，这在我国的《宪法》《劳动法》《工会法》和《公司法》中都得到了确认。但这些法律规定都是原则性规定，操作性不强。1982年《宪法》对企事业单位民主管理的规定，仅仅局限于公有制企业，即国有企业和集体企业，对私营企业没有做出规定。2012年，国家六部委出台了《企业民主管理规定》，明确要求所有企业都要实行民主管理。但《规定》毕竟不是全国人大或全国人大常委会颁布的基本法，其法定权威性未能达到高度。这种立法上的缺位，使得在基层非公企业推进以职代会为基本形式的企事业单位民主管理步履维艰。同时，职代会的依据方面的专门法规是1986年颁布的《全民所有制工业企业职工代表大会条例》。《条例》只对"国有工业企业"的职工代表大会作了法律规范，对目前大量存在的非国有、非公有制企业只有参考价值，没有法律效力。这种情况致使我国以职工代表大会为主要形式的民主管理制度在非公有制企业难以普遍建立起来。

二是即使对国有企业来说，原有的《全民所有制工业企业职工代表大会条例》已经不能适应新的情况。《条例》中关于职工代表大会职权的规定与现代企业制度下的公司治理不相适应，造成所谓"新三会"（股东大会、董事会和监事会）与"老三会"（党委会、工会和职代会）的矛盾，等等。

三是各项民主管理制度不配套，缺乏法律保障。近年来，除传统的职工代表大会制度外，企业实行了多种民主管理形式，包括集体协商制度、

厂务公开、民主评议、在公司制企业建立职工董事和监事制度等。但各项民主管理制度和民主参与制度之间缺乏协调,没有形成完整的体系,也缺乏法律依据,没有形成与这些民主管理制度相对应的法律保障体系,不能发挥各项民主管理制度的综合作用。

因此,加快企业职工民主管理的立法进程,须要加快企事业单位职工代表大会和职工民主管理的立法进程,将建立职代会制度确定为所有企业必须遵守的法定义务,同时科学合理地规定职代会的职权范围和组织运作程序,确保其能够有效地发挥作用。

(二) 集体企业民主法律制度

集体企业是指财产为劳动群众集体所有,实行共同劳动,在分配上实行以按劳分配为主的分配方式的社会主义经济组织。集体企业主要包括乡镇企业和城镇集体企业。主要法律规范有:1990年5月11日国务院发布的《乡村集体所有制企业条例》、1991年6月21日国务院颁布的《城镇集体所有制企业条例》以及1996年10月29日全国八届人大第二十二次常委会通过的《乡镇企业法》。

根据以上法律法规规定,集体企业民主法律制度的内容主要是:

1. 乡镇企业是指农村集体经济组织或者农民投资为主,在乡镇(包括所辖村)举办的承担支援农业义务的各类企业。这里所称投资为主,是指农村集体经济组织或者农民投资超过百分之五十,或者虽不足百分之五十,但能起到控股或者实际支配作用。乡镇企业符合企业法人条件的,依法取得企业法人资格。可见,乡镇企业不同于全民所有制工业企业。在民主管理问题上,《乡镇企业法》没有关于职工代表大会的规定,而只是规定乡镇企业依法实行民主管理,投资者在确定企业经营管理制度和企业负责人,作出重大经营决策和决定职工工资、生活福利、劳动保护、劳动安全等重大问题时,应当听取本企业工会或者职工的意见,实施情况要定期向职工公布,接受职工监督。

2. 依照《中华人民共和国城镇集体所有制企业条例》的规定,集体企业的职工是企业的主人,依照法律、法规和集体企业章程行使管理企业的权力。集体企业职工的合法权益受法律保护。集体企业依照法律规定实行民主管理。

3. 乡镇企业与城镇集体企业民主管理制度的区别。与乡镇企业的民主管理法律制度不同,《城镇集体所有制企业条例》规定乡镇企业职工

（代表）大会是集体企业的权力机构，由其选举和罢免企业管理人员，决定经营管理的重大问题。集体企业实行厂长（经理）负责制。集体企业职工的民主管理权和厂长（经理）依法行使职权，均受法律保护。集体企业的工会维护职工的合法权益，依法独立自主地开展工作，组织职工参加民主管理和民主监督。为此，《城镇集体所有制企业条例》明确规定了如下具体制度。

首先，集体企业职工依照法律、法规的规定，在集体企业内享有下列权利：一是企业各级管理职务的选举权和被选举权；二是参加企业民主管理，监督企业各项活动和管理人员的工作；三是参加劳动并享受劳动报酬、劳动保护、劳动保险、医疗保健和休息、休假的权利；四是接受职工技术教育和培训，按照国家规定评定业务技术职称；五是辞职；六是享受退休养老待遇；七是其他权利。

其次，《城镇集体所有制企业条例》规定，集体企业必须建立健全职工（代表）大会制度。具体要求是：（1）一百人以下的集体企业，建立职工大会制度；（2）三百人以上的集体企业建立职工代表大会制度；（3）一百人以上三百人以下的集体企业，建立职工大会或者职工代表大会制度，由企业自定。职工（代表）大会依照企业章程规定定期召开，但每年不得少于两次。

（三）其他企业组织民主法律制度

我国企业形式多种多样，除了全民所有制工业企业、城乡集体企业，还有公司、合伙企业、外资企业等企业组织。这些企业组织如何保障职工的民主权利，法律规定不一，在此恕不一一列举。典型的如：

1. 《劳动法》第八条规定：劳动者依照法律规定，通过职工大会、职工代表大会或者其他形式，参与民主管理或者就保护劳动者合法权益与用人单位进行平等协商。

2. 《劳动合同法》第五十一条规定：企业职工一方与用人单位通过平等协商，可以就劳动报酬、工作时间、休息休假、劳动安全卫生、保险福利等事项订立集体合同。集体合同草案应当提交职工代表大会或者全体职工讨论通过。集体合同由工会代表企业职工一方与用人单位订立；尚未建立工会的用人单位，由上级工会指导劳动者推举的代表与用人单位订立。

3. 《公司法》第十八条规定：公司职工依照《中华人民共和国工会

法》组织工会，开展工会活动，维护职工合法权益。公司应当为本公司工会提供必要的活动条件。公司工会代表职工就职工的劳动报酬、工作时间、福利、保险和劳动安全卫生等事项依法与公司签订集体合同。公司依照宪法和有关法律的规定，通过职工代表大会或者其他形式，实行民主管理。公司研究决定改制以及经营方面的重大问题、制定重要的规章制度时，应当听取公司工会的意见，并通过职工代表大会或者其他形式听取职工的意见和建议。

三　事业单位民主管理法律制度主要内容

（一）事业单位概念

根据1998年国务院颁布的《事业单位登记管理暂行条例》的界定，所谓事业单位是以社会公益为目的，由国家机关举办或者其他组织利用国有资产举办的，从事教育、科技、文化、卫生等活动的社会服务组织。

（二）事业单位基本特征

一般认为，事业单位具有以下主要特征：

一是依法设立。事业单位的设立，区分不同情况由法定审批机关批准，依法登记，或者依照法律规定直接进行法人登记。

二是服务性。事业单位主要分布在科、教、文、卫等领域，是保障国家政治、经济、文化生活正常进行的社会系统。如教育事业单位，主要功能是为社会培养合格的劳动者和各方面所需要的人才；卫生事业单位，主要功能是保障公民的身体健康，使其享受良好的医疗服务，等等。缺乏这些服务支持，或服务支持系统不健全，生产力发展就会受到制约，并影响社会稳定。经济愈发展，社会愈进步，对服务功能的要求标准也愈高，范围也愈大。服务性，是事业单位最简明的特征。

三是从事公益性。事业单位从事的是教育、科技、文化、卫生等涉及人民群众公共利益的服务活动。公益性，是由事业单位的社会功能和市场经济体制的要求决定的。在社会主义市场经济条件下，市场对资源配置起基础性作用。但在一些领域，某些产品或服务，不能或无法由市场来提供，如教育、卫生、基础研究、市场管理等。为了保证社会生活的正常进行，就要由政府组织、管理或委托社会公共服务机构从事社会公共产品的生产，以满足社会发展和公众的需求。我国的事业单位大都分布在公益性领域中，主要从事精神产品的生产和服务。

四是非营利性。事业单位一般不从事生产经营活动，经费来源有的需要财政完全保证，有的可通过从事一些经批准的服务活动取得部分收入，但取得的收入只能用于事业单位的再发展。

五是知识密集性。绝大多数事业单位是以脑力劳动为主体的知识密集性组织，专业人才是事业单位的主要人员构成，利用科技文化知识为社会各方面提供服务是事业单位的主要手段。虽然事业单位主要不从事物质产品的生产，但由于其在科技文化领域的地位，对社会进步起着重要的推动作用，是社会生产力的重要组成部分，在国家科技创新体系中，居于核心地位。

(三) 事业单位现实形态

1. 农、林、水利、气象事业组织。农业组织包括农业试验站、种子站、技术推广站；林业事业组织包括林场、苗圃、工作站；水利事业组织包括排灌管理、水库管理、水文、治河、防汛机构；水产事业组织包括水产养殖试验站；畜牧事业组织包括畜牧养殖试验站、兽医站、检疫站等；气象事业组织包括水文气象台、各种气象台（站）、农业气象试验站、气象通讯站、气象计算分析中心、人造气象卫星发射接收站、民航气象站、海洋水文气象站等。

2. 文教卫生事业组织。文教卫生事业组织包括许多门类，诸如文化事业组织类别的图书馆、文化宫、文化馆、艺术馆等；教育事业组织类别的学校系统、幼儿园、教育研究所；卫生事业组织类别的医院、疗养院、保健院等；体育事业组织包括体育场馆、俱乐部、运动队等；环境保护事业类别的组织包括各级环境保护行政机关所属的独立环境监测站、科研所和情报所等。新闻广播出版事业类别的组织包括新华通讯社及其分社、分支机构，广播电视台（站）、转播站、发射台、干扰台，报社、杂志社、新闻图片社和画报社等。

3. 科学研究事业组织。科学研究事业组织包括中国科学院和中国社会科学院及其所属的科学研究所，中央和地方各部门所属的科学研究机构。

4. 勘察设计事业组织。例如石油、地质、冶金设计院、分院和勘察队、物探队等。

5. 社会福利事业组织。如儿童福利院、社会福利院、殡仪馆、火葬场、烈士陵园、公墓等管理机构。

6. 城市公用事业组织。如公园、动物园等。

7. 交通事业组织。如公路、航道维护、车辆监理等机构组织。

可见，事业单位是一个庞大的社会组织群体。

（四）事业单位民主管理的法律依据

1. 宪法。我国《宪法》第二条规定："人民依照法律规定，通过各种途径和形式，管理国家事务，管理经济和文化事业，管理社会事务。"这是我国事业单位民主管理的根本大法依据所在。

2. 工会法。根据《工会法》的规定，在中国境内的企业、事业单位、机关中以工资收入为主要生活来源的体力劳动者和脑力劳动者，不分民族、种族、性别、职业、宗教信仰、教育程度，都有依法参加和组织工会的权利。工会是职工自愿结合的工人阶级的群众组织。《工会法》第五条规定："工会组织和教育职工依照宪法和法律的规定行使民主权利，发挥国家主人翁的作用，通过各种途径和形式，参与管理国家事务，管理经济和文化事业，管理社会事务；协助人民政府开展工作，维护工人阶级领导的、以工农联盟为基础的人民民主专政的社会主义国家政权。"第六条第三款规定："工会依照法律规定通过职工代表大会或者其他形式，组织职工参与本单位的民主决策、民主管理和民主监督。"第十九条规定："企业、事业单位违反职工代表大会制度和其他民主管理制度，工会有权要求纠正，保障职工依法行使民主管理的权利。法律、法规规定应当提交职工大会或者职工代表大会审议、通过、决定的事项，企业、事业单位应当依法办理。"

3.《劳动法》。该法第八条规定：劳动者依照法律规定，通过职工大会、职工代表大会或者其他形式，参与民主管理或者就保护劳动合法权益与用人单位进行平等协商。

4. 其他法律。如《教育法》第三十条第三款规定："学校及其他教育机构应当按照国家有关规定，通过以教师为主体的教职工代表大会等组织形式，保障教职工参与民主管理和监督。"《高等教育法》第十一条规定："高等学校应当面向社会，依法自主办学，实行民主管理。"第四十三条规定："高等学校通过以教师为主体的教职工代表大会等组织形式，依法保障教职工参与民主管理和监督，维护教职工合法权益。"《教师法》第七条第五款规定，教师"对学校教育教学、管理工作和教育行政部门的工作提出意见和建议，通过职工代表大会或者其他形式，参与学校的民主管理"，等等。由于我国事业单位体系庞大，涵盖面宽，所涉法律较多、规定也多。限于篇幅，不再详述。

本章小结

没有民主就没有社会主义，就没有社会主义现代化。社会主义民主的本质是人民当家做主。实现人民当家做主，一方面，全体人民通过民主选举，产生各级人民代表大会，行使国家权力；另一方面，人民依照法律规定，通过各种途径和形式，参与管理国家事务，管理经济和文化事业，管理社会事务。在农村实行村民自治，是中国共产党领导亿万农民建设有中国特色社会主义民主政治的伟大创造。依照宪法，在农村建立基层群众性自治组织村民委员会，实行基层群众自治，是我国社会主义民主政治的一项重要制度，是人民当家做主的一个重要体现。广大农民通过民主选举、民主决策、民主管理和民主监督，实行村民自治，做到自我管理、自我服务和自我教育。同时，在城乡社区治理、基层公共事务和公益事业中实行群众自我管理、自我服务、自我教育、自我监督，也是人民依法直接行使民主权利的重要方式。

党的十八大报告指出，要健全基层党组织领导的充满活力的基层群众自治机制，以扩大有序参与、推进信息公开、加强议事协商、强化权力监督为重点，拓宽范围和途径，丰富内容和形式，保障人民享有更多更切实的民主权利。全心全意依靠工人阶级，健全以职工代表大会为基本形式的企事业单位民主管理制度，保障职工参与管理和监督的民主权利。发挥基层各类组织协同作用，实现政府管理和基层民主有机结合。

第七章　当代中国群团组织法律制度

中国特色社会主义是亿万人民自己的事业。在改革开放新的历史时期，为了实现十八大提出的"在中国共产党成立一百年时全面建成小康社会"，"在新中国成立一百年时建成富强民主文明和谐的社会主义现代化国家"的伟大奋斗目标，实现中国共产党和中国人民"为人类不断作出新的更大的贡献"的庄严承诺，中国共产党既"要发挥人民主人翁精神，坚持依法治国这个党领导人民治理国家的基本方略，最广泛地动员和组织人民依法管理国家事务和社会事务、管理经济和文化事业、积极投身社会主义现代化建设，更好保障人民权益，更好保证人民当家做主"（十八大报告），也要"把党内和党外、国内和国外等各方面优秀人才吸引过来、凝聚起来"，团结带领更广大人民群众同心同德进行有中国特色的社会主义建设。群团组织是党和政府联系广大群众的桥梁和纽带，经常地专门地同它们所联系的那一部分群众在一起，最直接、最清晰地了解和掌握群众的所思、所想、所为，能够最有效地向群众宣传党的路线、方针和政策，开展专门性的思想教育，及时地向党组织反映群众的疾苦和心声，直接动员和发挥各界群众的积极性和创造性，投身中国特色社会主义建设伟业。为此，中国共产党采取一系列有力措施，加强对新形势下群团组织的领导。例如，1989年12月21日，中共中央下发了《关于加强和改善党对工会、共青团、妇联工作领导的通知》；2006年8月22日，中共中央组织部、人事部发布了关于印发《工会、共青团、妇联等人民团体和群众团体机关参照〈中华人民共和国公务员法〉管理的意见》的通知（组通字〔2006〕28号）；2015年7月9日，中共中央印发了《关于加强和改进党的群团工作的意见》，等等。

那么，什么是群团组织？它和一般社会团体有哪些区别？工会、青年团、妇联等群团组织在当代中国的政治体制中处于什么地位？本章简要探讨上述问题，同时介绍当代中国的工会及妇女联合会相关法律制度。

第一节 当代中国的群团组织

一 群团组织概述

中国共产党来自人民、植根于人民，在革命与建设过程中形成了密切联系群众、组织动员群众的两条根本性路径：一是通过政党自身网络直接联系与组织广大民众，二是在外围建立群团组织以整合各阶层群众。从源头上看，中共一大通过的《中共第一个决议》开篇就说，"本党的基本任务是成立产业工会"。1921年11月，陈独秀签发的中央局通告指出，"全国社会主义青年团必须在明年七月以前超过二千团员""各区必须有直接管理的工会一个以上""议决以全力组织全国铁道工会""青年团及女界联合会改造宣言及章程日内即寄上，望依新章从速进行"。自此，中国共产党已将群团组织视为宣传动员广大民众的斗争工具，以革命思维和解放逻辑组建和发展这些组织[1]。

那么，什么是群团组织呢？事实上，群团组织是社会团体之一类。因此，为了说明群团组织，首先须要对社会团体进行简略的介绍。

（一）社会团体

1. 社会团体概念。从国际范围来看，目前西方学界尚没有一个完整的关于社会团体的定义，使用较普遍的是"非政府组织"。非政府组织这个类似于社会团体的概念最早于1945年在联合国的特定会议被提出和使用，其后这一概念被国际社会广泛使用，至今一般认为"任何一种独立于政府机构的、具有非营利性特征的非反政府组织都可以称为非政府组织"。近些年来，"随着西方社会非政府组织的实践的广泛开展以及学界对非政府组织研究的逐步深入，出现了诸如'第三部门''非营利部门''民间组织''志愿者组织''公民社会''民间团体'等与非政府组织含义相近，甚至在很多时与非政府组织交替使用的概念"。在现实当中，被称为非政府组织的实体繁多，到目前为止，仍没有对非政府组织有完整的定义[2]。

---

[1] 胡献忠：《改革开放以来群团组织研究述评》，《中共云南省委党校学报》2015年10月。

[2] 参见赵庆《中国社会团体管理法治化研究——兼论共青团组织的法治化》，中知网，博士学位论文数据库。

公民依法参加或结成某种社会团体、进行社团活动的自由，是现代宪法赋予公民的一项基本权利。一国对于社会团体的态度、本质上属于公民结社基本权利的保护。新中国成立前夕，中国人民政治协商会议第一届全体会议通过的《中华人民政治协商会议共同纲领》第五条明确规定，"中华人民共和国人民有思想、言论、出版、集会、结社、通讯、人身、居住、迁徙、宗教信仰及示威游行的自由权"[①]。新中国成立伊始，政务院于 1950 年正式发布了《社会团体登记暂行办法》，于其中首度明确提出"社会团体"称谓，但是该《社会团体登记暂行办法》中没有对于"社会团体"进行定义，仅仅在第三条列举了社会团体的范围："（1）人民群众团体；（2）社会公益团体；（3）文艺工作团体；（4）学术研究团体；（5）宗教团体；（6）其他合于人民政府法律组成的团体"。1998 年国务院发布的《社会团体登记管理条例》比较明确地阐述了社会团体的概念，其中第二条规定，"本条例所称社会团体，是指中国公民自愿组成，为实现会员共同意愿，按照其章程开展活动的非营利性社会组织。国家机关以外的组织可以作为单位会员加入社会团体"[②]。为了做好社会团体登记管理工作，民政部于 1989 年 12 月 30 日发布了《关于〈社会团体登记管理条例〉有关问题的通知》。作为社会团体登记管理部门，民政部通过该《通知》，就社团的分类，法律和行政法规概念的含义，社会团体的业务主管部门的认定，工会、共青团、妇联等社会团体的登记问题，跨行政区域社会团体的登记申请问题，社团法人和非法人区分的问题，社团登记受理时间的确定问题，社团的复议问题，"相同"或"相似"社团问题，社会团体不得从事以营利为目的的经营性活动含义的确定，社团设立分支机构问题，业务主管部门出具资格审查意见的办法等方面的问题进行了详细阐述。

可见，依照《社会团体登记管理条例》的规定，社会团体"是指中国公民自愿组成，为实现会员共同意愿，按照其章程开展活动的非营利性

[①] 1954 年宪法第八十七条明确规定："中华人民共和国公民有言论、出版、集会、结社、游行、示威的自由。国家供给必需的物质上的便利，以保证公民享受这些自由。"1975 年宪法、1978 年宪法尽管是特定历史时期的特定产物，也都明确规定公民有结社的基本权利。1982 年《宪法》第三十五条规定："中华人民共和国公民有言论、出版、集会、结社、游行、示威的自由。"

[②] 国务院：《社会团体登记管理条例》（1998 年 10 月 25 日发布），资料来源：肖蔚云、王禹、张翔编：《宪法学参考资料》（下册），北京大学出版社 2003 年版，第 738 页。

社会组织"。在理论界,有的又将社会团体定义为"自然人、法人或其他组织自愿组成,为实现会员的共同意愿,按照章程开展活动的非营利性社会组织"①。

2. 社会团体基本特征

根据《社会团体登记管理条例》相关规定,社会团体具有如下基本特征:

(1)组织的自发性和强制性。其中自发性是指作为非官方主导的社会团体,其组织形成应为成员的自觉行为导致,缺乏外力推动;强制性则是指《社会团体登记管理条例》第十一条规定"社会团体在申请登记时应提交章程草案"等强制性要求。

(2)成立符合法定条件性。根据《社会团体登记管理条例》第十条的规定,首先,成立社会团体,应当具备下列条件:①有五十人以上的个人会员或者三十人以上的单位会员;个人会员、单位会员混合组成的,会员总数不得少于五十人;②有规范的名称和相应的组织机构;③有固定的住所;④有与其业务活动相适应的专职工作人员;⑤有合法的资产和经费来源,全国性的社会团体有十万元以上活动资金,地方性的社会团体和跨行政区域的社会团体有三万元以上活动资金;⑥有独立承担民事责任的能力。其次,社会团体的名称应当符合法律、法规的规定,不得违背社会道德风尚。社会团体的名称应当与其业务范围、成员分布、活动地域相一致,准确反映其特征。全国性的社会团体的名称冠以"中国""全国""中华"等字样的,应当按照国家有关规定经过批准,地方性的社会团体的名称不得冠以"中国""全国""中华"等字样。再次,"成立社会团体,应当经其业务主管单位审查同意,并依照本条例的规定进行登记。社会团体应当具备法人条件。下列团体不属于本条例规定登记的范围:①参加中国人民政治协商会议的人民团体;②由国务院机构编制管理机关核定,并经国务院批准免于登记的团体;③机关、团体、企业事业单位内部经本单位批准成立、在本单位内部活动的团体。"②

(3)加入社会团体的自愿性。社会团体应由会员自愿组成,加入或退出社会团体,加入或退出哪个社会团体,何时加入或退出团体,都应由会员自行决定。但是须要注意的是,有些法律法规明确规定,某些社会成

---

① 徐家良编著:《社会团体导论》,中国社会出版社2011年版,第1页。
② 参见《社会团体登记管理条例》第三条。

员必须加入相应的社会团体,以遵守共同的规范,如《律师法》第四十三条规定,律师协会是社会团体法人,是律师的自律性组织。全国设立中华全国律师协会,省、自治区、直辖市设立地方律师协会,设区的市根据需要可以设立地方律师协会。第四十五条规定,律师、律师事务所应当加入所在地的地方律师协会。加入地方律师协会的律师、律师事务所,同时是全国律师协会的会员。律师协会会员享有律师协会章程规定的权利,履行律师协会章程规定的义务。

(4) 行为活动合法性。《社会团体登记管理条例》第四条规定,社会团体必须遵守宪法、法律法规和国家政策,不得反对宪法确定的基本原则,不得危害国家的统一、安全和民族的团结,不得损害国家利益、社会公共利益以及其他组织和公民的合法权益,不得违背社会道德风尚。同时,国家保护社会团体依照法律、法规及其章程开展活动,任何组织和个人不得非法干涉。

(5) 承担民事责任的独立性。《社会团体登记管理条例》第十条规定,社会团体应当"有独立承担民事责任的能力"。

也有学者将社会团体的特征归纳为:组织性,即社会团体按相应的组织原则组织起来,不仅有规定社会团体宗旨与使命的章程,而且还有组织成立、管理运行和终止程序等方面的规定;自愿性,即社会成员根据兴趣爱好、职业需求等参加不同的社会团体;合法性,即社会团体的成立和开展活动受到《社会团体登记管理条例》的规范;平等性,主要包含两个方面的意思,一是社会团体内部成员平等,二是社会团体之间平等;非营利性,社会团体不以营利为目的,有的社会团体虽然通过提供相互服务、公共服务的相关经营活动取得一定的经济收入,但与企业组织的利润可分配性不同,社会团体成员不能参与剩余收入的分配,组织利润只能用于辅助其所从事的互益性和公益性事业的发展,而且社会团体所拥有的资产不得以任何形式转变为私人所有,一旦社会团体解散或破产,它的剩余资产只能交由政府或相应的非盈利组织处理;互益性/公益性,社会团体的存在是为了满足特定社会成员的利益,例如经济利益、政治利益、社会利益和文化利益等。另外,大多数的社会团体谋取会员的利益,是互益性组织,但少数社会团体,不谋取会员自身的特殊利益,而是关注公共问题,维护公共利益,这类社会团体属于公益性组织,如红十字会、自愿者协会、环境保护组织等;代表性,社会团体为了维护自身的合法权益,通过直接或间接的方式，代表各自的阶层、职业、兴趣，使社会事务与公共事务的问题得以解决，满足其要求，等等①。

3. 社会团体主要分类

首先，民政部于1989年12月30日发布的《关于〈社会团体登记管理条例〉有关问题的通知》中，根据社团的性质和任务，将社会团体区分为学术性、行业性、专业性和联合性等类型。学术性社团一般以学会、研究会命名。其中又可以分为自然科学类、社会科学类及自然科学与社会科学的交叉科学类，具体社团的设立，可参照国家制定的学科分类标准确定。行业性社团一般以协会（包括工业协会、行业协会、商会、同业公会等）命名。这类社团主要是经济性团体，其中可分为农业类、工业类和商业类等。具体社团的设立可依照国家《国民经济行业分类和代码》的中类标准确定，特殊须要按大类或小类设立者必须经过充分论证。专业性社团一般以协会、基金会命名。这类社团一般是非经济类的，主要是由专业人员组成或以专业技术、专门资金为从事某项事业而成立的团体。联合性社团一般以联合会、联谊会、促进会命名。这类社团主要是人群的联合体或学术性、行业性、专业性团体的联合体。

其次，学术界对于社会团体又有作如下分类的：

（1）根据社会团体的政治性与否，分成政治性的社会团体与非政治性的社会团体。政治性社会团体是指在特定国家中，具有某种特定利益的人们集合在一起，为了更好地实现和维护自身的利益而影响政府或政策的社会团体；政治性社会团体行使着较多的公共权力，履行着处理公共事务的职能，对公共政策产生较大的影响。而非政治性社会团体则没有公共权力，只是处理相应的社会事务和内部共同事务，对公共政策的影响较小。

（2）根据社会团体与政府的关系，分为民办社会团体与官办社会团体。民办社会团体，主要是指那些由民间自发成立并自主开展活动的社会组织。民办社会团体的具体特征表现为会员自主选举产生领导人，社会团体负责人没有官方身份，社会团体的活动经费自筹，不依靠政府的拨款或资助，活动有较多的自主性和自治性等。官办社会团体，主要指那些按照政府职能须要由政府扶植成立，直接或间接地得到政府各种特殊资源的资助，并由政府支持或控制的社会组织。官办社会团体具有如社会团体的负

---

① 徐家良编著：《社会团体导论》，中国社会出版社2011年版，第3—5页。

责人，享受一定的行政级别，与政府之间存在着上下级领导与被领导关系，常设机构的工作人员的工资、福利待遇和活动经费由财政拨付，带有较多的政府授权或委托事务，独立性较弱等特征。

（3）根据社会团体的组织性质和服务对象，可以将社会团体分为互益性社会团体和公益性社会团体。互益性社会团体是指在社会团体的活动中，参与成员有共同的兴趣和志向，能够得到相应利益的表达和维护，从而形成利益共同体，如同学会、联谊会等。公益性社会团体是指通过社会团体提供公共服务活动，参与社会团体活动的成员并不一定获得相应的收益，受益群体是社会上不特定多数人群，而且，社会团体成员倡导有利于人类生活和社会发展的价值观，如环境保护、生物多样化保护等[①]，等等。

（二）群团组织

1. 群团组织概念

群团组织是社会团体之一种，是在我国特殊的政治历史条件下形成的、在中国共产党直接领导支持下建立起来的人民团体，这些组织中有的是各级政协人民团体的重要界别，在现行宪政体制下、在我国的政治生活中起着十分重要的作用。作为社会团体之一类，群团组织与其他社会团体不同，它们是按一定目标、任务和形式组织起来，享有国家编制的非国家政权性质的群众性团体组织，属于政治性社会团体或官办的社会团体。也有学者将其定义为：利益代表地位获得了国家认可，承担一定公共职能，并制度化地参与到公共事务管理的社会团体[②]。在当代中国的政治语境下，群团组织既是代表不同群体利益的群众团体，又是在党和政府直接领导下成立的组织；既要按各自章程规定开展活动，要代表和维护所代表的那部分群众的利益，又在不同程度上承担党政有关部门的某些职能，具有双重角色和双重功能。

须要注意的是，改革开放以来，在党政重要文献、法律法规及相关章程对工会、共青团、妇联等组织的称谓中，专指参加政治协商会议的工会、共青团、妇联等组织时多使用"人民团体"，当泛指免于登记的社会团体时常使用"群众团体"等。在有关法律法规中，一般使用"人民团

[①] 徐家良编著：《社会团体导论》，中国社会出版社2011年版，第8—10页。

[②] 褚松燕：《在国家和社会之间——中国政治社会团体功能研究》，国家行政学院出版社2014年版，第16页。

体"。学术界对人民团体的界定较多，但也尚未达成共识。比较一致的认识是，人民团体作为我国特有的一种社会组织，是由中国共产党指导组建或经国务院授权的政府部门批准设立，由国家拨付行政事业经费，自觉接受中国共产党领导，发挥桥梁纽带作用，依法依章程开展工作的群众组织。其具体范围，从狭义上说，一般指各级工会、共青团、妇联等人民群众团体。从广义上说，主要包括两类社会团体：一是参加人民政协的社会团体；二是经国务院批准免予登记的社会团体。相对而言，"人民团体"的政治色彩浓一些，"群众团体""群团组织""群众组织"的社会性凸显一些。总的来说，这些概念稍有区别而没有严格界分，只是在不同语境中有所选择而已①。

2. 群团组织的属性及功能

中国共产党的重要文献对群团组织属性有比较明确的论述，特别是改革开放以来。例如1987年，党的十三大报告指出，工会、共青团、妇联等群众团体历来是党和政府联系工人阶级和人民群众的桥梁和纽带。这一表述为此后历次党代会报告所沿袭并有所拓展。1989年12月21日，中共中央下发的《关于加强和改善党对工会、共青团、妇联工作领导的通知》指出，"工会、共青团、妇联是党领导的工人阶级、先进青年、各族各界妇女的群众组织，是党联系群众的桥梁和纽带，是国家政权的重要社会支柱"。2015年7月9日，中共中央《关于加强和改进党的群团工作的意见》指出，"群团组织是党和政府联系人民群众的桥梁和纽带"，"群团事业是党的事业的重要组成部分，党的群团工作是党治国理政的一项经常性、基础性工作，是党组织动员广大人民群众为完成党的中心任务而奋斗的重要法宝。工会、共青团、妇联等群团组织联系的广大人民群众是全面建成小康社会、坚持和发展中国特色社会主义的基本力量，是全面深化改革、全面推进依法治国、巩固党的执政地位、维护国家长治久安的基本依靠"。可见，"党和政府联系人民群众的桥梁和纽带"就是群团组织总的属性及功能。

群团组织的属性及功能是党的文件（包括和政府有关部门联合发布的文件）赋予的。而通过党中央、国务院文件获得相关职能赋权，也是群团组织行政性功能和代表性功能制度化的普遍形式。当然，除了有党的

---

① 胡献忠：《改革开放以来群团组织研究述评》，《中共云南省委党校学报》2015年10月。

文件、党和政府有关部门联合发文所确定的行政性功能和代表性功能之外，工会、妇联、侨联等群团组织还"通过国家法律法规赋权承担起相关职能"①，例如，工会所享有的法律赋权在《工会法》和劳动领域的重要法律中得到体现，妇联的职能则在《妇女权益保护法》等法律中体现出来，等等。

3. 群团组织基本特征

我国的群团组织虽是社会团体之一类，但又明显不同于一般性社会团体，它们有自己鲜明的个性特征。具体而言：

（1）群团组织具有显著的政治性。这是群团组织和一般社会组织的根本区别，也是衡量群团组织工作的政治标准。群团组织的政治性主要体现在群团组织与执政党的关系上。党对群团工作的统一领导是群团组织区别于一般社会团体的首要特征。群团组织由中国共产党组建，接受党的直接领导，围绕党政中心工作开展活动，人员在编，工资待遇与党政机关相同，享受在民政部门免予登记的权利，政治性非常鲜明。中共中央《关于加强和改进党的群团工作的意见》指出，党的领导是做好群团工作的根本保证。各级党组织必须负起政治责任，加强对群团组织的政治领导、思想领导、组织领导，把党的理论和路线方针政策贯彻落实到群团工作各方面、全过程。群团组织必须坚持正确政治方向，自觉服从党的领导，贯彻党的意志和主张，严守政治纪律和政治规矩，在思想上政治上行动上始终同以习近平同志为总书记的党中央保持高度一致，不断增强中国特色社会主义道路自信、理论自信、制度自信。各级党委要明确对群团工作的领导责任，健全组织制度，完善工作机制，从上到下形成强有力的组织领导体系。群团组织实行分级管理、以同级党委领导为主的体制，工会、共青团、妇联受同级党委和各自上级组织双重领导。由此可见，政治性是群团组织的灵魂。政治性、先进性和群众性的内在统一是中国特色社会主义群团组织的本质特征，也是中国特色社会主义群团组织的发展规律②。

（2）功能地位特别。群团组织是党和政府联系人民群众的桥梁和纽带。党的事业是亿万群众的事业，群团组织的力量来自于亿万群众的联

---

① 褚松燕：《在国家和社会之间——中国政治社会团体功能研究》，国家行政学院出版社2014年版，第141、143页。

② 参见彭恒军《社会治理主体建设与群团组织的改革与创新——解读中共中央〈关于加强和改进党的群团工作的意见〉》，《工会理论研究》2015年第6期。

合。群团组织是党的政治意志、政治主张、决策部署变成群众自觉行动的执行者和落实者，群团组织承担着引导群众听党话、跟党走的政治任务，把自己联系的群众最广泛最紧密地团结在党的周围，为巩固党执政的阶级基础和群众基础做出贡献的历史使命。群团组织是党直接领导的群众组织，围绕党和国家中心任务、服务党和国家工作大局，是群团组织的基本职责和工作定位。作为桥梁和纽带，群众团体是党和政府在各个时期路线、方针、政策的宣传者、贯彻者，是特定阶层群众利益的代表者、维护者，是党带领人民群众建设社会主义民主政治的协助者、监督者。各级党组织依靠群团组织推动党的理论和路线方针政策在群众中的贯彻落实，践行群众路线，做好群众工作。群团组织通过深入群众，倾听群众呼声、反映群众意愿，深入做好群众的思想政治工作，把党的决策部署变成群众的自觉行动，把党的关怀送到群众中。群团组织是群众自我教育、自我管理的重要平台，代表和维护所联系群众的合法利益，是党赋予群团组织的基本职能。

（3）依法/依章程开展活动。群团组织不是党派，也不是国家机关，根据执政党的决定，群团组织机关人员"参照公务员法"进行管理。群团组织有各自的章程、组织机构和政治任务，以各自不同的方式参与国家经济、政治和文化生活，依法/依章程开展活动、维护群众权益，最广泛吸引和团结群众。群团组织代表和维护所联系群众的合法利益，是群团组织的基本职能。离开了对其所联系群体具体利益的代表和维护，群团组织就失去了存在的政治价值和社会价值。群团组织依法依章程独立自主开展活动、维护群众权益，最广泛吸引和团结群众，既是群团组织的优势，也是其基本特点。总之，群团组织是党开展群众工作的重要力量，引导教育群众，协助落实党和国家的各项方针政策，服务特定领域群众，反映群众诉求，维护群众权益[①]。

（4）群团组织实行分级管理、以同级党委领导为主的体制，工会、共青团、妇联受同级党委和各自上级组织双重领导。地方党委负责指导同

[①] 例如，我国民事诉讼法第48条规定，公民、法人和其他组织可以作为民事诉讼的当事人。《行政诉讼法》第二条规定，公民、法人或其他组织认为行政机关和行政机关的工作人员的行政行为侵犯其合法权益，有权向人民法院提起诉讼。《行政诉讼法》第五十五条规定，对于环境污染、侵犯众多消费者合法权益等损害公共利益的行为，法律规定的机关和有关组织可以向人民法院起诉。另外，我国《民事诉讼法》第十五条规定，机关、社会团体、企事业单位对损害国家、集体或个人民事权益的行为，可以支持受损害的单位或个人向人民法院起诉。

级群团组织贯彻落实党的理论和路线方针政策,研究决定群团工作重大问题,管理同级群团组织领导班子,协调群团组织同党政部门的关系及群团组织之间的关系。上级群团组织依法依章程领导或指导下级群团组织工作。地方党委注意听取上级群团组织意见,加强沟通协调,形成工作合力。

(5) 群团组织是依法不需要进行登记的"社会团体"。依据《社会团体登记管理条例》的规定,成立社会团体,应当经其业务主管单位审查同意,并依照本条例的规定进行登记。社会团体应当具备法人条件。下列团体不属于本条例规定登记的范围:一是参加中国人民政治协商会议的人民团体;二是由国务院机构编制管理机关核定,并经国务院批准免于登记的团体;三是机关、团体、企业事业单位内部经本单位批准成立、在本单位内部活动的团体。

二 改革开放以来,有关群团组织的重要文件及会议简介

1981年6月27日,中国共产党第十一届六中全会通过的《中共中央关于建国以来党的若干历史问题的决议》在总结新中国成立以来正反两方面的经验、特别是"文化大革命"的教训后指出,"党在对国家事务和各项经济、文化、社会工作的领导中,必须正确处理党同其他组织的关系,从各方面保证国家权力机关、行政机关、司法机关和各种经济文化组织有效地行使自己的职权,保证工会、共青团、妇联、科协、文联等群众组织主动负责地进行工作。"《决议》对于党同社会团体关系的这一经验总结和认识判断,为新的历史时期加强和改善群团工作指明了方向。之后,为了加强和改善群团组织的领导,充分发挥群团组织的作用,中共中央采取了一系列有力措施,发布了几个重要的文件。

(一) 中共中央关于加强和改善党对工会、共青团、妇联工作领导的通知

1989年12月21日,中共中央下发了《关于加强和改善党对工会、共青团、妇联工作领导的通知》。《通知》指出,"工会、共青团、妇联是党领导的工人阶级、先进青年、各族各界妇女的群众组织,是党联系群众的桥梁和纽带,是国家政权的重要社会支柱。为了深入贯彻党的十三大确立的基本路线,推动建设和改革事业的发展,必须切实加强和改善党对工会、共青团、妇联工作的领导,充分发挥这些群众组织的作用。""工人

阶级是我们国家的领导阶级，是先进生产力和生产关系的代表，是建设和改革最基本的动力，是维护社会安定团结的强大而又集中的社会力量。青年是社会主义现代化建设的突击队，是党和国家的希望和未来。妇女占人口的半数，是推动整个社会发展的伟大力量。建设和改革事业的推进，社会的稳定和发展，国家和民族的振兴，时刻离不开包括知识分子在内的整个工人阶级和包括青年、妇女在内的广大人民群众的努力。全心全意依靠工人阶级和广大人民群众，就要充分尊重他们的国家主人翁地位，保护他们的合法权益，调动他们的积极性和创造性，扩大他们对党和政府工作的监督，提高他们的思想政治觉悟和科学文化水平。这一切，都须要充分发挥工会、共青团、妇联的作用。"基于这样的政治认知，《通知》总结了新中国成立以来，特别是改革开放以来我国群众团体工作历史与现实的经验，提出了在稳定政治、稳定经济、稳定社会的关键时期，发挥工青妇组织的作用，开创群众新局面的指导方针，实事求是地解答了在共产党执政的社会主义国家中，改善党群关系，保持党同群众血肉联系等一系列重大理论问题。《通知》的内容主要包括：各级党委必须牢固树立全心全意依靠工人阶级和广大人民群众的思想，高度重视工会、共青团、妇联工作；党组织要对工会、共青团、妇联实行统一领导；支持工会、共青团、妇联依照法律和各自的章程独立自主地开展工作；支持工会、共青团、妇联在维护全国人民总体利益的同时，更好地维护各自所代表的群众的具体利益；充分发挥工会、共青团、妇联在思想政治教育中的作用；发挥工会、共青团、妇联在国家和社会事务管理中的民主参与、民主监督作用；增强基层工会、共青团、妇联组织的活力；加强工会、共青团、妇联干部队伍的建设，共八个方面。可以说，《通知》是改革开放以后、党中央关于群众团体组织的第一份系统而全面的纲领性文件，在特定的历史时期发挥了应有的作用。

（二）中共中央组织部、人事部印发关于《工会、共青团、妇联等人民团体和群众团体机关参照〈中华人民共和国公务员法〉管理的意见》的通知（组通字〔2006〕28号）

2006年1月1日，《中华人民共和国公务员法》正式施行。依照《公务员法》第二条的规定，所谓"公务员，是指依法履行公职、纳入国家行政编制、由国家财政负担工资福利的工作人员"。《公务员法》是我国干部人事管理第一部具有总章程性质的法律，在我国干部人事制度发展史上具有里程碑式的意义。公务员法的颁布施行，为科学、民主、依法管理公务员队伍提供了重要依据，为提高公务员依法执政、依法行政、依法办事的能力提供了重要保障，为深化干部人事制度改革，建设一支优秀人才密集、善于治国理政的高素质专业化公务员队伍提供了重要支撑，有利于加强党的执政能力建设和各级政权建设，有利于推进社会主义物质文明、政治文明、精神文明与和谐社会建设。贯彻实施公务员法，推进公务员制度建设，依法管理好公务员队伍，成为各级党委和政府的一项重要职责。为此，2006年4月9日，中共中央、国务院发布了关于印发《〈中华人民共和国公务员法〉实施方案》的通知。根据中共中央、国务院发布的《〈中华人民共和国公务员法〉实施方案》，下列机关列入公务员法实施范围：1. 中国共产党各级机关；2. 各级人民代表大会及其常务委员会机关；3. 各级行政机关；4. 中国人民政治协商会议各级委员会机关；5. 各级审判机关；6. 各级检察机关；7. 各民主党派和工商联的各级机关。自2006年1月1日起，列入公务员法实施范围的上列机关，按照公务员法及其配套政策法规的规定，全面实施录用、考核、职务任免、职务升降、奖励、惩戒、培训、交流与回避、工资福利保险、辞职辞退、退休、申诉控告等公务员各项管理制度。可见，在中共中央、国务院发布的《〈中华人民共和国公务员法〉实施方案》中，工会/青年团/妇联等群团组织机关的工作人员并未列入公务员法实施范围。

2006年8月22日，中共中央组织部、人事部印发了关于《工会、共青团、妇联等人民团体和群众团体机关参照〈中华人民共和国公务员法〉管理的意见》的通知（组通字〔2006〕28号），该《通知》指出，"《中华人民共和国公务员法》已经正式施行。中央决定，在党的机关、人大机关、行政机关、政协机关、审判机关、检察机关、各民主党派和工商联机关实施公务员法的同时，工会、共青团、妇联等使用行政编制或由中央机构编制部门直接管理机构编制的人民团体和群众团体机关参照公务员法进行管理"。"工会、共青团、妇联等人民团体和群众团体，是党和政府联系广大群众的桥梁和纽带，其机关工作人员是我国干部队伍的重要组成部分。1993年《国家公务员暂行条例》颁布后，经中央批准，工会、共青团、妇联等使用行政编制或由中央机构编制部门直接管理机构编制的人民团体和群众团体机关先后列入参照试行《国家公务员暂行条例》范围。十多年来，这些人民团体和群众团体机关，按照公务员制度的原则精神和基本规定,结合各自实际,不断深化机关干部人事制度改革,建立健全机关干部人事管理制度,机关干部队伍建设取得明显成效。《中华人民共和国公务员法》颁布施行后,中央决定这些人民团体和群众团体机关继续参照《中华人民共和国公务员法》管理,将进一步推进这些机关干部人事管理的科学化、民主化、制度化,更好地发挥这些团体在党和国家政治生活中的积极作用。"根据《工会、共青团、妇联等人民团体和群众团体机关参照〈中华人民共和国公务员法〉管理的意见》,人民团体和群众团体中央机关实施参照管理的范围具体是:中华全国总工会、中国共产主义青年团中央委员会、中华全国妇女联合会、中国文学艺术界联合会、中国作家协会、中国科学技术协会、中华全国归国华侨联合会、中国法学会、中国人民对外友好协会、中华全国新闻工作者协会、中华全国台湾同胞联谊会、中国国际贸易促进委员会、中国残疾人联合会、中国红十字会总会、中国人民外交学会、中国宋庆龄基金会、黄埔军校同学会、欧美同学会、中国思想政治工作研究会、中华职业教育社、中国计划生育协会。

(三)中共中央第一次召开群团工作会议

2015年7月6日至7日,中共中央召开了党的群团工作会议,习近平同志在会上强调要加强和改进党对群团组织的领导,充分发挥工会、共青团、妇联等群团组织的作用,把广大人民群众团结在党的周围,汇聚力量,共同谱写实现"两个一百年"奋斗目标,实现中华民族伟大复兴中国梦的新篇章。由党中央召开党的群团工作会议,在党的历史上还是第一次,这充分说明中国共产党对群团组织和群团工作的高度重视。可以说,这次会议的召开是党的群团工作发展史上的里程碑。在这次会议上,中央明确提出了党的群团组织的"政治性、先进性、群众性"根本特征,这标志着在贯彻四个全面战略布局的伟大实践中,中央对群团组织根本特征的认识更加成熟和定型。

(四)中共中央《关于加强和改进党的群团工作的意见》

2015年7月9日,中共中央印发了《关于加强和改进党的群团工作的意见》,《意见》指出,群团事业是党的事业的重要组成部分,党的群团工作是党治国理政的一项经常性、基础性工作,是党组织动员广大人民群众为完成党的中心任务而奋斗的重要法宝。工会、共青团、妇联等群团组织联系的广大人民群众是全面建成小康社会、坚持和发展中国特色社会主义的基本力量,是全面深化改革、全面推进依法治国、巩固党的执政地位、维护国家长治久安的基本依靠。为更好发挥群团组织作用,把广大人民群众更加紧密地团结在党的周围,汇聚起实现"两个一百年"奋斗目标、实现中华民族伟大复兴中国梦的强大正能量,《意见》就加强和改进党的群团工作、提出了包括新形势下加强和改进党的群团工作的重要性和紧迫性;坚定不移走中国特色社会主义群团发展道路;加强党委对群团工作的组织领导;推动群团组织团结动员群众围绕中心任务建功立业;推动群团组织引导群众自觉培育和践行社会主义核心价值观;支持群团组织加强服务群众和维护群众合法权益工作;支持群团组织在社会主义民主中发挥作用;支持群团组织参与创新社会治理和维护社会稳定;推动群团组织改革创新、增强活力;加大对群团工作的支持保障力度;加强群团组织领导班子和干部队伍建设共十一个方面的具体意见。

中共中央《关于加强和改进党的群团工作的意见》深刻阐述了新形势下加强和改进党的群团工作的重要性和紧迫性,科学概括了中国特色社会主义群团发展道路,对加强和改进党对群团组织的政治领导、思想领导、组织领导,发挥群团组织作用、推动群团组织改革创新提出了明确要求和一系列政策举措,是指导和推动党的群团工作不断开创新局面的纲领性文件。特别须要注意的是,在这份中共中央《关于加强和改进党的群团工作的意见》中,明确提到"工会、共青团、妇联等群团组织",不但首次正式提出了"群团组织"的概念,而且将工会/共青团/妇联等界定为群团组织,以区别于普通的社会团体,对于科学认识我国的社会团体,促进群团组织的健康发展,具有重大的理论和现实意义。

三 当代中国的群团组织

根据中共中央组织部、人事部印发关于《工会、共青团、妇联等人民团体和群众团体机关参照〈中华人民共和国公务员法〉管理的意见》的通知(组通字〔2006〕28号)精神,我国的"群团组织"具体是指:

中华全国总工会。中国工会是中国共产党领导的职工自愿结合的工人阶级群众组织,是党联系职工群众的桥梁和纽带,是国家政权的重要社会支柱,是会员和职工利益的代表。全国总工会是各地方总工会和各产业工会全国组织的领导机关。全国总工会由中共中央书记处领导。主要职责是:根据党的基本理论、基本路线、基本纲领和工运方针,围绕党和国家工作大局,贯彻执行中国工会全国代表大会和执委会议确定的方针、任务和作出的决议。依照法律和《中国工会章程》，组织和指导各级工会坚定不移地贯彻落实党的全心全意依靠工人阶级的根本指导方针，进一步突出和履行维护职能。对有关职工合法权益的重大问题进行调查研究，向党中央和国务院反映职工群众的思想、愿望和要求，提出意见和建议；参与涉及职工切身利益的政策、措施、制度和法律、法规草案的拟定；参与职工重大伤亡事故的调查处理。负责工会理论政策研究，研究制定工会的组织制度和民主制度，监督检查《中国工会章程》的贯彻执行；研究指导工会自身改革和建设；指导各级工会组织开展以职工代表大会为基本制度的民主选举、民主决策、民主管理和民主监督工作，推动建立平等协商、集体合同制度和监督保证机制的工作。协助省、自治区、直辖市党委管理省级总工会领导干部，协助中央国家机关有关部委（局）管理全国产业工会的领导干部；监督、检查全国总工会机关和直属单位党员干部党风廉政建设情况；研究制定工会干部的管理制度和培训规划，负责市以上工会和大型企事业单位工会领导干部的培训工作。协助国务院做好全国劳模的推荐、评选工作，负责全国劳模的管理工作；负责全国"五一劳动奖章"、奖状获得者的评选表彰和管理工作；负责工会经费和工会资产的管理、审查、审计工作；研究制定工会组织兴办职工劳动福利事业的有关制度和规定；负责对工会兴办职工劳动福利事业的指导、协调工作。负责工会国际联络工作，发展同各国工会的友好关系；负责与香港、澳门特别行政区和台湾地区工会的交流工作。承担党中央、国务院交办的其他事项。

中国共产主义青年团中央委员会（简称共青团）。1920年8月，中国共产党首先在上海组织了社会主义青年团。1921年7月，中国共产党成立。1922年5月，中国社会主义青年团在广州召开第一次全国代表大会，成立了全国统一的组织。1925年1月，在团的第三次全国代表大会上，决定将中国社会主义青年团改名为中国共产主义青年团。1937年7月，因抗战爆发共青团暂时停止工作，另外成立西北青年救国会。1938年5月，成立中共中央青年工作委员会。1949年元旦，党中央作出建立中国新民主主义青年团的决议。同年4月，召开新民主主义青年团第一次全国代表大会，宣告中国新民主主义青年团正式成立。1957年5月，中国新民主主义青年团召开第三次全国代表大会，决定把团的名称再次改为中国共产主义青年团。

中国共产主义青年团是中国共产党领导的先进青年的群众组织，是广大青年在实践中学习中国特色社会主义和共产主义的学校,是中国共产党的助手和后备军。中国共产主义青年团是按照民主集中制组织起来的统一整体。团的全国领导机关,是团的全国代表大会和它产生的中央委员会。

中华全国妇女联合会(简称妇联)。成立于 1949 年 3 月,原名为"中华全国民主妇女联合会",1957 年改名为"中华人民共和国妇女联合会",1978 年又改名为"中华全国妇女联合会"。中华全国妇女联合会是全国各族各界妇女在中国共产党领导下,为争取进一步解放而联合起来的社会群众团体,具有广泛的代表性、群众性和社会性。其基本功能是代表、捍卫妇女权益、促进男女平等,亦同时维护少年儿童权益,以及在全国女性中组织对中国共产党和中华人民共和国政府、政策的支持。中华全国妇女联合会是中国共产党和中国政府联系妇女群众的桥梁和纽带,是国家政权的重要社会支柱之一。

中国文学艺术界联合会(简称中国文联)。中国文学艺术界联合会,是由全国性文学艺术家协会,各省、自治区、直辖市文学艺术界联合会和全国性的产业文学艺术工作者联合会组成的人民团体。1949 年 7 月,中华全国文学艺术工作者第一次代表大会在北京召开,正式成立了中华全国文学艺术界联合会,选举郭沫若为主席,茅盾、周扬为副主席。1953 年 9 月,在北京召开了中国文学艺术工作者第二次代表大会,将中华全国文学艺术界联合会易名为中国文学艺术界联合会。是中国人民政治协商会议发起单位之一。实行团体会员制。

中国作家协会(简称中国作协)。中国作家协会是中国共产党领导下的中国各民族作家自愿结合的专业性人民团体,是党和政府联系广大作家、文学工作者的桥梁和纽带,是繁荣文学事业、加强社会主义精神文明建设的重要社会力量。中国作家协会前身中华全国文学工作者协会于 1949 年 7 月 23 日在北平成立,简称全国文协;1953 年 10 月,中华全国文学工作者协会更名为中国作家协会。中国作家协会以下有各省市的作家协会组织,是一个独立的、中央一级的全国性人民团体。

中国科学技术协会。中华人民共和国成立前夕,党中央为团结科技工作者,为新中国建设事业贡献力量,邀请科技界派代表参加中国人民政治协商会议,批准由中国科学社、中华自然科学社、中国科学工作者协会和东北自然科学研究会等 4 个科学团体共同发起,筹备召开中华全国自然科学工作者代表会议(简称科代会)。1949 年 7 月,科代会筹备会议在北平召开，选出正式代表 15 人和候补代表 2 人参加中国人民政治协商会议。1950 年 8 月，科代会在北京举行，决定成立"中华全国自然科学专门学会联合会"（简称全国科联）和"中华全国科学技术普及协会"（简称全国科普），推举地质学家李四光为全国科联主席，林学家、梁希为全国科普主席。1958 年 9 月，经党中央批准，全国科联和全国科普合并，正式成立全国科技工作者的统一组织——中国科学技术协会。1991 年 1 月，全国政协七届十二次常委会议决定恢复中国科协为全国政协组成单位。50 多年来，中国科协先后召开九次全国代表大会，李四光、周培源、钱学森、朱光亚曾分别担任第一、二、三、四届全国委员会主席，周光召为第五、六届全国委员会主席，韩启德为第七、八届全国委员会主席，2016 年 6 月，万钢当选为第九届全国委员会主席。

中华全国归国华侨联合会（简称侨联）。中国侨联是由全国归侨、侨眷组成的全国性人民团体，是党和政府联系广大归侨、侨眷和海外侨胞的桥梁和纽带。中国侨联是全国性的一级人民团体，是全国政协的组成单位。1937 年抗日战争爆发后，旅居海外的爱国华侨群情激奋，同仇敌忾，开展了抗日救亡运动，散居在五大洲的 1000 多万华侨纷纷成立了近千个抗日救国的群众团体，大力宣传抗日，捐献财物支持祖国的抗战。在全面抗战中，一批又一批华侨热血青年离别亲人，从海外回到战火纷飞的祖国，与祖国军民一起，同敌人浴血奋战。在抗日战争期间，延安、重庆、上海、昆明等地的归国华侨，纷纷成立"华侨联合会"等群众组织支援祖国抗战。1937 年 7 月成立了"华侨留延（安）办事处"。1938 年，中共中央决定在华侨青年较多的陕北公学设立"华侨救国联合会"。1940 年 9 月 5 日，由"华侨留延（安）办事处"发起，在杨家岭大礼堂召开了延安华侨第一次代表大会。来自新加坡、英国、法国、美国、印尼、爪哇等国家和地区的 170 多名华侨以及留在延安学习、工作的 300 多名归侨出席了大会。会议决定成立延安华侨救国联合会。抗战胜利后，1946 年 3 月 12 日，延安侨联在延安王家坪大礼堂召开会员大会，80 余名留延华侨参加大会。大会决定改"延安华侨救国联合会"为"延安华侨联合会"。1948 年，延安侨联为选举参加中国人民政治协商会议代表召开会议，会上决定改"延安华侨联合会"为"中国解放区归国华侨联合会"。1950 年 7 月 8 日，在北京成立了中华人民共和国归国华侨联谊会筹委会，拟在原解放区归国华侨联合会的基础上，改组扩大成立全国归国华侨联谊会。

1990年9月7日，第七届全国人民代表大会常务委员会第十五次会议通过了《中华人民共和国归侨侨眷权益保护法》，自1991年1月1日起施行。《中华人民共和国归侨侨眷权益保护法》第七条规定，"归侨、侨眷有权依法申请成立社会团体，进行适合归侨、侨眷需要的合法的社会活动。"中华全国归国华侨联合会和地方归国华侨联合会代表归侨、侨眷的利益，依法维护归侨、侨眷的合法权益（第八条）。第二十三条还规定："归侨、侨眷合法权益受到侵害时，被侵害人有权要求主管部门依法处理，或者向人民法院提起诉讼。归国华侨联合会应给予支持和帮助。"

中国法学会。中国法学会是中国共产党领导的人民团体，是中国法学界、法律界的全国性群众团体、学术团体和政法战线的重要组成部分，是党和政府联系广大法学工作者、法律工作者的桥梁和纽带，是加强社会主义民主法制建设，推进依法治国、建设社会主义法治国家的重要力量。

中国法学会的前身是新法学研究会、新政治学研究会和中国政治法律学会。新中国诞生前夕的1949年6月，新法学研究会成立，由董必武、林伯渠、谢觉哉、罗瑞卿、邓颖超、史良、沈钧儒、陈绍禹、张友渔、钱端升、张志让等90余人发起，在全国有近两千会员，周恩来总理是第一批会员。1949年7月，新法学研究会筹委会作为全国性重要人民团体和召开全国政治协商会议的发起单位之一，派代表出席了中国人民政治协商会议。1981年2月，中国法学会筹备委员会召开。1982年7月22日至27日，中国法学会召开了第一次会员代表大会，彭真同志作了题为《发展社会主义民主，健全社会主义法制》的重要讲话。党和国家领导人邓小平、彭真、韦国清、万里、习仲勋、杨尚昆等同志接见了全体代表，大会通过了中国法学会章程。按照章程规定的程序，选举产生了中国法学会第一届领导机构。

中国人民对外友好协会。中国人民对外友好协会（简称全国友协）是中华人民共和国从事民间外交事业的全国性人民团体，以增进人民友谊、推动国际合作、维护世界和平、促进共同发展为工作宗旨，代表中国人民在国际社会和世界各国广交深交朋友，奠定和扩大中国与世界各国友好关系的社会基础，致力于全人类团结进步的事业。

中国人民对外友好协会是1954年5月3日由十个全国性的社会团体联合发起成立的。最初称"中国人民对外文化协会"，1966年改称"中国人民对外文化友好协会"，1969年起改称现名。在中国各省、自治区、直辖市及部分市、区、县设有地方对外友好协会。中国人民对外友好协会每五年召开一次全国理事会会议，选举会长、副会长、秘书长，并组成常务理事会。

中华全国新闻工作者协会（简称中国记协）。中华全国新闻工作者协会是中华人民共和国成立后成立的第1个全国性新闻工作者组织，1957年3月在北京正式成立，由中国各省、市、自治区新闻工作者协会、新闻学会、各专业记者协会及其他新闻专业机构、新闻从业人员联合组成。它的前身是1937年11月8日在上海成立的中国青年新闻记者学会和1954年9月成立的中华全国新闻工作者联谊会。中华全国新闻工作者协会是中国共产党领导的中国新闻界的全国性人民团体，是党和政府同新闻界密切联系的桥梁和纽带。

中华全国台湾同胞联谊会（简称全国台联）。1979年，中华人民共和国全国人民代表大会常务委员会发表《告台湾同胞书》之后，为促进祖国的和平统一大业，尽快结束骨肉同胞长期分离的局面，经居住在祖国大陆17个省、市的50多位台湾同胞的倡议和筹备，1981年12月22日在北京召开了中国台湾同胞第一次代表会议，正式成立了中华全国台湾同胞联谊会。它是台湾同胞在祖国大陆的同乡会组织，以团结联络广大台湾同胞、促进两岸人民交流为己任，为祖国和平统一大业贡献力量，是中国共产党和政府联系台湾同胞的桥梁和纽带。

中国国际贸易促进委员会。中国国际贸易促进委员会是由中国经济贸易界有代表性的人士、企业和团体组成的全国民间对外经贸组织，成立于1952年5月。负责指导、协调中国贸促会各地方分会、行业分会、支会和各级国际商会的工作；负责对各分支机构及会员的服务及培训工作；负责国际商会中国国家委员会的日常工作，协调国际商会的对华业务和国际商会中国国家委员会会员与国际商会交往的有关事宜，办理其他促进对外经济贸易活动的有关事宜。1986年5月，中国贸促会在经过长期的筹备和吸收一大批企业会员、团体会员和个人会员的基础上，召开了第一届会员代表大会，审议通过了新的《中国国际贸易促进委员会章程》，选举了新的委员会。经中国政府批准，中国贸促会1988年6月组建了中国国际商会。从1988年起，中国贸促会开始建立行业分会，以促进有关行业进出口贸易，增进国内外同行业间的经济技术交流与合作。这样，中国的贸促事业就既有地方机构，又有行业机构，从而形成了纵横交错的工作网络。1994年5月12日，第八届全国人民代表大会常务委员会通过的《对外贸易法》第五十六条规定，"对外贸易经营者可以依法成立和参加有关协会、商会。有关协会、商会应当遵守法律、行政法规，按照章程对其成员提供与对外贸易有关的生产、营销、信息、培训等方面的服务，发挥协调和自律作用，依法提出有关对外贸易救济措施的申请，维护成员和行业的利益，向政府有关部门反映成员有关对外贸易的建议，开展对外贸易促进活动。"第五十七条规定，"中国国际贸易促进组织按照章程开展对外联系，举办展览，提供信息、咨询服务和其他对外贸易促进活动。"从而明确了中国贸促会作为贸易促进组织所应具备的职能和承担的任务。《仲裁法》第六十六条规定，"涉外仲裁委员会可以由中国国际商会组织设立。"从而确立了中国国际商会涉外仲裁机构的法律地位。

中国残疾人联合会（简称中国残联）。中国残疾人联合会，是由中国各类残疾人代表和残疾人工作者组成的全国性残疾人事业团体，1988年3月11日在北京正式成立。它是在中国盲人聋人协会（1953年成立）和中国残疾人福利基金会（1984年成立）的基础上组建而成的。

1990年，全国人大常委会审议通过了《中华人民共和国残疾人保障法》，这是一部保护残疾人权益、发展残疾人事业的基本法律，是每个公民和一切组织对待残疾人问题的行为规范。该法第八条明确："中国残疾人联合会及其地方组织，代表残疾人的共同利益，维护残疾人的合法权益，团结教育残疾人，为残疾人服务。残疾人联合会承担政府委托的任务，开展残疾人工作，动员社会力量，发展残疾人事业"，从而确立了残联的职责和法律地位。

中国红十字会。中国红十字会是中华人民共和国统一的红十字组织，是从事人道主义工作的社会救助团体，是国际红十字运动的成员。中国红十字会以发扬人道、博爱、奉献精神，保护人的生命和健康，促进人类和平进步事业为宗旨。

中国红十字会1904年成立。新中国成立后，中国红十字会于1950年进行了协商改组，周恩来总理亲自主持并修改了《中国红十字会章程》。1952年中国红十字会恢复了在国际红十字运动中的合法席位。1993年10月，中华人民共和国第八届全国人民代表大会常务委员会第四次会议通过了《中华人民共和国红十字会法》，使中国红十字事业有了法律保障。

《中华人民共和国红十字会法》规定，中国红十字会履行下列职责：

开展救灾的准备工作；在自然灾害和突发事件中，对伤病人员和其他受害者进行救助；普及卫生救护和防病知识，进行初级卫生救护培训，组织群众参加现场救护；参与输血献血工作，推动无偿献血；开展其他人道主义服务活动；开展红十字青少年活动；参加国际人道主义救援工作；宣传国际红十字和红新月运动的基本原则和日内瓦公约及其附加议定书；依照国际红十字和红新月运动的基本原则，完成人民政府委托事宜；依照日内瓦公约及其附加议定书的有关规定开展工作。

中国人民外交学会。中国人民外交学会是在已故周恩来总理倡导下于1949年12月成立的。它是新中国第一个专门从事人民外交的机构。周总理生前一直担任外交学会的名誉会长，另一位名誉会长是已故的副总理兼外交部部长陈毅元帅。外交学会的宗旨是，对世界形势、国际问题以及外交政策进行研究，同世界各国的政治活动家、学者、知名人士以及有关研究机构和社会团体进行交流，以增进中国人民同各国人民之间的相互了解和友谊，推动中国同各国友好合作关系的建立与发展，为世界的和平与发展做出贡献。

中国宋庆龄基金会。为纪念国家名誉主席宋庆龄，继承和发扬她的未竟事业，在邓小平同志倡导下，1982年5月成立了宋庆龄基金会。邓小平同志亲自担任宋庆龄基金会名誉主席，许多著名的领导人和社会活动家担任会里的领导职务，这充分体现了以宋庆龄名字命名的人民团体和慈善公益机构的特殊地位与作用。基金会的宗旨是：为纪念宋庆龄国家名誉主席，继承和发扬她毕生所关心和从事的儿童文教福利事业的精神，培养儿童德、智、体、美全面发展，为增进国际友好和世界和平作出贡献。

黄埔军校同学会。黄埔军校同学会是由黄埔军校同学组成的爱国群众团体，是在邓小平等中央领导的亲切关怀下，经中共中央批准于1984年6月16日成立的。黄埔军校同学会宗旨是：发扬黄埔精神，联络同学感情，促进祖国统一，致力振兴中华。黄埔军校同学会主要任务是：宣传"和平统一、一国两制"的对台方针政策，团结祖国大陆的黄埔同学，联络台湾、港澳和海外的黄埔同学和黄埔组织，弘扬爱国革命的黄埔精神，发挥桥梁和纽带作用，为促进两岸交流交往，推进祖国和平统一事业和中华民族的繁荣进步作出应有的贡献。

欧美同学会（中国留学人员联谊会）。欧美同学会是中国留学海外各国归国同学自愿组成的人民团体。中共中央书记处领导，中央统战部代管。2003年，增冠"中国留学人员联谊会"会名。欧美同学会于1913年10月在北京成立，是留学报国的产物，是爱国主义的象征。顾维钧、周诒春、詹天佑、蔡元培等知名归国留学人员是创立者和早期会员。欧美同学会（中国留学人员联谊会）作为党领导下的人民团体，在全国拥有近8万名会员，设留意、留法、德奥、留英、中东欧、留加、留苏、留美、瑞士、北欧、拉美、留日、澳新、朝韩、东南亚和南亚等15个国别分会，以及商会、"千人计划"专家联谊会、企业家联谊会等分支机构，在全国主要省区市有30家团体会员，与主要留学国家的100多个留学人员团体建立了密切联系。

中国思想政治工作研究会。1983年1月18日，经中央书记处批准，中国职工思想政治工作研究会在北京召开成立大会。会议产生了中国职工政研会第一届理事会，通过了《中国职工思想政治工作研究会章程》。1988年8月初，经中央领导同意，国务院总理办公会议决定，国家经委与计委合并后，中国职工政研会改为挂靠中宣部。1994年8月5日，中央机构编制委员会办公室《关于印发〈中国职工思想政治工作研究会机构改革方案〉的通知》明确中国职工政研会为中编办直接管理的全国19个社会团体（现已为21个社团）之一。2003年3月，中宣部、中编办批准，"中国职工思想政治工作研究会"更名为"中国思想政治工作研究会"。2004年7月正式启用新名称。

中华职业教育社。中华职业教育社是主要由教育界、经济界、科技界人士组成的群众团体，是党和政府团结、联系国内外职业教育界人士的桥梁和纽带。中华职业教育社现归中共中央书记处领导，中央统战部代管。

中华职业教育社于1917年5月6日，由著名爱国民主人士黄炎培先生联合蔡元培、梁启超、张謇、宋汉章等48位教育界、实业界知名人士在上海创立。中华职业教育社成立伊始既有蔡元培等学界泰斗参与，也有邹韬奋等业界才子加盟，还有陈嘉庚等华侨领袖的赞助和聂云台等新兴商界巨子的支持。在这样一批社会贤达的支持下，中华职业教育社创立的符合中国社会实际的职业教育理论体系以及由此开展的职业教育实践，开创了我国近现代职业教育的先河。中华职业教育社以倡导、研究和推行职业教育，改革脱离生产劳动、脱离社会生活的传统教育为职志，以"谋个性之发展，为个人谋生之准备，为个人服务社会之准备，为国家及世界增进生产力之准备"为目的，追求"使无业者有业，使有业者乐业"的理想，倡导"双手万能，手脑并用""敬业乐群"的教育理念，有力地推动了中国近现代职业教育事业的发展。

中国计划生育协会。中国计划生育协会成立于 1980 年 5 月 29 日，是在世界上人口最多的国家中，以倡导人民群众计划生育/生殖健康为目标的全国性、非赢利性群众团体。1983 年 3 月成为国际计划生育联合会的正式会员。中国计划生育协会成立以来，广泛联系社会各界和群众中的积极分子，在《中国计划生育协会章程》的原则下，自愿组织起来，动员群众自我教育、自我管理、自我服务。目前已建立各级协会 102 万个，发展会员 8300 余万名，成为中国计划生育/生殖健康领域最大的群众团体。

须要注意的是：上述 21 个群团组织与"参加中国人民政治协商会议的人民团体"在外延上是有区别的、不完全相同。中国人民政治协商会议（简称人民政协）是中国人民爱国统一战线的组织，是中国共产党领导的多党合作和政治协商的重要机构，是中国政治生活中发扬社会主义民主的一种重要形式。《中国人民政治协商会议章程》第二十条规定，"中国人民政治协商会议全国委员会由中国共产党、各民主党派、无党派人士、人民团体、各少数民族和各界的代表，香港特别行政区同胞、澳门特别行政区同胞、台湾同胞和归国侨胞的代表以及特别邀请的人士组成，设若干界别。"根据这一规定，目前参加中国人民政治协商会议的人民团体分别是中华全国总工会、中国共产主义青年团、中华全国妇女联合会、中国科学技术协会、中华全国归国华侨联合会、中华全国台湾同胞联谊会、中华全国青年联合会、中华全国工商业联合会共 8 个"人民团体"。其中，中华全国青年联合会（简称全国青联）于 1949 年 5 月成立，是中国共产党领导下的我国基本人民团体之一，是以中国共产主义青年团为核心力量的各青年团体的联合组织，是我国各族各界青年广泛的爱国统一战线组织。中华全国工商业联合会（简称全国工商联）于 1953 年 10 月成立。1993 年经中共中央、国务院批准，中华全国工商联合会同时也叫"中国民间商会"，明确了工商联既是爱国统一战线组织，又是民间商会组织。是中国共产党领导的面向工商界、以非公有制企业和非公有制经济人士为主体的人民团体和商会组织，是党和政府联系非公有制经济人士的桥梁纽带，是政府管理和服务非公有制经济的助手。

第二节 中华全国妇女联合会

一 中华全国妇女联合会概述

(一) 中华全国妇女联合会概念

如前所述,中华全国妇女联合会是中国共产党领导的为争取妇女解放而联合起来的中国各族各界妇女的群众组织,具有广泛的代表性、群众性和社会性,是中国共产党和中国政府联系妇女群众的桥梁和纽带,是国家政权的重要社会支柱之一。

(二) 中华妇女联合会的产生、发展

自 1912 年成立时起,中国共产党就将男女平等和妇女解放作为义不容辞的责任和不懈追求的理想。在党内妇女组织没有建立前,中国共产党首先帮助上海颇具影响的中华女界联合会于 1921 年 8 月进行改组,并在党的机关刊物《新青年》9 卷 5 号上刊登了中华女界联合会的改造宣言及章程。1922 年中国共产党在上海召开第二次全国代表大会,讨论了中国革命的基本问题,制定了党的最高纲领和最低纲领。二大通过的《宣言》明确指出,党在民主革命时期的奋斗目标包括"工人和农民,无论男女,在各级议会市议会有无限制的选举权,言论、出版、集会、结社、罢工绝对自由","废除一切束缚女子的法律,女子在政治上、经济上、社会上、教育上,一律享受平等权利"等。为加强对妇女运动的指导,大会通过了《关于妇女运动的决议》,这是党的第一个妇女运动纲领。决议从两个方面对妇女解放运动进行了概括:一是妇女解放是阶级解放的组成部分,离不开无产阶级革命和党的领导;二是妇女运动应当组织化。应革命形势的需要和第三国际的要求,中国共产党成立了妇女部,由向警予任第一任部长。

1949 年 3 月 24 日,中国妇女第一次全国代表大会在北平召开。大会通过民主选举产生 51 名执行委员,12 名候补委员组成中华全国民主妇女联合会。在 4 月 4 日第一次执委会会议上选举产生以何香凝为名誉主席,蔡畅为主席的领导班子成员。中国妇女第一次全国代表大会的召开和中华全国民主妇女联合会的成立,是中国妇女参加反对帝国主义、封建主义和官僚资本主义斗争取得的崭新成果,标志着解放区妇女和国统区妇女在中国共产党领导下的大会师和大团结，为开创新中国的妇女运动打下了坚实基础。从形式上看，新成立的妇联不是中国共产党内部机构的组成部分，而是由各个民族妇女团体组成的社会组织。但是，无论从其历史渊源、领导成员组成、产生的依据和方式来看，它实质上是在中国共产党的政治领导之下，围绕党的中心任务服务，发挥着党联系妇女的桥梁和纽带关系[①]。

妇联组织与共产党天然的依存关系，使妇联组织从成立之初发展到现在，伴随中国社会的变迁特别是党的执政方式和政府职能的转变，发生了重大变化。在计划经济时期，党实行高度集中的一元化领导体制，党的政策直接调控国家事务和社会事务，妇联组织作为执政党的重要社会支持系统，其职能定位主要体现为发动妇女围绕党的中心任务开展工作，组织妇女投身政治运动和经济建设。改革开放以后，伴随社会主义市场经济体制的建立和国家利益格局的重新调整，不同利益集团的大量涌现成为一种普遍的社会政治现象，特别是当部分妇女的权益在改革中受损，妇女群体利益的社会表达遇到一定困难的时候，她们迫切希望通过组织的力量来维护自身的合法权益。在这一情势下，全国妇联作为中国最大、最具权威性的妇女群众团体，更加清楚地认识到自己的职能就在于"代表和维护妇女的权益，促进男女平等"。妇联的这一基本职能在1988年第六次全国妇女代表大会的章程中首次得到明确阐述。

妇联产生和发展是基于两方面的需要：一是党和政府需要。党和政府要通过妇联，联系各族各界妇女，了解她们，反映她们的意见和要求；需要妇联去宣传妇女，组织妇女，培养妇女人才，开发妇女智力；依靠妇联团结、发动广大妇女参加两个文明建设。二是妇女解放和发展的需要。妇女解放是妇女自己的事情，需要在共同目标下，结成团体，聚集力量，进行斗争；妇女的特殊利益和具体利益，需要妇联代表和维护，社会存在的性别歧视和种种妇女问题，也需要妇联替妇女说话、办事。妇联在推进妇女运动过程中，坚持党的领导，重视建立同政府的良好关系，是党和政府的要求，也是妇女实现自我解放的内在需求。妇联是在党和政府领导下，妇女群众为维护自身权益，争取自身解放而联合起来的团体。诚如《中华全国妇女联合会章程》所声明的那样："中华全国妇女联合会是全国各

---

① 赵明：《定位与功能：转型期中国妇联组织角色研究》，中知网，中国博士学位论文数据库。

族各界妇女在中国共产党领导下为争取进一步解放而联合起来的社会群众团体,是党和政府联系妇女群众的桥梁和纽带。"

二 妇女权益及其保障

(一) 妇女权益

作为一个法律术语,所谓权利是指法律所允许的、权利人为了满足自己的正当利益而采取的并被他人法律义务所保证的行为自由。法律权利具有如下特点:一是法定性,权利的取得来自法律的规定,权利的行使与法律义务的履行密切相关,权利的实现由国家强制力作为保证。二是求利性,权利的行使以追求和维护其中的利益为目的,依靠他人法律义务的履行保证实现。三是限度性。权利人必须在法律允许的范围内行使权利,超出范围则不受法律保护[①]。妇女权益,本质上是国家法律赋予妇女的权利范围。因此,探讨、解释妇女权益的基本内涵,必须立足于一国法律的具体规定。

我国宪法规定,"中华人民共和国妇女在政治的、经济的、文化的、社会的和家庭的生活等各方面享有同男子平等的权利。国家保护妇女的权利和利益,实行男女同工同酬,培养和选拔妇女干部。"[②] 为了贯彻落实宪法这一具体规定,全国人大制定颁布了《妇女权益保障法》[③],这部法律,既是我国妇女权益保障的基本法,也是我国妇女权益保障的专门法。

根据《妇女权益保障法》的规定,我国妇女依法享有的法定权利包括以下方面:

一是妇女享有与男子平等的政治权利。妇女有权通过各种途径和形式,管理国家和社会事务,并享有平等的选举权和被选举权。为了切实保障妇女的参政权,法律规定,各级人民代表大会的代表中,应当有适当数量的妇女代表,并逐步提高妇女代表的比例;在任用领导人员时,必须坚持男女平等,重视培养、选拔女性担任领导职务。

[①] 朱力宇主编:《法理学原理与案例教程》,中国人民大学出版社2007年版,第139页。
[②] 参见《宪法》第四十八条。
[③] 我国妇女立法的基本原则是男女权利平等,保护妇女特殊权益,禁止歧视、虐待、残害妇女。依据宪法确定的原则,我国陆续颁布了《婚姻法》《选举法》《继承法》《民法》《刑法》《反家庭暴力法》等十余部基本法,另有数十种行政法规、地方性法规明确规定了保护妇女权益的条款。

二是妇女享有与男子平等的文化教育权利。这种平等的权利包括入学、升学、毕业分配、授予学位、派出留学等各个方面，以及妇女从事科学技术研究和文学艺术创作等文化活动的权利。政府、社会、学校和家庭要保证女童接受义务教育的权利。

三是妇女享有与男子平等的劳动权利。这主要有：劳动就业的权利，同工同酬的权利和休息的权利，获得安全和卫生保障以及特殊劳动保护的权利，享受社会保险的权利。法律规定，任何单位在录用职工时不得以性别为理由拒绝录用妇女或者提高对妇女的录用标准；不得以结婚、怀孕、产假、哺乳等为由，辞退女职工或单方面解除劳动合同；在晋升、晋级、评定专业技术职务以及分配住房和享受福利待遇等方面，不得歧视妇女；不得安排不适合妇女从事的工作和劳动；妇女在经期、孕期、产期和哺乳期受特殊保护。

四是妇女享有与男子平等的财产权利。法律规定，妇女在农村划分责任田、口粮田以及批准宅基地等方面享有同男子平等的权利；妇女在婚姻、家庭财产关系中，享有与男子平等的所有权和继承权；丧偶妇女有权处分继承的财产，任何人不得不干涉。

五是妇女享有与男子平等的人身权利。妇女享有生命健康权、人身自由权、肖像权、名誉权等人格权，享有亲属权、监护权、荣誉权、制造者身份权等身份权。法律禁止溺、弃、残害女婴；禁止歧视、虐待生女婴的妇女和不育妇女；禁止用迷信暴力手段残害妇女；禁止虐待、遗弃老年妇女；禁止拐卖、绑架妇女；禁止组织、强迫、引诱、容留、介绍妇女卖淫。

六是妇女享有与男子平等的婚姻家庭权利。妇女享有平等的结婚和离婚自由权，在夫妻关系中男女平等。妇女有独立的姓名权，有参加社会生产和社会活动的自由。在离婚问题上妇女受到特殊保护。

不仅如此，《妇女权益保障法》在明确规定妇女的上述各种具体权益的同时，还强化国家机关在保障妇女权益方面的职责，明确妇联等妇女组织在诉讼中的特殊地位和作用，全面确定了保障妇女权益的法律机制。在《妇女权益保障法》的数十条规定中，有75%的条文详细列举了侵权行为的后果和法律责任，为执法工作提供了可供操作的法律依据。可见，依照《宪法》《妇女权益保障法》等法律、法规的规定，妇女依法所享有的政治权利、文化/教育权益、劳动权益、人身权利以及婚姻家庭方面的权益，就是法律意义上的我国的"妇女权益"。

(二) 妇女权益保障

但是,保障妇女的合法权益、却是全社会的共同责任,是一个国家的政治手段和国策。因此,《妇女权益保障法》第三条明确规定,"国家机关、社会团体、企业事业单位、城乡基层群众性自治组织,应当依照本法和有关法律的规定,保障妇女的权益"。在我国,国家对于妇女权益的保障,整体上通过如下方面体现出来:

第一,经济方面。我国将保障妇女获得与男子平等的就业机会、共享经济资源和社会发展成果,作为推进性别平等与妇女发展的首要目标和优先领域,制定并采取了一系列政策措施,确保妇女平等参与经济发展、平等获得经济资源和有效服务,增强妇女的自我发展能力,改善妇女的社会经济地位。采取有力措施促进妇女实现创业和再就业,为妇女自主创业提供有利条件。改善妇女就业结构,让越来越多的女性进入计算机、通信、金融、保险等高新技术行业,国家机关和企事业单位在专业技术人员招聘、培训、职务职称晋升中贯彻男女平等原则,促进优秀女性人才脱颖而出。加快完善以养老保险、失业保险、医疗保险、工伤保险和生育保险为主要内容的社会保障制度,对城市社会救济制度进行重大改革,建立和完善城市最低生活保障、下岗职工基本生活保障和失业保障三条保障线,以提高城镇妇女的社会保障水平。

第二,政治方面。重视发挥妇女在各级人民代表大会中的重要作用,确保全国人民代表大会和地方各级人民代表大会的代表中,有适当数量的妇女代表,并逐步提高妇女代表的比例。中国共产党领导的多党合作和政治协商制度是中国的基本政治制度。中国共产党是执政党,各民主党派是参政党。妇女在中共党员中占有一定比例,在中国八个民主党派中,女性占有较高比例。其中有七个党派女党员比例超过30%。

第三,受教育方面。我国的教育法、义务教育法和职业教育法等法律对女性受教育的权利和机会予以明确规定。国家采取切实措施和行动,保障女童接受九年义务教育的权利,增加女性接受中高等教育的机会,重点扫除青壮年女性文盲,提高妇女的终身教育水平和平均受教育年限。

第四,健康方面。我国政府把妇女健康作为促进性别平等与妇女发展的优先领域。国家颁布实施了《中华人民共和国母婴保健法》《中华人民共和国人口与计划生育法》等法律,并在妇女发展纲要中提出妇女健康目标。重视满足妇女在生命周期各阶段的健康服务需求，提高妇女预期寿命。降低孕产妇死亡率，确保母亲安全。开展以人为本的计划生育优质服务，保障妇女享有计划生育权利。努力为流动妇女提供卫生保健服务，维护她们的健康福祉。加强艾滋病防治工作，关怀妇女艾滋病感染者。等等①。

三 妇女权益保障法

（一）妇女权益保障法诞生的时代背景

1975年6月，第一次世界妇女大会召开，这是历史上第一次关于妇女地位问题的全球性会议，有133个国家和地区的1000位代表出席。大会通过了著名的"墨西哥宣言"，在宣言中对男女平等下了定义，强调指出一个国家要得到充分发展，就必须要求妇女最大限度的平等和与男子一同参与各项事务。不仅如此，《世界人权宣言》《消除对妇女一切形式歧视公约》等公约的签署及其我国政府的加入，须要制定保护妇女的专门法律。我国的妇女权益保障法就是在这样的国际背景下开始的。另外，进入改革开放的新时期以后，妇女权益保护遇到了新问题，拐卖妇女儿童的事件屡屡发生；卖淫嫖娼重新出现，妇女的人身权益受到很大的侵害。1980年，全国人大通过了新婚姻法，强调保护妇女儿童和老人的合法权益。新刑法对侵犯妇女人身权利的犯罪行为规定了严格的惩罚。为了适应国内外新形势，制定一部保障妇女权益的专门法律提上了立法机关的议事日程。妇女权益保障法就是在这样的背景下诞生的。这部法律的问世，不仅进一步维护了妇女的各项权益，而且尽可能规定了保障措施。"立足于保障就是这部法律的立法宗旨。妇女权益保障法的名称也由此而来"②。总之，妇女权益保障法是中国妇女解放运动实践经验的光辉总结，也是指导妇女事业不断发展的宏伟目标，它的颁布和实施，是中国政府忠实履行国际公约的具体体现。

（二）妇女权益保障法的制定、修改

1992年4月3日，第七届全国人民代表大会第五次会议通过了《中

---

① 参见国务院新闻办公室发布《中国性别平等与妇女发展状况》白皮书，2005年8月发布。

② 巫昌祯：《回顾与展望——记〈中华人民共和国妇女权益保障法〉的诞生与发展》，《中华女子学院学报》2008年第4期。

华人民共和国妇女权益保护法》。2005年8月28日，十届全国人大常委会第十七次会议审议通过了关于修改《中华人民共和国妇女权益保障法》的决定。《妇女权益保障法》是中国人权保护法律体系的重要组成部分，集中反映了中国保障妇女权益的法律理念和主要精神。修改后的《妇女权益保障法》体现了如下特点：

一是男女平等基本国策上升为法律。《妇女权益保障法》规定，"妇女在政治的、经济的、文化的、社会的和家庭的生活等各方面享有同男子平等的权利。实行男女平等是国家的基本国策。国家采取必要措施，逐步完善保障妇女权益的各项制度，消除对妇女一切形式的歧视。"男女平等是《宪法》明确的一项基本法律原则。将男女平等基本国策写入《妇女权益保障法》，实际上是下位法对上位法、普通法对根本法的贯彻落实，进一步树立了实行男女平等在国家政治、经济和社会生活中的基本地位。

二是妇女的政治地位状况如何，是检验男女是否平等的重要标志。修改后《妇女权益保障法》规定，制定法律、法规、规章和公共政策，对涉及妇女权益的重大问题，应当听取妇女联合会的意见；国家机关、社会团体、企业事业单位培养、选拔和任用干部，必须坚持男女平等的原则，并有适当数量的妇女担任领导成员；中华全国妇女联合会和地方各级妇女联合会代表妇女积极参与国家和社会事务的民主决策、民主管理和民主监督。各级妇女联合会及其团体会员，可以向国家机关、社会团体、企业事业单位推荐女干部，从而切实保障了妇女政治权利。

三是将"禁止对妇女实施性骚扰"写入法律。"性骚扰"这一概念最早于20世纪70年代在美国出现，到20世纪90年代开始逐渐被中国大众接触。在此之前，中国社会对此类行为一般称之为"猥亵、侮辱他人"或者"耍流氓"，将其归为道德和社会治安问题。2001年以来，相继有近十起性骚扰案件进入诉讼程序，有关性骚扰的话题也频频见于各种媒体。随着经济的发展，社会生活逐渐多元化和复杂化，中国的性骚扰现象不断显现出来，成为一个较为突出的社会问题，而且已是人们日常生活、学习和工作中人身权利被侵害的主要困扰之一，其受害者主要是妇女。2005年《妇女权益保障法》的修改将"禁止对妇女实施性骚扰"首次写入法律，体现了宪法尊重和保障人权的精神，表明了国家坚决维护妇女人身权利和人格尊严的严正态度。

四是充分体现以人为本。以人为本，首先要求关注每个人的基本需求。修改后的《妇女权益保障法》特别强调对妇女的特殊保护。对妇女的特殊保护是根据妇女的生理特点,给予妇女不同于男子的特殊待遇。妇女的身体结构和生理机能决定了她们在参与国家现代化建设的同时,还更多地承担了繁衍后代、照顾家庭的责任,对人类自身的延续和发展起到了不可替代的作用。妇女有经期、孕期、产期、哺乳期等男子所没有的生理阶段,尤其在劳动过程中需要特殊的照顾和保护,中国现有法律对女职工特殊劳动保护的规定主要包括两个方面:不得安排女职工不适合其从事的工作和劳动、对在"四期"的女职工的特殊劳动保护。修改后的《妇女权益保障法》在关注妇女基本需求、保护特殊妇女群体的合法权益方面的规定,体现了以人为本的先进理念,有利于广大妇女群众共建、共享社会主义建设的文明成果。

四 妇联在妇女权益保障中的职能定位

(一) 妇女联合会的任务

根据《中华全国妇女联合会章程》第一章的规定,中华全国妇女联合会的职能一是团结、动员妇女投身改革开放和社会主义现代化建设,促进经济发展和社会全面进步;二是教育、引导广大妇女,增强自尊、自信、自立、自强的精神,全面提高素质,促进妇女人才成长;三是代表妇女参与国家和社会事务的民主管理、民主监督,参与有关妇女儿童法律、法规、规章的制定,维护妇女儿童合法权益;四是为妇女儿童服务,加强与社会各界的联系,协调和推动社会各界为妇女儿童办实事;五是巩固和扩大各族各界妇女的大团结,加强同港、澳、台及华侨妇女的联谊,促进祖国统一大业。积极发展同世界各国妇女的友好交往,增进了解和友谊,维护世界和平。

(二) 妇联在妇女权益保障的职能

妇联在妇女权益保障中的职能并不限于《妇女权益保障法》的规定。《妇女权益保障法》第七条规定,"中华全国妇女联合会和地方各级妇女联合会依照法律和中华全国妇女联合会章程,代表和维护各族各界妇女的利益,做好维护妇女权益的工作。"《妇女权益保障法》的此条规定,将妇女联合会章程中关于基本职能的规定上升为法律,为妇女联合会开展促进妇女发展、维护妇女权益的各项工作提供了法律依据。妇联由此成为法律、法规授权组织、担负起"代表和维护各族各界妇女的利益,做好维护妇女权益的工作"的职责。具体来说，依据《妇女权益保障法》的规定，一是妇女有权通过各种途径和形式，管理国家事务，管理经济和文化事业，管理社会事务。制定法律、法规、规章和公共政策，对涉及妇女权益的重大问题，应当听取妇女联合会的意见；二是中华全国妇女联合会和地方各级妇女联合会代表妇女积极参与国家和社会事务的民主决策、民主管理和民主监督；三是妇女的合法权益受到侵害的，可以向妇女组织投诉，妇女组织应当维护被侵害妇女的合法权益，有权要求并协助有关部门或者单位查处。有关部门或者单位应当依法查处，并予以答复；四是妇女联合会或者相关妇女组织对侵害特定妇女群体利益的行为，可以通过大众传播媒介揭露、批评，并有权要求有关部门依法查处。

除此之外，其他法律中也规定有妇联的职能。例如，根据《中华人民共和国反家庭暴力法》的规定，妇联在实施《反家庭暴力法》中的职能主要是：一是在工作范围内，组织开展家庭美德和反家庭暴力宣传教育。二是要将预防和制止家暴纳入业务培训和统计工作；三是根据该法第十三条的规定，家庭暴力受害人及其法定代理人、近亲属可以向加害人或者受害人所在单位、居民委员会、村民委员会、妇女联合会等单位投诉、反映或者求助。有关单位接到家庭暴力投诉、反映或者求助后，应当给予帮助、处理。投诉、处理；四是根据该法第二十二条的规定，妇女联合会应当对实施家庭暴力的加害人进行法治教育，必要时可以对加害人、受害人进行心理辅导；五是因遭受家庭暴力或者面临家庭暴力的现实危险，当事人可向人民法院申请人身安全保护令，妇女联合会可以代为申请。

须要注意的是，《妇女权益保障法》第四条规定："保障妇女的合法权益是全社会的共同责任。国家机关、社会团体、企业事业单位、城乡基层群众性自治组织，应当依照本法和有关法律的规定，保障妇女的权益。"第六条规定："各级人民政府应当重视和加强妇女权益的保障工作。县级以上人民政府负责妇女儿童工作的机构，负责组织、协调、指导、督促有关部门做好妇女权益的保障工作。县级以上人民政府有关部门在各自的职责范围内做好妇女权益的保障工作。"具体而言，人民代表大会负责制定和修改有关保护妇女权益的法律、法规，监督有关法律的实施及政府保障妇女权益方面的工作。政协的各级委员会对有关妇女权益保障的立法及其实施情况进行民主监督、政治协商，就有关妇女的重大问题进行调查研究，提出意见和建议。全国政协及省、市政协均设有妇女青年委员会。

人民政府及政府各部门负责制定和修改有关的行政法规，发布有关决定和命令，把发展妇女事业纳入社会发展计划，采取行政措施，领导和管理妇女权益保障工作。司法机关按照法律程序，审理和判决各类案件，打击侵犯妇女权益的犯罪分子，保障有关法律的执行。为更好地协调和推动政府各部门做好妇女权益的保障工作，国务院成立了由16个部委和4个群众组织的负责人组成的国务院妇女儿童工作委员会。

由此可见，那种认为妇联是《妇女权益保障法》的"执法主体"的观念是错误的。根据《妇女权益保障法》第七条的规定，"中华全国妇女联合会和地方各级妇女联合会依照法律和中华全国妇女联合会章程，代表和维护各族各界妇女的利益，做好维护妇女权益的工作。"

第三节 工会

一 工会概述

(一) 工会概念及内涵

根据《中国工会章程》的规定，中国工会是中国共产党领导的职工自愿结合的工人阶级群众组织，是党联系职工群众的桥梁和纽带，是国家政权的重要社会支柱，是会员和职工利益的代表。由此可见，工会的基本内涵是：

第一，《工会法》明确规定，"工会是职工自愿结合的工人阶级的群众组织。中华全国总工会及其各级工会组织代表职工的利益，依法维护职工的合法权益"[①]。可见，工会既不是国家机关，也不是企事业单位，工会是我国的一个群团组织。

第二，工会是中国共产党领导的职工自愿结合的工人阶级群众组织。全国总工会由中共中央书记处领导。

第三，依照法律和《中国工会章程》开展活动、履行职责。

第四，基本职责是维护职工合法权益。工会在维护全国人民总体利益的同时，代表和维护职工的合法权益。工会通过平等协商和集体合同制度，协调劳动关系，维护企业职工劳动权益。工会依照法律规定通过职工

---

① 《工会法》第二条。

代表大会或者其他形式，组织职工参与本单位的民主决策、民主管理和民主监督。工会按照产业和地方相结合的原则组织起来。同一企业、事业、机关单位中的会员，组织在一个工会基层组织中；同一行业或性质相近的几个行业，根据需要建立全国或地方的产业工会组织。在省、自治区、直辖市、自治州、市、县（旗）建立地方总工会，作为当地地方工会组织和产业工会地方组织的领导机关。中央设全国总工会，作为地方各总工会和各产业工会的领导机关。

（二）工会的基本任务

工会的基本任务是：以马克思列宁主义、毛泽东思想、邓小平理论和"三个代表"重要思想为指导，贯彻执行党的"以经济建设为中心，坚持四项基本原则，坚持改革开放"的基本路线，推动党的全心全意依靠工人阶级的根本指导方针的贯彻落实，全面履行党的社会职能，在维护全国人民总体利益的同时，更好地表达和维护职工的具体利益，团结和动员全国职工自力更生，艰苦创业，为把我国建设成为富强、民族、文明、和谐的社会主义现代化国家而奋斗。

（三）工会组织的基本特征

根据《工会法》《中国工会章程》可见，我国的工会组织，具有政治性、先进性和群众性的"三性"基本特征，具体而言：

工会组织具有鲜明的政治性。中国工会从来都是执行党的政治任务的群众组织。工会的政治性特征，是中国工会一大鲜明的特色，它是中国工会与西方资本主义国家工会的根本区别所在。中国工会自觉接受中国共产党的领导，是中国工会一个优良传统，更是中国工会最鲜明的特色。作为一部基本法，《工会法》也赋予了中国工会鲜明的政治性。《工会法》明确规定："工会必须遵守和维护宪法，以宪法为根本的活动准则，以经济建设为中心，坚持社会主义道路、坚持人民民主专政、坚持中国共产党的领导、坚持马克思列宁主义毛泽东思想邓小平理论，坚持改革开放，依照工会章程独立自主地开展工作。"认识和把握中国工会的政治性特征，是认识和理解工会的前提和基础。

工会组织具有鲜明的先进性。中国工会是先进于职工群众而不是落后于职工群众的组织。中国工会之所以具有先进性特征，主要是因为：第一，中国工会是党领导下的群众组织，党的先锋队性质赋予它所领导下的工会组织具有天然的先进性，否则党的先进性就缺乏重要的环节。"工会是党联系职工群众的桥梁和纽带",没有先进性,"桥梁和纽带"就不成形、不坚韧。第二,中国工会是工人阶级的群众组织,工人阶级的先进性自然赋予它的群众组织工会的先进性。正如习近平同志所指出的:"我国工人阶级是我们党最坚实最可靠的阶级基础。我国工人阶级从来都具有走在前列、勇挑重担的光荣传统,我国工人运动从来都同党的中心任务紧密联系在一起。在当代中国,工人阶级和广大劳动群众始终是推动我国经济社会发展、维护社会安定团结的根本力量。"[①] 第三,职工群众工作的现实需要,赋予中国工会的先进性。工会组织如果自己不先进,就不能去"提高"职工群众的思想觉悟;工会组织如果不具备先进性,党的先进性和职工的群众性之间就缺乏必要的连结环节。

工会组织具有鲜明的群众性。中国工会的生命力和活力的源泉来自于广大职工群众。《工会法》规定:"工会必须密切联系职工,听取和反映职工的意见和要求,关心职工的生活,帮助职工解决困难,全心全意为职工服务。"这充分说明,群众性是中国工会的核心特征。从中国工会的发展历程看,在革命时期,党领导下的工会与广大职工相濡以沫,为民族独立、人民解放作出了历史性贡献;在建设时期,党领导下的工会扎根于广大职工群众,为国家富强、人民幸福作出了重大贡献;在改革时期,党领导下的工会立足于广大职工群众,为解放和发展社会生产力作出了突出贡献。彰显群众性,密切联系群众始终是中国工会的一个优良传统。

二 工会法律制度主要内容

新中国成立后不久就颁布了《中华人民共和国工会法》(以下简称《工会法》)。它与《婚姻法》《土地改革法》一起,构成中华人民共和国成立后的三大法律,规范了当时我国成立之后迫切须要解决的重大社会问题。《工会法》共五章二十六条,分为总则、工会的权利与责任、工会基层组织、工会经费、附则,就涉及工会的重要问题分别作了规定。其中,对工会的性质、组织原则、建立工会的程序、集体合同、工会参与企业管理、政府和企业拨给工会办公活动设施、工会到有关单位视察、工会干部的编制、工会活动的保障、劳动争议的处理和工会经费的来源等,作了明确的规定。这部法律明确了工会在新中国的法律地位,对于建立和发展工

---

① 中国共产党新闻网:《习近平同志在庆祝"五一"国际劳动节暨表彰全国劳动模范和先进工作者大会上的讲话》,2015年4月28日。

会组织，团结教育广大职工积极投身社会主义革命和建设，巩固人民民主专政的政权，维护职工的合法权益，起了重要作用。现行《工会法》是在1992年七届全国人民代表大会第五次会议上通过的，它和《中华人民共和国工会章程》一起构成了工会组织活动和工作的行为准则。

（一）工会组织

工会各级组织按照民主集中制原则建立。各级工会委员会由会员大会或者会员代表大会民主选举产生。企业主要负责人的近亲属不得作为本企业基层工会委员会成员的人选。各级工会委员会向同级会员大会或者会员代表大会负责并报告工作，接受其监督。工会会员大会或者会员代表大会有权撤换或者罢免其所选举的代表或者工会委员会组成人员。上级工会组织领导下级工会组织。

企业、事业单位、机关有会员二十五人以上的，应当建立基层工会委员会；不足二十五人的，可以单独建立基层工会委员会，也可以由两个以上单位的会员联合建立基层工会委员会，也可以选举组织员一人，组织会员开展活动。女职工人数较多的，可以建立工会女职工委员会，在同级工会领导下开展工作；女职工人数较少的，可以在工会委员会中设女职工委员。

企业职工较多的乡镇、城市街道，可以建立基层工会的联合会。县级以上地方建立地方各级总工会。基层工会、地方各级总工会、全国或者地方产业工会组织的建立，必须报上一级工会批准。同一行业或者性质相近的几个行业，可以根据需要建立全国的或者地方的产业工会。全国建立统一的中华全国总工会。

（二）工会的权利和义务

1. 企业、事业单位违反职工代表大会制度和其他民主管理制度，工会有权要求纠正，保障职工依法行使民主管理的权利。法律、法规规定应当提交职工大会或者职工代表大会审议、通过、决定的事项，企业、事业单位应当依法办理。

2. 工会帮助、指导职工与企业以及实行企业化管理的事业单位签订劳动合同。工会代表职工与企业以及实行企业化管理的事业单位进行平等协商，签订集体合同。集体合同草案应当提交职工代表大会或者全体职工讨论通过。工会签订集体合同，上级工会应当给予支持和帮助。企业违反集体合同，侵犯职工劳动权益的，工会可以依法要求企业承担责任；因履行集体合同发生争议,经协商解决不成的,工会可以向劳动争议仲裁机构提请仲裁,仲裁机构不予受理或者对仲裁裁决不服的,可以向人民法院提起诉讼。

3. 企业、事业单位处分职工,工会认为不适当的,有权提出意见。

企业单方面解除职工劳动合同时,应当事先将理由通知工会,工会认为企业违反法律、法规和有关合同,要求重新研究处理时,企业应当研究工会的意见,并将处理结果书面通知工会。职工认为企业侵犯其劳动权益而申请劳动争议仲裁或者向人民法院提起诉讼的,工会应当给予支持和帮助。

4. 企业、事业单位违反劳动法律、法规规定,有下列侵犯职工劳动权益情形,工会应当代表职工与企业、事业单位交涉,要求企业、事业单位采取措施予以改正;企业、事业单位应当予以研究处理,并向工会作出答复;企业、事业单位拒不改正的,工会可以请求当地人民政府依法作出处理:

(1) 克扣职工工资的;
(2) 不提供劳动安全卫生条件的;
(3) 随意延长劳动时间的;
(4) 侵犯女职工和未成年工特殊权益的;
(5) 其他严重侵犯职工劳动权益的。

5. 工会依照国家规定对新建、扩建企业和技术改造工程中的劳动条件和安全卫生设施与主体工程同时设计、同时施工、同时投产使用进行监督。对工会提出的意见,企业或者主管部门应当认真处理,并将处理结果书面通知工会。

6. 工会发现企业违章指挥、强令工人冒险作业,或者生产过程中发现明显重大事故隐患和职业危害,有权提出解决的建议,企业应当及时研究答复;发现危及职工生命安全的情况时,工会有权向企业建议组织职工撤离危险现场,企业必须及时作出处理决定。

7. 工会有权对企业、事业单位侵犯职工合法权益的问题进行调查,有关单位应当予以协助。

8. 职工因工伤亡事故和其他严重危害职工健康问题的调查处理,必须有工会参加。工会应当向有关部门提出处理意见,并有权要求追究直接负责的主管人员和有关责任人员的责任。对工会提出的意见,应当及时研究，给予答复。

9. 企业、事业单位发生停工、怠工事件，工会应当代表职工同企业、事业单位或者有关方面协商，反映职工的意见和要求并提出解决意见。对于职工的合理要求，企业、事业单位应当予以解决。工会协助企业、事业单位做好工作，尽快恢复生产、工作秩序。

10. 工会参加企业的劳动争议调解工作。地方劳动争议仲裁组织应当有同级工会代表参加。

11. 县级以上各级总工会可以为所属工会和职工提供法律服务。

12. 工会协助企业、事业单位、机关办好职工集体福利事业，做好工资、劳动安全卫生和社会保险工作。

13. 工会会同企业、事业单位教育职工以国家主人翁态度对待劳动，爱护国家和企业的财产，组织职工开展群众性的合理化建议、技术革新活动，进行业余文化技术学习和职工培训，组织职工开展文娱、体育活动。

14. 根据政府委托，工会与有关部门共同做好劳动模范和先进生产（工作）者的评选、表彰、培养和管理工作。

15. 国家机关在组织起草或者修改直接涉及职工切身利益的法律、法规、规章时，应当听取工会意见。

县级以上各级人民政府制订国民经济和社会发展计划，对涉及职工利益的重大问题，应当听取同级工会的意见。县级以上各级人民政府及其有关部门研究制定劳动就业、工资、劳动安全卫生、社会保险等涉及职工切身利益的政策、措施时，应当吸收同级工会参加研究，听取工会意见。

16. 县级以上地方各级人民政府可以召开会议或者采取适当方式，向同级工会通报政府的重要的工作部署和与工会工作有关的行政措施，研究解决工会反映的职工群众的意见和要求。

各级人民政府劳动行政部门应当会同同级工会和企业方面代表，建立劳动关系三方协商机制，共同研究解决劳动关系方面的重大问题。

(三) 基层工会组织

基层工会是指依照《工会法》的第十条，"企业、事业单位、机关有会员二十五人以上的，应当建立基层工会委员会；不足二十五人的，可以单独建立基层工会委员会，也可以由两个以上单位的会员联合建立基层工会委员会"的规定成立的工会组织，它是工会组织系统的基本单位。基层工会应设立以下组织机构：

1. 建立工会基层委员会。要根据工会章程的规定，民主选举产生工会基层委员会。工会基层委员会要建立健全各项工作制度，认真履行工会章程规定的职责和职权，定期向会员报告工作和经费收支情况，逐步做到工作制度化；

2. 建立各种工作委员会。建立车间（科室）工会委员会和各种工作委员会（小组）。要用选举方式把车间（科室）工会建立起来，使工会的工作通过组织系统有效地落实到群众中去。在人数不多的基层工会中，则可以不设立车间工会。要根据工作需要，建立健全基层和车间两级工会的各种委员会，如生产委员会、财务委员会、女职工委员会等；

3. 建立工会小组。按生产或工作单位划分建立工会小组。工会小组是基层工作的"细胞"基层工作要把工会小组的建设作为一项经常性的重要工作，认真培训工会小组长，经常总结交流工会小组的工作经验，努力把工会小组建设成为团结互助、建设物质文明和精神文明的战斗集体；

4. 建立和完善会员代表大会或会员大会制度。会员代表大会或会员大会必须按时召开，充分履行会员代表大会或会员大会的职权。

（四）违反工会法的法律责任

1. 工会对违反工会法规定侵犯其合法权益的，有权提请人民政府或者有关部门予以处理，或者向人民法院提起诉讼。

2. 违反《工会法》第三条、第十一条规定，阻挠职工依法参加和组织工会或者阻挠上级工会帮助、指导职工筹建工会的，由劳动行政部门责令其改正；拒不改正的，由劳动行政部门提请县级以上人民政府处理；以暴力、威胁等手段阻挠造成严重后果，构成犯罪的，依法追究刑事责任。

3. 违反《工会法》规定，对依法履行职责的工会工作人员无正当理由调动工作岗位，进行打击报复的，由劳动行政部门责令改正、恢复原工作；造成损失的，给予赔偿。对依法履行职责的工会工作人员进行侮辱、诽谤或者进行人身伤害，构成犯罪的，依法追究刑事责任；尚未构成犯罪的，由公安机关依照《治安管理处罚法》的规定处罚。

4. 违反《工会法》规定，有下列情形之一的，由劳动行政部门责令恢复其工作，并补发被解除劳动合同期间应得的报酬，或者责令给予本人年收入二倍的赔偿：

（1）职工因参加工会活动而被解除劳动合同的；

（2）工会工作人员因履行本法规定的职责而被解除劳动合同的。

5. 违反本法规定,有下列情形之一的,由县级以上人民政府责令改正,依法处理:

(1) 妨碍工会组织职工通过职工代表大会和其他形式依法行使民主权利的;

(2) 非法撤销、合并工会组织的;

(3) 妨碍工会参加职工因工伤亡事故以及其他侵犯职工合法权益问题的调查处理的;

(4) 无正当理由拒绝进行平等协商的。

6. 违反《工会法》第四十六条规定,侵占工会经费和财产拒不返还的,工会可以向人民法院提起诉讼,要求返还,并赔偿损失。

7. 工会工作人员违反工会法规定,损害职工或者工会权益的,由同级工会或者上级工会责令改正,或者予以处分;情节严重的,依照《中国工会章程》予以罢免;造成损失的,应当承担赔偿责任;构成犯罪的,依法追究刑事责任。

本章小结

群团事业是党的事业的重要组成部分,群团工作是党治国理政的一项经常性、基层性工作,是党组织动员广大人民群众为完成党的中心任务而奋斗的重要法宝。中国共产党自成立之日起一直不断在知识分子、工人、农民、军队等群体中扩大自身基本组织,并通过创建工会、青年团、妇女组织、农会等外围组织覆盖联系更广大民众,从而建构起一个党最广泛联系社会、整合社会的同心圆结构的社会整合体系。通过群团组织开展群众工作、推进党的事业,是中国共产党治国理政的一项伟大创造。

群团组织是党和政府联系人民群众的桥梁和纽带。党对群团工作的统一领导是群团组织区别于一般社会团体的首要特征,政治性是群团组织的灵魂。群团组织由中国共产党组建,接受党的直接领导,围绕党政中心工作开展活动,人员在编,工资待遇与党政机关相同,享受在民政部门免予登记的权利,政治性非常鲜明。群团组织有各自的章程、组织机构和政治任务,以各自不同的方式参与国家经济、政治和文化生活,依法/依章程开展活动、维护群众权益,最广泛吸引和团结群众。2015 年,中共中央印发的《关于加强和改进党的群团工作的意见》,首次正式提出了"群团组织"的概念,将工会、共青团、妇联等界定为群团组织以区别于一般的社会团体,对于更好发挥群团组织作用,把广大人民群众更加紧密地团结在党的周围,汇聚起实现"两个一百年"奋斗目标、实现中华民族伟大复兴中国梦的强大正能量,促进群团组织的健康发展,具有重大的理论和现实意义。

第八章 当代中国特别行政区法律制度

当代中国的特别行政区制度是在"一国两制"理论的指导下产生的，它由《宪法》加以规定，由两部特别行政区基本法具体构建，在香港、澳门回归后的十多年时间内获得有效运行，解决和维护了国家统一问题，保持了港澳地区的繁荣稳定。

"一个国家，两种制度"是当代中国为实现国家和平统一而提出的基本国策。按照"一国两制"方针，中国政府通过与英国政府的外交谈判成功解决历史遗留的香港问题，于1997年7月1日对香港恢复行使主权。通过与葡萄牙政府的外交谈判、成功解决历史遗留的澳门问题，于1999年12月20日对澳门恢复行使主权。香港、澳门回归祖国后，"一国两制"由科学构想变成生动现实。香港特别行政区依照《香港特别行政区基本法》、澳门特别行政区依照《澳门特别行政区基本法》实行高度自治，享有行政管理权、立法权、独立的司法权和终审权，继续保持原有的资本主义制度和生活方式不变，法律基本不变。

那么，什么是特别行政区？特别行政区有哪些特点？它的法律渊源是什么？同为特别行政区，香港、澳门的政治制度有哪些不同？本章对于这些问题进行简要探讨、介绍。

第一节 特别行政区

一 特别行政区概述

（一）特别行政区概念

特别行政区是指根据宪法和法律的规定，在中华人民共和国境内设立的、实行不同于一般行政区的政治、经济和法律制度、享有高度自治权的地方行政区域，是我国以和平方式解决历史遗留下来的香港问题、澳门问题而设立的特殊的地方行政区域。特别行政区的建立构成了我国单一制的一大特色，是马克思主义国家学说在我国具体情况下的创造性运用。

(二) 香港、澳门特别行政区的设立

20世纪80年代初,为实现国家和平统一,国家领导人邓小平创造性地提出了"一国两制"的科学构想,并首先用于解决香港问题。按照邓小平的论述,"一国两制"是指在一个中国的前提下,国家的主体坚持社会主义制度,香港、澳门、台湾保持原有的资本主义制度长期不变。

《中华人民共和国宪法》第三十一条规定:国家在必要时得设立特别行政区。在特别行政区内实行的制度按照具体情况由全国人民代表大会以法律规定。这体现了"一国两制"构想,为中国政府在实现国家和平统一时,在某些区域设立实行不同于内地的制度和政策的特别行政区提供了直接的宪法依据。1983年初,我国政府就解决香港问题形成了十二条基本方针政策[①]。

1982年9月24日,邓小平会见来访的英国首相撒切尔夫人,阐明了中国政府对香港问题的基本立场,指出主权问题不是一个可以讨论的问题,1997年中国将收回香港。在这个前提下,中英两国磋商解决香港如何过渡得好以及15年后香港怎么办的问题。这标志着中英关于香港问题的谈判拉开序幕。1984年12月19日,中英两国政府经过22轮谈判后,正式签署《中华人民共和国政府和大不列颠及北爱尔兰联合王国政府关于香港问题的联合声明》,确认中华人民共和国政府于1997年7月1日对香港恢复行使主权。1985年4月10日,第六届全国人大第三次会议决定成立中华人民共和国香港特别行政区基本法起草委员会,负责起草香港基

---

① "十二条"包括:1. 中国政府决定于1997年7月1日对香港地区恢复行使主权。2. 恢复行使主权后,根据宪法第三十一条规定,在香港设立特别行政区,直辖于中央人民政府,享有高度自治权。3. 特别行政区享有立法权,有独立的司法权和终审权。现行的法律、法令、条例基本不变。4. 特别行政区政府由当地人组成。主要官员在当地通过选举或协商产生,由中央人民政府委任。原香港政府各部门的公务、警务人员可予留任。特别行政区各机构也可聘请英国及其他外籍人士担任顾问。5. 现行的社会、经济制度不变,生活方式不变。保障言论、出版、集会、结社、旅行、迁徙、通信自由和宗教信仰自由。私人财产、企业所有权、合法继承权以及外来投资均受法律保护。6. 香港特别行政区仍为自由港和独立关税地区。7. 保持金融中心地位,继续开放外汇、黄金、证券、期货等市场,资金进出自由,港币照常流通,自由兑换。8. 特别行政区财政保持独立。9. 特别行政区可同英国建立互惠经济关系。英国在香港的经济利益将得到照顾。10. 特别行政区可以"中国香港"的名义,单独地同世界各国、各地区以及有关国际组织保持和发展经济、文化关系,签订协议。特别行政区政府可自行签发出入香港的旅行证件。11. 特别行政区的社会治安由特别行政区政府负责。12. 上述方针政策,由全国人民代表大会以香港特别行政区基本法规定之,50年不变。

本法①。1990年4月4日，第七届全国人大第三次会议通过《中华人民共和国香港特别行政区基本法》，同时作出设立香港特别行政区的决定。香港基本法颁布后，中国政府着手筹备成立香港特别行政区的工作。1997年7月1日，中国政府对香港恢复行使主权，香港特别行政区成立，基本法开始实施。自此，香港进入了"一国两制""港人治港"、高度自治的历史新纪元。香港同胞作为祖国大家庭的一分子，与内地民众共享伟大祖国的尊严与荣耀，共担中华民族伟大复兴的责任和使命。

与此同时，1986年，中葡两国政府开始为澳门问题展开谈判。1987年，两国签订《中华人民共和国政府和葡萄牙共和国政府关于澳门问题的联合声明》及两个附件。1993年3月31日，全国人大通过《中华人民共和国澳门特别行政区基本法》。1999年12月20日，中国对澳门恢复行使主权。

（三）特别行政区的法律地位

《香港基本法》和《澳门基本法》都在第十二条规定，香港（澳门）特别行政区是中华人民共和国的一个享有高度自治权的地方行政区域，直辖于中央人民政府。同时，两部基本法在其第四章具体规定了特别行政区的政治体制。可见，特别行政区是与大陆地区各省、自治区、直辖市地位平行的地方行政区域。特别行政区作为中华人民共和国的一个享有高度自治权的地方行政区域，同其他地方行政区域一样：由最高国家权力机关通过法律程序设置、所享有的权力由国家授予、是中华人民共和国不可分离的部分、国家对它享有完全的主权、受中央人民政府管辖。只是为了落实"一国两制"基本政策，《香港基本法》和《澳门基本法》明确规定：全国人民代表大会授权特别行政区依照基本法的规定实行高度自治，享有行政管理权、立法权、独立的司法权和终审权。但是，基本法授予特别行政区的高度自治权，必须在维护国家主权统一和领土完整的前提下去实现。

特别行政区是中华人民共和国的一个享有高度自治权的地方行政区

---

① 同年7月起草委员会开始工作，1990年2月完成起草任务，历时四年零八个月。香港基本法的起草过程高度民主、开放，广大香港同胞积极参与起草工作。在起草委员会59名委员中，来自香港各方面的人士有23名。起草委员会还委托香港委员在香港成立由180位各界人士组成的基本法咨询委员会，广泛收集香港社会各界的意见和建议。1988年4月，起草委员会公布香港基本法（草案）征求意见稿；1989年2月，全国人大常委会公布香港基本法（草案），先后两次在香港和内地广泛征求意见。香港和内地社会各界人士踊跃参与讨论，其中，仅香港人士就提出近8万份意见和建议。香港基本法体现了包括香港同胞在内的全体中国人民的共同意志，凝聚了广大中华儿女的集体智慧。

域，直辖于中央人民政府的法律地位，包含如下基本内容：首先，从历史上看，香港、澳门和台湾自古以来就是中国领土的组成部分。香港问题和澳门问题是历史上殖民主义侵略遗留下来的问题。台湾问题是国内战争遗留下来的问题。所以在法律上，香港、澳门和台湾都不具有独立政治实体的地位。其次，特别行政区的高度自治权无论有多大，都是来自于中央的授权。授权与分权有着不同的法律含义，它们体现了不同的权力关系。不同的权力关系是由不同的国家结构形式决定的。在单一制国家中，中央和地方的权力关系是一种授权关系，地方享有的权力是一种由国家主权派生出来的地方自治权。最后，特别行政区的制度按照具体情况由全国人民代表大会以法律规定。因此特别行政区的基本法，其性质属于授权法。

（四）特别行政区的政治体制特征

政治体制对于一个国家或者地区而言是最重要的制度安排。特别行政区政治体制是基本法起草委员会讨论时间最长、争论最激烈的部分之一[①]。邓小平是"一国两制"的总设计师，是起草《香港基本法》的总舵手。他曾在获知基本法起草委员会政治体制专题小组意见之后，就香港回归后的政治体制问题主要讲了三点意见：一是香港特区政治体制必须以坚持中国主权、坚持中国主体实行社会主义制度为前提；二是香港特区政治体制不能照搬英国式的议会内阁制和美国式的三权分立制。三是中央政府必须保持对香港特区事务必要的干预权。最终，《香港基本法》将香港特区的政治体制确立为"行政主导，立法和行政既相互制衡、又相互配合，司法独立"[②]。可见，特别行政区的政治体制是一种既不同于原殖民政府时期的政治体制，也不同于西方国家的政治体制，更不同于内地政治体制的一种独特的政治体制。具体来讲，其特点体现在以下几个方面：

第一，行政主导。所谓行政主导是指，特别行政区的政治体制，在行政机关与立法机关的相互关系及权力运作上，行政权力处于支配地位。也有学者指出，"行政主导是指在行政与立法的关系中，行政长官的法律地位比立法机关的法律地位要高一些，行政长官的职权广泛而大一些，行政长官在香港特别行政区政治生活中起主要作用"[③]。特别行政区政府是特别行政区的行政机关，行使行政权，而行政长官是特别行政区政府的首

[①] 曹旭东：《论香港特别行政区行政主导制》，《政治与法律》2014年第1期。
[②] 参见郝铁川《从国家主权与历史传统看香港特区政治体制》，《法学》2015年第11期。
[③] 郝铁川：《从国家主权与历史传统看香港特区政治体制》，《法学》2015年第11期。

长，领导特别行政区政府。按照基本法的规定，基本法赋予行政长官显要的法律地位，使其成为对内对外的最高代表；给行政长官配置了广泛的行政权力，相较立法会的权限有明显优势；最重要的是，基本法在日常立法过程中给予行政明显的优势和主动地位：其一，限制议员的提案权，涉及政府政策的议员提案要事先获得行政长官同意，而政府的立法动议权不受限制；其二，政府提案有优先获得审议的权力；其三，政府提案受特殊投票程序的保护；其四，行政长官对立法会通过的法案有相对否决权。基本法的上述配置使行政权获得了明显的优势和主导地位，行政长官并非由立法会产生，对立法会负责是指执行法律、做施政报告、接受质询，并不需要承担政治责任。立法会无权罢免行政长官，只有在行政长官有严重违法或者渎职行为的时候，立法会才能启动弹劾程序，但最终的决定权在中央政府。可见在特别行政区的政治体制安排中，行政长官相较立法会有结构性的优势地位，即使立法会有某些制衡手段，也无法与行政长官达到一种势均力敌的均衡状态。因而在基本法中行政主导制是鲜明体现的，特别行政区的行政权实际上掌握在行政长官手中。

同时，特别行政区行政长官还是特别行政区的首长，代表特别行政区。他必须依照基本法的规定，对中央人民政府和特别行政区负责，因此，在特别行政区，他具有最高的法律地位，对行政机关、立法机关的运作都会发挥作用：首先，在行政权方面，行政长官领导特别行政区政府执行基本法、特别行政区法律和中央的有关指令；有权决定政府政策，发布行政命令；有权提名并报请中央人民政府任命特别行政区的主要官员，有权建议中央人民政府免除这些主要官员的职务；有权任免公职人员；等等。其次，特别行政区行政长官对立法机关有一定的影响作用。在立法机关的运作过程中，法律草案主要由政府拟订并向立法机关提出，立法会议员在向立法会提出涉及政府政策的法案之前，必须得到行政长官的书面同意；立法机关通过的法律、财政预算须经行政长官签署，法律经行政长官签署、公布，才能生效，行政长官对立法机关通过的法案有否决权，并有权解散立法会；等等。最后，行政长官在司法机关的运作过程中也有一定的影响。主要表现为行政长官有权任免特别行政区各级法院的法官。澳门特别行政区行政长官有权提名并报请中央人民政府任命检察长，并有权建议中央人民政府免除检察长的职务；法院对刑事罪犯作出的判决，行政长官有权赦免或减轻其刑罚；等等。

第二，立法与行政既互相配合又互相制衡，即立法权属于立法会，行政权属于行政长官领导下的政府，司法权则属于法院。特别行政区的政治体制虽具有行政主导的特点，即行政对立法的制约。同时，立法对行政也有制约作用，主要表现为：特别行政区立法会以三分之二多数通过，可以提出对行政长官的弹劾案，报请中央人民政府决定；特别行政区政府要对立法会负责，立法会有权听取、辩论行政长官的施政报告，有权对政府工作提出质询，有权审核通过政府的财政预算，立法会有权批准税收和公共开支；立法会如以不少于全体议员三分之二多数再次通过被行政长官发回重议的原案，而行政长官又不解散立法会，则必须在一个月内签署公布，如果两次拒绝签署立法会通过的法案而解散立法会，而重选的立法会仍以全体议员三分之二的多数通过所争议的原案时，则必须签署，否则行政长官必须辞职；行政长官在其一任任期内只能解散立法会一次等。但是，特别行政区政治体制的分权与制衡原则与西方国家三权分立有本质上的不同。这主要体现在行政与立法互相配合的原则上。特别行政区立法机关与行政机关的相互配合主要体现在对行政会议（澳门特别行政区称行政会）的设立、组成和职能的规定中。特别行政区设立行政会议（行政会），作为协助行政长官进行决策的机构，其成员由行政长官从行政机关的主要官员、立法会议员和社会人士中委任。这样就使行政会议（行政会）成员中有来自立法会的议员，也有来自行政机关的官员，以便于行政长官进行决策时，既可以听到来自立法会和政府间相同的意见，也能够听到来自立法会和政府之间不同的声音，如果行政机关与立法机关之间产生了意见分歧，那么主要官员和立法会议员就可以在行政会议中彼此沟通情况，消除分歧，解决矛盾，从而为立法会与政府之间互相沟通情况创造了条件，使特别行政区立法与行政之间达到互相配合的目的。此外，特别行政区行政与立法的互相配合还表现在：为了保证立法会的工作质量，政府可委派官员列席立法会会议听取意见并代表政府发言；立法会通过并生效的法律由政府负责执行等等。由此可以看出，特别行政区政治体制中，立法与行政之间既互相制约，又互相配合。

第三，司法独立。特别行政区司法独立性主要表现在：特别行政区终审法院享有终审权，因此，特别行政区的司法机关不仅相对于行政机关、立法机关具有独立性，而且与内地最高人民法院和最高人民检察院也没有隶属关系；特别行政区的法院独立进行审判，只对法律负责，不受任何干涉，澳门特别行政区的检察院独立行使检察职能，不受任何干涉；特别行政区法院的法官由当地法官和法律界及其他方面知名人士组成的独立委员会推荐；法官的免职须严格按照基本法的规定进行；司法人员履行审判职责的行为不受法律追究，即享有司法豁免权等等。需要指出的是，特别行政区的司法独立也是相对的，它还受到行政权、立法权的制约。主要表现为：行政长官有权依照法定程序任免各级法院法官（包括澳门特别行政区检察院检察官）；行政长官有权赦免或减轻刑事罪犯的刑罚。法官的任命需要立法会的同意。

通过上述比较，我们可以清楚地看到，特别行政区政治体制与人民代表大会政治体制确实存在很大的不同。

二 特别行政区基本法

（一）特别行政区基本法简介

1990年4月4日，第七届全国人大第三次会议通过《中华人民共和国香港特别行政区基本法》（以下简称《香港基本法》）。香港基本法是根据宪法制定的基本法律，规定在香港特别行政区实行的制度和政策，是"一国两制"方针政策的法律化、制度化，为"一国两制"在香港特别行政区的实践提供法律保障。邓小平同志曾高度评价香港基本法，称它是"具有历史意义和国际意义的法律"，是"具有创造性的杰作"。1993年3月31日，全国人大通过《中华人民共和国澳门特别行政区基本法》（以下简称《澳门基本法》）。为表述方便，作者将香港基本法和澳门基本法统称特别行政区基本法。

（二）特别行政区基本法的属性

首先，当代世界绝大多数国家和地区的社会政治秩序，从法律上讲，就是宪法秩序。特别行政区基本法由全国人大根据宪法制定和颁布，其内容是《宪法》第三十一条的延伸和具体化，是统一的社会主义法制的一个组成部分。宪法是制定香港基本法的根据，和基本法一起共同构成香港的宪制基础。香港是国家的一部分，香港基本法是根据国家宪法制定的，"一国两制"方针政策和基本法确立的社会政治秩序是国家宪法秩序的重要方面。从1997年7月1日起，香港居民已经生活在我国宪法规范的社会政治秩序之中，国家宪法通过香港基本法以及其他各种方式，深刻地影响着香港社会的方方面面。

其次，中英、中葡联合声明只是解决了香港、澳门的领土归属问题。至于香港、澳门回归后，中央如何代表国家对香港、澳门行使主权，如何维护国家的统一和领土完整，这个问题的解决就是基本法的任务。基本法既要保证中央行使一切必要的权力，使国家对特别行政区的主权得到应有的体现；又要使特别行政区享有足够的权力，以便其实行高度自治。可见，基本法的立法宗旨就是在主权问题上把"一国"和"两制"和谐地结合起来，使之具体化、制度化。为此，两个基本法的序言结尾都有根据中华人民共和国宪法，"全国人民代表大会特制定"中华人民共和国"特别行政区基本法"，规定"特别行政区实行的制度"，"以保障国家"对香港或澳门"的基本方针政策的实施"的申明。

再次，作为我国的一种法律形式，我国法律按照其制定机关和法律地位、效力的不同，可分为宪法、基本法、基本法以外的法律、行政法规、地方性法规、自治条例和单行条例等。特别行政区基本法作为我国法律的一种，属于基本法这一层次，这主要表现在：从法律地位和效力看，特别行政区基本法以宪法为制定依据，特别行政区的其他法律均不得与基本法相抵触，特别行政区基本法的法律地位和效力低于宪法而高于特别行政区的其他法律；从制定机关看，我国全国人大制定和修改刑事、民事、国家机构的和其他的基本法律，特别行政区基本法由全国人大制定，当然就是我国的一项基本法律；特别行政区基本法的名称也说明了这一点。

（三）特别行政区基本法之比较

作为"一国两制"的法律结晶，香港基本法和澳门基本法在国家法律体系中是两部样式新颖且地位独特的宪制性法律[1]。从形式上看，两部基本法除正文之外，还带有三个附件。其中，基本法附件三对在特别行政区实施的全国性法律进行了列举性规定，并和《基本法》第十八条一起，就特别行政区如何实施全国性法律，规定了若干条件。两部基本法既有文

---

[1] 香港基本法除序言外，共有9章、160条以及3个附件。内容包括中央和香港特别行政区的关系、居民的基本权利和义务、政治体制、经济，教育、科学、文化、体育、宗教、劳工和社会服务以及对外事务和基本法的解释和修改等章节。3个附件分别是《香港特别行政区行政长官的产生办法》《香港特别行政区立法会的产生办法和表决程序》和《在香港特别行政区实施的全国性法律》。澳门基本法除序言外，共有9章、145条以及3个附件。内容包括中央和澳门特别行政区的关系、居民的基本权利和义务、政治体制、经济、文化和社会事务以及对外事务和基本法的解释和修改等章节。三个附件分别是《澳门特别行政区行政长官的产生办法》《澳门特别行政区立法会的产生办法》和《在澳门特别行政区实施的全国性法律》。

字表述的差异，也有实质内容的不同。香港基本法是开创性的法律文件，澳门基本法在吸收、借鉴香港基本法的基础上，在保留澳门原有政治、法律制度的优点和特点的基础上起草而成，因而在结构、体例等立法技术方面有自身的特点①。具体来说：

关于澳门土地问题的规定。我国宪法规定，土地属于国家所有或集体所有。《香港基本法》第七条也规定，"香港特别行政区境内的土地和自然资源属于国家所有，由香港特别行政区政府负责管理、使用、开发、出租或批给个人、法人或团体使用或开发，其收入全归香港特别行政区政府支配。"但澳门的情况略有不同，存在一小部分私有土地。根据这一情况，《澳门基本法》第七条"澳门特别行政区境内的土地和自然资源，除在澳门特别行政区成立前已依法确认的私有土地外，属于国家所有，由澳门特别行政区政府负责管理、使用、开发、出租或批给个人、法人使用或开发，其收入全部归澳门特别行政区政府支配。"这一规定，是澳门基本法的一个显著特点，也是我国土地所有制度的一个例外。

关于驻军问题的规定。防务是国家主权的重要标志。香港基本法与澳门基本法都明确规定，中央人民政府负责管理特别行政区的防务。但两个基本法在防务问题上的规定略有不同：《香港基本法》第十四条作了以下五款规定："中央人民政府负责管理香港特别行政区的防务。香港特别行政区政府负责维持香港特别行政区的社会治安。中央人民政府派驻香港特别行政区负责防务的军队不干预香港特别行政区的地方事务。香港特别行政区政府在必要时，可向中央人民政府请求驻军协助维持社会治安和救助灾害。驻军人员除须遵守全国性的法律外，还须遵守香港特别行政区的法律。"《澳门基本法》第十四条："中央人民政府负责管理澳门特别行政区的防务。澳门特别行政区政府负责维持澳门特别行政区的社会治安。"可见，澳门基本法对香港基本法前两款的内容作了明确规定，但对后三款的内容，即对在澳门驻军的问题，未作明确规定。

关于居民权利和自由的特殊规定。《澳门基本法》第三章关于澳门居民的一些权利和自由的规定，在香港基本法中是没有的，例如，澳门居民对任意或非法的拘留、监禁、居民有权向法院申请颁发人身保护令（第二十八条第二款）；澳门居民除其行为依照当时法律明文规定为犯罪和应

---

① 王叔文：《论澳门特别行政区基本法的特点》，《中国法学》1993年第2期。

受惩处外，不受刑罚处罚（第二十九条第一款）；澳门居民的人格尊严不受侵犯，禁止用任何方法对居民进行侮辱、诽谤和诬告陷害，等等。

关于外国居留权的规定。澳门基本法关于"在外国无居留权"的规定，与香港基本法在范围和内容上都有所不同。香港基本法有关条文中，有香港特别行政区行政长官、行政会议成员、立法会主席、政府主要官员、终审法院和高等法院首席法官及基本法委员会香港委员都必须在外国无居留权的规定。澳门基本法作出了与香港基本法不同的规定。首先，只对澳门特别行政区行政长官作了规定，而且规定只"在任职期内不得具有外国居留权"（第四十九条），不像《香港基本法》规定的那样把在外国无居留权作为担任行政长官必须具备的前提条件。其次，对于行政会委员，立法会主席、政府主要官员、终审法院院长都没有"在外国无居留权"的规定。

关于立法会的组成和产生办法。在立法会组成方面的规定有所不同，香港基本法规定非中国籍的香港永久性居民可以当选为立法会议员，但所占比例不得超过立法会全体议员的20%。而《澳门基本法》只规定"澳门特别行政区立法会议员由澳门特别行政区永久性居民担任"（第六十八条第一款），没有对非中国籍的永久性居民作所占比例不得超过20%的规定。在立法会的产生办法方面的规定也有所不同。《香港基本法》规定："香港特别行政区立法会由选举产生"（第六十八条），而澳门基本法规定："立法会多数议员由选举产生"（第六十八条第二款）。

关于司法机关的组织。首先是在法院的组织方面有所不同。香港基本法规定：香港特别行政区设立终审法院、高等法院、区域法院、裁判法庭和其他专门法庭。而澳门基本法规定：澳门特别行政区设立初级法院、中级法院和终审法院，并规定设立行政法院管辖行政诉讼和税务诉讼。其次，在检察机关的设置方面也有所不同。《香港基本法》规定："香港特别行政区律政司主管刑事检察工作，不受任何干涉"（第六十三条）。根据这一规定，香港特别行政区刑事检察工作由政府的一个部门负责。而澳门基本法则把检察院作为司法机关的一个组成部分，在"司法机关"一节中规定："澳门特别行政区检察院独立行使法律赋予的检察职能，不受任何干涉"（第九十二条）。

关于宣誓效忠的规定。澳门基本法与香港基本法关于宣誓效忠的规定，不完全相同。首先，在结构方面，香港基本法只作为一条规定在公务人员一节中；而澳门基本法则作为单独一节，规定在政治体制一章中。其次，在宣誓效忠的人员的范围和内容上略有不同。香港基本法规定香港特别行政区行政长官、主要官员、行政会议成员、立法会议员、各级法院法官和其他司法人员，在就职时必须依法宣誓拥护中华人民共和国香港特别行政区基本法，效忠中华人民共和国香港特别行政区。而澳门基本法规定，澳门特别行政区行政长官、主要官员、行政会委员、立法会议员、法官和检察官，必须拥护中华人民共和国澳门特别行政区基本法，尽忠职守，廉洁奉公，效忠中华人民共和国澳门特别行政区，并依法宣誓。同时还规定，澳门特别行政区行政长官、主要官员、立法会主席、终审法院院长、检察长在就职时，除按上述规定宣誓外，还必须宣誓效忠中华人民共和国。

关于咨询性的协调组织。《澳门基本法》根据澳门的实际情况，在经济一章中规定：澳门特别行政区设立由政府、雇主团体、雇员团体的代表组成的咨询性的协调组织（第一百一十五条）。

关于旅游娱乐业的规定。《澳门基本法》经济一章中的一个重要特点，就是设专条规定了澳门的旅游娱乐业。《基本法》第一百一十八条规定："澳门特别行政区根据本地整体利益自行制定旅游娱乐业的政策"。旅游业在澳门经济中占重要的地位，而旅游业的特征则是靠以博彩业为主的多项娱乐事业的支持。基本法规定澳门特别行政区可以自行制定旅游娱乐的政策，从考虑澳门的整体利益出发，以维护澳门的繁荣与稳定。

关于文化规定的特点。《澳门基本法》文化和社会事务一章的规定主要有两个特点。一是明确规定了"澳门特别行政区政府依法推行义务教育"（第一百二十一条第二款）。二是对文化政策的规定比香港基本法具体些。除对澳门特别行政区自行制定文化政策作原则规定外、还明确规定包括文学艺术、广播、电影、电视等政策，并对澳门特别行政区政府自行制定新闻、出版政策作了专条规定。

关于全国性法律的规定。澳门基本法和香港基本法一样，都在附件之中列举了在特别行政区实施的全国性法律。但香港基本法只列举了六项法律，而澳门基本法列举了八项法律。这是因为在1990年香港基本法通过后，我国又通过《国旗法》《国徽法》和《领海及毗连区法》，因此在澳门基本法附件之中增加了这三个全国性的法律。另外，《领海及毗连区法》已包含了《关于领海的声明》的内容,所以删去了后一项法律。

(四) 特别行政区基本法的特点

特别行政区基本法虽然属于我国基本法这一法律形式,但又具有一些不同于我国一般基本法律的特点,主要表现在:

一是法律效力范围方面的特点。依照法理学的基本原理,法律的效力范围包括时间效力范围、空间效力范围和对人效力范围。特别行政区基本法在这三个方面都具有自己的一些特点。(1) 时间效力范围。一项法律颁布后,其法律效力可因同类新法的公布、国家机关的命令,或其历史使命的实现等各种情况而终止,这在我国也是常见现象。实践中,我国法律对本法的终止生效期限一般不作明确规定。但特别行政区基本法由于其具体情况的特殊,在"一国两制"构想的形成过程和基本法的起草阶段中便于对确保其生效期问题作了考虑。《联合声明》附件一就规定全国人大将根据宪法制定并颁布《基本法》,规定香港特别行政区成立后的具体制度,五十年不变。(2) 空间效力范围。根据"域内效力原则",法律的空间效力一般及于该法律制定机关的管辖区域。我国中央国家机关制定的法律、行政法规,其空间效力一般及于全国,地方国家机关制定的地方性法规,其效力就只及于本地区。《基本法》则与上述两者都有所不同:它是全国人大制定的法律,其地位无疑将高于地方性法规,但其空间效力,仅从《香港特别行政区基本法》的名称便可见其具有相当的地方性。(3) 对人效力范围。与法律的空间效力范围相联系,我国法律、行政法规的对人效力一般及于全国各地的全部或部分公民,地方性法规的对人效力主要及于本地区的全部或部分公民。而《基本法》的对人效力则与空间效力一样,也具有相当的地方性。

二是《基本法》与特别行政区各部门的法律发生广泛的联系。《基本法》是特别行政区一地的基本法律,与特别行政区各部门的法规发生广泛的、有机的联系。以香港基本法为例:全国人大以《基本法》规定《联合声明》中我国对香港的基本方针政策,这些基本方针政策涉及香港政治、经济、文化、宗教、刑事、民事等多种方面的社会关系。因此《基本法》与特别行政区调整这些社会关系的各个部门的法规存在广泛的、基本的联系。还有就是,香港特别行政区保留的香港原有法律不得与《基本法》相抵触,特别行政区立法机关制定的法律必须符合《基本法》

和法定程序方为有效。可见,香港特别行政区的各项新、旧法律与《基本法》之间也都存在着一定的法律上的联系,等等,这和其他基本法(如刑法调整犯罪和刑罚)的调整范围以及和其他社会关系的联系呈现出的纵向、专业等特征,也是有区别的。

三是基本法的附件形式及内容特别。作为国家法律中比较少见的文本体例,《香港基本法》《澳门基本法》从形式上看,除正文之外,还带有不止一个附件。其中,基本法附件三对在特别行政区实施的全国性法律进行了列举性规定。以香港为例,根据《香港基本法》附件三,目前共有 12 部全国性法律在香港特区实施:1990 年全国人大审议通过基本法时,附件三中即有 6 部全国性法律———一是《关于中华人民共和国国都、纪年、国歌、国旗的决议》,二是《关于中华人民共和国国庆日的决议》,三是《中央人民政府公布中华人民共和国国徽的命令》附:国徽图案、说明、使用办法,四是《中华人民共和国政府关于领海的声明》,五是《中华人民共和国国籍法》,六是《中华人民共和国外交特权与豁免条例》。1997 年香港特别行政区成立当天,全国人大常委会通过了对基本法附件三中所列全国性法律进行增减的决定,增加《国旗法》《领事特权与豁免条例》《国徽法》《领海及毗连区法》《驻军法》共 5 部全国性法律,同时删除附件三中原有的《中央人民政府公布中华人民共和国国徽的命令》。此后在 1998 年和 2005 年,全国人大常委会先后通过"第二次决定"和"第三次决定",分别增加《专属经济区和大陆架法》《外国中央银行财产司法强制措施豁免法》这两部全国性法律[①]。

综上,从一般法通常指在全国范围内对全体公民普遍适用的法律,特别法是适用于特定时期、特定地点、特定的人或事项的法律的角度来看,可以说特别行政区基本法是我国基本法律中的特别法。

三 中央与特别行政区的关系

(一)中央与特别行政区的关系概述

中央和特别行政区之间的关系,取决于特别行政区在国家结构中的法

---

① 张明:《关于香港基本法附件三所列全国性法律的若干思考》,《港澳研究》2016 年第 3 期。

律地位。基本法明确规定，特别行政区是"中华人民共和国的一个享有高度自治权的地方行政区域，直辖于中央人民政府"，基本法对此用大量的条款进行了界定。以香港基本法为例，基本法第二章对中央和香港特别行政区的关系作了专门规定①。但是，特别行政区毕竟有其不同于一般地方行政区的特点，因而中央和特别行政区的关系也不相同于一般的中央和地方的关系、而是一种特殊的关系。这种特殊的关系具体通过中央对特别行政区的管治权限、范围等诸方面表现出来。

（二）中央机关对特别行政区行使权力的具体内容及要求

根据宪法和特别行政区基本法的规定，中央直接行使对特别行政区管治权的机关包括全国人民代表大会及其常委会、中央人民政府以及中央军委。

1. 全国人大

（1）依据宪法规定，决定特别行政区的设立。1990年4月4日，第七届全国人民代表大会第三次会议根据《中华人民共和国宪法》第三十一条和第六十二条第（十三）项的规定，决定自1997年7月1日起设立香港特别行政区。1993年3月31日，第八届全国人民代表大会第一次会议根据《中华人民共和国宪法》第三十一条和第六十二条第（十三）项

---

① 须要指出的是，香港基本法关于中央和香港特别行政区的关系的规定不仅仅限于第二章，其他章节也有不少这方面的规定。在第一章总则中，第一条规定，香港特别行政区是中华人民共和国不可分离的部分。第二条规定：全国人民代表大会授权香港特别行政区依照本法的规定实行高度自治，享有行政管理权、立法权、独立的司法权和终审权。这两条都是有关中央和香港特别行政区关系的原则性规定。在第四章政治体制中，第四十三条第二款规定，"香港特别行政区行政长官依照本法的规定对中央人民政府和香港特别行政区负责。"条文中说的行政长官对中央人民政府负责，就是有关中央和香港特别行政区关系的重要规定。在同章中，第七十三条第九项规定香港特别行政区立法会对行政长官提出弹劾案后，要报请中央人民政府决定。第九十条第二款规定香港特别行政区终审法院法官和高等法院首席法官的任免，须报全国人民代表大会常务委员会备案。第九十六条规定香港特别行政区与外国就司法互助关系作出安排，要经过中央人民政府协助或授权。在第五章经济中，第一百零六条规定香港特别行政区保持财政独立，财政收入全部用于自身需要，不上缴中央人民政府，中央人民政府不在香港特别行政区征税。第一百二十六条规定外国军用船只进入香港特别行政区须经中央人民政府特别许可。第一百二十九条第二款规定外国国家航空器进入香港特别行政区须经中央人民政府特别许可。上述规定通通都涉及中央和香港特别行政区的关系。此外，第七章对外事务和第八章基本法的解释和修改中，还有不少有关中央和香港特别行政区关系的重要规定，等等。

的规定,决定自1999年12月20日起设立澳门特别行政区。

(2) 制定特别行政区基本法以规定在特别行政区实行的制度。1990年4月4日,第七届全国人大第三次会议通过《中华人民共和国香港特别行政区基本法》,自1997年7月1日起施行。1993年3月31日,第八届全国人民代表大会第一次会议通过《中华人民共和国澳门特别行政区基本法》,自1999年12月20日起实施。

(3) 修改特别行政区基本法。依据我国宪法第六十二条的规定,"制定和修改刑事、民事、国家机构的和其他的基本法律"是全国人大的职权之一。《香港特别行政区基本法》第一百五十九条明确规定,"本法的修改权属于全国人民代表大会。本法的修改提案权属于全国人民代表大会常务委员会、国务院和香港特别行政区。香港特别行政区的修改议案,须经香港特别行政区的全国人民代表大会代表三分之二多数、香港特别行政区立法会全体议员三分之二多数和香港特别行政区行政长官同意后,交由香港特别行政区出席全国人民代表大会的代表团向全国人民代表大会提出。本法的修改议案在列入全国人民代表大会的议程前,先由香港特别行政区基本法委员会研究并提出意见。"《澳门特别行政区基本法》第一百四十四条也作了类似的明确规定。

(4) 授权特别行政区依照基本法的规定实行高度自治,享有行政管理权、立法权、独立的司法权和终审权[①]。

2. 全国人大常委会

(1) 解释基本法。依照我国宪法的规定,解释法律是全国人大常务委员会的职权。《香港基本法》第一百五十八条明确规定,"本法的解释权属于全国人民代表大会常务委员会。"《澳门基本法》第一百四十三条也明确规定,"本法的解释权属于全国人民代表大会常务委员会。"以香港为例,全国人大常委会先后于1999年、2004年、2005年、2011年分别就香港永久性居民在香港以外所生中国籍子女等的居留权问题、行政长官产生办法和立法会产生办法修改的法律程序问题、补选产生的行政长官的任期问题和国家豁免原则等问题,对基本法及其附件的有关条款作出四次解释[②],最近一次也是第五次解释是2016年11月7日,十二届全国人

[①] 参见香港基本法第二条、澳门基本法第二条。
[②] 国务院新闻办公室:《"一国两制"在香港特别行政区的实践》白皮书,2014年6月发布。

大常委会第二十四次会议全票通过的《全国人大常委会关于香港特别行政区基本法第一百零四条的解释》①。

（2）监督特区立法会的立法。以香港为例，基本法第十七条规定，"香港特别行政区享有立法权。香港特别行政区的立法机关制定的法律须报全国人民代表大会常务委员会备案。备案不影响该法律的生效。全国人民代表大会常务委员会在征询其所属的香港特别行政区基本法委员会后，如认为香港特别行政区立法机关制定的任何法律不符合本法关于中央管理

---

① 近年来，香港社会出现了一股"港独"思潮，一些人打出"港独"旗号，成立"港独"组织，甚至进行非法暴力活动。2016年10月12日，在香港特区第六届立法会议员就职宣誓仪式上，少数候任议员故意违反宣誓要求，公开宣扬"港独"，侮辱国家和民族，被裁定宣誓无效后，仍然强闯立法会，致使立法会无法正常开会。这些言行公然挑战基本法，阻碍香港特区政权机构的正常运作，破坏香港的法治，冲击"一国两制"的原则底线，对国家主权、安全造成严重威胁。这类状况持续下去，必然损害香港特区广大居民的切身利益和国家发展利益，中央不能坐视不管。2016年11月7日，第十二届全国人民代表大会常务委员会第二十四次会议审议了委员长会议提请审议《全国人民代表大会常务委员会关于〈中华人民共和国香港特别行政区基本法〉第一百零四条的解释（草案）》的议案。经征询全国人民代表大会常务委员会香港特别行政区基本法委员会的意见，全国人民代表大会常务委员会决定，根据《中华人民共和国宪法》第六十七条第（四）项和《中华人民共和国香港特别行政区基本法》第一百五十八条第一款的规定，对《中华人民共和国香港特别行政区基本法》第一百零四条"香港特别行政区行政长官、主要官员、行政会议成员、立法会议员、各级法院法官和其他司法人员在就职时必须依法宣誓拥护中华人民共和国香港特别行政区基本法，效忠中华人民共和国香港特别行政区"的规定，作如下解释：一、《中华人民共和国香港特别行政区基本法》第一百零四条规定的"拥护中华人民共和国香港特别行政区基本法，效忠中华人民共和国香港特别行政区"，既是该条规定的宣誓必须包含的法定内容，也是参选或者出任该条所列公职的法定要求和条件。二、《中华人民共和国香港特别行政区基本法》第一百零四条规定相关公职人员"就职时必须依法宣誓"，具有以下含义：（一）宣誓是该条所列公职人员就职的法定条件和必经程序。未进行合法有效宣誓或者拒绝宣誓，不得就任相应公职，不得行使相应职权和享受相应待遇。（二）宣誓必须符合法定的形式和内容要求。宣誓人必须真诚、庄重地进行宣誓，必须准确、完整、庄重地宣读包括"拥护中华人民共和国香港特别行政区基本法，效忠中华人民共和国香港特别行政区"内容的法定誓言。（三）宣誓人拒绝宣誓，即丧失就任该条所列相应公职的资格。宣誓人故意宣读与法定誓言不一致的誓言或者以任何不真诚、不庄重的方式宣誓，也属于拒绝宣誓，所作宣誓无效，宣誓人即丧失就任该条所列相应公职的资格。（四）宣誓必须在法律规定的监誓人面前进行。监誓人负有确保宣誓合法进行的责任，对符合本解释和香港特别行政区法律规定的宣誓，应确定为有效宣誓；对不符合本解释和香港特别行政区法律规定的宣誓，应确定为无效宣誓，并不得重新安排宣誓。三、《中华人民共和国香港特别行政区基本法》第一百零四条所规定的宣誓，是该条所列公职人员对中华人民共和国及其香港特别行政区作出的法律承诺，具有法律约束力。宣誓人必须真诚信奉并严格遵守法定誓言。宣誓人作虚假宣誓或者在宣誓之后从事违反誓言行为的，依法承担法律责任。这是全国人大常委会履行宪法和基本法规定的宪制权力作出的与基本法有同等效力的法律解释，具有最高的法律权威。该法律解释强调相关法定公职人员的政治效忠义务，维护宪法和香港基本法的权威，使立法会宣誓过程中引发的重大法律争议得到正确解决，保证"一国两制"得到全面、准确贯彻落实。该法律解释获全国人大常委会155票全票通过。

的事务及中央和香港特别行政区的关系的条款,可将有关法律发回,但不作修改。经全国人民代表大会常务委员会发回的法律立即失效。该法律的失效,除香港特别行政区的法律另有规定外,无溯及力。"可见,全国人大常委会对于特别行政区的立法有监督权,但此项监督权具有以下特点:一是监督有一定范围,即只对是否符合基本法关于中央管理的事务及中央和香港特别行政区的关系的条款进行监督,而对是否符合上述范围以外的基本法条款不作监督;二是监督的方法是将不符合基本法上述条款的法律发回香港特别行政区,但不作修改,这就是说把该项法律交给香港特别行政区自己去决定如何处置;三是全国人大常委会在作出决定前要征询香港特别行政区基本法委员会的意见。基本法委员会是一个设在全国人大常委会之下,由内地和香港的代表人士组成的工作机构,其中包括法律专家。它的任务是对基本法实施中提出的法律问题进行研究,并向全国人大常委会提出意见[①]。

(3) 依据基本法规定,一方面,全国人民代表大会常务委员会在征询其所属的香港特别行政区基本法委员会和香港特别行政区政府的意见后,可对列于基本法附件三的法律作出增减;另一方面,全国人民代表大会常务委员会决定宣布战争状态或因香港特别行政区内发生香港特别行政区政府不能控制的危及国家统一或安全的动乱而决定香港特别行政区进入紧急状态,中央人民政府可发布命令将有关全国性法律在香港特别行政区实施。

(4) 基本法对紧急状态未作专门规定,但在第十八条第四款规定全国性法律在香港特别行政区的实施时提到了紧急状态。该款规定,"全国人民代表大会常务委员会决定宣布战争状态或因香港特别行政区内发生香港特别行政区政府不能控制的危及国家统一或安全的动乱而决定香港特别行政区进入紧急状态,中央人民政府可发布命令将有关全国性法律在香港特别行政区实施。"根据此款规定,可知在两种情况下可宣布香港特别行政区进入紧急状态。一是全国人大常委会宣布国家进入战争状态。发生战争时,全国都进入紧急状态,香港特别行政区作为中国的一部分当然不能例外。二是香港特别行政区内发生了香港特别行政区政府不能控制的危及国家统一或安全的动乱。特别行政区是中华人民共和国的一部分,中央人

[①] 截至 2013 年底,全国人大常委会收到香港特别行政区报请备案的法律共 570 件(国务院新闻办公室:《"一国两制"在香港特别行政区的实践》白皮书,2014 年 6 月发布)。

民政府对这个地区的安全负有责任。如果在那里发生动乱达到特别行政区政府无力控制的严重程度，而此动乱又危及国家统一或安全，中央人民政府当然不能坐视特别行政区人民的生命财产遭受涂炭，也不能坐视国家的统一和安全遭受危害，通过宣布紧急状态来解决动乱乃理所当然。同时，也是符合世界各国的通例的。等等。

3. 中央人民政府

一是中央人民政府负责管理与特别行政区有关的外交事务。以香港为例，香港回归后，中央人民政府处理负责处理的外交事务为以下几个方面：（1）支持香港特别行政区积极开展对外交往与合作。（2）妥善处理国际条约在香港特别行政区的适用等条约法律问题。（3）审批外国在香港特别行政区设立领事机构或其他官方、半官方机构。目前，外国在香港协议设立的总领事馆达66个、名誉领事73位。（4）全力维护香港同胞在海外的安全与合法权益，积极开展涉港领事保护工作。据不完全统计，截至2013年底，中国驻外使领馆共处理万余起涉港领保案。（5）防范和遏制外部势力干预香港事务。香港事务是中国内政，针对个别国家的干预言行，中央政府及时通过外交渠道进行交涉。外交部在香港特别行政区设立特派员公署，处理外交事务[①]。

二是中央人民政府负责管理香港特别行政区的防务。为了保障中央人民政府派驻香港特别行政区负责防务的军队依法履行职责，维护国家的主权统一、领土完整和香港的安全，根据宪法和香港特别行政区基本法，1996年12月30日，第八届全国人民代表大会常务委员会第二十三次会议通过了《中华人民共和国香港特别行政区驻军法》，自1997年7月1日起施行。根据该法，中央人民政府派驻香港特别行政区负责防务的军队，由中国人民解放军陆军、海军、空军部队组成，称中国人民解放军驻香港部队。香港驻军由中华人民共和国中央军事委员会领导，其员额根据香港特别行政区防务的需要确定。香港驻军费用由中央人民政府负担。香港驻军履行的防务职责主要是：防备和抵抗侵略，保卫香港特别行政区的安全；担负防卫勤务；管理军事设施；承办有关的涉外军事事宜。全国人民代表大会常务委员会决定宣布战争状态或者因香港特别行政区内发生香港特别行政区政府不能控制的危及国家统一或者安全的动乱而决定香港特别

[①] 参见国务院新闻办公室《"一国两制"在香港特别行政区的实践》白皮书，2014年6月发布。

行政区进入紧急状态时,香港驻军根据中央人民政府决定在香港特别行政区实施的全国性法律的规定履行职责。香港驻军不干预香港特别行政区的地方事务。香港特别行政区政府在必要时,可向中央人民政府请求驻军协助维持社会治安和救助灾害。

三是中央人民政府依照基本法的规定任命香港特别行政区行政长官和行政机关的主要官员。

四是根据《香港基本法》第七十三条第九项的规定,如立法会全体议员的四分之一联合动议,指控行政长官有严重违法或渎职行为,而行政长官拒不辞职,立法会可委托终审法院首席法官组成独立的调查委员会进行调查。如该调查委员会向立法会提出报告,认为有足够证据构成上述指控,经立法会以全体议员三分之二多数通过,可对行政长官提出弹劾案,报请中央人民政府决定①。

四 特别行政区制度特点及其实施条件

(一) 特别行政区制度

特别行政区制度是国家根据宪法精神、通过具体法律设立的管理特殊地区的制度,它既遵循国家管理制度的普遍性原则,又包含对特殊地域的特殊制度安排。特别行政区作为我国的一个地方行政区域,在特别行政区内实行的制度既要以宪法为基础,符合宪法关于国家管理制度的一般规定,又要符合宪法关于特别行政区的特殊规定。

根据特别行政区基本法的明确界定,在特别行政区制度下,存在中央和特别行政区两个主体,对特别行政区的管理存在着两种权力,即中央的权力和特别行政区的权力。由此,特别行政区制度的基本内容一般分为三大部分,一是中央与特别行政区关系的制度,二是中央权力行使的制度,三是特别行政区内部行使高度自治权的制度。其中,特别行政区行使高度自治权的制度又可以进一步细分为特别行政区的政治体制,包括行政长官制度、行政制度、立法制度和司法制度等,特别行政区的法律制度、经济制度、社会文化制度、社会服务和劳工制度、处理对外事务制度等。上述

---

① 《澳门基本法》第七十一条第一款第(七)项的规定是,"如立法会全体议员三分之一联合动议,指控行政长官有严重违法或渎职行为而不辞职,经立法会通过决议,可委托终审法院院长负责组成独立的调查委员会进行调查。调查委员会如认为有足够证据构成上述指控,立法会以全体议员三分之二多数通过,可提出弹劾案,报请中央人民政府决定。"

这些制度构成相互联系、有机整合，共同形成特别行政区制度。

（二）我国特别行政区制度的特点

一项政治制度的特征总是与其他政治制度相比较而显示出独特规定性。特别行政区制度与其他地方行政区域的管理制度相比，有着重要而显著的差别：

1. 特别行政区实行资本主义制度

我国《宪法》规定，社会主义制度是我国的根本制度。但是，香港特区基本法和澳门特区基本法都明确规定，特别行政区允许保留资本主义制度和生活方式五十年不变，依法保护私有财产权，不实行人民民主专政、人民代表大会制度、社会主义经济制度、党管干部以及党委领导等原则。因此，在特别行政区实行资本主义制度，是特别行政区制度的最鲜明的特征。社会主义和资本主义是两种截然不同的社会制度，尤其是第二次世界大战后，这两种社会制度进行了长时间的对抗。特别行政区制度宣告这两种社会制度可以共存于统一的国家之中，而且是长期共存。中国政府提出的"一国两制"之所以引起全世界的关注，主要就在于这一点。

2. 特别行政区享有中央授予的高度自治权

我国是单一制国家。单一制国家并不排除地方或其他政府机构享有由中央政府委托或授权的权力的可能性。但这种权力须来自中央政府的委托授权，而且从严格的法律意义上来说，所有权力都是属于中央政府的。特别行政区和中国的其他地方行政区域一样，都没有主权，也无独立分离出去的权力，它们享有的权力不是本身固有的，而是中央授予的。中央授予地方多少权、多大的权，地方就享有多少权、多大权，中央与地方是授权关系。一般行政区、民族自治地方和特别行政区都必须遵循维护国家主权、统一和领土完整的原则，服从中央统一管理国家的权力。但特别行政区与一般行政区和民族自治地方显著不同的是，为了保障特别行政区的繁荣稳定，保留资本主义制度和生活方式五十年不变，国家必须对其实施特殊管理，授予特别行政区享有高度自治权。从授予的高度自治权内容来看，凡是涉及国家对香港、澳门实施特殊管理的内容，均体现为中央授予特区的高度自治权，例如依照香港基本法的规定，香港特区享有全国人大授予特区的行政管理权、立法权、独立的司法权和终审权、中央政府授权它自行处理对外事务的权力、实行港人治港、使用自己的区旗、区徽以及享有中央授予的其他权力。

具体来说，特别行政区享有如下高度自治权：（1）行政管理权。除国防、外交以及其他根据基本法应当由中央人民政府处理的行政事务外，特别行政区有权依照基本法的规定，自行处理有关经济、财政、金融、贸易、工商业、土地、教育、文化等方面的行政事务。（2）立法权。特别行政区享有立法权。虽然立法机关制定的法律须报全国人大常委会备案，但并不影响该法律的生效。（3）独立的司法权和终审权。特别行政区法院独立进行审判，不受任何干涉；特别行政区的终审法院为最高审级，该终审法院的判决为最终判决。（4）自行处理有关对外事务的权力。同时根据规定，中央人民政府可授权特别行政区依照基本法自行处理有关对外事务。

3. 国家宪法制度在保持统一的前提下，允许特别行政区成为相对独立的司法区域，保持原有的法律制度，并享有终审权

在香港特别行政区成立之前，单一制国家中的地方行政区域享有终审权，没有任何先例。为了保持与香港、澳门资本主义相适应的原有法律基本不变，特别行政区不仅保留原有法律制度，成为中国的一个独立司法区域，而且享有终审权，这是特别行政区制度的又一个重要特征。在特别行政区制度下，特别行政区除遵守执行自己所保留的原有法律体系以及极少数由法律明文规定必须在特区实施的全国性法律外，其他全国性法律不在特区实施。特别是，特区还享有中央授予的终审权，特区案件的最终的不可再上诉的审判由特区终审法院进行，而不由中央的最高人民法院进行。这样一来，在单一制国家的统一法域里，增加了香港特别行政区和澳门特别行政区这两个地区性的特殊法域，同时也新增了两个地区性的终审法院。在香港、澳门回归、特别行政区基本法开始实施后，在我国单一制的国家形式里，就有了三个法域和三个终审法院。

但是，根据宪法和基本法的规定，特区终审权并不具有成为国家统一的宪法制度的异己力量。这体现在：（1）特区终审权不是特区固有的权力，而是主权者所赋予的，具有外生性、授权性、地区性和从属性。而主权国家中央层面的终审权具有内生性、本源性。所谓特区独立的司法权和终审权的"独立"含义无论如何不包含独立于主权者；（2）特区享有的终审权在空间效力范围上具有地方性，而不具有主权国家意义上的终审权的国家普遍性。其权力内容必须与香港、澳门特别行政区的宪制地位相适应；（3）特别行政区享有的终审权在对人和对事的效力上有明显的受限性，明显小于作为主权国家层面的中央终审权对人和对事的效力范围。例如，根据《香港基本法》

第十九条的规定，香港法院对国防、外交等国家行为无管辖权①。香港法院在审理案件中遇有涉及国防、外交等国家行为的事实问题，应取得行政长官就该等问题发出的证明文件，上述文件对法院有约束力。行政长官在发出证明文件前，须取得中央人民政府的证明书。根据《香港特区驻军法》第二十条规定，香港驻军人员犯罪的案件由军事司法机关管辖。这种执行职务时的犯罪和治安违法案件，不管发生在军营里还是军营外，都归军事司法机关管辖。因此，特区法院对香港驻军人员的职务犯罪案件没有管辖权；(4) 特区终审权在行使过程中也受到法律适用依据或法律适用程序的限制。例如，《香港基本法》第十九条第二款规定，香港的原有法律制度和原则对法院审判权的限制继续保留，即香港原有法律规定中没有管辖权的事项，回归后的香港法院仍然没有管辖权。全国人大常委会可以根据法定程序对列入基本法附件三的全国性法律作出增减。特区法院虽然获得授权可以对基本法进行解释，但这种解释权在法理上或程序上受到基本法的限制；(5) 特别行政区终审权在实际运行中还受到主权者宪政体制的相关制约，主权者对特别行政区司法权包括终审权有监督的宪制权力和宪制责任；(6) 特别行政区终审权的行使还存在着特定条件下和特定期限的制约。根据基本法的规定，在全国人大常委会决定宣布战争状态或因特区内发生特区政府不能控制的危及国家统一或安全的动乱而决定特区进入紧急状态时，中央人民政府可发布命令将有关全国性法律在特区实施。在此种特殊情形下，完全可能发生中央终审权运用于特区而收回授予特区的终审权或一定期限内中止其运行的情形。此外，根据基本法五十年不变的承诺，不排除五十年后通过修改基本法而收回授予特区终审权的可能性，这既取决于特区终审权在运行实践中是否有效推进了"一国两制"实践、是否有效保障了特区的法治人权以及秩序繁荣，更取决于主权者的政治决断。

4. 允许特别行政区保留其他的原有制度基本不变，以保障特别行政区的繁荣稳定。特别行政区制度除了保留其原有的资本主义制度和生活方式、原有的法律制度、司法体制外，还允许特区保留很多有利于特区繁荣稳定的其他原有制度基本不变。以香港特区基本法为例：一是保持了原有

---

① 《澳门基本法》第十九条第三款的规定是："澳门特别行政区法院对国防、外交等国家行为无管辖权。澳门特别行政区法院在审理案件中遇有涉及国防、外交等国家行为的事实问题，应取得行政长官就该等问题发出的证明文件，上述文件对法院有约束力。行政长官在发出证明文件前，须取得中央人民政府的证明书。"

的"行政主导"政治体制不变；二是继续实行独立的税收制度，保持国际金融中心地位不变，维持独立的货币金融制度，保持自由港地位不变，维持自由贸易政策，保持单独关税地位，继续原有的航运管理体制，保持国际和区域航空中心的地位不变；三是依照基本法的规定或者中央政府的批准或授权，继续保持足够的对外权力能力和行为能力，以保证在国际经贸关系中的地位。如特别行政区代表可以作为中国代表团的成员参与同特区有关的外交谈判，可以以"中国香港"的名义在非政治领域内，单独同各国、各地区及有关国际组织保持和发展关系，订立、履行协议，可继续参与各种国际会议和组织，保有发言权，可继续适用有关的国际协议和有条件地适用中央政府缔结的国际协议，经中央政府批准，可继续在外国设立官方、半官方及民间机构，还可以依法签发特别行政区护照和其他旅行证件，实行独立的出入境管理，可在中央协助或授权下，与各国各地区缔结互免签证的协议。四是除基本法有特别规定者外，特别行政区成立前在特区任职的公务人员、法官和其他司法人员均可留用，待遇不变。五是教育制度及运作方式保持不变，新闻自由、宗教信仰自由、文化创作自由可继续，等等。当然，基本不变并不是僵化停滞，一些具体制度根据基本法的规定，是可以在原有的基础上予以发展和改进。比如基本法有关特别行政区经济、教育、文化、宗教、社会服务和劳工方面的规定有一个特点，这就是在保留原有制度的同时，授权特区自行制定有关法律和政策，同时可以因应时代的发展而变化。再如政治体制可以按照循序渐进原则作出变革，最终达至行政长官和立法会双普选的目标。香港原有法律如同基本法相抵触，也必须依法修改或者停止生效。

同样，根据澳门基本法，澳门特别行政区保持财政独立。澳门特别行政区财政收入全部由澳门特别行政区自行支配，不上缴中央人民政府。中央人民政府不在澳门特别行政区征税。澳门特别行政区参照原在澳门实行的低税政策，自行立法规定税种、税率、税收宽免和其他税务事项。保持和完善原在澳门实行的航运经营和管理体制，自行制定航运政策。依法承认和保护澳门特别行政区成立前已批出或决定的年期超过1999年12月19日的合法土地契约和与土地契约有关的一切权利。在原有社会福利制度的基础上，根据经济条件和社会须要自行制定有关社会福利的发展和改进的政策，等等。

5. 由宪法和基本法规定的制度体系构成了特别行政区的制度形态，

即特别行政区制度。宪法在"一国两制"理论的指导下，为特别行政区的成立提供了根本法依据。基本法则对中央与特别行政区关系和特别行政区的具体制度进行了详细规定，构成特别行政区的宪制性法律。根据基本法的规定和实践，特别行政区形成了以"行政主导制"为核心的政治体制。行政主导制是特别行政区政治体制的最大特点。

特别行政区不仅在政治体制上体现了对于港澳传统政制的尊重与延续，而且特别行政区制度还保留了绝大部分港澳地区在殖民地时期制定的法律和原有的社会权力结构。两部基本法都在第八条规定，原有法律，除与基本法相抵触或经特别行政区的有权机关作出修改者外，予以保留。港澳基本法第八条不仅维护了两个特别行政区原有法律体系的稳定性，而且使基本法奠定的法律秩序与原有港澳地区的宪制性秩序相衔接。在保留原有法律的同时，港澳两个特别行政区都大量保留了外籍人士担任各级法院法官，都允许立法会可以有一定比例的非中国籍议员，澳门还保持了19世纪以来形成的社团政治特点。由此可见，特别行政区制度对于港澳地区原有的社会权力结构也保持了足够的尊重。

总之，解决特别地区的历史遗留问题、实现国家统一，是特别行政区制度的原初作用。制度地位的确定，事实上也因应了港澳地区实践的发展。特别行政区制度的作用，也随着制度地位的确定而产生扩展：从原初相对单一的实现国家统一，向着多元化的作用扩展，并进一步成为型塑中国特色大国治理结构的动力机制之一。特别行政区制度将在构造政权组织形式中行之有效的"主权统一而治权分离"原理运用于解决国家统一问题，创造性地提出了"主权统一而治权相对分离"的中央与地方关系构造模式，对于实现国家主权统一和领土完整，构建中国特色大国治理结构有着重大理论创新。

（三）特别行政区制度的实施条件

在特别行政区实行什么样的制度，固然是主权者的主观政治选择或政治决断的结果，但这种政治选择或决断却受制于决定采取何种制度形式的实施条件。具体来说，特别行政区制度的实施条件主要是：

第一，维护国家的主权、统一和领土完整

"主权"是一个国家的根本属性，是国家存在的基础，国家与主权是不可分割的。主权是指国家具有的独立自主地处理自己的对内对外事务的最高权力。主权在国内是最高的，对外是独立的，是统一的、持久的、不可分割的。它的内容十分广泛，包括政治主权、经济主权、领土主权、对外主权、属人主权等。我国制定香港、澳门基本法，设立香港、澳门特别行政区并决定在特区实行的制度，都是我国政府恢复对香港、澳门行使主权的必然结果。而设计香港、澳门特别行政区制度的基本内容，无论是规定中央与特区的关系、规定特区的法律地位，还是规定中央对特区的权力以及授予特区多大范围的高度自治权，都遵循坚持一个国家、维护国家主权和领土完整这一最高原则，都以国家主权归属于中央这一根本的政治现实为前提和基础。诚如香港、澳门基本法的序言所声明的："为了维护国家的统一和领土完整，保持香港的繁荣和稳定，并考虑到香港的历史和现实情况"，"为了维护国家的统一和领土完整，有利于澳门的社会稳定和经济发展"，这可以说是建立和实行香港、澳门特别行政区制度的根本宗旨和目的。换言之，无论是在香港还是澳门实行特别行政区制度，首要前提条件就是要坚持"一个国家"。一个统一的社会主义的中华人民共和国的存在和巩固，是"一国两制"的大前提和总原则。没有单一制的多民族的社会主义国家的统一和主权完整，"两制"就无从谈起，特别行政区制度也就失去依托。特别行政区制度只有在有利于国家主权、领土完整和国家的统一安全的前提下才有存在和实施的价值与必要。

特别行政区作为中国的一个地方行政区域，虽然享有高度自治权，但这种权力不等于"绝对自治"，不等于"分离自治"。同时，特别行政区也理所当然地要维护国家的主权、统一和领土完整。为此，《香港特别行政区基本法》第二十三条明确规定，香港特别行政区应自行立法禁止任何叛国、分裂国家、煽动叛乱、颠覆中央人民政府及窃取国家机密的行为，禁止外国的政治性组织或团体在香港特别行政区进行政治活动，禁止香港特别行政区的政治性组织或团体与外国的政治性组织或团体建立联系[①]。《澳门特别行政区基本法》第二十三条同样明确规定，澳门特别行政区应自行立法禁止任何叛国、分裂国家、煽动叛乱、颠覆中央人民政府及窃取国家机

[①] 香港是自由度、开放度极高的社会，历来也是反华势力的活跃之地。"一国两制"需要尊重香港的自由传统和自治权力，但是"两制"也需要在"一国"的前提之下展开，香港自治不能损害整个国家的利益、更不能危害国家安全。香港基本法第二十三条的用语是"应自行立法"，这不仅意味着授予特区订立法律的权力，亦科以特区制定法律的义务。但是到目前为止，特别行政区并未完成这项宪制性义务。

密的行为，禁止外国的政治性组织或团体在澳门特别行政区进行政治活动，禁止澳门特别行政区的政治性组织或团体与外国的政治性组织或团体建立联系。

第二，维护中央的管治权威

我国是单一制国家，中央享有全部的对国家实施管理的权力，维护中央的管治权威是单一制国家管理制度有效运行的前提和基础。对特别行政区的管治权力既包含中央对香港、澳门特区行使的管治权力，也包含香港、澳门特区的高度自治权。但中央的管治权是整个管治权力的前提和基础。维护中央的管治权威，首先必须认真处理好中央与特别行政区的关系，这种关系有两个方面：一是单一制下的中央与地方关系，二是"一国两制"下特殊的中央与地方关系。这两个方面均蕴涵于中央与特别行政区的权力运行关系之中，这种权力运行关系奉行"主权——授权——自治权"的宪制原则。其次，维护中央的管治权威，必须做到各守其责、各司其职，严格按照基本法办事。以香港特别行政区为例，根据香港基本法的规定，中央与香港特别行政区的权力运行关系的基本类别主要是五大类：（1）属于国家主权和国家整体利益范围的事项，属于中央权力管辖范围。香港特区必须服从中央的领导，就这一类事务而言，中央和香港特区是领导和被领导的关系；（2）属于国家和香港特区共同管理的事项，香港特区有重要的参与权力，中央有决定权。就这一类事务而言，中央和香港特区的关系是决定和参与的关系；（3）香港特区的地方性事务由香港特区通过高度自治权自己管理，但其中有些事务要受中央监督。就这类事务而言，中央和香港特区是监督和被监督的关系；（4）纯粹属于香港特区的地方性事务，由香港特区自己管理，中央概不干预。这类事务一般属于中央不干预、特区自行处分的事务；（5）在纯粹属于香港特区自行管理的事务中，有些事务特别行政区有需要且根据基本法提出请求协助的要求的情况下，中央将给予协助。就这类事务而言，中央和香港特区的关系是给予协助和请求协助的关系。

第三，维护国家主体实行社会主义制度

特别行政区实行资本主义制度，前提是国家的主体实行社会主义制度。根据宪法规定，我国是工人阶级领导的、以工农联盟为基础的人民民主专政的社会主义国家，社会主义制度是我国的根本制度。正如邓小平同志指出的："中国的主体必须是社会主义，但允许国内某些区域实行资本主义制度"①,"主体是很大的主体,社会主义是在十亿人口地区的社会主义,这是个前提,没有这个前提不行。在这个前提下,可以容许在自己身边,在小地区和小范围内实行资本主义。我们相信,在小范围内容许资本主义存在,更有利于发展社会主义"②。社会主义制度是我国的主体制度,局部地区保持资本主义制度,是为了保障这些地区的繁荣稳定,更好地巩固和发展全国的社会主义制度。

第四,只能在国家的具有特殊历史和现实原因的部分地区实行

特别行政区制度是国家对特殊地区实施管理的制度,因而它存在和实施的必要性在于国家存在着具有特殊历史和现实原因的个别地区。香港、澳门是历史遗留问题,它们的现实状况与祖国大陆的政治经济情况差别很大。自1949年以来,祖国内地已经建立起比较巩固的社会主义制度,而香港、澳门在殖民统治期间则实行资本主义制度,且香港、澳门同胞已经习惯于资本主义制度及其生活方式。此外,历史文化条件、经贸实力、司法体制等等的现实情况表明,实现国家和平统一,就只能从现实出发,实事求是,尊重历史,承认差异,求同存异。很明显,以社会主义制度统一中国并不现实,也不能够照顾各方面利益,不能够为各方面所接受。"一个国家、两种制度"就是一个能够照顾各方面利益的、能够为各方面所接受的和平统一方案。这一方案的制度载体——特别行政区制度,就是根据香港、澳门乃至台湾的历史和现实条件而设置的,这种历史和现实条件是这一制度实行的土壤。正如邓小平同志所言:如果"一国两制"的构想是一个对国际上有意义的想法的话,那要归功于马克思主义的辩证唯物主义和历史唯物主义,用毛泽东主席的话来讲就是实事求是。这个构想是在中国的实际情况下提出来的。中国面临的实际问题就是用什么方式才能解决香港问题,用什么方式才能解决台湾问题。只能有两种方式,一种是和平方式,一种是非和平方式。而采用和平方式解决香港问题,就必须既考虑到香港的实际情况,也考虑到中国的实际情况和英国的实际情况,就是说,我们解决问题的办法要使三方面都能接受。如果用社会主义来统一,就做不到三方面都接受。勉强接受了,也会造成混乱局面。即使不发生武力冲突,香港也将成为一个萧条的香港,后遗症很多的香港,不是我们所希望的香港。所以,就香港问题而言,三方面都能接受的只能是

---

① 《邓小平文选》第3卷,人民出版社1993年版,第59页。
② 同上书,第103页。

"一国两制"，允许香港继续实行资本主义，保留自由港和金融中心的地位，除此以外没有其他办法。"一国两制"构想的提出还不是从香港问题开始的，是从台湾问题开始的①。

第五，符合国家建设和发展战略要求

建立香港特别行政区，实施香港特别行政区制度，也必须符合中国实际情况和现实需求。党的十一届三中全会以来，我国进入了社会主义现代化建设的新时期，党和国家的中心任务就是进行现代化建设，实现民族振兴。为此就必须最大限度地调动一切积极力量，必须创造一个有利于现代化建设的政治与经济环境。

我国从20世纪80年代初就面临着现代化建设、和平统一祖国以及维护世界和平三大任务。而这三大任务又都与能否妥善地解决好历史上遗留下来的港澳台问题有直接关系。设立特别行政区，保持原有的资本主义制度，并赋予香港、澳门在财政、货币、外汇等方面所享有的高度自治权，有利于香港、澳门经济发展，更有利于国家的社会主义现代化建设。

五 理解特别行政区制度需要注意的几个问题

（一）特别行政区制度实质上就是"一个国家，两种制度"

党的十一届三中全会以后，邓小平同志为了实现祖国和平统一和中华民族全面振兴，根据香港、澳门和台湾的历史和现实情况，在中国共产党争取国家完全统一的长期探索基础上，集中全党和全国人民的政治智慧，提出"一个中国、两种制度"的科学构想。但是，"一国两制"是一项开创性事业，对中央来说是治国理政的重大课题，对香港、澳门和香港、澳门同胞来说是重大历史转折。因此，要准确把握我国特别行政区制度的实质内涵，就要正确理解"一国两制"的完整含义。

"一国两制"的完整概念。"一国"是指在中华人民共和国内，特别行政区是国家不可分离的部分，是直辖于中央人民政府的地方行政区域。中华人民共和国是单一制国家，中央政府对包括香港特别行政区在内的所有地方行政区域拥有全面管治权。特别行政区的高度自治权不是固有的，其唯一来源是中央授权。特别行政区享有的高度自治权既不是完全自治，也不是分权，而是中央授予的地方事务管理权。高度自治权的限度在于中

---

① 《邓小平文选》第3卷，人民出版社1993年版，第101页。

央授予多少权力,特别行政区就享有多少权力,不存在"剩余权力"。"两制"是指在"一国"之内,国家主体实行社会主义制度,香港等某些区域实行资本主义制度。"一国"是实行"两制"的前提和基础,"两制"从属和派生于"一国",并统一于"一国"之内。"一国"之内的"两制"并非等量齐观,国家的主体实行社会主义制度。在这个前提下,从实际出发,充分照顾到香港等某些区域的历史和现实情况,允许其保持资本主义制度长期不变。因此,国家主体坚持社会主义制度,是特别行政区实行资本主义制度,保持繁荣稳定的前提和保障。特别行政区继续保持原有的资本主义制度,依照基本法实行"港人治港""澳人治澳"、高度自治,必须在坚持一国原则的前提下,充分尊重国家主体实行的社会主义制度,特别是尊重国家实行的政治体制以及其他制度和原则。内地在坚持社会主义制度的同时,尊重和包容特别行政区实行的资本主义制度,还可以借鉴特别行政区在经济发展和社会管理等方面的成功经验。在"一国"之内,"两种制度"相互尊重,相互借鉴,和谐并存,共同发展。党的十八大报告指出,"中央政府对香港、澳门实行的各项方针政策,根本宗旨是维护国家主权、安全、发展利益,保持香港、澳门长期繁荣稳定。全面准确贯彻'一国两制''港人治港''澳人治澳'、高度自治的方针,必须把坚持一国原则和尊重两制差异、维护中央权力和保障特别行政区高度自治权、发挥祖国内地坚强后盾作用和提高港澳自身竞争力有机结合起来,任何时候都不能偏废。"因此,要把"一国两制"在特别行政区的实践继续推向前进,必须全面准确理解和贯彻"一国两制"方针政策,把坚持一国原则和尊重两制差异、维护中央权力和保障特别行政区高度自治权、发挥祖国内地坚强后盾作用和提高特别行政区自身竞争力有机结合起来,任何时候都不能偏废。

(二) 对国家效忠是从政者必须遵循的基本政治伦理

在"一国两制"之下,包括行政长官、主要官员、行政会议成员、立法会议员、各级法院法官和其他司法人员等在内的治港者、治澳者,肩负正确理解和贯彻执行香港、澳门基本法的重任,承担维护国家主权、安全、发展利益,保持香港、澳门长期繁荣稳定的职责。爱国是对治港、治澳者主体的基本政治要求。如果治港、治澳者不是以爱国者为主体,或者说治港、治澳者主体不能效忠于国家和特别行政区,"一国两制"在特别行政区的实践就会偏离正确方向,不仅国家主权、安全、发展利益难以得到切实维护，而且特别行政区的繁荣稳定和广大港澳同胞的福祉也将受到威胁和损害。因此，香港基本法规定特别行政区行政长官、主要官员、行政会议成员、立法会主席及立法会百分之八十以上的议员、终审法院和高等法院的首席法官，都必须由在外国无居留权的香港永久性居民中的中国公民担任；行政长官、主要官员、行政会议成员、立法会议员、各级法院法官和其他司法人员在就职时必须依法宣誓拥护中华人民共和国香港特别行政区基本法，效忠中华人民共和国香港特别行政区；行政长官必须就执行基本法向中央和特别行政区负责。同样，根据澳门基本法的规定，澳门特别行政区行政长官由年满四十周岁，在澳门通常居住连续满二十年的澳门特别行政区永久性居民中的中国公民担任。澳门特别行政区行政长官在任职期内不得具有外国居留权，不得从事私人营利活动。行政长官就任时应向澳门特别行政区终审法院院长申报财产，记录在案。澳门特别行政区政府的主要官员由在澳门通常居住连续满十五年的澳门特别行政区永久性居民中的中国公民担任。澳门特别行政区主要官员就任时应向澳门特别行政区终审法院院长申报财产，记录在案。澳门特别行政区立法会主席、副主席由在澳门通常居住连续满十五年的澳门特别行政区永久性居民中的中国公民担任。澳门特别行政区行政长官、主要官员、行政会委员、立法会议员、法官和检察官，必须拥护中华人民共和国澳门特别行政区基本法，尽忠职守，廉洁奉公，效忠中华人民共和国澳门特别行政区，并依法宣誓。澳门特别行政区行政长官、主要官员、立法会主席、终审法院院长、检察长在就职时，除按基本法的规定宣誓外，还必须宣誓效忠中华人民共和国。

（三）特别行政区经中央授权而获得的权力本质上是国家权力，是中央授予分配给地方的国家权力

特别行政区基本法是一部授权法，所授予特区的任何权力原本都属于中央的权力，当然具有国家权力的属性。在宪法学语境里，国家权力是指在现代社会政治共同体中，国家统治者通过国家机关，凭借国家强制力，实行政治统治，保障公民权利，实现国家职能的具有支配性的、垄断性的公共权力。还要看到，尽管中央对特别行政区享有的高度自治权性质上均属于国家权力，但这两个主体行使的国家权力不可等量齐观，很明显，中央权力是中央的固有权，特区的高度自治权来源于单一制的主权国家内部中央对地方的特殊授权，派生于中央权力，接受中央权力的监督和制约，

不是固有权；特区的高度自治权仅限于特区范围，而中央权力则及于包括特区在内的全中国范围；特区高度自治权不是完全自治权，更不是自决权。它是一种承认和维护中央权力基础上的自治权，是中央权力保障下的自治权，也是中央权力约束和监督下的自治权，即便是特区自治范围内的事务，特区的自治权也不是无限度的①。

基本法在规定中央对香港特区的权力时，体现了中央代表国家行使主权而对香港具有最高和全面管治权的特点，把凡属关系到国家主权、国家整体利益的事务均划归中央管理或决定。在规定特别行政区的高度自治权时，全面充分地体现了授权法的特点，在不危及国家主权的前提下，只要是有利于特别行政区的繁荣稳定，有利于坚持两种制度，有利于保障港人治港、高度自治，均尽可能地授予特别行政区行使有关权力。根据《基本法》第二十条的规定，除了基本法已经授予特区的权力外，如果特区需要，还可以由中央授权。这既说明中央授予香港特别行政区多少权，特别行政区就拥有多少权，不存在所谓的"剩余权力"问题，也说明授权本身也意味着限权，即特别行政区所享有的高度自治权以基本法明确授予为限，所以基本法也是限权法，特区高度自治权的所谓高度，正是以基本法明确的授权为限度②。

（四）特别行政区制度为港澳地区的政制改革划定底线，即任何政制改革方案，都不得违反"一国两制"的原则精神以及基本法，不能以破坏中央与特别行政区关系为代价，不能导致特别行政区政治生态的恶化

特别行政区制度是落实"爱国者"治理特别行政区的重要制度保障。邓小平同志指出：爱国者的标准是，尊重自己的民族，诚心诚意拥护祖国恢复行使香港的主权，不损害香港的繁荣和稳定。爱国者治理特别行政区与特别行政区的政制改革是相配套的工程，任何政制改革方案都是爱国者内部的民主制度再造，而不能存在产生非爱国者通过选举程序获得治理特别行政区权力的可能性。诚如十八大报告所指出的，中央政府对香港、澳门实行的各项方针政策，根本宗旨是维护国家主权、安全、发展利益，保持香港、澳门长期繁荣稳定。全面准确贯彻"一国两制"、"港人治港""澳人治澳"、高度自治的方针，必须把坚持一国原则和尊重两制差异、

---

① 邹平学：《论香港特别行政区制度的内容、特征和实施条件》，《法学评论》（双月刊）2014年第1期。

② 同上。

维护中央权力和保障特别行政区高度自治权、发挥祖国内地坚强后盾作用和提高港澳自身竞争力有机结合起来，任何时候都不能偏废。

总之，"一国两制"理论的最初目的是为了解决国家统一的问题。"一国两制"理论的核心思想在于允许特别地区实行与大陆（内地）不同的资本主义制度和生活方式，通过保持特别地区的社会制度，消除特别地区民众的疑虑，以实现国家主权和领土的统一[①]。以宪法、基本法为基础确立的特别行政区制度，则以宪制性制度的地位，借助港澳地区民众的法治信仰，构建起港澳地区民众对于"一国两制"的制度认同，强化港澳地区政治稳定的心理基础。特别行政区经过十多年的实践，已经成为解决国家统一问题的方式、理论和制度的有机统一。根据特别行政区制度在政治和法理上的地位，特别行政区制度的作用已从单一的实现国家统一，向着维护国家统一、维护港澳地区的稳定和繁荣、促进内地与港澳地区的社会融合，以及型塑中国特色大国治理结构等多元作用扩展。

第二节　香港特别行政区政治制度简介

香港特别行政区基本法包含的内容十分广泛，这里主要介绍香港特别行政区的政治法律制度，包括行政长官、行政机关、立法会及司法机关的相关法律规定。

一　行政长官

香港特别行政区行政长官是特别行政区的首长，代表香港特别行政区，既对中央人民政府负责又对香港特别行政区负责。行政长官还是特别行政区政府的首长，依法履行基本法授予的领导特别行政区政府、负责执行基本法以及其他各项职权。行政长官在行使职权时须执行中央人民政府就香港基本法有关事项发出的指令。

（一）行政长官的产生、任命与任期

1. 行政长官的产生

根据香港基本法的规定，香港特别行政区行政长官由年满四十周岁，

[①] 周叶中：《论特别行政区制度的地位与作用》，《政治与法律》2014年第1期。

在香港通常居住连续满二十年并在外国无居留权的香港特别行政区永久性居民中的中国公民担任。

行政长官在当地通过选举或协商产生。行政长官的产生办法根据香港特别行政区的实际情况和循序渐进的原则而规定，最终达至由一个有广泛代表性的提名委员会按民主程序提名后普选产生的目标。行政长官产生的具体办法由基本法附件一《香港特别行政区行政长官的产生办法》规定。根据《香港特别行政区行政长官的产生办法》，（1）行政长官由一个具有广泛代表性的选举委员会根据本法选出，由中央人民政府任命；（2）选举委员会委员共700人，由下列各界人士组成：工商、金融界200人，专业界200人，劳工、社会服务、宗教等界200人，立法会议员、区域性组织代表、香港地区全国人大代表、香港地区全国政协委员的代表200人，选举委员会每届任期五年；（3）各个界别的划分，以及每个界别中何种组织可以产生选举委员的名额，由香港特别行政区根据民主、开放的原则制定选举法加以规定。各界别法定团体根据选举法规定的分配名额和选举办法自行选出选举委员会委员。选举委员以个人身份投票；（4）不少于一百名的选举委员可联合提名行政长官候选人。每名委员只可提出一名候选人；（5）选举委员会根据提名的名单，经一人一票无记名投票选出行政长官候任人。具体选举办法由选举法规定；（6）第一任行政长官按照《全国人民代表大会关于香港特别行政区第一届政府和立法会产生办法的决定》产生；（7）2007年以后各任行政长官的产生办法如需修改，须经立法会全体议员三分之二多数通过，行政长官同意，并报全国人民代表大会常务委员会批准。

2. 行政长官的任命

根据基本法第四十五条的规定，香港特别行政区行政长官在当地通过选举或协商产生，由中央人民政府任命。

3. 行政长官的任期

香港特别行政区行政长官任期五年，可连任一次。

（二）行政长官的责任与职权

行政长官必须廉洁奉公、尽忠职守。行政长官就任时应向香港特别行政区终审法院首席法官申报财产、记录在案。

依照香港基本法的规定，香港特别行政区行政长官行使下列职权：1. 领导香港特别行政区政府；2. 负责执行本法和依照本法适用于香港特别行政区的其他法律；3. 签署立法会通过的法案，公布法律；签署立法会通过的财政预算案，将财政预算、决算报中央人民政府备案；4. 决定政府政策和发布行政命令；5. 提名并报请中央人民政府任命下列主要官员：各司司长、副司长，各局局长，廉政专员，审计署署长，警务处处长，入境事务处处长，海关关长；建议中央人民政府免除上述官员职务；6. 依照法定程序任免各级法院法官；7. 依照法定程序任免公职人员；8. 执行中央人民政府就本法规定的有关事务发出的指令；9. 代表香港特别行政区政府处理中央授权的对外事务和其他事务；10. 批准向立法会提出有关财政收入或支出的动议；11. 根据安全和重大公共利益的考虑，决定政府官员或其他负责政府公务的人员是否向立法会或其属下的委员会作证和提供证据；12. 赦免或减轻刑事犯罪的刑罚；13. 处理请愿，申诉事项。

（三）行政长官与立法会的关系

行政长官如认为立法会通过的法案不符合香港特别行政区的整体利益，可在3个月内将法案发回立法会重议，立法会如不少于全体议员三分之二多数再次通过原案，行政长官必须在1个月内签署公布或按本法第五十条的规定处理。

行政长官如拒绝签署立法会再次通过的法案或立法会拒绝通过政府提出的财政预算案或其他重要法案，经协商仍不能取得一致意见，行政长官可解散立法会。行政长官在解散立法会前，须征询行政会议的意见。行政长官在其一任任期内只能解散立法会一次。

立法会如拒绝批准政府提出的财政预算案，行政长官可向立法会申请临时拨款。如果由于立法会已被解散而不能批准拨款，行政长官可在选出新的立法会前的一段时期内，按上一财政年度的开支标准，批准临时短期拨款。

（四）行政长官的辞职、代理与递补

行政长官如有下列情况之一者必须辞职：1. 因严重疾病或其他原因无力履行职务；2. 因两次拒绝签署立法会通过的法案而解散立法会，重选的立法会仍以三分之二多数通过所争议的原案，而行政长官仍拒绝签署；3. 因立法会拒绝通过财政预算案或其他重要法案让他解散立法会，重选的立法会继续拒绝通过所争议的原案。

香港特别行政区行政长官短期不能履行职务时，由政务司长、财政司长、律政司长依次临时代理其职务。

行政长官缺位时，应在6个月内依《香港特别行政区基本法》第四十五条的规定产生新的行政长官。行政长官缺位期间的职务代理，依照上款规定办理。

二 行政会议

香港特别行政区行政会议是协助行政长官决策的最高官方机构，是香港基本法确立的立法和行政互相配合的组织机构。

行政会议的成员由行政长官从行政机关的主要官员、立法会议员和社会人士中委任，其任免由行政长官决定。行政会议成员由在外国无居留权的香港特别行政区永久性居民中的中国公民担任。行政会议成员的任期不超过委任他的行政长官的任期。行政长官认为必要时可邀请有关人士列席会议。行政长官在作出重要决策、向立法会提交法案、制定附属法规和解散立法会前，须征询行政会议的意见，但人事任免、纪律制裁和紧急情况下采取的措施除外。行政长官如不采纳行政会议多数成员的意见，应将具体理由记录在案。

根据基本法关于行政会议的规定可见，行政会议并不以少数服从多数的准则来作决定，即使大部分成员反对，最后的决定权仍在行政长官手上。故行政会议并非特别行政区政府内阁、更像是行政长官的智囊团，其主要功能是促进立法和行政之间互相配合。立法和行政相互制衡是国际社会的通常做法，但通过设立行政会议又使之相互配合，这是《香港基本法》的独创，这一独创来源于对港英时期行政局的继承与改造。[①]

三 行政机关

香港特别行政区政府是香港特别行政区行政机关。香港特别行政区政府的首长是香港特别行政区行政长官。香港特别行政区政府设立政务司、财政司、律政司和各局、处、署。香港特别行政区的主要官员在由香港通常居住连续满十五年并在外国无居留权的香港特别行政区永久性居民中的中国公民担任。

香港特别行政区政府行使下列职权：1. 制定并执行政策；2. 管理各项行政事务；3. 办理本法规定的中央人民政府授权的对外事务；4. 编制

---

① 郝铁川：《从国家主权与历史传统看香港特区政治体制》，《法学》2015年第11期。

并提出财政预算、决算；5. 拟定并提出法案、议案、附属法规；6. 委派官员列席立法会并代表政府发言。

香港特别行政区律政司主管刑事检察工作，不受任何干涉。

香港特别行政区政府必须遵守法律，对香港特别行政区立法会负责；执行立法会通过并已生效的法律；定期向立法会作施政报告；答复立法会议员的质询；征税和公共开支须经立法会批准。

四 立法会

（一）立法会的地位与构成

香港特别行政区立法会是香港特别行政区的立法机关。

立法会由在外国无居留权的香港特别行政区永久性居民中的中国公民组成。但非中国籍的香港特别行政区永久性居住和在外国有居留权的香港特别行政区永久性居民也可以当选为香港特别行政区立法会议员，其所占比例不得超过立法会全体议员的20%。

（二）立法会的职权

立法会行使下列职权：1. 根据本法规定并依照法定程序制定、修改和废除法律；2. 根据政府的提案，审核、通过财政预算；3. 批准税收和公共开支；4. 听取行政长官的施政报告并进行辩论；5. 对政府的工作提出质询；6. 就任何有关公共利益问题进行辩论；7. 同意终审法院法官和高等法院首席法官的任免；8. 接受香港居民的申诉并作出处理；9. 如立法会全体议员的四分之一联合动议，指控行政长官有严重违法或渎职行为而不辞职，经过立法会通过进行调查，立法会可委托终审法院首席法官负责组成独立的调查委员会，并担任主席。调查委员会负责进行调查，并向立法会提出报告。如该调查委员会认为有足够证据构成上述指控，立法会以全体议员三分之二多数通过，可提出弹劾案，报请中央人民政府决定。10. 在行使上述各项职权时，如有需要，可传召有关人士出席作证或提供证据。

（三）立法会的产生与任期

立法会由选举产生。立法会的产生办法，根据香港特区基本法附件二《香港特别行政区立法会的产生办法和表决程序》的规定，立法会议员每届60人，第一届立法会按照《全国人民代表大会关于香港特别行政区第一届政府和立法会产生办法的决定》产生。第二届、三届立法会的组成如下：第二届：功能团体选举的 30 人，选举委员会选举的议员 6 人，分区直接选举的议员 24 人。第三届：功能团体选举的议员 30 人，分区直接选举的议员 30 人。分区直接选举的选区划分、投票办法，各个功能界别和法定团体的划分、议员名额的分配、选举办法及选举委员会选举议员的办法，由香港特别行政区政府提出并经立法会通过的选举法加以规定。

立法会除第一届任期为 2 年外，每届任期 4 年。立法会如经行政长官依本法规定解散，必须于 3 个月内依本法重新选举产生。

（四）立法会主席

立法会主席由立法会议员互选产生。

立法会主席由年满四十周岁，在香港通常居住连续满二十年并在外国无居留权的香港特别行政区永久性居民中的中国公民担任。立法会主席行使下列职权：主持会议；决定议程，政府提出的议案须优先列入议程；决定开会时间；在休会期间可召开特别会议；应行政长官的要求召开紧急会议；立法会议事规则所规定的其他职权。

（五）立法会的程序

除另有规定外，立法会对法案和议案的表决采取下列程序：政府提出的法案，如获得出席会议的全体议员的过半数票，即为通过。

立法会议员个人提出的议案、法案和对政府法案的修正案均须分别经功能团体选举产生的议员和分区直接选举、选举委员会选举产生的议员两部分出席会议议员各过半数通过。

（六）2007 年以后立法会的产生办法和表决程序

2007 年以后香港特别行政区立法会的产生办法和法案、议案的表决程序，如需对本附件的规定进行修改，须经立法会全体议员三分之二多数通过，行政长官同意，并报全国人民代表大会常务委员会备案。

（七）法案的提出与通过

立法会议员提出法律草案，凡不涉及公共开支或政治体制或政府运作者，可由立法会议员个别或联名提出。凡涉及政府政策者，在提出前必须得到行政长官的书面同意。

立法会举行会议的法定人数为不少于全体议员的二分之一。

立法会通过的法案，须经行政长官的签署、公布、方能生效。

(八) 立法会议员的权利

立法会议员在立法会的会议上发言，不受法律追究。

立法会议员在出席会议时和赴会途中不受逮捕。

(九) 立法会议员资格的消除

立法会议员如有下列情况之一，由立法会主席宣告其丧失立法会议员的资格，因严重疾病或其他情况无力履行职务；未得到立法会主席的同意，连续三个月不出席会议而无合理解释者；丧失或放弃香港特别行政区永久性居民的身份；接受政府的委任而出任公务人员；破产或经法庭裁定偿还债务而不履行；在香港特别行政区内或区外被判犯有刑事罪行，判处监禁一个月以上，并经立法会出席会议的议员三分之二通过解除其职务；行为不检或违反誓言而经立法会出席会议的议员三分之二通过谴责。

五 司法机关

香港特别行政区各级法院是香港特别行政区的司法机关，行使香港特别行政区的审判权。

香港特别行政区设立终审法院、高等法院、区域法院、裁判署法庭和其他专门法庭。高等法院设上诉法庭和原诉法庭。终审权属于香港特别行政区终审法院。

各级法院的组织和职权由法律规定。香港特别行政区法院的法官，根据当地法官和法律界及其他方面知名人士组成的独立委员会推荐，由行政长官任命。香港特别行政区终审法院和高等法院的首席法官，由在外国无居留权的香港特别行政区永久性居民中的中国公民担任。依据香港基本法的规定，香港特别行政区终审法院的法官和高等法院首席法官的任命或免职，还须由行政长官征得立法会同意，并报全国人民代表大会常务委员会备案。

第三节 澳门特别行政区政治制度简介

这里，主要以《中华人民共和国澳门特别行政区基本法》为基础，介绍澳门特别行政区的政治法律制度，包括行政长官、行政机关、立法会及司法机关的相关法律规定。

一 行政长官

(一) 行政长官的地位与资格

澳门特别行政区行政长官是澳门特别行政区的首长,代表澳门特别行政区。行政长官对中央政府和澳门特别行政区负责。

行政长官由年满四十周岁,在澳门通常居住连续满二十年的澳门特别行政区永久性居民中的中国公民担任。行政长官在任职期内不得具有外国居留权,不得从事私人赢利活动,行政长官就任时应向澳门特别行政区终审法院院长申报财产,记录在案。

(二) 行政长官的产生与任命

行政长官在当地通过选举或协商产生,由中央人民政府任命。

行政长官的产生办法由基本法附件一《澳门特别行政区行政长官的产生办法》规定。根据《澳门特别行政区行政长官的产生办法》,1. 行政长官由一个具有广泛代表性的选举委员会依照本法选出,由中央人民政府任命。2. 选举委员会委员共300人,由下列各界人士组成:工商、金融界100人,文化、教育、专业等界70人,劳工、社会服务、宗教等界70人,立法会议员的代表、市政机构成员的代表、澳门地区全国人大代表、澳门地区全国政协委员的代表40人,选举委员会每届任期五年。3. 各个界别的划分,以及每个界别中何种组织可以产生选举委员会委员的名额,由澳门特别行政区根据民主、开放的原则制定选举法加以规定。各界别法定团体根据选举法规定的分配名额和选举办法自行选出选举委员会委员。选举委员会委员以个人身份投票。4. 不少于50名的选举委员会委员可联合提名行政长官候选人。每名委员只可提出一名候选人。5. 选举委员会根据提名的名单,经一人一票无记名投票选出行政长官候选人。具体选举办法由选举法规定。6. 第一任行政长官按照《全国人民代表大会关于澳门特别行政区第一届政府、立法会和司法机关产生办法的决定》产生。7. 2009年及以后行政长官的产生办法如需修改,须经立法会全体议员三分之二多数通过,行政长官同意,并报全国人民代表大会常务委员会批准。

澳门特别行政区行政长官任期5年,可连任一次。

(三) 行政长官的职权

澳门特别行政区行政长官行使下列职权:1. 领导澳门特别行政区政

府；2. 负责执行本法和依照本法适用于澳门特别行政区的其他法律；3. 签署立法会通过的法案；4. 决定政府政策，发布行政命令；5. 制度行政法规并颁布执行；6. 提名并报请中央人民政府任命下列主要官员：各司司长、廉政专员、审计长、警察部门主要负责人和海关主要负责人；建议中央政府免除上述官员职务；7. 委任部分立法会成员；8. 任免行政会委员；9. 依照法定程序任免各级法院院长、法官、任免检察官、检察长的职务；10. 依照法定程序提名并报请中央政府任命检察长，建议中央政府免除检察长的职务；11. 依照法定程序任免公职人员；12. 执行中央政府就有关事务发出的指令；13. 代表澳门特别行政区政府处理中央授权的对外事务和其他事务；14. 批准向立法会提出有关财政收入或支出的动议；15. 根据国家和澳门特别行政区的安全或重大公共利益的需要，决定政府官员或其他负责政府公务的人员是否向立法会或所属的委员会作证和提供证据；16. 依法颁授澳门特别行政区奖章和荣誉称号；17. 依法赦免或减轻刑事犯罪的刑罚；18. 处理请愿、申诉事项。

（四）行政长官与立法会的关系

行政长官如认为立法会通过的法案不符合澳门特别行政区整体利益，可在90日内提出书面理由并将法案发回立法会重议。立法会如以不少于全体议员三分之二多数再次通过的原案，行政长官必须在30日内签署公布或解散立法会。

行政长官遇有下列情况之一时可解散立法会：1. 行政长官拒绝签署立法会再次通过的法案；2. 立法会拒绝通过政府提出的财政预算案或行政长官认为关系到澳门特别行政区整体利益的法案，经协商仍不能取得一致意见。

行政长官在解散立法会前，须征询行政会的意见，解散时应向公众说明理由。行政长官在其一任任期内只能解散立法会一次。

行政长官在立法会未通过政府提出的财政预算案时，可按上一财政年度的开支标准批准临时短期拨款。

（五）行政长官的辞职、代理和递补

行政长官如有下列情况之一者必须辞职：1. 因严重疾病或其他原因无力履行职务；2. 因两次拒绝签署立法会通过的法案而解散立法会，重选的立法会仍以全体议员三分之二多数通过所争议的原案，而行政长官在30日内拒绝签署；3. 因立法会拒绝通过政府提出的财政预算案或关系到澳门特别行政区整体利益的法案而解散立法会，重选的立法会仍拒绝通过所争议的原案。

行政长官短期不能履行职务时，由各司司长按各司的排列顺序临时代理其职务。各司的排列顺序由法律规定。

行政长官缺位时，应在120日内依法产生新的行政长官。行政长官缺位期间，由各司司长按各司的排列顺序临时代理其职务，并报中央政府批准。

二 行政会

澳门特别行政区行政会是协助行政长官决策的机构。

行政会的委员由行政长官从政府主要官员、立法会议员和社会人士中委任，其任免由行政长官决定。行政会委员的任期不超过委任他的行政长官的任期，但在新的行政长官就任前，原行政会委员暂时留任。

行政会委员由澳门特别行政区永久性居住公民中的中国公民担任。

行政会委员的人数为7至11人。行政长官认为必要时可邀请有关人士列席行政会会议。

行政会由行政长官主持、行政会的会议每月至少举行一次、行政长官在作出重要决策、向立法会提交法案、制定行政法规和解散立法会前，须征询行政会的意见，但人事任免、记录制裁和紧急情况下采取的措施除外。

行政长官如不采纳行政会多数委员的意见，应将具体理由记录在案。

三 行政机关

（一）行政机关概述

澳门特别行政区政府是澳门特别行政区的行政机关，设司、局、厅、处。

澳门特别行政区政府的首长是澳门特别行政区行政长官。特别行政区政府的主要官员由在澳门通常居住连续满十五年的澳门特别行政区永久性居民中的中国公民担任，就任时应向澳门特别行政区终审法院院长申报财产，记录在案。

（二）澳门特别行政区政府的职权、职责

澳门特别行政区政府行使下列职权：1. 制定并执行政策；2. 管理各

项行政事务；3. 办理本法规定的中央人民政府授权的对外事务；4. 编制并提出财政预算、决算；5. 提出法案、议案，草拟行政法规；6. 委派官员列席立法会会议听取意见或代表政府发言。

特别行政区政府必须遵守法律，对澳门特别行政区立法会负责：执行立法会通过并已生效的法律；定期向立法会作施政报告；答复立法会议员的质询。

四 立法会

(一) 立法会的地位及议员的产生

澳门特别行政区立法会是澳门特别行政区的立法机关。

立法会议员由澳门特别行政区永久性居民担任。立法会多数议员由选举产生。澳门特别行政区第一届立法会按照《全国人民代表大会澳门特别行政区第一届政府、立法会和司法机关产生办法和决定》产生。第二届立法会由 27 人组成，其中：直接选举的议员 10 人，间接选举的议员 10 人，委任的议员 7 人。第三届及以后各届立法会由 29 人组成，其中：直接选举的议员 12 人，间接选举的议员 10 人，委任的议员 7 人。

议员的具体选举办法，由澳门特别行政区政府提出并经立法会通过的选举法加以选定。

2009 年以后澳门特别行政区立法会的产生办法如需修改，须经立法会全体议员三分之二多数通过，行政长官同意，并报全国人民代表大会常务委员备案。

立法会议员就任时应依法申报经济状况。

立法会除第一届另有规定外，每届任期 5 年。

立法会如被行政长官依法解散，须于 90 日内重新产生。

(二) 立法会的职权

澳门特别行政区立法会行使下列职权：1. 依照本法规定和法定程序制定、修改、暂停实施和废除法律；2. 审核、通过政府提出的财政预算案；审议政府提出的预算执行情况报告；3. 根据政府提案决定税收，批准由政府承担的债务；4. 听取行政长官的施政报告并进行辩论；5. 就公共利益问题进行辩论；6. 接受澳门居民申诉并作出处理；7. 如立法会议员全体议员三分之一联合动议，指控行政长官有严重违法或渎职行为而不辞职，经立法会通过决议，可委托终审法院院长负责组成独立的调查委员会进行调查。调查委员会如认为有足够证据构成上述指控，立法会以全体议员三分之二多数通过，可提出弹劾案，报请中央政府决定；8. 在行使上述职权时，如有需要，可传召和要求有关人士作证和提供证据。

（三）立法会的程序

澳门特别行政区立法会举行会议的法定人数为不少于全体议员的二分之一。除另有规定外，立法会的法案、议案由全体议员过半数通过。

立法会的议事规则由立法会自行规定，但不得与基本法相抵触。

澳门特别行政区立法会通过的法案，须经行政长官签署、公布方能生效。

（四）立法会的主席

澳门特别行政区立法会设主席、副主席各1人。主席、副主席由立法会议员互选产生。

立法会主席、副主席由在澳门特别行政区通常居住连续满15年的澳门特别行政区永久性居民中的中国公民担任。立法会主席缺席时由副主席代理。立法会主席出缺时，另行选举主席。

立法会主席行使下列职权：1. 主持会议；2. 决定议程，应行政长官的要求将政府提出的议案优先列入议程；3. 决定开会日期；4. 在休会期间可召开特别会议；5. 召开紧急会议或应行政长官的要求召开紧急会议；6. 立法会议事规则所规定的其他职权。

（五）议员的职权

澳门特别行政区立法会议员依法提出议案。凡不涉及公共收支、政治体制或政府运作的议案，可由立法会议员个别或联名提出。凡涉及政府政策的议案，在提出前必须得到行政长官的书面同意。

（六）议员的权利

澳门特别行政区立法会议员在立法会上的发言和表决，不受法律追究。

议员非经立法会许可不受逮捕，但现行犯不受此项规定的限制。

议员如有下列情况之一时，经立法会决定，即丧失其立法会议员的资格：因严重疾病或其他原因无力履行职务；担任法律规定不得兼任的职务；未得到立法会主席同意，连续5次或间断15次缺席会议而无合理解释；违反立法会议员誓言；在澳门特别行政区内或区外犯有刑事罪行，被判处监禁30日以上。

五　司法机关

(一) 司法权与法院的设置

澳门特别行政区法院行使审判权。法院独立进行审判，只服从法律，不受任何干涉。

澳门特别行政区法院设立初级法院、中级法院和终审法院。澳门特别行政区终审权属于澳门特别行政区终审法院。澳门特别行政区法院的组织、职权和运作由法律规定。初级法院可根据需要设立若干专门法庭。

澳门特别行政区设立行政法院，行政法院是管辖行政诉讼和税务诉讼的法院。不服行政法院裁决者，可向中级法院上诉。

(二) 法官的资格与任免

各级法院的法官，根据当地法官、律师、知名人士组成的独立委员会的推荐，由行政长官任命。法官的选用以专业资格为标准，也可以聘用符合标准的外籍法官。

终审法院法官的任命和免职须报全国人民代表大会常务委员会备案。各级法院院长由行政长官从法官中选任。终审法院院长由澳门特别行政区永久性居民中的中国公民担任。终审法院院长的任命和免职须报全国人民代表大会常务委员会备案。

(三) 法官的权利

澳门特别行政区法官依法进行审判，不听从任何命令指示。但在涉及国防、外交等国家行为的事实问题时，应取得行政长官就该等问题发出的证明文件，行政长官的证明文件对法院有约束力；行政长官在发出证明文件前，须取得中央政府的证明书。

法官履行审判职责的行为不受法律追究。法官在任职期间，不得兼任其他公职和任何私人职务，也不得在政治性团体中担任任何职务。

(四) 检察院

澳门特别行政区设立检察院，独立行使法律赋予的检察职能，不受任何干涉。检察院的组织、职权和运作由法律规定。

澳门特别行政区检察长由澳门特别行政区永久性居民中的中国公民担任，由行政长官提名，报中央人民政府任命。检察官经检察长提名，由行政长官任命。

本章小结

"一国两制"的方针政策,最初是针对台湾问题而提出来的。由于香港、澳门回归祖国的条件已经成熟,所以"一国两制"构想先在香港、澳门成为实践。为了使"一国两制"的方针政策能在我国顺利实施,我国宪法第 31 条规定:国家在必要时得设立特别行政区。在特别行政区内实行的制度按照具体情况由全国人民代表大会以法律规定。《中华人民共和国香港特别行政区基本法》《中华人民共和国澳门特别行政区基本法》将"一国两制"的方针政策具体化,并为特别行政区设计了完整的政治体制。香港、澳门特别行政区政治体制的建立,打破了我国"一国一制"时期单一的政治体制模式,形成了一种中央统一制与地方行政区域多元民主政治体制相结合的新型政治体制,即"一国两制"条件下的政治体制。正如邓小平同志在会见香港特别行政区基本法起草委员会委员时的讲话时所说的那样,"我们的社会主义制度是有中国特色的社会主义制度,这个特色,很重要的一个内容就是对香港、澳门、台湾问题的处理,就是'一国两制'。这是个新事物。这个新事物不是美国提出来的,不是日本提出来的,不是欧洲提出来的,也不是苏联提出来的,而是中国提出来的,这就叫中国特色。"[①] 在"一国两制"下,中央及大陆地区继续坚持人民代表大会制度,实行"议行合一""一府两院"的政治体制;特别行政区实行以行政为主导,行政与立法互相配合又互相制约,司法独立的政治体制。中央与特别行政区政治体制之间既存在着天然的联系,又有显著的区别。

"一国两制"是"一国两制"理论的制度形态,由我国宪法加以规定,由两部特别行政区基本法具体构建,在香港、澳门回归后的十多年时间内获得有效运行。实践证明,"一国两制"不仅是解决历史遗留的香港、澳门、台湾问题的最佳方案,也是香港、澳门回归后保持长期繁荣稳定的最佳制度安排。特别行政区已经成为解决国家统一问题的方式、理论和制度的有机统一。在继续推进"一国两制"事业的新征程上,既要坚

[①] 《邓小平文选》(第 3 卷),人民出版社 1993 年版,第 218 页。

持全面准确地理解和贯彻"一国两制"方针政策，又要积极有效应对香港、澳门在发展中面临的困难和挑战。深化"一国两制"在香港、澳门特别行政区的实践过程，也是进一步彰显"一国两制"的强大生命力的过程。只有不断丰富和发展"一国两制"在特别行政区的实践，才能保持香港、澳门的长期繁荣稳定，进而完善和发展中国特色社会主义制度，推进国家治理体系和治理能力的现代化。

参考文献

一　经典著作

1. 《马克思恩格斯选集》第1—4卷，人民出版社1972年版。
2. 《毛泽东选集》第1—4卷，人民出版社1991年版。
3. 《毛泽东选集》第5卷，人民出版社1977年版。
4. 《邓小平文选》第1卷，人民出版社1989年版。
5. 《邓小平文选》第3卷，人民出版社1993年版。
6. 中共中央马克思恩格斯列宁斯大林著作编译局编译：《马克思恩格斯论中国》，人民出版社2015年版。

二　党中央文件/领导人重要讲话

1. 《中国共产党中央委员会关于建国以来党的若干历史问题的决议》（一九八一年六月二十七日中国共产党第十一届中央委员会第六次全体会议一致通过）
2. 胡锦涛：《坚定不移沿着中国特色社会主义道路前进　为全面建成小康社会而奋斗——在中国共产党第十八次全国代表大会上的报告》（2012年11月8日）
3. 《中国共产党章程》（中国共产党第十八次全国代表大会部分修改，2012年11月14日通过）
4. 《中共中央关于全面深化改革若干重大问题的决定》（2013年11月12日中国共产党第十八届中央委员会第三次全体会议通过）
5. 《中共中央关于全面推进依法治国若干重大问题的决定》（2014年10月23日中国共产党第十八届中央委员会第四次全体会议通过）
6. 《关于新形势下党内政治生活的若干准则》《中国共产党党内监督条例》（2016年10月27日中国共产党第十八届中央委员会第六次全体会议通过）
7. 《习近平同志在庆祝中国共产党成立95周年大会上的讲话》，

2016 年 7 月 1 日

8. 中共中央宣传部:《习近平总书记系列重要讲话读本》(2016年版)

三 政府白皮书

1. 《"一国两制"在香港特别行政区的实践》,2014 年 6 月
2. 《中国的司法改革》,2012 年 10 月
3. 《中国特色社会主义法律体系》,2011 年 10 月
4. 《中国的民族政策与各民族共同繁荣发展》,2009 年 9 月
5. 《中国的法治建设》,2008 年 2 月
6. 《中国的政党制度》,2007 年 11 月
7. 《中国的民族区域自治》,2005 年 2 月
8. 《中国的民主政治建设》,2005 年 10 月
9. 《中国性别平等与妇女发展状况》,2005 年 8 月
10. 《中国的少数民族政策及其实践》,1999 年 9 月
11. 《中国妇女的状况》,2000 年 9 月

(资料来源:中华人民共和国国务院新闻办公室官网)

四 学术著作/教材

1. 浦兴祖主编:《当代中国政治制度》,复旦大学出版社 2005 年版。
2. 周淑真:《政党政治学》,人民出版社 2011 年版。
3. 杨光斌主编:《政治学导论》,中国人民大学出版社 2000 年版。
4. 许崇德:《国家元首》,人民出版社 1982 年版。
5. 肖蔚云、王禹、张翔编:《宪法学参考资料》(上、下册),北京大学出版社 2003 年版。
6. 胡锦光主编:《宪法学原理与案例教程》,中国人民大学出版社 2006 年版。
7. 朱力宇主编:《法理学原理与案例教程》,中国人民大学出版社 2007 年版。
8. 谢庆奎主编:《当代中国政府与政治》,高等教育出版社 2003 年版。
9. 许崇德主编:《中国宪法》(第四版),中国人民大学出版社 2010

年版。

10. 朱福惠主编：《宪法学》（第三版），厦门大学出版社 2013 年版。

11. 徐锋：《政党和政党制度比较研究》，东华大学出版社 2005 年版。

12. 钟世禄等：《中国共产党在边疆少数民族地区执政方略研究》，云南出版集团公司、云南人民出版社 2010 年版。

13. 宋才发等：《民族区域自治制度的发展与完善——自治区自治条例研究》，人民出版社 2008 年版。

14. 鄢一龙、白钢、章永乐、欧树军、何建宇：《大道之行——中国共产党与中国社会主义》，中国人民大学出版社 2015 年版。

15. 方宇军：《中国传统的政治道路》，当代中国出版社 2013 年版。

16. 郑洸、叶学丽：《中国共产党与中国青年团关系史略》，中共党史出版社 2015 年版。

17. 吴宗金主编：《中国民族区域自治法学》，法律出版社 2016 年版。

18. 唐晓、王为、王春英：《当代西方政治制度导论》，中国人民大学出版社 2016 年版。

19. 张培田、张华：《近现代中国审判检察制度的演变》，中国政法大学出版社 2004 年版。

20. 杨光斌：《当代中国政治制度导论》（第二版），中国人民大学出版社 2015 年版。

21. 艾伦·韦尔：《政党与政党制度》，谢峰译，北京大学出版社 2011 年版。

22. 蒋国海：《毛泽东的政党观》，解放军出版社 2014 年版。

23. 徐家良编著：《社会团体导论》，中国社会出版社 2011 年版。

24. 孙谦：《论检察》，中国检察出版社 2013 年版。

五　学术论文

1. 游正林：《60 年来中国工会的三次大改革》，《社会学研究》2010 年第 4 期。

2. 胡筱秀：《从形式代表到实质代表：中国民主党派代表性问题探讨》，《毛泽东邓小平理论研究》2016 年第 6 期。

3. 胡华：《中共民主执政的历史探索与现实思考》，中知网：博士学位论文数据库。

4. 徐勇：《村民自治：中国宪政制度的创新》，《中共党史研究》2003 年第 1 期。

5. 田芝健：《当代中国执政党与人民代表大会的关系——兼论当代中国的核心政治关系》，《人大研究》2004 年第 12 期。

6. 王建学：《地方各级人民法院宪法地位的规范分析》，《法学研究》2015 年第 4 期。

7. 张文山：《对〈民族区域自治法〉的再认识——兼论〈民族区域自治法〉的修改》，《内蒙古社会科学》（汉文版），2014 年 9 月。

8. 曹育明：《对〈民族区域自治法〉一些基本原则的再认识》，《中央民族大学学报》（人文社会科学版）。

9. 陈伯礼、徐信贵：《关于民族变通规定法律问题探析》，《西北民族大学学报》（哲学社会科学版）2007 年第 5 期。

10. 胡献忠：《改革开放以来群团组织研究述评》，《中共云南省委党校学报》2015 年 10 月。

11. 孙存良、于雪玉：《关于人民政协提案工作研究的几个问题》，《理论研究》2011 年第 2 期。

12. 张明：《关于香港基本法附件三所列全国性法律的若干思考》，《港澳研究》2016 年第 3 期。

13. 中共天津市委党校党建研究所课题组：《国家治理现代化与改革完善党的领导方式、执政方式》，《中共天津市委党校学报》2016 年第 1 期。

14. 巫昌祯：《回顾与展望——记〈中华人民共和国妇女权益保障法〉的诞生与发展》，《中华女子学院学报》2008 年第 4 期。

15. 林尚立：《基层民主：国家建构民主的中国实践》，《江苏行政学院学报》2010 年第 4 期。

16. 乔耀章：《基层民主：一个需要重点推出的"综合演兵场"》，《江苏行政学院学报》2010 年第 4 期。

17. 徐勇：《基层民主：社会主义民主的基础性工程——改革开放 30 年来中国基层民主的发展》，《学习与探索》2008 年第 4 期。

18. 广东省广州市人民检察院课题组：《检察机关派出机构体制研究》，《人民检察》2010 年第 9 期。

19. 胡利明：《论民族区域自治的中国特色》，《中共四川省委党校学报》2016 年第 2 期。

20. 周叶中：《论特别行政区制度的地位与作用》，《政治与法律》2014 年第 1 期。

21. 孙谦：《论我国民族区域自治法的基本原则》，《求是学刊》1984 年 12 月。

22. 殷啸虎：《论宪法在特别行政区的适用》，《法学》2010 年第 1 期。

23. 李格：《毛泽东筹建中央人民政府的计划和基本原则》，《党的文献》2007 年第 6 期。

24. 刘锦森：《民族自治地方立法变通或者补充规定的范围》，《人大研究》2012 年第 4 期。

25. 莫纪宏：《人民代表大会制度是我国的根本政治制度》，《公民与法》2009 年第 4 期。

26. 陈卫东：《人民监督员制度的困境与出路》，《政法论坛》2012 年第 4 期。

后　　记

　　1987年7月，我从西南师范大学政教系毕业后分配到贵州大学任教。后于1996年调入贵州师范大学任教，授课对象主要是思想政治教育、政治学与行政学等专业的学生。

　　在多年的教学实践中，我深深地感到：思想政治教育、政治学与行政学等专业的学生，在法学知识的储备方面，除了刑法、民法、行政法等传统的部门法学知识外，非常需要学习了解当代中国的政治法律制度，以充分体现专业特色。有鉴于此，在学院的大力支持下，我编著了呈现在读者诸君面前的这本《当代中国政治法律制度》，以系统介绍新中国成立以后、根据宪法的制度安排、我国现行法律体系框架下有关政治关系的法律制度。

　　需要说明的几点是：

　　第一，多年前，我曾带领几个年轻人试编过一本《中国当代政治法律制度》（试用本），本著作的部分章节也受其启发。但是，随着这些年教学实践的不断深入和理论研究的不断深化以及社会形势的不断发展，本著作已有了质的飞跃。

　　第二，本书第五章"人民法院和人民检察院法律制度"和第四章第五节"民族自治地方的人民法院和人民检察院"，初稿由贵州省人民检察院高级检察官袁江同志撰写，特作说明。

　　第三，本著作的出版，是我所在的贵州师范大学历史与政治学院大力支持和关心的结果。同时，我还要借此机会感谢每一个聆听过我授课的学生，他们的支持是我完成本著作的真正动力；感谢一直关心支持本著作出版并给我提出过宝贵意见的朋友，"嘤其鸣矣，求其友声"，谢谢你们。

王文惠
2016年12月26日